Föderale Staaten im Vergleich

Thomas Krumm

Föderale Staaten im Vergleich

Eine Einführung

Thomas Krumm
Beirut
Libanon

ISBN 978-3-658-04955-3 ISBN 978-3-658-04956-0 (eBook)
DOI 10.1007/978-3-658-04956-0

Die Deutsche Nationalbibliothek verzeichnet diese Publikation in der Deutschen Nationalbibliografie; detaillierte bibliografische Daten sind im Internet über http://dnb.d-nb.de abrufbar.

Springer VS
© Springer Fachmedien Wiesbaden 2015
Das Werk einschließlich aller seiner Teile ist urheberrechtlich geschützt. Jede Verwertung, die nicht ausdrücklich vom Urheberrechtsgesetz zugelassen ist, bedarf der vorherigen Zustimmung des Verlags. Das gilt insbesondere für Vervielfältigungen, Bearbeitungen, Übersetzungen, Mikroverfilmungen und die Einspeicherung und Verarbeitung in elektronischen Systemen.
Die Wiedergabe von Gebrauchsnamen, Handelsnamen, Warenbezeichnungen usw. in diesem Werk berechtigt auch ohne besondere Kennzeichnung nicht zu der Annahme, dass solche Namen im Sinne der Warenzeichen- und Markenschutz-Gesetzgebung als frei zu betrachten wären und daher von jedermann benutzt werden dürften.
Der Verlag, die Autoren und die Herausgeber gehen davon aus, dass die Angaben und Informationen in diesem Werk zum Zeitpunkt der Veröffentlichung vollständig und korrekt sind. Weder der Verlag noch die Autoren oder die Herausgeber übernehmen, ausdrücklich oder implizit, Gewähr für den Inhalt des Werkes, etwaige Fehler oder Äußerungen.

Lektorat: Jan Treibel, Monika Mülhausen

Gedruckt auf säurefreiem und chlorfrei gebleichtem Papier

Springer Fachmedien Wiesbaden ist Teil der Fachverlagsgruppe Springer Science+Business Media
(www.springer.com)

Vorwort

Das Lehrbuch *Föderale Staaten im Vergleich* führt in die Grundlagen der vergleichenden Föderalismusforschung ein. Als bislang noch wenig institutionalisiertes Teilgebiet der Politikwissenschaft nimmt es Bezug auf Inhalte und Methoden der vergleichenden Politikwissenschaft und Demokratieforschung, der Policy-Forschung und Finanzwissenschaft sowie der vergleichenden Staatstätigkeitsforschung.

Die im Vergleich zur angelsächsischen Politikwissenschaft schwache Institutionalisierung von *comparative federalism* ist umso bedauerlicher, als mit Deutschland, Österreich, der Schweiz und Belgien gleich vier zentraleuropäische Staaten ‚betroffen' sind. Aber auch für die Untersuchung der *Devolution* von Einheitsstaaten wie Großbritannien, Spanien und Italien kann *comparative federalism* ein Set an analytischen und heuristischen Instrumenten bereit stellen.

Ziel des vorliegenden Bandes ist eine länderorientierte, empirische Einführung, die die Leserinnen und Leser zu einer selbstständigen Beurteilung föderalismuspolitischer Probleme aus einer vergleichenden Perspektive anleiten soll. Die Einführung beschränkt sich bei der Fallauswahl auf die föderalen Staaten Westeuropas sowie (als Prototyp) die USA. Als Grenzfall wurde auch Spanien aufgenommen, um gezielt Problem der Devolution von Einheitsstaaten erörtern zu können. Angesichts der vielfältigen Beziehungsmuster zwischen den Ebenen in den untersuchten Staaten führt das Buch zugleich auch in Probleme von *multilevel governance* ein.

Der Band richtet sich an Studierende der vergleichenden Politikwissenschaft und der European Studies sowie an Leserinnen und Leser mit Interesse an föderalismuspolitischen Fragestellungen. Um die vergleichende Dimension zu stärken, wurde neben einem systematischen Einleitungs- und Schlussteil in die Länderkapitel Querverweise auf ähnliche oder konträre Regelungen in anderen Ländern eingebracht. Datengrundlagen und Details werden in Tabellen zusammen gefasst, die von eiligen Lesern ggf. übersprungen werden können. Für eine bessere Vergleichbarkeit wurden die Länderkapitel weitgehend einheitlich gegliedert. Sie beginnen mit einem Grundlagenabschnitt und enden mit einer kurzen Zusammenfassung und Wiederholungsfragen.

Für Hinweise und Kritik bei der Manuskriptentstehung danke ich u. a. Kerstin Kümpel, Sean Mueller, Thomas Noetzel und Klaus Stolz. Verbliebene Fehler gehen ausschließlich zu meinen Lasten.

Inhaltsverzeichnis

1 Einleitung 1

2 Wozu vergleichen? 5
   2.1 Ziele und Methoden des Vergleichs 5
   2.2 Vergleichende Policy-Forschung 11
   2.3 Typenbildung und Typologien 16
   2.4 Ursachen und Wirkungen 20
   2.5 Empirische und normative Theorien 22
   2.6 Zusammenfassung und Wiederholungsfragen 25

3 Wozu Föderalismus? 27
   3.1 Annäherung: Merkmale und Definitionsversuche 27
   3.2 Abgrenzung: Regionalismus, Devolution und Dezentralisierung 31
   3.3 Föderalismus als Power Sharing 37
      3.3.1 Formen der Gewaltenteilung 37
      3.3.2 Ideengeschichte 39
      3.3.3 Staatenbund und Bundesstaat 41
   3.4 Vertikaler und horizontaler Föderalismus 44
      3.4.1 Vertikaler Föderalismus 44
      3.4.2 Horizontaler Föderalismus 48
      3.4.3 Asymmetrischer Föderalismus? 50
   3.5 Zusammenfassung und Wiederholungsfragen 52

4	**Regieren und Governance in föderalen Staaten**	53
4.1	Geteilte Souveränität	53
	4.1.1 Probleme der Souveränität und ihrer Teilung	53
	4.1.2 Kompetenztrennung und konkurrierende Kompetenzen	57
4.2	Föderalismus, Demokratie und Regierungsform	59
	4.2.1 Föderalismus und Demokratiequalität	59
	4.2.2 Parlamentarische und präsidentielle Systeme	61
4.3	Herausforderungen föderalen Regierens	63
	4.3.1 Regieren in Bundesstaaten	63
	4.3.2 Vetospieler und Akteurskonstellationen	65
	4.3.3 Föderalismus und Demokratie	67
4.4	Governance im Föderalismus	70
	4.4.1 Föderalismus als Multilevel Governance	70
	4.4.2 Föderalismus als Politikverflechtung	73
4.5	Zusammenfassung und Wiederholungsfragen	76
5	**Teilbereiche der vergleichenden Föderalismusforschung**	79
5.1	Verfassungsföderalismus (constitutional federalism)	79
	5.1.1 Grundlagen	79
	5.1.2 Föderalismuspolitik und (De)Zentralisierung	80
	5.1.3 Verfassungsgerichte	84
5.2	Parteien- und Wahlsysteme im Föderalismus	87
	5.2.1 Föderale Parteiensysteme	87
	5.2.2 Föderale Wahlsysteme	91
5.3	Bildungsföderalismus	97
	5.3.1 Zwischen gliedstaatlicher Kompetenzdomäne und Reformdruck	97
	5.3.2 Akteure und Prozesse in der Bildungspolitik	102
5.4	Zusammenfassung und Wiederholungsfragen	106
6	**Finanzföderalismus**	109
6.1	Grundlagen	109
6.2	USA	115
6.3	Deutschland	120
6.4	Österreich	126
6.5	Schweiz	128
6.6	Belgien	132
6.7	Spanien	135
6.8	Zusammenfassung und Wiederholungsfragen	137

Inhaltsverzeichnis

7   **USA: zwischen dualem und kooperativem Föderalismus** 139
    7.1   Grundlagen... 139
    7.2   Symmetrischer Bikameralismus........................... 144
          7.2.1   Der Senat....................................... 144
          7.2.2   Gesetzgebung.................................... 148
          7.2.3   Föderalismus und Präsidentialismus.............. 151
    7.3   Vertikaler Föderalismus: Dual, kooperativ oder ‚coercive'?...... 152
    7.4   Stiefkind horizontaler Föderalismus.................... 155
    7.5   Die Bundesstaaten im Vergleich......................... 156
          7.5.1   Sozioökonomische Merkmale....................... 156
          7.5.2   Politisch-institutionelle Merkmale.............. 159
    7.6   Zusammenfassung und Wiederholungsfragen................ 162

8   **Deutschland: kooperativer Föderalismus** 167
    8.1   Grundlagen... 167
    8.2   Asymmetrischer Bikameralismus (vertikaler Föderalismus)...... 172
          8.2.1   Bundesrat: Zusammensetzung, Aufgaben und
                  Arbeitsweise.................................... 172
          8.2.2   Bundesrat: Politische Funktion.................. 178
    8.3   Kooperativer Föderalismus 182
          8.3.1   Horizontaler Föderalismus....................... 182
          8.3.2   Vollzugsföderalismus............................ 186
    8.4   Föderalismusreform I und II............................ 186
    8.5   Die Bundesländer im Vergleich 192
          8.5.1   Sozioökonomische Merkmale....................... 192
          8.5.2   Politisch-institutionelle Merkmale.............. 195
    8.6   Zusammenfassung und Wiederholungsfragen................ 201

9   **Österreich: unitarischer Föderalismus** 203
    9.1   Grundlagen... 203
    9.2   Asymmetrischer Bikameralismus.......................... 205
          9.2.1   Kompetenzverteilung zwischen Bund und Ländern 205
          9.2.2   Funktion und Zusammensetzung des Bundesrats 208
          9.2.3   Gesetzgebung und parlamentarische Kontrolle im Bund.... 211
          9.2.4   Landesgesetzgebung 214
    9.3   Horizontaler Föderalismus.............................. 215
    9.4   Die Bundesländer im Vergleich 219
          9.4.1   Sozioökonomische Merkmale....................... 219
          9.4.2   Politisch-institutionelle Merkmale.............. 222
    9.5   Zusammenfassung und Wiederholungsfragen................ 227

10 Schweiz: wettbewerblicher Föderalismus … 229
- 10.1 Grundlagen … 229
- 10.2 Symmetrischer Bikameralismus … 232
  - 10.2.1 National- und Ständerat im Überblick … 232
  - 10.2.2 Ständerat … 235
  - 10.2.3 Gesetzgebung … 238
- 10.3 Konkordanz und direkte Demokratie … 241
- 10.4 NFA und Entflechtung von Verbundaufgaben … 244
- 10.5 Horizontaler Föderalismus … 247
- 10.6 Die Kantone im Vergleich … 249
  - 10.6.1 Sozioökonomische Merkmale … 249
  - 10.6.2 Politische Merkmale … 250
- 10.7 Zusammenfassung und Wiederholungsfragen … 253

11 Belgien: zentrifugaler Föderalismus … 255
- 11.1 Grundlagen … 255
- 11.2 Asymmetrischer Bikameralismus … 260
  - 11.2.1 Die Abgeordnetenkammer … 260
  - 11.2.2 Der Senat … 263
  - 11.2.3 Die Gesetzgebung … 265
- 11.3 Die Gemeinschaften und die Regionen … 269
  - 11.3.1 Dualer und horizontaler Föderalismus … 269
  - 11.3.2 Institutionen und Kompetenzverteilung … 271
- 11.4 Die Regionen im Vergleich … 278
  - 11.4.1 Sozioökonomische Merkmale … 278
  - 11.4.2 Politisch-institutionelle Merkmale … 280
- 11.5 Zusammenfassung und Wiederholungsfragen … 284

12 Spanien: unechter Föderalismus … 287
- 12.1 Grundlagen … 287
- 12.2 Territoriale Gliederung … 291
  - 12.2.1 Der Zentralstaat … 291
  - 12.2.2 Provinzen und Autonome Gemeinschaften … 292
- 12.3 Asymmetrischer Bikameralismus … 296
  - 12.3.1 Abgeordnetenhaus und Senat … 296
  - 12.3.2 Gesetzgebungskompetenzen … 298
  - 12.3.3 Asymmetrischer Föderalismus … 300
- 12.4 Horizontaler Föderalismus … 302

12.5	Die Autonomen Gemeinschaften im Vergleich	304
	12.5.1 Sozioökonomische Merkmale	304
	12.5.2 Politisch-institutionelle Merkmale	310
12.6	Zusammenfassung und Wiederholungsfragen	313

13 Wie vergleichen? Beispiele ... 315
   13.1 Vergleichende Politikfeldanalyse ... 315
   13.2 Paarweiser Fallvergleich und Fallkontrastierung ... 317
   13.3 Typologien ... 324
   13.4 Indices ... 328
   13.5 Zusammenfassung und Wiederholungsfragen ... 332

Literatur ... 333

Sachverzeichnis ... 349

Abkürzungsverzeichnis

AT	Österreich
AU	Australien
BADAC	Datenbank der Schweizer Kantone und Gemeinden
BE	Belgien
BfS	Bundesamt für Statistik (Schweiz)
BHV	Brüssel-Halle-Vilvoorde (ehemaliger Wahlkreis in Belgien)
BIP	Bruttoinlandsprodukt
BRP	Bruttoregionalprodukt
BV	Bundesverfassung (Schweiz)
B-VG	Bundes-Verfassungsgesetz (Österreich)
BWS	Bruttowertschöpfung
BZÖ	Bündnis Zukunft Österreich
CA	Kanada
CE	Spanische Verfassung
CH	Schweizerische Eidgenossenschaft
CVP	Christliche Volkspartei (Schweiz)
DE	Deutschland
DG	Deutschsprachige Gemeinschaft (Belgien)
DUZ	Deutsche Universitätszeitung
EDF	Eidgenössisches Departement der Finanzen
EDK	Eidg. Konferenz der kantonalen Erziehungsdirektoren
ETH	Eidgenössische Technische Hochschule
EWR	Europäischer Wirtschaftsraum
EU	Europäische Union (seit 1992)
EuGH	Europäischer Gerichtshof
FAZ	Frankfurter Allgemeine Zeitung
FDP	Freisinnig-Demokratische Partei (Schweiz);Freie Demokratische Partei (Deutschland)

FPÖ	Freiheitliche Partei Österreichs
GG	Grundgesetz (Deutschland)
IDHEAP	Hochschulinstitut für öffentliche Verwaltung (Schweiz)
KdK	Konferenz der Kantonsregierungen (Schweiz)
KMK	Kultusministerkonferenz (Deutschland)
LP	Legislaturperiode
MDCD	Most Different Case Design
MPK	Ministerpräsidentenkonferenz (Deutschland)
MSCD	Most Similar Case Design
MV	Mecklenburg-Vorpommern
MW	Mittelwert
NFA	Neuer Finanzausgleich und Aufgabenteilung zwischen Bund und Kantonen (Schweiz)
NRW	Nordrhein-Westfalen
NUTS	Nomenclature des unités territoriales statistiques (Eurostat)
NZZ	Neue Zürcher Zeitung
ÖVP	Österreichische Volkspartei
PSOE	Partido Socialista Obrero Espanol (Spanien)
QCA	Qualitative Comparative Analysis
SP(S)	Sozialdemokratische Partei (Schweiz)
SPÖ	Sozialdemokratische Partei Österreichs
SSW	Südschleswigscher Wählerverband (Deutschland)
SVP	Schweizerische Volkspartei (Schweiz)
UCD	Union de Centro Democratico (Spanien)
UK	Vereinigtes Königreich von Großbritannien und Nordirland
VGR	Volkswirtschaftliche Gesamtrechnung
VlG	Vernehmlassungsgesetz (Schweiz)
WASG	Wahlalternative Arbeit und soziale Gerechtigkeit (Deutschland)
ZDF	Zweites Deutsches Fernsehen (Deutschland)

Einleitung 1

Ist Föderalismus (von lat. „foedus" als Bund, Bündnis, Vertrag) eine überholte Idee? Angesichts von weltweit nur ca. zehn Prozent föderal organisierter Staaten kann man Bundesstaatlichkeit durchaus als Sonderfall des Nation-Buildings bezeichnen. Und mit wenigen Ausnahmen entstehen auch keine neuen föderalen Staaten mehr. Man könnte also auf die Idee kommen, dass der föderale Gedanke ein Auslaufmodell ist, das seine Zeit gehabt hat.

Dem kann entgegen gehalten werden, dass sich in vielen Einheitsstaaten unter den Stichworten Dezentralisierung und Devolution Entwicklungen hin zu quasiföderalen Staaten beobachten lassen. Hierbei ist allerdings zu berücksichtigen, dass in den meisten Fällen durch Devolution keine ‚echten' föderalen Systeme entstehen. Das Vereinigte Königreich mag sich durch Devolution grundlegend verändert haben und irgendwann sogar Schottland in die Unabhängigkeit entlassen müssen; eine Transformation zum Bundesstaat ist aber keineswegs in Sicht. Das Gleiche gilt für die ‚Devoluzzione' in Italien. Lediglich in Belgien (und mit Einschränkungen auch in Spanien) sind seit den 1970er bzw. 1980er Jahren aus Einheitsstaaten Bundesstaaten entstanden. Auf die Einschränkungen im Fall Spaniens ist im Länderkapitel ausführlicher einzugehen.

Bei der Entstehung von Bundesstaaten spielt ‚Policy Diffusion' eine wichtige Rolle. In der Schweiz wurden 1848 wichtige Institutionen nach dem Vorbild der Vereinigten Staaten gestaltet, in Deutschland und Österreich war Föderalismus nach dem Zweiten Weltkrieg nicht zuletzt von den Alliierten als eine Art demokratiepolitische ‚Struktursicherung' erwünscht und in Spanien in den späten 1970er Jahren stand auch die Bundesrepublik Pate für den Übergang zum Staat der Autonomen Gemeinschaften. Starke Eigendynamiken entstanden lediglich in Belgien (und Kanada), die statt Policy Diffusion stärker auf Policy Innovation gesetzt haben.

Vor diesem Hintergrund kann eine erste Annäherung an die Frage versucht werden: „Wozu Föderalismus?" Die Beispiele Schweiz und Belgien machen deutlich, dass nicht die Größe eines Landes (Bevölkerung oder Fläche) die Ursache für einen föderalen Entwicklungsweg sein kann. Zwar ist mit Indien einer der bevölkerungsreichsten Staaten der Erde föderal organisiert, aber das Gegenbeispiel China ist schnell zur Hand. Allerdings ist Indien eine Demokratie, China nicht. Demokratie scheint eine notwendige Bedingung für Föderalismus zu sein, aber auch wiederum keine hinreichende. Alle Bundesstaaten sind Demokratien (gilt mit Einschränkungen auch für Russland), aber nicht alle Demokratien sind Bundesstaaten.

Bundesstaaten haben meist eine Geschichte, in der sich Demokratie oft entweder erst relativ spät durchsetzen konnte (Deutschland, Österreich, Spanien) oder anfangs zumindest gefährdet war (USA, Schweiz). Föderalismus wurde beim anfänglichen ‚Design' demokratischer Systeme aus ganz unterschiedlichen Motiven als eine zusätzliche Form der Gewaltenteilung, als eine demokratische ‚Struktursicherung' in den institutionellen Aufbau eines politischen Systems hinzu genommen. Daneben ging es aber auch um eine Akkomodation an sprachliche, ethnische und regionale Heterogenität, was sich gut an den politischen Systemen der USA und der Schweiz illustrieren lässt. Bei sozialer Heterogenität kann Bundesstaatlichkeit eine Antwort auf gegebene oder antizipierte Probleme des demokratischen Zusammenhalts der Gemeinschaft geben.

Das Problem des prekären Zusammenhalts heterogener Gesellschaften wurde im Vereinigen Königreich historisch noch durch eine Mischung aus Unterwerfung und Vertraglichkeit gelöst. Das im Kernland entwickelte Muster des Teilens und Herrschens setzte sich zunächst in den Kolonien wie den USA und Indien fort, ehe diese ihre demokratische, bundesstaatliche Unabhängigkeit erkämpften. Auffällig viele Bundesstaaten sind ehemalige Kolonien des Britischen Empire (USA, Indien, Australien). Merkwürdigerweise scheint das ehemals stark zentralistische Vereinigte Königreich einen Impuls für die föderale Entwicklung ehemaliger Kolonien gegeben zu haben. In der Ablehnung der Kolonialherrschaft suchte man nach Alternativen für die zentralstaatliche Organisationsform eines heterogenen Gemeinwesens und fand sie in der Idee der Bundesstaatlichkeit.

Aber auch am Kern des früheren Empires ist ein kontinuierliches Auseinanderfallen zu beobachten. 1921 trennte sich die Republik Irland ab, das Problem Nordirland schwelt seit den 1970er Jahren mehr oder weniger intensiv, die 1990er Jahren brachten die Devolution der Regionen und auch das gescheiterte Unabhängigkeitsreferendum 2014 in Schottland hat das Problem nicht endgültig gelöst. Beispiele auseinander brechender Einheitsstaaten finden sich recht häufig, Bei-

1 Einleitung

spiele auseinander fallender Bundesstaaten dagegen kaum. In historischer Perspektive finden sich Fälle der Auflösung von Föderalsstaaten insb. nach dem Ende des Kalten Kriegs im ehemaligen ‚Ostblock'. Die Auflösung der UdSSR Ende 1991, der Tschechoslowakei 1992 und Jugoslawiens in den 1990er Jahren sind hier zu nennen. In Westeuropa hat sich Belgien seit 1970 von einem Einheitsstaat zu einem föderalen System entwickelt; in Spanien fand mit dem Übergang zur Demokratie Ende der 1970er Jahre und den ‚Autonomen Gemeinschaften' eine quasi-föderale Entwicklung statt. In Spanien, Belgien und auch in Kanada hält der Bundesstaat trotz starker Separatismen immer noch zusammen, vielleicht sogar länger als das Vereinigte Königreich. Diese Beispiele illustrieren, dass Föderalismus keinesfalls eine überholte Idee ist, sondern immer noch zur Akkommodation staatlicher Strukturen an soziale Heterogenität genutzt wird und (wahrscheinlich) zur Stabilität demokratischer Ordnungen beiträgt.

Wozu vergleichen? 2

2.1 Ziele und Methoden des Vergleichs

Wozu vergleichen? Die Antwort auf diese Frage fällt je nach wissenschaftstheoretischen und methodischen Vorannahmen unterschiedlich aus. Am allgemeinsten ist noch das Ziel, Gemeinsamkeiten und Unterschiede zwischen Fällen anhand von Variablen (Eigenschaften, Merkmalen) heraus zu finden. Max Weber (1980) hat das Dilemma zwischen Fällen und Variablen (und den dahinter stehenden wissenschaftstheoretischen Positionen) zu überbrücken versucht, indem er das deutende Verstehen sowie das auf Wirkungen bezogene ursächliche Erklären sozialen Handelns als Aufgabe der ‚verstehenden Soziologie' definierte. Die am Fallverstehen orientierten Vorgehensweisen werden auch als ideographische Methoden bezeichnet, die an Kausalerklärungen orientierten als nomothetische Methoden (Jahn 2013, S. 166). Beide Vorgehensweisen haben spezifische Stärken und Schwächen. So sind die in den empirischen (Natur- und Sozial)Wissenschaften vorherrschenden gesetzesentdeckenden Methoden z. B. auf eine große Fallzahl angewiesen und auf bereits vorhandene Theorien und Wissensbestände, die dann i. d. R quantitativ getestet werden können. Da sie weitgehend vom Einzelfall abstrahieren, tragen sie kaum zu dessen (individuellem) Verstehen bei. Umgekehrt können ideographische Methoden keine größeren Fallzahlen bewältigen. Ihr Ziel ist vielmehr das Explorieren von Einzelfällen, auch in zeitlicher bzw. historischer Hinsicht. Dabei kann eine größere Anzahl von Merkmalen (Variablen) der ausgewählten Fälle berücksichtigt werden.

Eine offensichtliche Schwäche dieser Vorgehensweise ist, dass sich die Fallauswahl sehr stark auf die Ergebnisse der Untersuchung auswirkt. Die Verallgemeinerbarkeit entsprechender Ergebnisse ist mithin meist sehr eingeschränkt. Da aber für manche Fragestellungen oft nur eine kleine Fallzahl zur Untersuchung bzw. Überprüfung von Hypothesen zur Verfügung steht, kommt bei vergleichenden (im Unterschied zu statistischen) Methoden auch in begrenztem Umfang ‚Fallverstehen' zur Anwendung. Dies gilt insbesondere für die Qualitative Comparative Analysis (QCA), die als qualitative (fallverstehende) Methode den Vergleich einer relativ großen Fallzahl ermöglicht (Berg-Schlosser und Cronqvist 2011). Auch die Empfehlungen von King et al. (1994), bei limitierter Fallzahl die Anzahl der Beobachtungen (bzw. Beobachtungszeitpunkte) zu erhöhen, ist in diesem Kontext besonders sinnvoll.

Aufgrund der geringen Anzahl föderaler Staaten auf der Welt stellt sich das Problem der kleinen Fallzahl (small N) gerade auch für die vergleichende Föderalismusforschung. Bei der Auswahl von Bundesstaaten als Analyseeinheiten ist die Fallzahl auf etwa 20 begrenzt, meist lässt sich sogar nur ein Bruchteil davon realisieren. Bei der Auswahl von Gliedstaaten sind für einige Länder größere Fallzahlen als Analyseeinheiten möglich: für Deutschland immerhin 16 und für die USA 50.

Auch der Vergleich von Gliedstaaten über die Grenzen von Bundesstaaten hinweg ist oft methodisch anspruchsvoll, z. B. aufgrund nicht einheitlicher Datengrundlagen. Von den Mitgliedern der EU sind nur drei Staaten föderal organisiert (Sonderfall Spanien). Bereits für die Schweiz liegen bei Eurostat nur eingeschränkt vergleichbare Daten vor (allerdings hat sich die Harmonisierung der schweizerischen und der Mitgliederstatistiken in den letzten Jahren verbessert). Für andere Länder wie die USA und Australien liegen teilweise Aggregatdaten der OECD auch für die gliedstaatliche Ebene vor. Aber für Daten zu einzelnen Gliedstaaten muss man wiederum auf die nationalen Statistikämter zurückgreifen, deren Daten trotz ähnlicher Namen nicht immer das Gleiche bezeichnen müssen.

Idealerweise sollte die Entwicklung der Fragestellung zu Beginn einer Studie oder eines Projektes stehen. In der Praxis vergleichender Föderalismusforschung bedingen sich Fragestellungen sowie Fall- und Methodenauswahl oft gegenseitig. Die Fragestellung und ihre anschließende Operationalisierung definieren den Fokus der Untersuchung. Dazu gehört die notwendige Eingrenzung des Forschungsinteresses nach Raum und Zeit, um einen von der Realität losgelösten ‚Modellplatonismus' zu vermeiden: „Eine ‚mittelfristige' und auch sinnvoll räumlich eingegrenzte, in der Politikwissenschaft häufig länder- und regionalspezifische Betrachtungsweise erscheint demgegenüber als wesentlich fruchtbarer" (Berg-Schlosser und Cronquist 2011, S. 21). Die gerade in der Föderalismusforschung anzutreffende implizite Normativität ist u. a. auch durch die Beobachterposition des Wissenschaftlers in einem föderalen oder unitarischen System zu erklären (wenn diese Position nicht ausreichend reflektiert wird).

2.1 Ziele und Methoden des Vergleichs

Trotz der Fülle an Literatur zum Thema Föderalismus werden methodische Fragen des Vergleichs föderaler Staaten oft nur am Rande behandelt. Die Föderalismusforschung konzentriert sich meist auf vertiefende Fallstudien zu Teilbereichen einer bundesstaatlichen Ordnung, etwa der Bundesrepublik Deutschland (Detterbeck et al. 2010; Laufer und Münch 2010; Kropp 2010), und hängt dann ggf. noch einzelne Kapitel zu anderen föderalen Staaten in Europa und der Welt an (Härtel 2012). Diese einzelfallzentrierte Vorgehensweise ist angesichts der Komplexität des Policy-makings in föderalen Staaten zwar eine naheliegende Vorgehensweise, wird einer originär vergleichenden Fragestellung jedoch nicht gerecht.

Mit steigender Fallzahl in einer Studie muss die Anzahl der Variablen aber nicht zwangsläufig sinken. Im Gegenteil, bei statistischen Methoden ist meist eine Mindestanzahl von Fällen für eine bestimmte Anzahl von Variablen erforderlich. Steht die notwendige Fall- bzw. Beobachtungszahl nicht zur Verfügung, muss entweder die Variablenzahl reduziert oder stärker auf qualitative Methoden zurückgegriffen werden. Damit geht auch eine Veränderung der Forschungsfrage einher, die dann weniger theorie- und hypothesentestend, sondern stärker explorativ formuliert wird. Entscheidend ist, dass auch in stärker qualitativen Designs Varianz auf der abhängigen Variable erzeugt wird.

Dies kann z. B. durch einen paarweisen Fallvergleich geschehen, bei dem noch eine relativ hohe Anzahl von Variablen berücksichtigt werden kann (z. B. Linder 2007 für einen Vergleich föderaler Merkmale Deutschlands und der Schweiz). Da hierbei jeder Fall aber bereits die Hälfte der Varianz auf der abhängigen Variable einbringt, ist bei solchen small-N case designs die Fallauswahl hochsensibel. Ein selection bias kann durch einseitige Fallauswahl sowohl auf der abhängigen wie auf der Seite der unabhängigen Variablen entstehen (King et al. 1994, S. 128). Pointiert formuliert Geddes (1990) zum selection bias, der insb. bei kleinen Fallzahlen anzutreffen ist: „How the cases you choose affect the answers you get". Mit der Anzahl der Fälle, idealerweise nach dem Zufallsprinzip oder auch dem Prinzip des theoretischen Samplings ausgewählt, sinkt die Tendenz zur Beeinflussung des Ergebnisses durch einzelne Fälle des Samples. Kann die Fallzahl nicht erhöht werden, können möglicherweise aber immer noch die Analyseeinheiten oder die Zahl der Beobachtungen erhöht werden. Auch dadurch entsteht zusätzliche Varianz in den Variablen. Deutlich seltener ist dagegen der Vergleich mehrerer föderaler Systeme unter einer bestimmten Fragestellung anzutreffen, etwa hinsichtlich der Staatsausgabenanteile föderaler Gliedstaaten (Egner 2012, vgl. a. Kap. 6 in diesem Band). Methodologischer Ausgangspunkt für vergleichende Föderalismusforschung ist also die Entwicklung einer Fragestellung und eines Forschungsdesigns, die bzw. das auf spezifische Probleme bzw. Unterschiede föderaler Staaten eingeht.

Solche Fragestellungen und Forschungsdesigns können entlang der klassischen Begriffstrias von Policy, Politics und Polity gewonnen werden. Die oben erwähnte

Fragestellung der Staatsausgaben föderaler Systeme hat eine Fragestellung aufgegriffen, die primär der Policy-Dimension zugeordneten ist (abhängige Variable), obgleich erklärende Variablen auch aus den anderen Politikdimensionen heran gezogen werden können bzw. sollten. Als Teilbereich der vergleichenden Politikwissenschaft fragt die Policy-Analyse danach, wie Politikinhalte durch institutionelle Rahmenbedingungen und durch die Prozessdimension und Akteuerskonstellationen beeinflusst werden. Allerdings sollte die Policy-Dimension nicht nur als abhängige Variable konzipiert werden, da z. B. auch die institutionelle Ordnung eines Politikfeldes durch die Politikinhalte mitbeeinflusst werden kann. King et al. (1994, S. 185) haben vor diesem Hintergrund auch auf das Problem der ‚Endogenität' qualitativer Studien hingewiesen, bei denen Politikinhalte primär durch Politikinhalte erklärt werden sollen oder monokausal aus bestimmten Akteurskonstellationen abgeleitet werden.

Die Untersuchung der Varianz föderaler Systeme kann sich aber nicht nur auf einen zwischenstaatlichen (internationalen) Vergleich beschränken, sondern auch die gliedstaatliche Dimension einbeziehen. Ein Großteil der Debatten um Föderalismusreformen nicht nur in Deutschland befasst sich mit den Beziehungen zwischen Zentralstaat und Gliedstaaten bzw. den Gliedstaaten untereinander. Fragestellungen sind dabei z. B. die Kompetenzverteilung, die Legitimität und Effizienz der Aufgabenerfüllung, die Verteilung der Einnahmen und Ausgaben oder die Repräsentation der Gliedstaaten auf zentraler Ebene. ‚Comparative federalism' umfasst neben dem Vergleich föderaler Staaten (bzw. deren Merkmale) untereinander auch den Vergleich von Bundesstaaten und Einheitsstaaten im Hinblick auf die Frage, ob Föderalismus auf bestimmte Politikergebnisse einen Unterschied macht (und wenn ja, welchen). In Abhängigkeit von der Fragestellung, dem Untersuchungsziel, wird dann die Fallauswahl vorgenommen und die Untersuchungsmethode näher bestimmt.

Eine methodische Herausforderung stellt die geringe Fallzahl beim Vergleich föderaler Staaten untereinander dar. Aufgrund der geringen Fallzahl sowohl auf Ebene der Staaten wie auch (meist) auf Gliedstaatenebene, stellt sich bei einem ‚Binnenvergleich' föderaler Staaten (within case comparison) das Problem der Integration bzw. der ‚methodologischen Konfliktline' von quantitativen und qualitativen Verfahren (Ganghof 2005, S. 93). Im europäischen Kontext wird die höchste Fallzahl auf Gliedstaatenebene in der Schweiz mit 26 erreicht. Sofern nicht durch eine veränderte Auswahl der Analyse- oder der Beobachtungseinheiten die Zahl der Beobachtungen erhöht werden kann (z. B. durch Zeitreihen), sind quantitative, statistische Methoden oft nur eingeschränkt anwendbar. Dennoch sollten auf jeden Fall die vorhandenen Möglichkeiten zunächst ausgeschöpft werden. Dazu gehören etwa einfache deskriptive Statistiken wie die Auszählung von Häufigkeiten (total

2.1 Ziele und Methoden des Vergleichs

und prozentual), Lageparameter, Mittelwerte und ihr Vergleich sowie die Kreuztabellierung von Merkmalsdimensionen. Auch in qualitativen Studien können solche ‚einfachen' explorativen Verfahren angewendet werden und bereits wichtige Informationen für die Weiterentwicklung der Fragestellung und Vorgehensweise geben. In Tab. 2.1 werden die wichtigsten Schritte eines Forschungsprozesses in linearer Abfolge dargestellt; in der Praxis verläuft dieser Prozess jedoch nicht linear,

Tab. 2.1 Phasen eines vergleichenden Forschungsprozesses. (Quelle: Nach Jahn 2013, S. 169 ff.; Krumm und Westle 2009, S. 116 ff.)

1.	Auswahl der Fragestellung	Aufbereitung von Literatur- und Theoriebeständen (Vorwissen), Klärung von (normativen) Vorannahmen, Formulierung von Hypothesen
2.	Untersuchungsdesign und Fallauswahl	Verstehende (qualitative) und/oder erklärende (quantitative) Vorgehensweise (vergleichende) Policy-Forschung. Fallauswahl nach Zufallsprinzip, ‚bewusster' Auswahl oder theoretischem Sampling. I. d. R sollte versucht werden, eine möglichst große Fallzahl zu realisieren, um Validität bzw. Verallgemeinerbarkeit der Ergebnisse zu verbessern
3.	Festlegung der Analyseeinheiten	Z. B. Bundesstaaten, Gliedstaaten, Regionen oder Kommunen bzw. bestimmte Merkmale dieser Gebietskörperschaften. Längs- oder Querschnittsvergleich, basierend auf Individual- oder Aggregatdaten, Paneldaten, Daten aus Querschnittsvergleichen, oder Time Series Cross Sectional (TSCS) Daten
4.	Methodenwahl	Qualitative Methoden im Rahmen von Fallstudien und paarweisem Fallvergleich: z. B. Dokumenten- und Inhaltsanalyse, hermeneutische Sequenzanalyse. Komparative Methoden: z. B. Konkordanzmethode, Differenzmethode, Qualitative Comparative Analysis (QCA). Statistische Methoden: bi- und multivariate Methoden wie (lineare) Regression, Cluster- und Faktorenanalyse
5.	Datenerhebung	Qualitative Dokumenten- oder Protokollauswahl, Interviews; quantitative Eigenerhebung von Daten und/oder über Statistikämter und andere zuverlässige Datenquellen
6.	Vergleichende Analyse	Anwendung der zuvor ausgewählten Methoden auf die erhobenen Daten oder Dokumente. Bei guter Vorbereitung oft relativ kurzer Kernbereich der Studie mit dem Ziel des Hypothesentests, der explorativen Analyse oder der „Strukturgeneralisierung"
7.	Ergebnisdiskussion	Diskussion der Ergebnisse auf mögliche Widersprüche und theoretische Auswertung der Ergebnisse

sondern iterativ. Ergebnisse oder Probleme eines späteren Schrittes können auf frühere forschungsstrategische Entscheidungen, etwa die Fall- oder Methodenauswahl, zurückwirken können. Häufig wird z. B. die Fragestellung und die Methodenwahl durch die verfügbaren Daten und Dokumente mitbestimmt.

Wie ist nun bei der Fallauswahl konkret vorzugehen? Gerade bei kleinen Fallzahlen ist die Fallauswahl einer der wichtigsten, aber auch der schwierigsten Schritte in einer vergleichenden Untersuchung. Seit John Stuart Mills Grundlegung eines Systems der Logik (1843/1974) wird in der Komparatistik grundlegend zwischen der Übereinstimmungs- (bzw. Konkordanz-) und der Differenzmethode unterschieden. Bei der Konkordanzmethode werden zur Überprüfung von vermuteten Zusammenhängen Fälle ausgewählt, die sich hinsichtlich des Explanandums möglichst ähnlich sind, sich jedoch in einigen erklärungsrelevanten unabhängigen Variablen unterscheiden. Bei der Differenzmethode wird dagegen darauf geachtet, dass die ausgewählten Fälle sich hinsichtlich des Explanandums möglichst stark unterscheiden, ansonsten aber relativ ähnlich sind. Die Beschreibung als konkordant oder different bezieht sich also immer auf die abhängige Variable; bei ersterer wird ihre Varianz durch die Fallauswahl verkleinert, bei letzterer vergrößert. Bei der Konkordanzmethode kann dies dadurch geschehen, dass man nur Fälle auswählt, die das Merkmal vorweisen (z. B. starke zweite Kammer), sich dann aber wiederum relativ stark unterscheiden. Bei der Differenzmethoden achtet man dagegen darauf, von Anfang an möglichst differente Merkmalsausprägungen in das Sample aufzunehmen (z. B. starken und schwachen Bikameralismus). Für die unabhängigen Variablen gilt wiederum der umgekehrte Fall: Bei der Konkordanzmethode wird durch die Fallauswahl die Varianz erhöht, bei der Differenzmethode reduziert.

Von dieser Einteilung zu unterscheiden sind die Bezeichnungen Most-Similar-Case-Design (MSCD) und Most-Different-Case-Design (MDCD), die nicht an die Varianz der abhängigen, sondern von der der unabhängigen Variablen ausgehen. Da die Kontextvariablen bei der Differenzmethode möglichst homogen sein sollen, wird die Fallauswahl auch als MSCD bezeichnet (Lauth et al. 2009, S. 75) und da der Kontext bei der Konkordanzmethode möglichst heterogen sein soll, wird dies auch als MDCD bezeichnet. Anders gesagt legt das MSCD den Fokus auf die Steigerung der Varianz der abhängigen Variable, MDCD auf die der unabhängigen Variablen. Die Auswahl der Methode richtet sich nach der Fragestellung, der möglichen Fallauswahl und auch nach der Datenlage, jedoch sind MDCDs etwas häufiger anzutreffen.

Für Vergleiche der Gliedstaaten eines Bundesstaates untereinander halten die nationalen Statistikämter meist Daten bereit. Für den Vergleich von Bundesstaaten kann man auf Daten der OECD oder von Eurostat zurück greifen. Schwieriger wird

z. B. ein quantitativer Vergleich von Gliedstaaten verschiedener Bundesstaaten. Für die Mitgliedsländer der EU sind die Datengrundlagen der nationalen Statistikämter meist harmonisiert. Aber auch Eurostat bietet Daten zur Gliedstaatenebene der Mitgliedsländer. Hierbei sind allerdings die unterschiedlichen NUTS-Gliederungsebenen zu berücksichtigen.[1] Die belgischen Regionen und die deutschen Bundesländer sind auf Ebene NUTS 1 zu finden, die österreichischen Bundesländer und die Autonomen Gemeinschaften in Spanien auf der Ebene NUTS 2.

2.2 Vergleichende Policy-Forschung

In der geläufigen Unterscheidung von Politics, Polity und Policy stehen Policies für die Inhalte, die Zielbindung des politischen Prozesses. Politics steht dagegen für die Interaktionsdimension und Polity für den Ordnungsaspekt der Politik. Die Machtkämpfe, Klientelpolitiken und (sachfremden) Kompromisslösungen, die gelegentlich den Eindruck von Politik als schmutzigem Geschäft entstehen lassen, sind analytisch primär in der Politics-Dimension angesiedelt. Schließlich betont der Polity-Begriff den (normativen) Ordnungsrahmen der Politik. Für die vergleichende Politikwissenschaft ist dabei insb. die Politics- und Policy-Dimension interessant, während die Polity-Dimension oft auch von der Institutionen- und Verfassungslehre mit bearbeitet wird. Schließlich haben alle drei Dimensionen auch unterschiedliche Handlungsformen und Politikoutputs. Politikinhalte erhalten ihre verbindliche Form meist in Gestalt von Gesetzen, Verordnungen und Programmen, während in der Prozessdimension die Akteurskonstellationen und ihre Machtressourcen in Zentrum stehen (Tab. 2.2). Aufgrund der in den meisten Politikfeldern relativ stabilen Konflikt- und Austauschbeziehungen zwischen staatlichen und gesellschaftlichen Akteuren und einer damit verbundenen Selektivität gegenüber alternativen Handlungsformen und einer „Resistenz eingeschliffener Handlungsmuster gegenüber neuen Anforderungen an das Staatshandeln" ist der schnelle, plötzliche Wandel bei staatlichen Aktivitäten das Erklärungsbedürftige, nicht deren Kontinuität (Windhoff-Héritier 1996, S. 75).

Man könnte folglich auf die Idee kommen, dass im Policy-making die Sachdimension höchste Priorität hat, während die Machtdimension (als Politics) zunächst außen vor bleibt. Dabei ist zu berücksichtigen, dass die Unterscheidung von Policy, Politics und Polity nur eine heuristische Funktion hat und im ‚wirk-

---

[1] NUTS steht für „Nomenclature des unités territoriales statistiques". Ebene null sind die Mitgliedstaaten, Ebene eins (Groß)Regionen, Ebene zwei Verwaltungseinheiten wie z. B. Bundesländer und Ebene drei Zusammenfassungen von Gemeinden.

Tab. 2.2 Policy, politics und polity. (Quelle: Eigene Zusammenstellung)

	Policy	Politics	Polity
Analysegegenstand („Was")	Inhalte, Problemorientierung, Zielbindung von Politik	Interaktionsprozesse, Ausgleich von Interessenunterschieden (Konflikt oder Konsens)	Institutionen, Ordnungen, Normen
Wirkungsrichtung, Kausalitäts- und Finalitätsannahmen (Warum, Wozu)	„Policies determine politics" (Lowi)	Politics determine policies and polities	Polity determines politics and policies
Formen (Wie)	Gesetze, politische Programme, Haushaltstitel	Interessenkonflikte, Koalitionen, Konstellationen und Ressourcen, Machtkämpfe	Verfassung, Recht, Verfahrensregeln

lichen' Politikprozess alle drei Dimensionen interagieren. Folglich muss sich die Policy-Forschung auch mit der ‚Machtfrage' befassen, wie sich umgekehrt die Politics-Forschung (z. B. als Koalitions- und Parteienforschung, Governance-Ansatz) auch mit Inhalten und Programmen befasst. Die Handlungsmuster, Konflikt- und Austauschbeziehungen, die sich als Politics um politische Inhalte entwickeln, sind auch Gegenstand der Policy-Forschung. Diese hat sich als Teildisziplin der Politikwissenschaft seit den 1970er Jahren entwickelt, um den Zusammenhang von Inhalten, Gegenständen und Zielen der Politik mit Institutionen, Normen, Machtkämpfen und Entscheidungsprozessen genauer zu analysieren. Nach der inzwischen klassischen Formulierung von Dye (1978, S. 1) ist Politikfeldanalyse die methodische Beantwortung der Frage „what governments do, why they do it, and what difference it makes". Es wird deutlich, dass Policy-Analyse letztlich meist auf Regierungshandeln fokussiert ist, auf dessen inhaltliche Beeinflussung das Handeln aller am politischen Prozess beteiligten Akteure letztlich ausgerichtet ist. Policy-making ist immer auch eine Frage der Machtverteilung in Verhandlungsrunden. In föderalen Systemen ist neben der ‚harten' Vetomacht gliedstaatlicher Akteure auch auf ‚soft power' wie Finanz- und Wirtschaftskraft oder strategische Ressourcen von Akteuren und Gebietskörperschaften zu achten.

Die Prozessdimension der Policy-Forschung kommt besonders deutlich auch in Modelle des Policy-Cycle zum Ausdruck. Solche Phasenmodelle bieten als Forschungsheuristiken aber nur einen allgemeinen Rahmen für die Abfolge von Arbeits- bzw. Analyseschritten in einer konkreten Untersuchung. Als Heuristiken dienen sie primär der Arbeitserleichterung bzw. der systematischen Erzielung von Erkenntnissen über die politikfeldspezifische Politikformulierung. Über die genaue

2.2 Vergleichende Policy-Forschung

Phaseneinteilung und -abgrenzung besteht kein allgemeiner Konsens; auch ist zu beachten, dass es in der Praxis zu anderen Reihenfolgen, Überlappungen oder dem Wegfall einzelner Phasen kommen kann (Blum und Schubert 2011, S. 101). Im Einzelnen werden jedoch meist die folgenden sechs Phasen unterschieden: 1) Problemdefinition, 2) Agenda-Setting, 3) Information, Beratung über Ziele und Prioritäten, 4) Entscheidung und Implementierung, 5) Evaluation, 6) Fortführung, Veränderung oder Termination des Programms (nach Hill 2009, S. 142). Wie eingangs skizziert, findet die Politikformulierung aber nicht im ‚machtleeren' Raum statt. Daher muss die zunächst noch ‚machtblinde' Phasenheuristik des Policymakings mit einer Machtperspektive (Politics oder Polity) verbunden werden.

Ein einfacher machttheoretischer Rahmen für die Policy-Analyse entsteht, wenn man zwei Dimensionen unterscheidet: Ist Macht in einem politischen System eher strukturiert oder fragmentiert und ist sie eher gleich oder ungleich verteilt? (vgl. Hill 2009). Da am Prozess der Politikformulierung meist Interessengruppen beteiligt sind, spielt für die Unterscheidung von strukturierter und unstrukturierter Macht auch die pluralistische oder korporatistische Organisationsform des Verbändesystems eine wichtige Rolle (für die inhaltliche und methodische Nähe von Policy- und Verbändeforschung vgl. z. B. Rehder et al. 2009). Durch die Kreuztabellierung der beiden Dimensionen erhält man dann vier Typen der Verteilung der Macht in politischen Systemen (Tab. 2.3). Der erste Typus ist ein eher korporatistisch-inklusives Systeme, der zweite Typus ein pluralistisches System mit relativ gleichwertigen, wettbewerblichen Zugangschancen für gesellschaftliche Interessen zum politischen Prozess. In Typus drei überwiegt eine strukturierte Klientelpolitik und in Typus vier eine situative Alternierung von Einflusschancen im politischen Prozess. Da diese Typologie am Beispiel eines Einheitsstaates (Großbritannien) entwickelt wurde, kommt die föderale Gewaltenteilung darin nicht explizit vor. Sie kann aber in der Dimension der gleichen/ungleichen Verteilung der Macht hinzu genommen werden.

Ein elaborierter Analyserahmen liegt auch mit dem Arenenmodell von Theodore Lowi vor. Eine politische Arena ist eine Konstellation von Interessen, Res-

Tab. 2.3 Machttheoretische Ansätze der Policy-Forschung. (Quelle: Hill 2009, S. 26)

	Power structured	Power fragmented
Power distributed relatively equally	1. Representative government in which a unified executive is responsible to popular will	2. Pluralist government in which popular will prevails through competition between groups
Power distributed unequally	3. Government by an unrepresentative elite, on in the grip of external influence	4. Unpredictable and chaotic government, buffeted by multiple pressures

sourcen und Akteuren, die das Zustandekommen von Politikergebnissen erklären kann. Lowis (1972, S. 299) zentrale These ist: „Policies determine politics". Die Politikinhalte prägen Politikarenen und Problemlösungsprozesse und führen zur Ausbildung politikfeldspezifischer Konflikt- und Konsensbildungsmuster (vgl. a. Heinelt 2007, 2009). Dabei werden die Akteure als rational handelnd, d. h. Kosten und Nutzen abwägend, modelliert. In den politikfeldspezifischen Arenen werden die Handlungsspielräume und Kosten-Nutzen-Kalküle von Akteuren verändert (Lowi 1972; Windhoff-Héritier 1987, S. 53).

Die zentrale These „policies determine politics" macht noch einmal die Wirkungsrichtung deutlich, von der Lowi ausgeht. Es ist nicht primär der politische Machtkampf, die Dimension der Politics mit den von Lasswell (1951) in der Frage „Who gets what, when and how?" pointiert formulierten Verteilungskämpfen, mit der Politikergebnisse erklären werden, sondern die Konstellation der politikfeldspezifischen Inhalte und Arenen. Von ihr hängt nach Lowi die Problemlösungskapazität der Politik primär ab. Die Politikinhalte erzielen bei den Akteuren, insbesondere bei direkt Betroffenen aber bestimmte Reaktionen, die wiederum die politischen Entscheidungs- und Durchführungsprozesse beeinflussen.

Lowi (1972) unterscheidet in einem Arenenmodell insgesamt vier Policy-Typen: distributive und redistributive Policies sowie regulative und selbstregulative Policies. Jeder Typ wird durch die Dimensionen Steuerungsprinzipien und Merkmale unterschieden. Zu den Steuerungsprinzpen gehören Anreize, Zwang, Überzeugung, Vorbild, Selbstregulation, zu den Merkmalen die Modi der Bereitstellung wie etwa die Teilbarkeit (Tab. 2.4).

Distributive Policies führen zu win-win-Situationen, da Ressourcen und Leistungen im Grunde unendlich teilbar sind. Die Ergebnisse führen oft zu „pork barrel"-Programmen, zu Investitionen in den Wahlkreisen oder Gliedstaaten entsprechender Repräsentanten. Die an solchen Programmen beteiligten Gewinner sind spezifisch benennbar, aber die Verlierer bleiben diffus. Redistributive Politiken sind ein Nullsummenspiel, bei dem Gewinne einer Seite auf Kosten anderer gehen. Dieser asymmetrische, redistributive Verteilungsmechanismus wird darauf zurückgeführt, dass die Ressourcen und Leistungen nicht oder viel schwerer teilbar sind. Entsprechend ist der Politikstil in diesen Politikfeldern konflikthaft und konfrontativ, denn es geht letztlich um Umverteilung von Ressourcen und Leistungen, die Gewinner und Verlierer erzeugt. Regulative Policies sind flexible, verhaltensnormierende Politiken, die aber nicht nur durch präskriptive Normen, sondern auch durch Information und Überzeugung das Verhalten der Akteure steuern. Sie adressieren Klassen oder Gruppen von Politikzielen, nicht auf einzelne Inhalte. Und sie erzeugen meist Kosten, um die Normen und Standards einzuhalten. Schließlich sind selbstregulative Politiken dadurch gekennzeichnet, dass Beteiligte bzw. Be-

Tab. 2.4 Klassifikation von Policies nach Th. Lowi. (Quelle: Nach Heinelt 2009, S. 117)

Typ	Merkmale der Policy	Merkmale der Arena	Beispiele	Steuerungsprinzipien
Distributiv	Unendliche Teilbarkeit des Gutes/der Leistung	Konsensual Keine Opposition	Forschungszuschüsse Lizenzen und Patente Emmissionsrechte	Materielle Anreize (und Lasten)
Redistributiv	Eingeschränkte Teilbarkeit des Gutes/der Leistung Nullsummenspiel: Die Gewinne eines Akteurs gehen (meist) zu Lasten anderer Akteure (Umverteilungspolitik)	Konflikthaft mit Tendenz zur Polarisierung Dominanz organisierter Gruppen „Ideologische" Motivation	Alle Formen der Umverteilung wie z. B. progressive Besteuerung und Sozial(hilfe)politik	Steuern Abgaben und Zuschüsse Subventionspolitik
Regulativ	Staatliche Verhaltensvorschriften für privat(isierte)e Aktivitäten Öffentlich-rechtliche Anstalten	Wechselnde Koalitionen und Konfliktlinien	Kartell- und Wettbewerbsrecht Mindeststandards (z. B. Umwelt- und Verbraucherschutz) Prozess- und Verfahrensregeln	Gesetze Aufsichts- und Regulierungsbehörden „Best practice"
Selbstregulativ	Bereitstellung durch zivilgesellschaftliche, halb- oder parastaatliche Einrichtungen und Netzwerke „Postmaterialistisch"	Wertgebunden Konflikt- und ideologieanfällig Wechselnde Konsensfähigkeit	Selbstverwaltung im Hochschulwesen Selbstorganisation von Verbänden und Berufsgruppen (Standesverbände) Soziale Bewegungen	Soziale Normen und Werte Ideelle Anreize und Anerkennung Policy-learning Konfliktlösung durch Gerichte

Tab. 2.5 Politikfeldspezifische Indikatoren der vergleichenden Policy-Forschung. (Quelle: Eigene Zusammenstellung)

Politikfeld	Mögliche Indikatoren
Wirtschaftspolitik	Preisniveau, Beschäftigungsstand, Wachstum und Außenwirtschaftsbilanz (magisches Viereck), Mindestlohn, Einkommensungleichheit (Gini-Koeffizient)
Bildungspolitik	Alphabetisierungsquote, öffentliche/private Bildungsausgaben pro Kopf, Anteil Hochschulabsolventen (tertiärer Bildungsabschluss) eines Jahrgangs, Anteil männlicher/weiblicher Absolventen mit sekundärem oder tertiärem Bildungsabschluss, Absolventenanteil MINT-Fächer, Bildungszugang (Durchlässigkeit für ‚bildungsferne' Schichten), Anteile ausländischer (oder ‚outgoing') Studierender
Sozialpolitik	Sozialabgabenquote, Aufwendungen für (Leistungen von) Arbeitslosen-, Kranken-, Pflege-, Renten-, Hinterbliebenen- und Invalidenversicherung, (Kinder-)Armut, Familienleistungen

troffene in einem Feld sich selbst auf Regeln der Konfliktregulierung einigen (Modell Runder Tisch). Staatlicher Zwang wird weitgehend vermieden.

Des Weiteren können die Strukturen der Interessenvermittlung und Politikformulierung in Abhängigkeit des Politikfeldes und länderübergreifender regionaler Zusammenhänge variieren, wie dies exemplarisch von Esping-Andersen (1990) für drei wohlfahrtsstaatliche Modelle in Europa untersucht worden ist. Auch für den Bereich der Bildungspolitik liegen entsprechende regionale Typenbildungen vor (Jahn 2013, S. 151). Für die Entstehung solcher regionalen Politikmuster spielt oft die regionale und (kulturelle) Nähe oft eine wichtige Rolle, besonders deutlich in den skandinavischen Ländern (Norwegen, Schweden, Finnland, Dänemark), aber auch in den angelsächsischen (UK, USA, Australien, Neuseeland), kontinentaleuropäischen (Deutschland, Frankreich, Österreich, Schweiz) oder südeuropäischen (Portugal, Spanien, Italien, Griechenland) Ländern (Jahn 2013, S. 150). Teilweise findet ein Policy-Transfer aber auch über große Entfernungen statt, etwa zwischen Australien und Großbritannien, wenn eine entsprechende politische oder kulturelle Affinität zwischen den Ländern gegeben ist. Ein ähnlicher (föderaler oder unitarischer) Staatsaufbau kann dabei sehr hilfreich sein (Tab. 2.5).

2.3 Typenbildung und Typologien

Aufgrund der geringen Fallzahl föderaler Staaten (small-N problem) bieten sich z. B. typenbildende Vergleichsstrategien an, sofern die Anzahl der Beobachtungen nicht erhöht werden kann. Bei Typenbildungen bzw. Typologien wird versucht,

2.3 Typenbildung und Typologien

durch Fallkontrastierungen entlang verschiedener Merkmalsdimensionen das ‚Typische' eines Falles oder einer Gruppe von Fällen heraus zu stellen. Für Typologien müssen mindestens zwei Merkmale herangezogen werden, um die Vergleichsfälle so zu gruppieren, dass sie sich pro Gruppe (Typus) in diesen Merkmalen bzw. der Merkmalskombination möglichst ähnlich sind und gleichzeitig zwischen den Gruppen möglichst stark unterscheiden.

Eine einfache Möglichkeit der qualitativen Typenbildung ist die Kreuztabellierung von zwei Merkmalsdimensionen mit jeweils zwei Ausprägungen, so dass sich eine Vierfelder-Matrix ergibt. Entscheidend ist hierbei die Auswahl der Merkmalsdimensionen. Idealerweise erfasst jede Dimension alle ausgewählten Fälle und diese sind auf den Ausprägungen relativ gleichmäßig verteilt. Durch Kreuztabellierung der beiden Dimensionen entstehen dann vier Felder bzw. Typen, denen die Fälle idealerweise eindeutig zugeordnet werden können. Innerhalb jedes Feldes kann dann z. B. ein Proto- oder Idealtyp benannt werden.

Eine einfache qualitative Typenbildung kann in vier Schritten erfolgen (Kelle und Kluge 1999), angefangen mit der Auswahl bzw. Erarbeitung der Vergleichsdimensionen, gefolgt von der Gruppierung der Fälle sowie der Analyse von empirischen Regelmäßigkeiten. In der Regel ist davon auszugehen, dass die Merkmalsdimensionen bei einem qualitativen Vergleich zu Beginn noch nicht feststehen, sondern sich erst im Laufe der Untersuchung ergeben und dann auf die Gruppierung der Fälle zurück wirken. Nicht selten sind die Vergleichsdimensionen erst im dritten Schritt, der Typenbildung und der Analyse inhaltlicher Sinnzusammenhänge gefunden, ehe dann abschließend die Charakterisierung der gebildeten Typen erfolgt.

- Die Auswahl der Vergleichsmerkmale ist der erste und wichtigste Schritt der Typenbildung und baut meist auf Einzelfallanalysen auf. Durch zunächst noch unspezifische Fallkontrastierung werden Ähnlichkeiten und Unterschiede zwischen den Einzelfällen gesucht. Die bereits skizzierte Methode der paarweisen Fallkontrastierung kann dabei sinnvoll eingesetzt werden. Ziel ist es, Hypothesen, Begriffe und Kategorien zu gewinnen und damit die Gemeinsamkeiten und Unterschiede der Fälle zu beschreiben (Kelle und Kluge 1999, S. 76). Im Idealfall ist die Erarbeitung der Vergleichsdimensionen dann abgeschlossen, wenn durch Hinzunahme neuer Fälle keine Veränderung der Dimensionierung mehr notwendig wird (Kelle und Kluge 1999, S. 76).
- „Gruppierung der Fälle" heißt, empirische Merkmalsausprägungen nach Homogenitätskriterien zu kombinieren. Die Gruppen müssen hinsichtlich ihrer Merkmalsausprägungen intern homogen sein und sich extern klar voneinander unterscheiden lassen. „Analyse empirischer Regelmäßigkeiten" heißt, dass

man die konkrete empirische Verteilung der Fälle mit den potenziell möglichen Verteilungen bzw. Merkmalskombinationen vergleicht (Kelle und Kluge 1999, S. 81). Man erhält auf diese Weise einen Überblick über die empirische Verteilung der Fälle auf alle theoretisch denkbaren Merkmalskombinationen.

- Es folgt dann die Analyse inhaltlicher Sinnzusammenhänge und die Typenbildung. Bisher wurden die untersuchten Phänomene nur geordnet und beschrieben. Um sie zu verstehen und zu erklären, müssen sie auf inhaltliche Sinnzusammenhänge untersucht werden, die den entstandenen Fallgruppen zugrunde liegen. Diese Stufe führt in der Regel zu einer Reduktion des Merkmalsraums und damit der Gruppen auf wenige Typen (Kelle und Kluge 1999, S. 82). Durch die Suche nach motivationalen (verstehen) und kausalen (erklären) Bedingungen des untersuchten Phänomens sollten inhaltliche Sinnzusammenhänge zwischen Fällen und Fallgruppen sichtbar werden, die eine weitere Reduktion auf wenige Typen ermöglichen. Dabei muss begründet werden, was den inhaltlichen Zusammenhang einer den Typus kennzeichnenden Merkmalsgruppierung ausmacht. Ziel ist es, eine möglichst hohe interne Homogenität für die einzelnen Typen zu erreichen und eine hohe externe Heterogenität auf der Ebene der Typologie, also zwischen den Typen (Kelle und Kluge 1999, S. 101).
- Schließlich folgt die Charakterisierung der gebildeten Typen durch Hervorhebung einzelner Charakteristika, die das jeweils Besondere, das Typische der Fallgruppe betonen. Üblich ist etwa die Charakterisierung föderaler Systeme als wettbewerblich oder kooperativ, obgleich im Wettbewerbsföderalismus auch kooperiert wird und im kooperativen Föderalismus auch Wettbewerb zwischen den Gliedstaaten stattfindet. In der Charakterisierung wird etwas Typisches („Kooperation", „Wettbewerb") hervorgehoben, ohne andere Eigenschaften dadurch auszuschließen. Bei der Darstellung von Typen ist auch zu entscheiden, ob sich eher Prototypen oder Idealtypen anbieten. Bei der Darstellung durch Prototypen wird ein realer Fall ausgewählt, der die Merkmale des Typus am besten repräsentiert. Bei Idealtypen werden einzelne Charakteristika der Fälle – unabhängig davon, ob sie auch empirisch so vorkommen – so weit zugespitzt, bis sie den Typus möglichst „rein" verkörpern (Krumm und Westle 2009).

Typologien sind ähnlich wie der oben vorgestellte Policy-Cycle heuristische Ordnungsschemata, die helfen können, unübersichtliches Datenmaterial zu strukturieren und Hypothesen über Wirkungszusammenhänge zu entwickeln. Sie können auch Entwicklungstendenzen in empirisch beobachtbaren Fällen zu untersuchen helfen, was insb. bei sehr flexiblen föderalen Systemen wie etwa dem Belgischen (oder Spanischen) hilfreich sein kann. Eine Merkmalsdimension, die speziell auch die dezentralisierenden Fälle Belgien und Spanien umfasst, ist z. B. die zentrifugale/zentripedale Entwicklungsrichtung politischer Kompetenzausstattung (vgl.

2.3 Typenbildung und Typologien

Kap. 12.2). Einschränkend ist im Hinblick auf Typologien abschließend hervorzuheben, dass sie keine nomothetischen, sondern lediglich ideographische Methoden sind. Abschließend werden die gängigsten Vergleichsstrategien im Bereich der Föderalismusforschung noch einmal zusammen gefasst.

- Längsschnittvergleich: Föderalisierung, (De-)Zentralisierung als Prozess bzw. Politikergebnis (abhängige Variable), z. B. in Belgien, Spanien und dem UK
- Interner Vergleich: Vergleich von (Glied)Staaten innerhalb eines Bundesstaates. Ziel des Vergleichs ist das Herausfinden unterschiedlicher Entstehungsformen und Wirkungsweisen föderaler Systeme. Beispiele sind der Länderfinanzausgleich (DE) und Formen von Bundeszuschüssen (USA, DE).
- Für einen paarweisen Fallvergleich eignet sich am besten ein Auswahl ähnlicher föderaler Staaten (z. B. USA-Schweiz, Deutschland-Österreich, Belgien-Spanien). Kriterien für die Fallauswahl können die Ausprägung des vertikalen Föderalismus, des Bikameralismus oder des horizontalen Föderalismus sein.
- In einem Most Similar Case Design (MSCD) können (möglichst ähnliche) föderale Staaten im Hinblick auf die Varianz eines Policy Outcomes untersucht werden. Ein MSCD ist z. B. mit einem paarweisen Fallvergleich gut kombinierbar.
- In einem Most Different Case Design (MDCD) können föderale und unitarische Staaten verglichen werden: Ziel des Vergleichs ist die Analyse unterschiedlicher Entstehungsformen und Wirkungsweisen föderaler und unitarischer Strukturen (Föderalismus als unabhängige Variable).
- Vergleichende Policyanalyse kombiniert Stärken und Schwächen der Policy-Forschung mit komparativen Methoden. Sie ermöglicht den Vergleich spezifischer Politikergebnisse und ihrer Bestimmungsgründe bei kleinen und mittleren Fallzahlen.
- Einfache empirisch begründete Typenbildung arbeiten i. d. R mit zwei Merkmalsdimensionen, die sich zuvor in Fallstudien und paarweisem Fallvergleich als für die Fragestellung und die Fallauswahl relevant erwiesen haben. Die Methode der Typenbildung wird im nächsten Kapitel ausführlicher vorgestellt.
- Im Unterschied zu einem paarweisen Fallvergleich oder einem MSCD können makro-qualitative Methoden (QCA) eine größere Anzahl von Fällen verarbeiten. Sie fallen dennoch unter die Kategorie der Small-N case designs.
- Multivariate statistische Vergleiche können nicht nur die größte Menge an Fällen verarbeiten, sie erfordern für ihre Zuverlässigkeit auch mindestens 30 bis 50 Beobachtungen. Diese Fallzahlen sind in der vergleichenden Föderalismusforschung oft nicht gegeben. Ihre Stärke liegt im variablenorientierten Vergleich föderaler und unitarischer Systeme.

2.4 Ursachen und Wirkungen

Für jedes Untersuchungsdesign ist entscheidend, ob eine bestimmte Variable als Ursache (unabhängige) oder als Wirkung (abhängige Variable) operationalisiert wird. Wie eingangs gezeigt kann Föderalismus sowohl als abhängige wie auch als unabhängige Variable für die vergleichende Föderalismusforschung von Interesse sein. Das Interesse richtet sich also einmal auf Föderalismus als Auswirkung anderer, tiefer liegender Ursachen bzw. derjenigen Faktoren, die die Entstehung föderaler Strukturen begünstigen. Im anderen Fall interessieren die Konsequenzen föderaler Strukturen auf ein bestimmtes Politikergebnis, wie etwa die Höhe der öffentlichen Schulden oder die Arbeitslosenquote. Ganghof (2005) unterscheidet zwischen X- und Y-zentrierte Untersuchungsdesigns als Folge der Fokusierung der Methoden auf Ursachen oder auf Wirkungen.

Diese Auswahlentscheidung wurde auch als X-zentrierte Forschungsstrategien, die wenige, aber möglichst genau bestimmte kausale Effekte von X isolieren wollen, und Y-zentrierten Vorgehensweisen, die eine Varianz der abhängigen Variable (Y) durch multivariate Modelle erklären wollen, beschrieben (Ganghof 2005). Bei der ersten Strategie geht es um eine wirkungsorientierte, bei der zweiten um eine ursachenorientierte Fragestellung. Im Anschluss an King et al. (1994) plädiert Ganghof für mehr X-zentrierte Forschungsdesigns, gerade auch im Bereich qualitativer Studien, sofern Probleme von Y-zentrierten Forschungsdesigns (wie zu umfangreiche Fragestellungen mit ungenauen, zu langen Kausalketten, eine zu umfangreiche Auswahl möglicher erklärender Variablen und eine Vermischung von Hypothesenentwicklung und -test) nicht ausreichend kontrolliert werden können.

Dem Plädoyer Ganghofs für stärker X-zentrierte Vorgehensweisen entspricht eine Präferenz für den Veto-Spieler-Ansatz (Kap. 4.3.2). Dabei werden Kausalkette jeweils deutlich gekürzt, um die Anzahl unabhängiger Variablen niedrig zu halten. In der Veto-Spieler-Theorie erfolge eine strikte X-Zentrierung des Designs zur Analyse kausaler Zusammenhänge durch die Beschränkung auf individuelle und institutionelle Veto-Spieler (Tsebelis 2002, S. 19). Bei der für X-zentrierte Vorgehensweisen typischen stärkeren Trennung von Entwicklung und Test von Erklärungen kann der Fallvergleich dann genutzt, um „einzelne Implikationen des bereits spezifizierten Erklärungsmodells zu testen [...] je weniger und einfacher die betrachteten Erklärungshypothesen, desto eher kann der Vergleich als Test angesehen werden" (Ganghof 2005, S. 83).

Die Trennung von Entwicklung und Test der Erklärungsmodelle impliziert einen unterschiedlichen Umgang mit induktiver Generalisierung. Während das Testen der Erklärungshypothesen einer deduktiven Logik folgt, erfolgt das Erstellen von Erklärungshypothesen entweder einer induktiven Logik ausgehend von

2.4 Ursachen und Wirkungen

Einzelbeobachtungen und individuellen Fällen, oder – im anderen extrem – durch Raten. Eine vollständige Trennung von Entstehungs- und Begründungszusammenhang, wie von Popper (2002) gefordert, dürfte in der Praxis kaum durchführbar sein. Mit der X-Zentrierung und der Reduzierung der Zahl erklärender Variablen einher geht allerdings eine qualitative Öffnung der erklärenden Variablen, indem die Policy-Präferenzen und davon evtl. abweichende wahltaktische Erwägungen der Veto-Spieler inhaltlich bestimmt bzw. „gemessen" werden müssen. Den Vorteilen einer X-zentrierten Strategie stehen aber auch einige Nachteile gegenüber, die mit der Beschränkung von Forschungsfragen und Untersuchungsgegenständen verbunden sind. Statt des bei qualitativen, Y-zentrierten Strategien häufig anzutreffenden selection bias bei der Fallauswahl kommt es zur Einschränkung bzw. zum selection bias bei der Auswahl der erklärenden (unabhängigen) Variablen.

Eine X-zentrierte Forschungsstrategie etwa unter Beschränkung auf die Gliedstaaten als Vetospieler kann die Fragestellung auf eine bestimmte Form institutioneller Analyse begrenzen. Dann können z. B. sozio-ökonomische und programmatische Faktoren nur im Rahmen von Policy-Präferenzen der relevanten Gliedstaaten (als Vetospieler) berücksichtigt werden. Die Stärke einer geringen Anzahl erklärender Variablen kann durch eine solche materiale Öffnung und die Notwendigkeit zum Messen inhaltlicher Positionen bzw. Interessenpräferenzen zu einer Schwäche werden. Während die Identifizierung von Zusammenhängen primär eine empirische Frage ist, muss die Wirkungsrichtung eines Zusammenhangs meist theoretisch geklärt werden. Sind föderale Merkmale besser als abhängige oder unabhängige Variable zu operationalisieren?

Für die Erklärung der Entstehung föderaler Strukturen könnte z. B. die Größe des Territoriums und der Bevölkerung einen ersten Hinweis geben. Mit den USA und Kanada, Mexiko und Brasilien, Russland und Indien sind jeweils sehr flächen- und bevölkerungsstarke Staaten föderal organisiert. Andererseits ist China nicht föderal organisiert und mit Belgien, Österreich und der Schweiz liegen drei eher kleinräumige Bundesstaaten vor. Ein direkter Zusammenhang zwischen der Größe eines Staateswesens und der Entstehung föderaler Strukturen kann folglich nicht angenommen werden. Große Territorien und hohe Bevölkerungszahlen sind keine „Ursache" einer föderalen Entwicklung, wie die Beispiele kleiner föderaler Staaten wie der Schweiz und Belgiens illustrieren. Auch das Merkmal der Heterogenität der Bevölkerung kann nicht als Folge einer föderalen Staatsorganisation konzeptiert werden. Vielmehr kann die sprachliche Heterogenität der Bevölkerung (Belgien, Schweiz, Kanada) als förderliche Bedingung für eine Verlangsamung (oder Stillstand) von Zentralisierungstendenzen in einem Bundesstaat angenommen werden (Heise 2012, S. 67).

2.5 Empirische und normative Theorien

Wie die Politikwissenschaft insgesamt wird auch die Föderalismusforschung in unterschiedlichem Ausmaß von Theorien geprägt und trägt zu deren Weiterentwicklung bei. Grundlegend ist dabei die Unterscheidung von empirischen und normativen Theorien, von Hypothesenprüfung und Normbegründung. Empirisch orientierte vergleichende Politikforschung prüft theoretisch abgeleitete Hypothesen durch methodische „Konfrontation mit der Realität" (Lehner und Widmaier 2002, S. 71), um sie zu widerlegen, zu bestätigen, oder weiterzuentwickeln. Hypothesen postulieren theoretisch begründete Zusammenhänge zwischen Ursachen und Wirkungen, die dann empirisch getestet und widerlegt (falsifiziert) werden können. Solche Zusammenhänge werden als unabhängige (ursächliche) Variablen und abhängige Variablen (zu erklärende) operationalisiert. Dazu müssen zunächst die theoretischen Konzepte und Ideen in empirisch überprüfbare Aussagen und Konstrukte überführt werden (Lehner und Widmaier 2002, S. 71). Normativ orientierte Politikforschung geht dagegen von bestimmten Werten und Normen aus, die auf ihre Begründbarkeit untersucht werden. Dazu gehört etwa der Vergleich mit anderen Normen anhand von Merkmalen wie Widerspruchsfreiheit, Verallgemeinerbarkeit, und mögliche Voraussetzungen sowie praktische Folgen der Anwendung der Norm für unterschiedliche soziale Gruppen in einer Gesellschaft.

Diese Spannungslinie von empirischen und normativen Ansätzen kommt auch in der (vergleichenden) Föderalismusforschung deutlich zum Ausdruck. Nicht selten herrscht ein normativer Bias hinsichtlich der Wünschbarkeit oder Vorteilhaftigkeit föderaler Strukturen vor. In beiden theoretischen Ausrichtungen gibt es aber keine umfassende und geschlossene Theorie des Föderalismus, sondern lediglich eine Reihe von „Bindestrich-Teilbereichen" (vgl. Kap. 5), in denen jeweils unterschiedliche (normative) Fragestellungen, Methoden und Theorien zur Anwendung kommen und deren Ergebnisse folglich nur eingeschränkt verallgemeinerbar sind (Kaiser 2012).

Normative Theorien des Föderalismus fragen z. B. nach den Bedingungen, unter denen die Bürger ihre politischen Präferenzen am besten verwirklichen können. Sie gehen meist davon aus, dass eine zusätzliche, gliedstaatliche Ebene mit eigenen Vertretungsorganen und Entscheidungsregeln dazu beiträgt, die Präferenzen der Bürger besser zum Ausdruck bringen zu können als die Willensbildung in einem Einheitsstaat. Dagegen fragen positive Theorien (des Föderalismus) z. B. nach der optimalen Anzahl von Entscheidungsebenen und der Verteilung von Kompetenzen zwischen ihnen. Theoretischer Hintergrund solcher Analysen sind meist ökonomische Theorien der Politik (Public Choice), die Aussagen über Wohlfahrtsgewinne und -verluste unterschiedlicher institutioneller Arrangements ermöglichen sollen.

2.5 Empirische und normative Theorien

Föderalismus ist zunächst keine Theorie, sondern eine normative politische Idee und Bewegung, die sich für eine Anwendung bzw. Erweiterung föderaler Prinzipien der Staatsorganisation einsetzt (Loughlin 2011, S. 205). Solche politischen Bewegungen sind oft auch in Einheitsstaaten und mit Bezug auf die EU vorzufinden (Loughlin 2011, S. 205). Allerdings sind die Übergänge zwischen normativen und positiven Theorien des Föderalismus oft fließend. So werden etwa normative Begründungsfragen mit positiven Wirkungsfragen verbunden, wobei entweder die Begründungsfragen oder die Wirkungsfragen im Vordergrund stehen können. Normative Theorien fragen nach der Begründbarkeit, den Vorteilen einer föderalen Ordnung im Vergleich zu Einheitsstaaten. Sie fragen nach der Problemlösefähigkeit oder der richtigen Ausgestaltung der Finanzbeziehungen föderaler Systemen und nach Möglichkeiten, diese nach Vorgabe bestimmter Leitbilder zu verbessern.

Aus Sicht normativer Föderalismustheorien werden etwa zunehmende ‚Governability'-Probleme und Reformdruck thematisiert, die sich hauptsächlich auf Fragen der Legitimität und Effizienz föderaler Ordnungen beziehen. So ist etwa bei der Governance-Forschung (Kap. 4.4) oft eine normative Ausrichtung wahrnehmbar, während empirische (ökonomische) Theorien des Föderalismus eher an einer allokationsökonomisch „optimalen" Verteilung von Einnahmen und Ausgaben, Kompetenzen und Vollzug zwischen den Ebenen interessiert sind, jedoch primär unter dem Aspekt des Aufzeigens von Wirkungszusammenhängen (Effekten) und nicht dem der Begründung bestimmter (wünschenswerter) Kompetenzverteilungen (Nowotny 1999, S. 123). Während die Anpassungsfähigkeit an Unterschiede in den regionalen Präferenzen eher für kleine Einheiten spricht, tun dies zunehmende Skalenerträge eher für große Gebietskörperschaften (Blankart 2007, S. 546). Dagegen fragen positive Theorien des Föderalismus z. B. danach, welche Verteilung von Aufgaben entstehen würde, wenn die Gebietskörperschaften als rationale, nutzenmaximierende Akteure verstanden werden (Blankart 2007, S. 546).

Rational Choice-Theorien betrachten die Kompetenz- bzw. Ressourcenverteilung in föderalen Systemen als Resultat von Verhandlungs- und Entscheidungsprozessen, bei denen die beteiligen politischen Eliten für ihre jeweiligen Ebenen versuchen, politische Macht und Einfluss zu maximieren, indem sie etwa die Kompetenz- und Finanzausstattung ihrer Ebene verbessern. Die Ausgestaltung von föderalen Systemen hängt demnach (auch) von den gegebenen Möglichkeiten der Parteien ab, ihr Streben nach Nutzenmaximierung umzusetzen. Durch die Beteiligung der Gliedstaaten an der Willensbildung und Entscheidungsfindung auf Bundesebene können Parteien bzw. Politiker aus den Gliedstaaten mehr oder weniger umfangreiche Vetomacht erlangen. Allerdings kommen auch empirische Theorien nicht vollständig ohne Begründungsdiskurse aus, etwa in Form des Aufzeigens erwünschter oder optimaler Allokationsordnungen.

Das Grundmodell der ökonomischen Theorie des Föderalismus geht auf Buchanan und Tullock (1962) zurück. Darin wird der Frage nach einer idealen föderative Struktur eines Staatswesens nachgegangen und ökonomische Methoden und Begründungen bei der Suche nach der optimalen Kompetenzallokation eines föderalen Staates angewendet (Hausner 2005, S. 55). Für die ökonomische Analyse der Kosten föderaler Strukturen haben sich zwei Kostenkategorien herausgebildet, zum einen die Ressourcenkosten, zum anderen die Präferenz- bzw. Frustrationskosten. Dabei entsprechen die Ressourcenkosten den Kosten der Entscheidungsfindung (Informationskosten, Zeit, Kontroll- und Monitoringkosten). Auf der anderen Seite entstehen Präferenzen- bzw. Frustrationskosten durch Entscheidungen Dritter und die dadurch verursachten Enttäuschungen bzw. Frustrationen beim betreffenden Akteur. Allerdings sind die „intangiblen Präferenzenkosten" empirisch „ungleich schwieriger" zu erfassen (Hausner 2005, S. 57). Durch die Aufteilung der Kompetenzen auf verschiedene Ebenen stehen der Bevölkerung mehrere Wege offen, ihre Präferenzen zum Ausdruck zu bringen. Gegenüber einem Einheitsstaat sinken dadurch tendenziell die Frustrations- bzw. Präferenzkosten, was allerdings durch höhere Ressourcenkosten (föderale Politikkoordination) wieder ausgeglichen wird (Hausner 2005, S. 57 f.).

Föderale Systeme sind aus dieser Sicht das Resultat von ‚public choices' von politischen Parteien, die institutionelle Alternativen mit eigenen Machtinteressen verbinden. Demnach kommt es zu einer Veränderung des föderalen Status quo (d. h. einer Föderalismusreform), wenn Parteien oder Koalitionen eine Alternative unterstützen, die ihnen im Vergleich zum Status quo mehr Nutzen bringt, und wenn diese Partei oder Koalition auch die für eine Veränderung des Status quo notwendige parlamentarische Mehrheit hat. Während Rational Choice-Erklärungen des föderalen Wandels den Vorteil der axiomatischen Sparsamkeit haben, zeichnen sie sich in der Praxis auch durch eine gewisse Realitätsferne aus. Diese Lücke wird z. B. von elitentheoretischen Ansätzen überbrückt, die stärker an Interaktionsprozessen innerhalb und zwischen politischen Eliten interessiert sind. Interaktion zwischen Elitengruppen, aber auch exogene Ereignisse wie veränderte parlamentarische Mehrheiten durch Wahlen oder Probleme im Zuge der deutschen Wiedervereinigung werden aus dieser Perspektive in den Erklärungsmodellen ergänzt. Analog zur Internationalen Politik erscheint Politik in föderalen (Mehrebenen-) Systemen daher auch als „Two-level-game", bei dem die Akteure auf jeder Ebene mit anderen Ressourcen und Restriktionen ausgestattet sein können.

2.6 Zusammenfassung und Wiederholungsfragen

Einführungswerke zu comparative federalism beginnen häufig ohne methodische oder systematische Vorklärungen zu Möglichkeiten und Grenzen von (normativen) Vorannahmen, Fragestellungen, Vorgehensweisen und Gegenstandsbereichen der Forschung. Vergleichs- und Methodenfragen vor und während einer Untersuchung zu reflektieren, trägt dazu bei ‚naturalistische Fehlschlüsse' zu vermeiden, also Fragestellungen, Erkenntnisziel und Vorgehensweise als unmittelbar gegeben anzunehmen. Vielmehr werden diese durch forschungsstrategische Entscheidungen im Laufe einer Untersuchung erst konstituiert. Für die vergleichende Föderalismusforschung ergeben sich zusätzliche Herausforderungen durch die oft kleine Fallzahl komparativer Studien. Das Untersuchungsdesign und die Methodenwahl hängen daher nicht nur von den Zielen des Vergleichs sondern auch von der Anzahl der ausgewählten bzw. verfügbaren Fälle ab. Häufig anzutreffen sind qualitative bzw. small N designs und auch ein Querimport von Methoden der vergleichenden Policy-Forschung (sowie des Governance-Ansatzes). Paarweiser Fallvergleich, most similar und most different system designs, sowie Typologien und Indices stehen dem als originär komparative Methoden gegenüber. Dabei ist auch zu überlegen, ob föderale Merkmalen als abhängige (Wirkung) oder unabhängige Variable (Ursache) sowie als empirische oder normative Zusammenhänge untersucht werden (sollen).

Fragen

Wozu vergleichen? Skizzieren Sie die Erkenntnisziele politikwissenschaftlicher Vergleiche
Was ist eine abhängige Variable?
Was ist ein Most Different Case Design?
Erläutern Sie Vor- und Nachteile von paarweisem Fallvergleich.
Erläutern Sie den Unterschied zwischen Kategorisierung und Typenbildung.
Welche Stärken und Schwächen von Indices haben Sie kennen gelernt?
Skizzieren Sie Fragestellungen, bei denen Föderalismus als a) abhängige Variable und b) erklärende Variable auftritt.
Was ist der Unterschied zwischen empirischen und normativen Theorien? Erläutern Sie den Unterschied auch anhand von Beispielen aus der Föderalismus-Forschung.

Wozu Föderalismus?

3.1 Annäherung: Merkmale und Definitionsversuche

Die Entscheidung für eine föderale Staatsstruktur ist eine politische Entscheidung, die sich gezielt gegen unitarische (wie auch konföderale) Strukturen wendet. Die bei einer solchen Entscheidung in der Regel vorhandene Vielgestaltigkeit regionaler Identitäten ist meist eine notwendige, aber keine hinreichende Bedingung für die Entscheidung zugunsten eines Bundesstaates. Im Vereinigten Königreich etwa wird trotz unterschiedlicher regionaler Identitäten und Konfessionen kein Föderalismus praktiziert und auch die Länder des ehemaligen Ostblocks haben sich in der Transformationsphase für die Beibehaltung oder Einführung unitarischer Strukturen entschieden (Ausnahme Russland). Meist wurde lediglich, wie in Polen, der Tschechischen Republik und der Slowakei, eine administrative Dezentralisierung eingeleitet, wozu gelegentlich auch Regionalversammlungen und Exekutivorgane gehören, ohne jedoch eine Beteiligung dieser Regionen an der Willensbildung und Entscheidungsfindung auf zentraler Ebene zu institutionalisieren. Die Entscheidung zur Dezentralisierung ging „von oben" aus und regionale Grenzen wurden oft gezielt quer zu den Siedlungsgebieten ethno-linguistische Minderheiten gezogen, um Separatismen zu vermeiden. Auch in der Ukraine bestünden unter dem Aspekt sprachlicher Diversität formal gute Voraussetzungen für die Einführung föderaler Strukturen, jedoch gibt es bislang kein Beispiel für eine gelungene Transformation eines ehemaligen sozialistischen Einheitsstaates in einen Föderalstaat.

Im Unterschied dazu gibt es in anderen, ethno-linguistisch (inzwischen) relativ homogenen Ländern wie Deutschland, ein ausgeprägtes föderales Bewusstsein, das sich neben einer langen ideengeschichtlichen Tradition auch als demokratische

„Struktursicherung" versteht. Ideengeschichte und Traditionen spielen für das Verständnis der Entwicklung föderaler Staaten eine wichtige Rolle (Broschek 2013), bedürfen für empirische Vergleiche jedoch einer Umsetzung in handhabbare Variablen. Eine erste Definition bzw. ein Merkmalskatalog, anhand dessen sich dann vergleichende Fragestellungen erarbeiten lassen, kann dabei hilfreich sein.

Wie im Folgenden noch genauer aufgezeigt wird, ist Föderalismus eine zusätzliche Form der Gewaltenteilung. Politische Systeme sind föderal organisiert, wenn die entscheidenden Elemente des Staates (Legislative, Exekutive, Judikative) sowohl auf zentraler wie auch auf Gliedstaatenebene vorhanden sind, ihre Existenz verfassungsrechtlich geschützt ist und durch Eingriffe der jeweils anderen Ebene nicht beseitigt werden kann. Die Gliedstaaten verfügen über alle wesentlichen Merkmale von Staatlichkeit und sind über eine zweite Kammer an der Gesetzgebung des Bundes beteiligt. Ein oberstes Gericht wacht über die Einhaltung der Rechte und Pflichten im Verhältnis von Gliedstaaten und Bund. Für eine Änderung der Bundesverfassung ist die Beteiligung/Zustimmung der Gliedstaaten erforderlich. Damit sich wichtige Merkmale im Bereich der Verfassungsordnung (Polity) genannt. Föderalismus umfasst neben der Polity-Dimension aber auch eine Prozess- (Politics) und eine inhaltliche Dimension (Policy) der Ausgestaltung vertikaler Gewaltenteilung. Die föderale Struktur prägt den politischen Prozess und die Inhalte, die sich wiederum auf die Struktur auswirken (Elazar 1987).

Durch eine Definition ist die Frage nach Sinn und Zweck des Föderalismus aber noch nicht beantwortet. Als Vorteile des Föderalismus werden in der Literatur verhandelt (z. B. Laufer und Münch 2010; Sturm 2010):

- die zusätzliche Machtkontrolle durch vertikale Gewaltenteilung
- die zusätzliche Partizipationsmöglichkeit der Bevölkerung auf der Ebene der Gliedstaaten
- die Rekrutierungsfunktion der gliedstaatlichen Ebene für die Bundespolitik
- die Stärkung innerparteilicher Demokratie durch dezentrale Parteiorganisationen
- die Entlastung zentralstaatlicher Entscheidungsinstanzen (Subsidiarität)
- die Förderung politischen und wirtschaftlichen Wettbewerbs
- die Erleichterung von Policy-Variation und politischem Wettbewerb im regionalen Raum
- die Förderung von „best practice" auf policy- bzw. administrativer Ebene
- der Schutz und die Förderung kultureller Vielfalt
- die Befriedung ethnischer und regionaler Separatismen und der zusätzliche Schutz territorialer Minderheiten

3.1 Annäherung: Merkmale und Definitionsversuche

Als Nachteilen föderaler Systeme werden diskutiert:

- die Kosten durch die Multiplikation politischer Institutionen auf Gliedstaatenebene sind höher
- die Anzahl der Vetospieler auf Bundesebene ist höher, dadurch entsteht ein höheres Blockadepotenzial
- räumliche Externalitäten, da z. B. Infrastrukturleistungen nicht auf die Einwohner des Gliedstaates beschränkt werden können (Laufer und Münch 2010, S. 31),
- die Notwendigkeit finanzieller Umverteilung, um den Bestand finanzschwacher Gliedstaaten zu sichern
- die Kohärenz der Parteien ist im Vergleich zu Einheitsstaaten meist reduziert (Gerring und Thacker 2008),
- die Standards in Bereichen wie Schule und Bildung können stark variieren
- die Gefahr der Abspaltung einzelner Gliedstaaten mit starkem Autonomiestreben (z. B. Quebec in Kanada)
- die Verschleppung notwendiger Reformen in wirtschafts- oder bevölkerungsschwachen Gliedstaaten durch Finanzausgleich und Mitnahmeeffekte.

Die Vorteile einer starken Föderalisierung (bzw. Dezentralisierung) lassen sich mit Gerring und Thacker (2008) im Bereich der politischen „Inklusion" vielfältiger Interessen und Minderheiten verorten, die (möglichen) Nachteile im Bereich politischer „Authority", wenn den zentralen Einrichtungen die organisatorischen Kapazitäten und die Legitimation fehlt, Politik zu gestalten (Gerring und Thacker 2008). Für die politischen Parteien in der Schweiz bedeutet der föderale Staatsaufbau etwa, dass die nationalen Parteien die Programme und Positionen von bis 26 Kantonalparteien koordinieren müssen. Durch die starke Föderalisierung (und die Konkordanz) fiel es den nationalen Parteien lange Zeit schwerer, stärker polarisierte Parteiprogramme zu entwickeln, da kantonale Verbände leicht ausscheren können.

Neben den oben vorgestellten allgemeinen Merkmalen bauen Föderalismuskonzepte aber auch auf einzelnen, herausragenden Charakteristika auf. Solche Konzepte werden meist nicht systematisch entwickelt, sondern ad hoc aufgrund einzelner Merkmale gebildet. Sie haben sowohl eine deskriptive wie auch eine normative Funktion. So steht etwa beim kooperativen Föderalismus der Aspekt der zwischen Bund und Gliedstaaten geteilten Kompetenzen (Politikverflechtung) und der Solidarität untereinander im Zentrum, während der duale bzw. Trennföderalismus die wechselseitig exklusiven Kompetenzdomänen betont. Wie in den USA nimmt die Idee des dualen bzw. Trennföderalismus in der Schweiz eine wichtige Rolle ein, die durch die Föderalismusreform und die Neuordnung des Finanzausgleichs wieder revitalisiert wurde.

Dagegen sind beim Verbundföderalismus (Deutschland) die Gliedstaaten viel stärker auf die Kofinanzierung durch den Bund angewiesen und der Bund beim Vollzug eigener Aufgaben auf die Länderverwaltungen. Der Vollzugsföderalismus stellt daher auf die schwach ausgebaute administrative Dimension des Bundes ab, der für den Vollzug auch eigener Kompetenzen auf die Landesverwaltungen angewiesen ist (Beispiele Deutschland und USA). Das Konzept des asymmetrischen Föderalismus stellt darauf ab, dass die Gliedstaaten unterschiedlich stark mit eigenen Kompetenzen ausgestattet sind (Beispiele Spanien und UK). Allerdings fehlen in diesen Systemen meist entscheidende Föderalismusmerkmale, so dass eigentlich gar kein echter Föderalismus vorliegt. Tabelle 3.1 fasst gängige (normative) Konzepte und Einteilungsstrategien der Föderalismusforschung zusammen. Weitere Konzepte finden sich in den Übergangsbereichen zu Regionalismusforschung und Devolution (Kap. 3.2). Hier ist auch das Konzept des asymmetrischen Föderalismus zu nennen. Des Weiteren beschreibt etwa Härtel (2012) einen nichthoheitlichen Föderalismus, bei dem konstitutive Elemente von Staatlichkeit weitgehend fehlen. Das Konzept beschreibt die (grenzüberschreitende) Bildung von Groß-Regionen, die wiederum auf bestehende oder zu fördernde sozioökonomische Verflechtungen Bezug nehmen. Die räumliche Abgrenzung und institutionelle Ausgestaltung solcher Regionen ist flexibel und kann an den sozioökonomischen Wandel oder an veränderte politische Ziele anpasst werden.

Ziele solcher funktionaler Zusammenschlüsse können sein, Ressourcen zu bündeln und dadurch Skaleneffekte zu erzielen oder ähnliche Probleme (z. B. Infrastruktur und Wirtschaftsförderung) gemeinsam zu lösen. Solche regionalpolitischen Initiativen können z. B. auf die Förderung strukturschwacher, ländlicher Regionen zielen, aber auch die (weitere) Förderung von Synergien in prosperierenden Metropolregionen zum Ziel haben. Ähnlich wie erweiterte Zweckverbände decken sie aber nicht die ganze Breite staatlicher Leistungen ab, sondern bleiben leistungs- bzw. funktionsbezogen. Inhaltliche Schwerpunkte können die Förderung des Infrastrukturausbaus oder von Innovation sein. Die Kooperation ist mehr oder weniger freiwillig, so dass keine direkte hierarchische Steuerung in Frage kommt (Härtel 2012, S. 622). Vielmehr lässt sich die Koordinationsform als ‚regional governance' umschreiben, die die klassische Verwaltungssteuerung ergänzen durch marktliche Elemente, Selbstregulierung, Partizipation und Verhandlungen. Zu den dadurch ermöglichten Vorteilen gehören eine bessere Zielorientierung und höhere Motivation und Loyalität der Beteiligten, ein besseres Wissensmanagement und die Reduzierung von Vetopositionen sowie Effektivitäts- und Effizienzvorteile (Härtel 2012, S. 629).

Zu beachten bleibt dabei aber, dass solche Einrichtungen keine Staatsqualität haben und auch keine eigenen, demokratisch legitimierten Legislativ- oder Exekutivorgane. Sie sind institutionell nicht an der Willensbildung in den übergeordneten Glied- oder Bundesstaaten beteiligt, haben kein direkt legitimiertes Statut und kön-

Tab. 3.1 Einfache Föderalismuskonzepte. (Quelle: Eigene Zusammenstellung)

Kooperativer bzw. Verbundföderalismus	Zusammenarbeit der Ebenen oder der Gliedstaaten untereinander, um gewisse Aufgaben zu erfüllen (Verbund- oder Gemeinschaftsaufgaben). Gestaltungselemente: Finanzausgleich, interkantonale Zusammenarbeit
Dualer bzw. Trennföderalismus	Klare Kompetenzabgrenzung zwischen den beiden/ verschiedenen Ebenen. Aufgaben meist in alleiniger Zuständigkeit einer Ebene („bipolare" Verfassungsordnung, Beispiele USA, Schweiz)
Vollzugsföderalismus	Bundesebene ist zum Vollzug seiner Gesetze auf die Verwaltungen und die Ausführungsgesetzgebung der Gliedstaaten angewiesen
Exekutivföderalismus	Mitglieder der Regierungen der Gliedstaaten sind ex officio Mitglieder der Zweiten Kammer auf Bundesebene. Beispiele: Deutscher Bundesrat und EU-Ministerrat
Konkurrenz- bzw. Wettbewerbsföderalismus	Die Gliedstaaten stehen miteinander im Wettbewerb um Einwohner und Einnahmen. Dadurch soll Innovation und Leistungsbereitschaft gefördert werden (z. B. USA, Schweiz)
Asymmetrischer Föderalismus	Gliedstaaten haben gleiche bzw. unterschiedliche Rechte im Bundesstaat. „Echter" Föderalismus ist i. d. R. symmetrisch. Daher auch synonym für dezentralisierte Einheitsstaaten mit teilweise starken regionalen Teilidentitäten (z. B. Schottland, Katalonien und Südtirol)
Gestaltungs- bzw. Beteiligungsföderalismus	Verlust eigener Gestaltungsmacht der Gliedstaaten und Reduzierung auf bloße Beteiligungsrechte (teilweise synonym zu Vollzugsföderalismus)

nen keine (direkte) Staatsgewalt ausüben. Während solche Entwicklungen zwar zu beobachten sind, bleibt aber fraglich, ob sie angemessen unter dem Begriff des Föderalismus subsumiert werden könnten, oder sich nicht besser Konzepte aus der Regionalismus-, Devolutions- und Dezentralisierungsforschung anbieten.

3.2 Abgrenzung: Regionalismus, Devolution und Dezentralisierung

Wozu braucht man überhaupt „comparative federalism", wenn die Inhalte auch weitgehend durch die vergleichende Regionalismus- oder Devolutionsforschung mit abgedeckt werden können? Die vergleichende Regionalismusforschung hat etwa den Vorteil, ihre Analyseeinheiten nicht auf die Ebene der Glied- bzw. Bundesstaaten beschränken zu müssen. Vielmehr ist die Untersuchungseinheit „Region" wesentlich flexibler anwendbar und kann z. B. auch durch sozioökonomische Merkmale wie Sprache, wirtschaftliche Performance und Verflechtungen oder Konfessionen definiert werden. Die 270 Regionen der EU wurden zu statistischen Zwecken definiert, um Unterschiede bei sozioökonomischen Indikatoren genauer aufschlüsseln zu können. Auf der Ebene von NUTS 2 ist Deutschland in 38 Regionen aufgeteilt, Österreich in 9 und Spanien in 19 Regionen. In Österreich entsprechen die Regionen den Bundesländern, in Deutschland sind die Bundesländer in weitere Regionen aufgegliedert. In unitarischen Staaten entsprechen die EU-Regionen meist den Provinzen oder den höheren lokalen Regierungsstrukturen.

Durch die regionale Statistikebene werden Vergleiche auch zwischen Bundes- und Einheitsstaaten möglich. So lag etwa 2012 in Deutschland die Erwerbslosenquote bei durchschnittlich 5,5 % und in Frankreich bei 10,4 % (Eurostat 2013). Auf regionaler Ebene lagen jedoch lagen Mecklenburg-Vorpommern und Berlin mit 10,8 und 10,6 % noch über dem französischen Durchschnitt, während z. B. in der Region Oberbayern mit einer Erwerbslosenquote von 2,7 % faktisch Vollbeschäftigung herrschte. Die niedrigsten regionalen Quoten in der EU wurden in Salzburg und Tirol mit 2,5 % gemeldet, in Deutschland für Oberbayern und Trier mit je 2,7 %. Die höchste regionale Arbeitslosigkeit in der EU wurde für die spanischen Regionen Ceuta (38,5 %), Andalucía (34,6 %), Extremadura und Canarias (je 33,0 %) ermittelt (Eurostat 2013). Bei der Jugenderwerbslosigkeit (15–24 Jahre) gibt es noch deutlichere Unterschiede. Der EU27-Durchschnitt von 22,9 % wird am deutlichsten in den Regionen Oberbayern (4,2 %), Tübingen (4,5 %) und Freiburg (4,8 %) unterschritten und in den Regionen Dytiki Makedonia (72,5 %, Griechenland) sowie Ceuta (70,6 %) und Canarias (62,6 %) in Spanien übertroffen (Eurostat 2013).

Zwar werden Regionen meist entlang von Länder- oder Provinzgrenzen definiert, die Einteilung bleibt jedoch nicht darauf beschränkt. Dagegen ist für die Föderalismusforschung eine politisch-institutionelle Dimension unentbehrlich. Dadurch kann ein sozioökonomisches Outcome wie z. B. die Arbeitslosigkeit, stärker auf politisch-institutionelle Input- oder Throughput-Strukturen bezogen werden, die in Regionen nicht zwingend vorhanden sein müssen. So sind zwar in den meisten föderalen EU-Staaten die NUTS 2-Regionen mit den Gliedstaaten identisch, in Deutschland jedoch mit makro-kommunalen Strukturen, die im Vergleich zu den Bundesländern, aber auch zwischen den Bundesländern ganz unterschiedliche politische Strukturen und Kompetenzen haben.

Auch hilft die Staatsqualität der Analyseeinheiten dabei, willkürliche Grenzziehungen zu vermeiden – was nicht ausschließt, dass die Staatsgrenzen selbst einmal willkürlich gezogen worden sind. Der entscheidende Unterschied zum Konzept der Region ist aber, dass sowohl ein Bundesstaat wie auch Gliedstaaten eigene politische Systeme sind und somit als politisch handlungsfähige Einheiten aktiv werden

3.2 Abgrenzung: Regionalismus, Devolution und Dezentralisierung

können. Diese politischen Merkmale fehlen einer Region in der Regel. Dadurch ist für ‚comparative federalism' das ganze Methodenspektrum der Analyse und des Vergleichs politischer Systeme relevant, während die Regionalismusforschung meist nur Teilbereiche daraus benötigt, dafür aber stärker auf Nachbardisziplinen wie Siedlungsgeographie oder Sozialstrukturanalyse zugreifen kann.

Diese Einschränkungen gelten auch für die Analysekonzepte der Dezentralisierung und der Devolution, die als „Megatrends" des Wandels von Staatlichkeit nicht nur bei Einheitsstaaten vorkommen. Devolution und Dezentralisierung werden gelegentlich mit Föderalisierung verwechselt. Im Unterschied zum Föderalismus fehlt bei Devolution aber die vertikale Dimension der Repräsentation der regionalen Ebene auf der zentralen Ebene. Kennzeichen von Devolution ist auch die asymmetrische Abgabe von Kompetenzen an einzelne Regionen, wie z. B. an Schottland im Vereinigten Königreich oder an Südtirol in Italien. Auch die bei der spanischen Transition anfangs vorgegebenen zwei Kompetenzniveaus der Autonomen Gemeinschaften sind ein typisches Merkmal für Devolution von Einheitsstaaten. Die Übertragung von Kompetenzen an die Regionen ist an die Stärke der Nachfrage aus den Regionen gekoppelt. Auch geht die Kompetenzabgabe des Zentralstaates zugunsten der Regionen nicht mit einer Stärkung der Vetomacht der Regionen auf zentraler Ebene einher, wie die Beispiele der Devolution im Vereinigten Königreich und in Spanien zeigen.

Dezentralisierung dagegen liegt quer zur Unterscheidung von Bundesstaaten und Einheitsstaaten, da sie mit beiden Staatsformen kompatibel ist. Dezentralisierung ist ein vielschichtiges Konzept. Wie bei Devolution sollten mindestens drei Dimensionen unterschieden werden (Watts 2008, S. 172):

- eine legislative Dimension mit den beiden Aspekten „scope of jurisdiction exercised by each level of government, and the degree of autonomy or freedom from control by other levels of government with which a particular government performs the tasks assigned to it" (Watts 2008, S. 172);
- eine administrative, bei der die Bundesgesetze mehr oder weniger umfangreich durch Landesbehörden ausgeführt werden, die wiederum einen mehr oder weniger großen Spielraum bei der Ausführung haben. Die Vereinigten Staaten, Deutschland und die Schweiz sind Beispiele für einen relativ hohen des Vollzugs von Bundesgesetzen durch die Verwaltungen der Gliedstaaten;
- und schließlich eine fiskalische, die sich aus dem Anteil der Einnahmen und Ausgaben der unterschiedlichen Ebenen sowie der Transfers zwischen ihnen ergibt. Dabei können Einheitsstaaten auf unteren Ebenen durchaus größere Ausgabenanteile verantworten (z. B. im Gesundheits- und Sozialbereich) als die Gliedstaaten in Bundesstaaten. Föderalismus und fiskalische Dezentralisierung hängen nicht unmittelbar zusammen.

Ein Beispiel für die Dezentralisierung eines Einheitsstaates ist Frankreich (insb. unter Mitterand), wobei der Schwerpunkt in der administrativen Dimension lag bzw. liegt. Dezentralisierung und Devolution sind primär horizontale Strukturprinzipien. Dagegen ist Föderalismus meist „von den Ländern her gegründet", wenn auch ggf. vom Bund her gedacht (Tab. 3.2).

Reiter et al. (2011) vergleichen mit Deutschland, Frankreich und England ein föderales, ein einheitsstaatliches und eine Devolutionsmodell im Hinblick auf ihre Dezentralisierungspolitiken. Föderalismus, Devolution und Dezentralisierung stellten dabei unterschiedliche Herausforderungen für die horizontale und vertikale Politik- und Verwaltungskoordination dar. Sie unterscheiden dabei zwischen politischer und administrativer Dezentralisierung und (administrativer) Dekonzentration.

Bei politischer Dezentralisierung wird eine (neue) Aufgabe vollständig auf lokale Gebietskörperschaften übertragen, einschließlich der vollen Zuständigkeit eines demokratisch gewählten Vertretungsorgans für die Planung, Finanzierung und Verwaltung der übertragenen Aufgabe (Reiter et al. 2011, S. 68). Bei einer administrativen Dezentralisierung werden dagegen Entscheidungs- und Kontrollkompetenzen nicht auf die Ebene der kommunalen Selbstverwaltung übertragen. Die Behörden vor Ort können zwar über die Organisation der Aufgaben (mit)entscheiden, „sie handeln jedoch als Agenten des Staates, d. h., sie bleiben nicht nur der staatlichen Rechts-, sondern auch der Fachaufsicht unterworfen" (Reiter et al. 2011, S. 68).

Bei der administrativen Dekonzentration werden zentralstaatliche Aufgaben an subnationale Behörden oder öffentlich-rechtliche Einrichtungen übertragen, die aber nach wie vor Bestandteil der zentralstaatlichen Verwaltung sind. Beispiele hierfür sind „dekonzentrierte" (Fach-)Behörden und „halbautonome, lokal angesiedelte staatliche Agenturen" (Reiter et al. 2011, S. 68). Dazu wird auch die im angelsächsischen Bereich häufig anzutreffende Herauslösung von Aufgaben aus dem kommunalen Funktionsportfolio und deren Übertragung auf eigenständige Verwaltungseinheiten gezählt, die trotz ihrer Autonomisierung noch einer direkten Verantwortlichkeit gegenüber dem Zentralstaates unterstellt sind (Reiter et al. 2011, S. 68).

Alle diese Formen der Dezentralisierung orientieren sich entweder an einem territorialen, multifunktionalen Organisationsmodell (wie etwas das deutsche Gebietsorganisationsmodell und die britischen Government Offices for the Regions) oder sie lassen sich als funktionale, aufgabenorientierte Differenzierung der Verwaltungsorganisation umschreiben (multi vs. single purpose model). So stärkt politische Dezentralisierung auch nicht unmittelbar die Möglichkeiten der lokalen Demokratie und administrative Dezentralisierung bzw. Dekonzentration führen

3.2 Abgrenzung: Regionalismus, Devolution und Dezentralisierung

Tab. 3.2 Dezentralisierung, Devolution und Föderalismus im Vergleich. (Quelle: Eigene Zusammenstellung)

	Dezentralisierung	Devolution	Föderalismus
Aufgaben und Kompetenzen	Administrativ: (Symmetrische) Übertragung von primär administrativen Aufgaben und ggf. exekutiven Kompetenzen auf die regionale Ebene. Auch Bundesstaaten können (de)zentralisiert sein („plattformunabhängig")	Administrativ, exekutiv und ggf. legislativ: (Asymmetrische) Übertragung von Aufgaben & Kompetenzen in Einheitsstaaten an subnationale Gebietskörperschaften, um nationalistische bzw. separatistische Bestrebungen zu regulieren	Administrativ, exekutiv & legislativ: Zusammenschluss gleichberechtigter (Glied)Staaten mit Kompetenzübertragung an autonome, föderale Organe „Residualkompetenz" der Gliedstaaten
Zweck	Verwaltungsmodernisierung und Anpassung an Europäisierung	Befriedung nationalistischer bzw. separatistischer Bestrebungen	Befriedung regionaler Autonomiebedürfnisse. Bewahrung traditioneller Identitäten
Form	Meist symmetrisch, da auf regionale Besonderheiten keine Rücksicht genommen werden muss	Meist asymmetrisch aufgrund unterschiedlich starker Separatismen	Symmetrisch
Hierarchie	Hoch	Mittel	Gering
Bestandsgarantie Gliedstaat	Nein	Nein	Ja (Subsidiarität)
Beispiele	Frankreich, Polen, Irland, Tschechien	Vereinigtes Königreich (seit 1998), Spanien, Italien	Australien, Belgien, Deutschland, Kanada, Österreich, Schweiz, USA

nicht automatisch zur besseren Wirkungsorientierung oder Effizienzsteigerung des Verwaltungshandelns (Reiter et al. 2011, S. 81).

Im Unterschied zur Dezentralisierung (oder Devolution) von Zentralstaaten werden im Föderalismus in der Regel keine neuen Einheiten mit Staatsqualität geschaffen, sondern lediglich Kompetenzen von unten nach oben delegiert (Ausnahme Belgien). Im föderalen Staat gilt, dass alle Rechte, die nicht explizit dem Bund übertragen worden sind, von den Gliedstaaten ausgeübt werden (Art. 3 BV, Art. 30, 70 I und 72 GG, anders in Belgien). Dagegen haben im dezentralisierten Einheitsstaat die Untergliederungen nur die Kompetenzen, die ihnen vom Parlament zugeteilt worden sind. Theoretisch können solche Kompetenzdelegationen durch die zentrale Ebene auch wieder rückgängig gemacht werden, in der Praxis ist dies jedoch unwahrscheinlich. Im Fall der britischen Devolution wurde die Schaffung von Parlament und Regierung in Schottland sowie einer Versammlung und Exekutive in Wales sowohl durch Gesetze als auch plebiszitär legitimiert.

Durch die mit den Gliedstaaten geteilte Souveränität und den Aufbau des Gesamtstaates „von unten nach oben" ergibt sich eine Verdopplung der Legitimationsanforderungen von Akten der Zentralgewalt. Diese müssen zum einen durch ein eigenes, demokratisch gewähltes Parlament legitimiert werden, zum anderen aber auch durch die Gliedstaaten, die auf Bundesebene durch eine zweite Kammer repräsentiert werden. In der Bundesverfassung der Schweiz findet diese doppelte Legitimationsanforderung in der Formulierung des Art. 1 Ausdruck, nach der das Schweizervolk und die Kantone gemeinsam die Schweizerische Eidgenossenschaft bilden. „Das Schweizervolk und die Kantone" liefert auch die Formel für die Spannung zwischen Demokratie und Föderalismus, die auch in der Schweiz zu Zentralisierungstendenzen führt, wenn Unterschiede bei kantonalen Regelungen in Politik und Öffentlichkeit in Misskredit geraten. Dann können Forderungen nach Vereinheitlichung kantonaler Regelungen entstehen und das der Bund sich des Problems bzw. Politikfeldes annehmen müsse. Nach Art. 2 Abs. 3 BV trägt der Bund die Sorge „für eine möglichst große Chancengleichheit unter den Bürgerinnen und Bürgern". Das Pendant in der deutschen Verfassung ist Art. 72, Abs. 2, der dem Bund die Aufgabe der „Herstellung gleichwertiger Lebensverhältnisse" zuweist.

Ein typisches Merkmal des Föderalismus ist der Subsidiaritätsgedanke. Dieser u. a. aus der katholischen Soziallehre stammende Begriff besagt, dass Entscheidungen so nah wie möglich bei den Bürgern verbleiben und nur an höhere Ebenen delegiert werden sollen, wenn die unteren Ebenen die Aufgabe nicht angemessen erledigen können. Die Delegation von Kompetenzen auf höhere Ebenen steht also unter dem Vorbehalt ihrer zweckmäßigen Begründung. Wie bei den finanzpolitischen Schuldenbremsen ist aber auch die Wirksamkeit von Subsidiaritätsklauseln umstritten. Selbst (oder gerade) in der Schweiz lässt sich eine weitere Zentralisierung kaum stoppen, etwa aufgrund der gestiegenen Mobilität der Bürger wie der nationalen und internationalen Unternehmen, die innerhalb eines Landes nicht mit 26 unterschiedlichen Rechtsordnungen konfrontiert werden können. So ist trotz der im Vergleich zu Österreich und Deutschland breit ausgebauten Gestaltungs- und Vetomöglichkeiten der Kantone auch in der Schweiz eine langfristige Tendenz zur Zentralisierung beobachtet (und kritisiert) worden (Schoch/NZZ 2011).

3.3 Föderalismus als Power Sharing

3.3.1 Formen der Gewaltenteilung

Das Hauptinteresse der politischen Theorie galt und gilt der Ausgestaltung und Begründung der horizontalen, nicht der vertikalen Gewaltenteilung. Darin spiegelt sich auch die Relevanz des Föderalismus auf der politischen Ebene wieder. Von den knapp 200 Staaten der Welt sind nur 22, also etwa 11 %, föderal organisiert. Bei der regionalen Verteilung fällt eine gewissen „Clusterbildung" auf. Die Schweiz, Österreich, Belgien und Deutschland in Mitteleuropa, Kanada, die USA und Mexiko in Nordamerika, Indien, Pakistan, Malaysia und Australien in Südostasien, Argentinien, Brasilien, Venezuela in Südamerika. Eine Reihe von Bundesstaaten sind im Zuge der Entkolonialisierung entstanden. Auch die Entstehungsgeschichte der Schweiz als Ablösung vom Habsburgerreich kann im weiteren Sinne in diesen Kontext eingeordnet werden.

Eines der Hauptprobleme bei der Entstehung demokratischer, rechtsstaatlicher Systeme zu Beginn der Moderne war die Institutionalisierung des staatlichen Gewaltmonopols und daran anschließend die Entwicklung von Formen der Gewaltenteilung zur Begrenzung staatlicher Willkür. Die staatliche Monopolisierung der Gewaltausübung wird meist unter dem Konzept der Souveränität verhandelt, die Trennung von Gewalten zur besseren Machtkontrolle unter dem des Power Sharings. Neben der horizontalen Gewaltenteilung von Legislative, Exekutive und Judikative (auch: von Regierung und Opposition) stellt Föderalismus eine zusätzliche, vertikale Form der Gewaltenteilung dar. Die Idee des Föderalismus lehnt also eine zentralisierte territoriale Gebietshoheit ab. Darin kommt auch ein vormodernes Moment der Machtteilung zum Ausdruck: „As in the pre-modern political tradition, political power remains divided among different levels of government. Typically, the constituent units-provinces, states, or cantons-retain ‚traditional' powers over culture, language, education, and welfare. The national level of government, on the other hand, assumes responsibility for the more ‚modern' tasks of regulating trade and commerce, alongside such traditional ones as foreign policy and defence" (Hueglin und Fenna 2006, S. 40).

Die Argumente für und gegen diese zusätzliche Form der Gewaltenteilung sind vielfältig (Kap. 3.1). Häufig wird mit dem Schutz und dem „self-government" kleinerer Gemeinschaften innerhalb eines Nationalstaates argumentiert. Föderalismus in diesem Sinne ist auch ein Schutz vor Nationalismus, da mit den verschiedenen Ebenen immer auch verschiedene Identitäten ausbalanciert werden müssen. Neben dem Argument des Schutzes bestehender, partikularer Identitäten hat das Argument der Selbstregierung kleinerer Gemeinschaften eine normative und eine empirische Dimension. Neben der normativen Dimension der Selbstregierung geht es aber auch um die Frage, welche empirischen Effekte eine föderale Staatsstruktur auf z. B. die Demokratiequalität oder die wirtschaftliche Leistungsfähigkeit hat. Einerseits sind subnationale Regierungen näher an der Bevölkerung und können möglicherweise mehr Responsivität für deren Wünsche (und Befürchtungen) entwickeln. Andererseits wird die Politik durch die Verdopplung politischer Strukturen aber auch unübersichtlicher und Verantwortung kann verwischt werden. „Accountability, transparency and efficiency may all be impaired as a consequence" (Hueglin und Fenna 2006, S. 42).

Ähnlich zweischneidig ist auch das Argument des Schutzes regionaler Identitäten und der Vorbeugung von Nationalismus. Kann eine föderale Struktur einzelnen Gliedstaaten nicht auch die Möglichkeit geben, einen eigenen Nationalismus zu entwickeln und nach vollständiger Unabhängigkeit zu streben? Quebec in Kanada und Katalonien in Spanien sind hierfür Beispiele. Allerdings ist dieses Problem nicht auf föderale Staaten begrenzt, wie das schottische Unabhängigkeitsstreben illustriert. Oft sind es wirtschaftlich wohlhabendere Gliedstaaten, die mehr Unabhängigkeit fordern, da sie erhebliche innerstaatliche Transfers zugunsten der ärmeren Nachbarn leisten müssen. Aber auch eine eigene Sprache (Quebec) und Tradition (Schottland) können Separatismus begünstigen.

Neben der horizontalen und vertikalen Gewaltenteilung sind weitere Formen des Power Sharing möglich. Hier sind insbesondere Konsens- und Konkordanzdemokratien zu nennen sowie die Formen der direkten Demokratie. Beides findet sich im politischen System der Schweiz mit einer föderalen Ordnung kombiniert, ohne dass diese Elemente allerdings in einem inneren Zusammenhang stehen müssen. Direkte Demokratie ist eine Form der Gewaltenteilung zwischen den Repräsentationsorganen des politischen Systems und der Bevölkerung. Durch obligatorische und fakultative Referenden kann die Bevölkerung das letzte Wort in einem Gesetzgebungsprozess haben. Des Weiteren können mittels Volksinitiativen bestimmte Themen auf die politische Agenda gesetzt werden, die aus Sicht der Bevölkerung von den politischen Eliten vernachlässigt werden. Neben der Schweiz kommen diese Verfahren häufig in den Bundesstaaten der USA, aber auch z. B. in Österreich oder Slowenien zur Anwendung (Krumm 2013b, S. 60). Eine gewisse Nähe zu föderalen Systemen ist offensichtlich, jedoch besteht kein notwendiger Zusammenhang.

Noch lockerer ist die Verbindung von Föderalismus und Konsens- oder Konkordanzdemokratie. Kennzeichen letzterer sind von den politischen Eliten freiwillig praktizierte Konsensformen wie z. B. eine Orientierung am Proporz bei der Besetzung politischer Ämter. Oft liegt diesen Praktiken eine sprachlich oder konfessionell heterogene Gesellschaftsstruktur zugrunde. Bei einer strengen Anwendung der Mehrheitsregel würden die Konflikte in solchen Gesellschaften weiter vertieft werden, worunter die politische Stabilität und die ökonomische Leistungsfähigkeit leiden könnte. Die Anliegen von Föderalismus und Konsensusdemokratie überschneiden sich daher im Schutz partikularer Identitäten und Gruppen vor einer „Tyrannei der Mehrheit", beschreiben zur Realisierung dieses Zieles jedoch unterschiedliche Wege. Konsensusdemokratie setzt auf freiwilligen Proporz in der exekutiven und administrativen Dimension, während Föderalismus gleich die gesamte (horizontale) Gewaltenteilung auf einer Gliedstaatenebene vervielfältigt.

3.3.2 Ideengeschichte

In der Frage der Staatsorganisation gibt es zwei klassische (antike) Vorbilder: die nur sehr lose miteinander verkoppelten Stadtstaaten der Griechen und das zentralistisch organisierte Römische Reich (Höffe 2002, S. 142). Über den calvinistischen Staatsdenker Johannes Althusius (1563–1638) und die Autoren der Federalist Papers, aber auch über die katholische Subsidiaritätslehre, wirkte die Idee eines Vertrages oder Bundes zwischen selbstständigen, aber relativ kleinen Staaten bis in das politische Denken der Gegenwart hinein. Föderalismus, so wurde argumentiert, beuge bei großen Staatenbünden der inneren Korruption vor und kompensiere bei kleinen Staaten, die alleine vielleicht kaum überlebensfähig wären, fehlende politische Macht und Einfluss (Höffe 2002, S. 142).

Für ideengeschichtliche Vertreter des Einheitsstaates waren staatliche Zusammenschlüsse nur als zwischenstaatliche (bzw. außenpolitische) Allianzen und Bündnisse denkbar. Mit der Vertragstheorie z. B. eines Thomas Hobbes (1588–1679) oder des Genfers Jean Jacques Rousseau (1712–1778) wären zwar theoretisch „Unterverträge" denkbar gewesen, jedoch stand der Idee solcher Staaten im Staate den jeweiligen Souveränitätslehren entgegen. Souveränität war bei Hobbes wie auch bei Rousseau noch unteilbar (und damit unbegrenzt) gedacht, auch wenn die Souveränitätssubjekte unterschiedlich waren. Föderalismus als Zusammenschluss von Teilinteressen wäre bei Rousseau der Homogenität des volonté générale entgegen gelaufen (Contrat Social II, 3) und bei Hobbes eine unvollständige Autorisierung bzw. Übertragung der individuellen Rechte auf den „Leviathan" (als Einzelperson oder Versammlung).

„Limited government" wurde ideengeschichtlich erst durch John Locke (1632–1704) eingeführt, der zwischen legislativen und exekutiven Funktionen unterschied und auch eine „föderative Gewalt" kannte. Diese ist für die Sicherheit und Interessen des Volkes nach außen zuständig, was Entscheidungen über Krieg und Frieden und „über Bündnisse und alle Abmachungen mit Personen und Gemeinschaften außerhalb des Staatswesens" (Second Treatise, 146) betrifft. Allerdings räumt Locke ein, dass sich diese Funktion nur theoretisch unterscheiden lasse und in der Praxis bei der Exekutive angesiedelt sei. Wie bei Hobbes bereits angelegt, war die föderative Gewalt eine Frage der internationalen Politik im Staate. Locke und auch Montesquieu (1689–1755), mit dem schließlich die moderne vertikale Dreiteilung der Staatsgewalten zu Ende gedacht wurde, ging es primär um die horizontale Gewaltenteilung, nicht um eine vertikale Aufteilung von Souveränität.

Diese Idee blieb auch Kant (1724–1804) fremd, der aber die Idee eines Weltföderalismus, eines Zusammenschlusses souveräner Staaten zu einem globalen Staatenbund unterstützte. Die Idee eines Weltstaates hielt er für moralisch und praktisch nicht angeraten. Dagegen kann nach seiner Ansicht eine Föderation von Republiken unter einem internationalen Recht den Frieden zwischen den Nationen sichern. Jeder Staat hat ein Interesse an der Erhaltung eines internationalen Rechts, das seine Rechte und Pflichten definiert und ihn somit vor den Aggressionen anderer Staaten schützt und einen gerechten Austausch zwischen ihnen ermöglicht. Eine Föderation autonomer Staaten hat den Zweck, den Austausch der Staaten untereinander unter ein einziges moralisches Gesetz zu stellen, wie dies analog für den kategorischen Imperativ auf der Ebene des individuellen Austauschs (zwischen Personen) gedacht ist (Kant 2008).

Eine praktische Aufwertung kam erst mit der US-amerikanischen Verfassungsdebatte 1787, bei der die als ungenügend empfundenen „Articles of Confederation" von 1777 überholt werden sollten. Während des Philadelphia-Konvents entstand allerdings ein neuer, bundesstaatlicher Verfassungsentwurf, um dessen Legitimation sich die bekannte Auseinandersetzung von Federalists und Anti-Federalists entsponn. Vor diesem Hintergrund erklärt sich auch, weshalb Föderalismus in den angelsächsischen Ländern mit Zentralismus assoziiert wird. Aus Sicht der Befürworter einer konföderalen Ordnung waren die Federalists Zentralisten. Dagegen wird aus kontinentaleuropäischer Sicht eine bundesstaatliche Ordnung – im Vergleich zum Einheitsstaat – als dezentral angesehen. Die historische Dimension ist nicht nur für das Begriffsverständnis wichtig, sondern auch für die Entwicklungstendenzen föderaler Ordnungen. Birrer (2007) hat treffend bemerkt, dass ein Bundesstaat, der aus einem Staatenbund entsteht, zu weiterer Zentralisierung tendiert, während Bundesstaaten, die aus Einheitsstaaten entstanden sind (Beispiel Belgien), zu Desintegration neigen, vor allem, wenn sie entlang ethnischer, religiöser oder sprachlich-kultureller Grenzen föderalisiert werden (Birrer 2007). Am Beispiel der Federalist Papers lässt sich auch illustrieren, weshalb für die Verfassungsgeber eine unitarische Staatsform nicht in Frage kam. Diese erinnerte zu stark an den europäischen Staatsabsolutismus, von dem sich die ersten Siedler ja gezielt abgewandt hatten. „Hence, it was the modernizers who sought to superimpose the vested interests of separate settler societies with the central institutions of modern governance" (Huegelin und Fenna 2006, S. 133).

Im Hinblick auf Ziele und Intensität eines Zusammenschlusses lassen sich Staatenbünde und Bundesstaaten unterscheiden. Die (vermutlich) 1291 durch die Orte Uri, Schwyz und Unterwalden gegründete „Alte Eidgenossenschaft" ist ein Beispiel für einen Staatenbund. In der Gründungsphase der Vereinigten Staaten von Amerika wurde die Kontroverse um Vor- und Nachteile von Staatenbund und Bundesstaat exemplarisch zwischen den Anti-Federalists und den Federalists ausgetragen. In der EU-Integrationstheorie wird für die staatenbündischen Momente der Begriff des Intergouvernmentalismus verwendet, für den i. d. R. Einstimmigkeit als Entscheidungsregel kennzeichnend ist.

Im Unterschied zu den antiken Staatenbünden, der Alten Eidgenossenschaft bis 1798, dem Deutschen Bund von 1815–1860 oder zur Konföderation der Vereinigten Staaten von 1783–1788, wird bei der Gründung eines Bundesstaates ein gewichtiger Anteil eigener Souveränität an eine neu geschaffene, föderale (bzw. dezentrale) Ebene mit eigenen Institutionen und Kompetenzen abgegeben bzw. mit diesen geteilt. Das schließt nicht aus, dass staatenbündische Strukturen auch in einem bundesstaatlichen Kontext praktiziert werden können (z. B. kantonale Fachkonferenzen).

Bundesstaaten haben eine Verfassung, in der die Kompetenzen und die Organisation des Bundes normiert ist und nur mit einer qualifizierten Mehrheit zu ändern sind. Staatenbünde beruhen auf einem Vertrag, der nur einstimmig zu ändern ist. Soziologisch findet in einem Staatenbund (einen Vertrag) eine Vergesellschaftung punktueller, spezifischer Interessen statt, in einem Bundesstaat (einer Verfassungsgebung) eine „Vergemeinschaftung" allgemeiner Interessen und Identitäten. Da das Zugehörigkeitsgefühl durch spezifische Interessenskonflikte nicht mehr gefährdet werden kann, kann auf den Entscheidungsmodus der Einstimmigkeit verzichtet werden. In der EU-Integrationsdebatte gibt es dafür den Begriff des Supranationalismus.

3.3.3 Staatenbund und Bundesstaat

Staatenbünde und Bundesstaaten sind unterschiedlich enge Zusammenschlüsse von Einzel- bzw. Gliedstaaten mit unterschiedlich weitreichender Kompetenzausstattung der zentralen Ebene. Bei Staatenbünden erfolgt der Zusammenschluss souveräner Staaten ohne Souveränitätstransfer an eine föderale, suprastaatliche Ebene. Die einzelnen Staaten bleiben in jeder Hinsicht autonom und können theoretisch jederzeit wieder aus dem Staatenbund austreten. Die zentrale Ebene eines solchen

Bundes hat lediglich eine Koordinationsfunktion für die Entscheidungsfindung der Einzelstaaten. Der Entscheidungsmodus ist intergouvernmental, Entscheidungen werden einstimmig getroffen. Im Unterschied dazu ist bei einem Bundesstaat der Bund ein wichtiger Träger von Souveränität. Beide, Gliedstaaten und Bund, haben Staatsqualität und die Existenz der Gliedstaaten ist verfassungsrechtlich garantiert. Die Staaten sind an der Willensbildung des Bundes beteiligt und haben nach dem Subsidiaritätsprinzip alle die Kompetenzen, die nicht explizit an den Bund übertragen worden sind.

Staatenbünde entstehen durch einen Vertrag, Bundesstaaten durch eine Verfassung(sgebung). An dem Vertrag sind die Parlamente der Einzelstaaten beteiligt, entweder bereits bei der Aushandlung meist durch die Regierungen, spätestens jedoch bei Vertragsschluss oder bei dem nachträglichen Beitritt zu einem Staatenbund. Legitimationsgrundlage des Vertrages sind die einzelstaatlichen Verfassungen. Alle Bundesbeschlüsse werden wie Verträge einstimmig entschieden. „Autonome (Mehrheits-)Beschlüsse des Staatenbundes über die Einzelstaaten hinweg sind grundsätzlich nicht möglich" (Blankart 2011, S. 646). Verträge kann man kündigen, Verfassungen nicht. Im Staatenbund haben die Mitgliedsstaaten meist ein Sezessionsrecht; es bestehen keine besonderen Anforderungen an einen Austritt aus dem Staatenbund, „von dem sie im Falle von interessenwidrigen Beschlüssen Gebrauch machen können. Beschlüsse des Staatenbundes müssen nach einer vereinbarten Frist einseitig kündbar und neu verhandelbar sein" (Blankart 2011, S. 646).

Dass die Vertragstheorie für die Erklärung des Bundesstaatsmodells nicht ausreicht, hatte sich bereits in den Artikeln der US-amerikanischen „Federalists" gezeigt. Während in der europäischen Tradition der Staatsbegründung noch der Kontraktualismus vorherrschte, wurde in den Federalist Papers bewusst auf vertragstheoretische Begründungen verzichtet. Die normative Verankerung des Bundestaates erfolgt nicht auf Ebene der Gliedstaatenparlamente und -regierungen, sondern bei den einzelnen Bürgern des Bundesstaates. Allerdings erfolgt die Legitimation der Übertragung von Kompetenzen auf den Bundesstaaten nicht mehr durch Vertragsidee (als Vertrag aller Bürger untereinander zur Einsetzung einer Bundesebene), sondern durch die Idee der Verfassungsgebung durch das Volk, stellvertretend durch eine vom Volk legitimierte verfassungsgebende Versammlung. Am „Verfassungsvertrag" der EU von 2005, später als EU-Vertrag von Lissabon (2009) ‚relaunched', lässt sich dieser Unterschied gut illustrieren.

Blankart (2011, S. 646 ff.) hat aus vertragstheoretischer Perspektive die Unterschiede zwischen dem Staatenbund- und dem Bundesstaatsmodell herausgestellt (Tab. 3.3). So sind etwa für eine Aufgabenzuweisung an die zentrale Ebene unterschiedliche Mehrheiten erforderlich. Beim Staatenbundmodell ist Einstimmigkeit der Staaten erforderlich, in Bundesstaaten eine Mehrheit im Bund, meist auch in

3.3 Föderalismus als Power Sharing

Tab. 3.3 Staatenbund und Bundesstaat aus vertragstheoretischer Sicht. (Quelle: Blankart 2011, S. 647)

	Staatenbundmodell	Bundesstaatsmodell
Bürger	Souverän, Inhaber der Kompetenzkompetenz	Souverän, Inhaber der Kompetenzkompetenz
Einzel-/Gliedstaaten	Vertrag unter den Bürgern der Einzelstaaten und daraus abgeleitete Kompetenzen der Einzelstaaten	Vom Bund delegierte Kompetenzen, kein Vertrag unter den Bürgern auf dieser Ebene
Bund	Vertragliche Verbindung von Einzelstaaten, die dem Bund Kompetenzen delegieren	Vertrag unter den Bürgern im Bund und daraus abgeleitete Kompetenzen des Bundes
Entscheidungen auf Bundesebene	Durch Konsens der Einzelstaaten, die intern nach ihren Regeln entscheiden („Bruttoprinzip")	Durch Mehrheit im Bund (Aggregation der Stimmen über alle Gliedstaaten) („Nettoprinzip")
Sezession – von Einzel-/Gliedstaaten – von Individuen	Ja, aufgrund von Vertrag Ja, aufgrund von Vertrag, z. B. durch Wanderung	Nein, kein Vertrag Ja, aufgrund von Vertrag, durch Wanderung
Beachtung der Mehrheitspräferenzen in den Einzel-/Gliedstaaten	Ja	Nicht zwingend
Entscheidungskosten (EK)	EK (Staatenbund) > EK (Bundesstaat)	
Zentralisierung von Kompetenzen	Bei Mehrheit in jedem Einzelstaat (Bruttoprinzip)	Bei Mehrheit im Bund (Aggregation der Stimmen in den Einzelstaaten; Nettoprinzip)
Zentralisierungstendenz (Z)	Z (Staatenbund) < Z (Bundesstaat)	
Umverteilung zwischen Einzelstaaten	Keine bzw. freiwillige	Durch Mehrheitsbeschluss
Kosten der Kontrolle des Politiker (KK)	KK (Staatenbund) > KK (Bundesstaat)	

der zweiten Kammer (Blankart 2011, S. 646). Bei den Verhandlungs- und Entscheidungskosten wirken sich die höheren Mehrheitserfordernisse des Staatenbundmodells als höhere Verhandlungskosten aus. Einzelstaaten können Beschlüsse verzögern, durch Vetodrohung verändern oder ganz verhindern. Einzelstaaten können sich ihre Zustimmung durch „Paketlösungen" erkaufen (z. B. der Britten-Rabatt[1] in der EU) und dadurch nicht nur die Verhandlungen verzögern, sondern auch die Pareto-Effizienz der Ergebnisse beeinträchtigen.

---

[1] Eine 1984 von der damaligen Premierministerim Margaret Thatcher ausgehandelte deutliche Reduzierung der Nettozahlungen des UK an die EU.

Im Bundesstaatsmodell sind mit den Mehrheitserfordernissen zwar auch die Verhandlungskosten vergleichsweise niedriger, jedoch kann dies zu Lasten von Konsens und Legitimität der Ergebnisse erfolgen. Im Staatenbundmodell ist eine interne Umverteilung nicht zu erwarten. Auch können in diesem Modell die Kontrollkosten (der Aufwand, die Regierung zu kontrollieren) für die Bürger höher sein als im Bundesstaatmodell, das es sich (nach dem Prinzipal-Agent-Theorem) um einen zweistufigen Delegationsprozess handelt. Da die zentrale Ebene in diesem Modell aber schwach bleibt, dürfte auch der Kontrollaufwand auf der zweiten Delegationsstufe überschaubar bleiben (Blankart 2011, S. 648). In der Praxis sind die Probleme von Staatenbundsmodellen etwa bei intergouvernmentalen Zusammenschlüssen und internationalen Organisationen einschlägig.

3.4 Vertikaler und horizontaler Föderalismus

3.4.1 Vertikaler Föderalismus

Föderale Strukturen lassen sich grundlegend in eine vertikale und eine horizontale Dimension aufgliedern. Vertikaler Föderalismus meint dabei die Beteiligung der Gliedstaaten an der Politikentwicklung, Gesetzgebung und dem Vollzug der Politik des Bundes, insbesondere in Form einer von den Gliedstaaten bestellten zweiten Kammer, sowie dessen Einflussnahme auf die Politik der Länder. Horizontaler Föderalismus dagegen umfasst die Beziehungen der Gliedstaaten untereinander, unter mehr oder weniger großer Einflussnahme der Bundesebene.

Die wichtigste Einrichtung des vertikalen Föderalismus ist die Repräsentation der Gliedstaaten auf Bundesebene in der zweiten Kammer, die dadurch primär territoriale Interessen vertreten soll. In der Praxis kann die Interessenvertretung der zweiten Kammer sich aber auch weitgehend an den parteipolitischen Konfliktlinien auf Bundesebene orientieren und Gliedstaateninteressen nur punktuell berücksichtigen. Das Senatsprinzip und die Direktwahl der Vertreter der zweiten Kammer durch die Bevölkerung in den Gliedstaaten (USA, Schweiz) führen tendenziell zu einer Schwächung der Parteibindung und einer Stärkung der Gliedstaateninteressen in der zweiten Kammer. Dagegen führt die Vertretung der Gliedstaaten durch das Bundesratsprinzip (Deutschland, Österreich) leichter zu einer Anpassung der Interessenvertretung in der zweiten Kammer an die vorherrschenden parteipolitischen Konfliktlinien. Formal ist das Bundesratsprinzip, also die Berücksichtigung der Einwohnerzahl bei der Bestimmung der Anzahl der Mitglieder je Gliedstaat in der zweiten Kammer, auch mit einer Direktwahl kombinierbar; in der Praxis ist die Direktwahl jedoch auf das Senatsprinzip beschränkt. Anders formuliert korre-

3.4 Vertikaler und horizontaler Föderalismus

spondiert eine Direktwahl der Mitglieder der zweiten Kammer meist mit einem symmetrischen und eine indirekte Wahl mit einem asymmetrischen Bikameralismus (Tab. 3.4).

Neben dem Wahlmodus der zweiten Kammer spielt aber auch deren Beteiligung an der Gesetzgebung eine entscheidende Rolle für die Bewertung des politischen Einflusses. Hierbei wird zwischen einem symmetrischen und einem asymmetrischen Bikameralismus unterschieden; also danach, ob die zweite Kammer bei der Gesetzgebung gegenüber der ersten gleichberechtigt ist oder nicht. Bei einer gleichberechtigten zweiten Kammer kann man von einem starken institutionellen Vetospieler ausgehen. Ein Vetospieler ist nach Tsebelis (2002) ein individueller oder kollektiver Akteur, dessen Zustimmung für eine Veränderung des Status quo erforderlich ist. Dieser Ansatz geht davon aus, das mit der Anzahl der (institutionellen oder parteipolitischen, kollektiven oder individuellen) Vetospieler, mit ihrer internen Kohäsion und mit der Größe der Zieldifferenzen zwischen den am weitesten voneinander entfernten Vetospielern die Wahrscheinlichkeit von Veränderungen des Status quo sinkt. Durch zusätzlich Vetospieler, die als parteipolitische Akteure in der zweiten Kammer agieren können, kann die Wahrscheinlichkeit der Zustimmung der zweiten Kammer zu einem Politikwechsel reduziert werden. Dabei können die Vetopositionen in der zweiten Kammer von ganz unterschiedlichen Interessen mitbestimmt werden.

Im unitarischen Frankreich etwa spielen kommunale Interessen im Senat eine wichtige Rolle, im Irischen und im Kanadischen Senat berufliche Interessen. In den USA und der Schweiz haben aufgrund des Senatsprinzips Gliedstaateninteressen relativ gute Einflusschancen und in Deutschland und Österreich konkurrieren länder- und parteipolitische Interessen um Einfluss im Bundesrat. Im Spanischen Senat haben nach wie vor die Provinzen und nicht die Autonomen Gemeinschaften (AG) den größten Einfluss. Nach den Senatsprinzip (also unabhängig von der Einwohnerzahl) wählt jede Provinz vier Senatoren direkt, die Inseln je nach Größe ein bis drei Senatoren und die afrikanischen Enklaven Ceuta und Melilla je zwei Senatoren. Auf Ebene der AG findet dann das ‚Bundesratsprinzip' Anwendung, indem die Parlamente der AG zunächst je einen Sentor unabhängig von der Einwohner-

Tab. 3.4 Ein- und Zweikammernparlamente in ausgewählten Staaten. (Quelle: Eigene Zusammenstellung)

		Föderal	Unitarisch
Einkammersystem		–	Portugal, Dänemark, Schweden
Bikameralismus	Stark	USA, Schweiz	Irland, Frankreich
	Schwach	Deutschland, Österreich, Belgien	UK

Tab. 3.5 Zweite Kammern im Überblick. (Quelle: Eigene Zusammenstellung, Stand 2014)

	Name	Anzahl Sitze	Wahlmodus	Bikameralismus
Belgien	Senat	60 (seit 2014)	50 aus den Gemeinschaftsparlamenten, 10 Kooptierte	Asymmetrisch, inkongruent
Deutschland	Bundesrat	69	Mitglieder der Landesregierungen	Asymmetrisch, inkongruent
Österreich	Bundesrat	61	Landtage	Asymmetrisch, inkongruent
Schweiz	Senat	46	Direktwahl in der Kantonen	Symmetrisch, inkongruent
USA	Senat	100	Direktwahl in den Bundestaaten	Symmetrisch, kongruent
Spanien	Senat	259	Direktwahl in den Provinzen (je 4) und durch die Parlamente der AG (ca. 50)	Asymmetrisch, inkongruent

zahl wählen und für jede volle Million Einwohner je einen weiteren Senator. Auf Ebene der Provinzen und Inseln werden insgesamt 208 Senatoren (direkt) gewählt, auf Ebene der AG weitere ca. 50 durch die Parlamente. Dies erklärt auch den geringen Einfluss der AG auf die nationale Politikgestaltung. Auch für die 60 belgischen Senatoren gibt es zwei Wege in den Senat: Seit 2014 werden 50 Senatoren nach Proporz aus den Parlamenten der Gemeinschaften und Regionen gewählt, weitere 10 werden von ersteren ‚kooptiert'. Tabelle 3.5 fasst die Details der zweiten Kammern im Sample dieses Bandes zusammen, Tab. 3.6 stellt die Grundstrukturen von erster und zweiter Kammer der Schweiz, der USA und Deutschlands gegenüber.

Einige besondere Regelungen liegen für den Deutschen Bundesrat vor. Die Mitglieder des Bundesrates sind Mitglieder der Landesregierung (ex officio-Mitgliedschaften) und in der Regel auch Mitglieder der Landesparlamente. Dadurch liegt eine – systemtheoretisch betrachtet – „strukturelle Kopplung" von Landtagswahl und Bundesratszusammensetzung vor. Wie in Österreich wird der Bundesrat nach jeder Landtagswahl teilweise erneuert, in Österreich allerdings durch Proporzwahl der Bundesratsmitglieder in den neuen Landtagen. Im deutschen Modell der ex officio-Mitgliedschaften ergibt sich eine funktionale Vermischung der Aufgabenbereichen landespolitischer Regierungsämter und der Vertretung von Länderinteressen im Bund. Da die Stimmen eines Bundeslandes nur einheitlich abgegeben werden können, kann dies je nach Koalition auf Bundes- und Landesebene auch zur „freiwilligen" Stimmenthaltung eines Landes im Bundesrat führen.

3.4 Vertikaler und horizontaler Föderalismus

Tab. 3.6 Parlamentsstrukturen der Schweiz, USA und Deutschlands im Überblick. (Quelle: Eigene Zusammenstellung)

	Schweiz	USA	Deutschland
Name	Bundesversammlung	Kongress	Bundestag
Bikameralismus	Symmetrisch, inkongruent	Symmetrisch, kongruent	Asymmetrisch, inkongruent
1. Kammer	Nationalrat	Repräsentantenhaus	Bundestag
Mitglieder	200	435	598 (zur Hälfte Direkt- und Listenmandate) + Überhang- und Ausgleichsmandate
Wahl der 1. Kammer	Reine Verhältniswahl auf Kantonsebene	Einfache Mehrheitswahl (FPTP)	Personalisierte Verhältniswahl (Mischsystem)
Erneuerung	Vier Jahre	Zwei Jahre	Vier Jahre
2. Kammer	Ständerat	Senat	Bundesrat
Mitglieder	46; zwei je Vollkanton (20), eines je Halbkanton (6)	100; zwei je Staat	69; drei bis sechs je Bundesland, kein freies Mandat
Wahl der 2. Kammer	Kantonsangelegenheit, meist Majorz	Einfache Mehrheitswahl (FPTP) in Zweierwahlkreisen	Ex officio-Mitgliedschaft der Landesregierung
Amtszeit, Erneuerung	Vier Jahre, Wahltermin wird von Kantonen bestimmt	Sechs Jahre, alle zwei Jahren ein Drittel	Permanent; mit jeder Landtagswahl

Im Unterschied zu den meisten anderen zweiten Kammern ist auch eine absolute Mehrheit (aktuell 35 Stimmen) für eine positive Entscheidung erforderlich. Um die Arbeitsbelastung der Landesvertreter im Bundesrat zu reduzieren, können diese sich von höheren Ministerialbeamten vertreten lassen, die in ihrem Abstimmungsverhalten weisungsgebunden sind (vgl Kap. 8.2.1). Diese auch als Exekutivföderalismus bezeichnete Konstruktion findet sich auf europäischer Ebene auch beim Europäischen Rat bzw. den Ministerräten, in welchen die Regierungen der Mitgliedsländer vertreten sind und die als die eigentlich entscheidende zweite Kammer (neben dem Europaparlament) verstanden werden kann. Aufgrund ihrer exekutiven Beschickung sind sowohl der Deutsche Bundesrat als auch die europäischen Gremien aus verfassungsvergleichender Perspektive keine „echten" Parlamente sondern lediglich oberste Staatsorgane. Für die politische Praxis ist dieser Unterschied jedoch nicht entscheidend.

3.4.2 Horizontaler Föderalismus

Oft wird Föderalismus synonym für vertikalen Föderalismus verwendet. Die horizontale Kooperation zwischen Gliedstaaten wird in der Öffentlichkeit föderaler Staaten mit Tendenz zum Unitarismus oft kaum wahrgenommen. Eine Ausnahme in der Bundesrepublik Deutschland ist z. B. die Ständige Konferenz der Kultusminister der Länder, die aufgrund ihrer Zuständigkeit für Schulen und Hochschulen im akademischen Feld mehr Beachtung findet. Horizontaler Föderalismus (auch kooperativer oder Föderalismus der dritten Ebene) bezeichnet die direkte Zusammenarbeit und Politikkoordination der Gliedstaaten untereinander, ohne (direkte) Beteiligung der zentralen Ebene (Sturm 2010, S. 26). Zentrale Einrichtungen sind die Ständige Konferenzen der Fachminister und Regierungschefs der Gliedstaaten und die von ihnen ausgehandelten Verträge und Konkordate.

Die Notwendigkeit horizontaler Koordinationseinrichtungen ergibt sich dadurch, dass auch in den Bereichen, in denen die Gliedstaaten die ausschließliche oder eine konkurrierende Gesetzgebungskompetenz haben, ein zunehmender Bedarf an bundesweit vergleichbaren Regelungen besteht. Dies betrifft in Deutschland etwa die Anerkennung von Bildungsabschlüssen und Zertifikaten und die Bereiche Polizei und innere Sicherheit, aber auch z. B. Fragen der Landes- und Kommunalverwaltung, der Besoldung und Versorgung von Beamten, des Strafvollzugs, des Ladenschlusses und der Gaststätten (Laufer und Münch 2010, S. 130), in denen die Länder selbstkoordinierend aktiv werden können.

Die horizontale Politikkoordination umfasst dabei ein breites Spektrum von Handlungsformen, von bilateralen Kontakten zwischen benachbarten Gliedstaaten oder solchen mit sich parteipolitisch nahestehenden Regierungen (z. B. Bayern-Sachsen) bis zum Abschluss von omnilateralen Staatsverträgen (z. B. Rundfunkstaatsvertrag der Länder in Deutschland). Die Gründe für die unterschiedlichen Formen von Zusammenarbeit sind vielfältig. Sie reichen von Wahlkampfhilfe bis hin zu juristischer Notwendigkeit einer länderübergreifenden Kooperation. Auch regionale wirtschaftliche und soziale Verflechtungen spielen eine zunehmend wichtige Rolle bei der gemeinsamen Bewältigung grenzüberschreitender Aufgaben, ebenso wie die gegenseitige Unterstützung und Hilfeleistung sowie finanzielle Vorteile durch die gemeinsame Aufgabenwahrnehmung. Schließlich trägt auch ein Interesse an der Angleichung der Lebensverhältnisse durch Rechtsangleichung und die gegenseitige Anerkennung von Hoheitsakten zur Kooperationsbereitschaft bei (Vedder 1996, S. 52).

Die wichtigsten Einrichtungen sind aber die Konferenzen der Fachminister sowie der Regierungschefs der Gliedstaaten. Dieses Element ist auch auf europäischer Ebene deutlich erkennbar wiederzufinden. Im Rat der Europäischen Union koordinieren die Regierungschefs der Mitgliedstaaten ihre Politik und im Minis-

3.4 Vertikaler und horizontaler Föderalismus

terrat die Fachminister der Mitgliedsländer. Allerdings ist die Umschreibung der Funktion solcher Gremien als Politikkoordination eher euphemistisch. Häufig führen die Entscheidungen schnell zu einer Umsetzung in bindendes Recht durch Staatsverträge.

In Deutschland hat die Thematik der Staatsverträge zwischen den Gliedstaaten Anfang der 1960er Jahre nach der gescheiterten Einführung einer Bundesrundfunkanstalt und der anschließenden Gründung des ZDF durch einen Länder-Staatsvertrag Auftrieb erhalten. Mit dem ersten Rundfunkurteil des Bundesverfassungsgerichts von 1961 wurde die Länderkompetenz in diesem Feld vor Übergriffen des Bundes geschützt und mit der Errichtung des ZDF durch einen Länder-Staatsvertrag wurde eine dezentrale Form der Zusammenarbeit gefunden. Die Länder-Staatsverträge haben sich seither bewährt als ein „Instrument zur überregionalen und sogar bundesweit einheitlichen Wahrnehmung von Aufgaben unter Wahrung der Länderkompetenzen" (Vedder 1996, S. 37). Anfang der 1970er Jahre etwa erfolgte auch eine Regelung der Frage des Hochschulzugangs durch einen Staatsvertrag der Länder (Vedder 1996, S. 32).

In der Regel sind die Organe der horizontalen Politikkoordination in der Verfassung des Bundes nicht erwähnt. Dies ist teilweise darauf zurück zu führen, dass sich diese Einrichtungen erst später entwickelt haben und die Verfassungen nicht nachgeführt worden sind. Eine Ausnahme bildet die Schweiz, die bei der Totalrevision der Bundesverfassung im Jahr 2000 den horizontalen Föderalismus weiter gestärkt hat. Seit 2004 können auch interkantonale Verträge zwischen einigen Kantonen für alle Kantone als allgemeinverbindlich erklärt werden und es können Kantone zur Beteiligung an solchen Verträgen verpflichtet werden (Art. 48a). Eine Mindestbeteiligung einer bestimmten Anzahl von Kantonen am Konkordat ist dafür nicht erforderlich, jedoch bleibt die Möglichkeit der Allgemeinverbindlichkeitserklärung auf bestimmte Politikfelder wie z. B. Strafvollzug, Schulen und Hochschulen, Kultur und Abfall beschränkt. Fehlen entsprechende Verfassungsgrundlagen, so erfolgt die Legitimation horizontaler Koordination indirekt aus Regelungen, die auf eine Harmonisierung landesweiter Lebensstandards abzielen, wie z. B. in Deutschland Art. 72 Abs. 2 GG.

Tabelle 3.7 gibt einen Überblick über die horizontalen Einrichtungen und ihre Relevanz für die föderale Politikgestaltung. In der Schweiz ist die horizontale Ebene am stärksten ausgebaut. Im Vergleich der Fälle im Sample dieses Buches zeigt sich, dass die ehemaligen Einheitsstaaten Belgien und Spanien sowie der unitarische Bundesstaat Österreich die am schwächsten ausgebaute horizontale Ebene haben. Die sektoralen Konferenzen in Spanien (Kap. 12.4) entsprechen etwa den Fachministerkonferenzen in Deutschland, obgleich die von ihnen koordinierten Entscheidungsfelder weniger umfassend sind und auch die Ebene des Zentralstaates stärker an den Verhandlungen beteiligt ist. Die Konferenzen gewinnen jedoch zunehmend an Bedeutung, worauf auch die Konferenz der Präsidenten der Auto-

Tab. 3.7 Einrichtungen des horizontalen Föderalismus im Vergleich. (Quelle: Eigene Zusammenstellung)

	Belgien	Deutschland	Österreich	Schweiz	USA	Spanien
Einrichtung	–	MP- und Fachministerkonferenzen	Landeshauptleutekonferenz	Interkantonale Konferenzen	National Governors Association[a]	Sektorale Konferenzen
Bedeutung	Gering	Mittel	Gering	Hoch	Mittel	Mittel bis gering

[a] Das Council of State Governments (NSG) und die National Conference of State Legislatures (NCSL) haben eine stärkere Think-Tank und Lobbying-Funktion.

nomen Gemeinschaften hinweist. Sie entspricht etwa der Ministerpräsidentenkonferenz in Deutschland, der Konferenz der Kantonsregierungen in der Schweiz, oder der Landeshauptleutekonferenz in Österreich. Mit dieser Erweiterung ist in Spanien ein weiteres Merkmal föderaler Systeme entstanden.

Auf europäischer Ebene entsprechen die intergouvernmentalen Bereiche der zwischenstaatlichen Dimension des horizontalen Föderalismus. Diese Ebene hat durch die Eurokrise neuen Schub bekommen. So wurde etwa im Rahmen der 2014 beschlossenen Bankenunion ein mit 55 Mrd. € ausgestatteter Abwicklungsfond für insolvente Banken eingerichtet, der durch einen neuen internationalen Vertrag statt durch Änderung bestehender EU-Verträge errichtet wurde. Während der Ansparphase des Fonds bleiben nationale Anteile zunächst voneinander abgeschottet, werden dann aber schrittweise zu einem gemeinsamen Fond verschmolzen. Der 2016 startende Fond zur Bankenabwicklung und die bereits 2014 gestartete Bankenaufsicht gelten für die Mitglieder der Eurozone sowie für jene Nichtmitglieder, die sich freiwillig beteiligen möchten.

3.4.3 Asymmetrischer Föderalismus?

Föderalismus baut auf der Gleichwertigkeit der Kompetenzen aller Gliedstaaten im gemeinsamen Bundesstaat auf. Eine Ausstattung verschiedener Gliedstaaten in einem Bundesstaat mit unterschiedlichen Kompetenzen ist mit dieser Idee nicht vereinbar. Dennoch hat sich, ausgehend von Prozessen der Devolution von Einheitsstaaten, der Begriff des asymmetrischen Föderalismus entwickelt, das in einer Grauzone zwischen Föderalismus und Devolution angesiedelt ist. Unterschiedliche Kompetenzausstattungen der einzelnen Gliedstaaten eines Bundesstaates lassen sich auch kaum mit der Idee einer zusätzliche Form der Gewaltenteilung zum Schutz individueller Rechte vereinbaren, wie sie bereits bei James Madison

3.4 Vertikaler und horizontaler Föderalismus

(1751–1836) zum Ausdruck kam. „Selbst Tarlton, der als erster die asymmetrischen Elemente im Föderalismus behandelte, setzte auf den Sieg der symmetrischen Elemente. Asymmetrie stand für Effizienzverlust und Sezessionsrisiko" (Nagel und Requejo 2009, S. 59). Erst mit Fällen wie Spanien, Belgien und dem Vereinigten Königreich hat sich der Zweig der „Asymmetrieforschung" seit den 1990ern etablieren können.

Dies lässt sich gut am Beispiel Spaniens illustrieren. Die Autonomen Gemeinschaften Spaniens konnten nach der Verfassung über zwei Varianten gegründet werden (Kap. 12.1). Dabei baute eine der Varianten (die priviligierte) auf die ausgeprägten kulturellen Eigenidentitäten in Katalonien, Galizien und dem Baskenland auf, der sich auch Andalusien anschloss. Für die anderen Gemeinschaften bestanden etwas höhere Anforderungen bei der Gründung, dafür waren sie mit weniger Kompetenzen ausgestattet. Dies führte dazu, dass es in den 1990er Jahren, als der Setup-Prozess der Autonomen Gemeinschaften abgeschlossen war, zwei Kompetenzniveaus gab. Auch wenn sich diese Kompetenzniveaus inzwischen auf einem hohen Niveau angeglichen haben, gab diese Phase den Ausschlag für die Prägung des Konzepts des asymmetrischer Föderalismus.

Die Spanische Verfassung von 1978 bot die Möglichkeit einer differenzierten Autonomieregelung an, die sich an den historisch gewachsenen regionalen Identitäten orientierte. Dies führte z. B. zu einer Steuerautonomie im Baskenland und Navarra, zur fiskalischen Sonderbehandlung der Kanarischen Inseln, zur Sprachregelung der „Koofizialität" von Regionalsprachen und der kastilischen (spanischen) Nationalsprache. „Die Autonomiestatute können diese de-jure-Asymmetrien weiterentwickeln oder mehr oder weniger gleich formuliert werden" (Nagel und Requejo 2009, S. 66 f.).

Weitere Beispiele für asymmetrische Entwicklungen gibt es in Belgien und Kanada. In Belgien herrscht allerdings eine Orientierung an einer symmetrischen Kompetenzausstattung der Regionen bzw. Gemeinschaften vor, auch wenn das Interesse an Dezentralisierung in Flandern größer ist als in der Wallonie. Dies erklärt sich dadurch, dass trotz unterschiedlichem Interesse an einer Föderalisierung durch die Sprachgruppen genau darauf geachtet wird, dass die Kompetenzausstattung der anderen Regionen sich von der eigenen nicht wesentlich unterscheidet. Dabei zeigt sich allerdings ein Unterschied zuungunsten der Deutschsprachen Gemeinschaft (DG), die am wenigsten eigene Kompetenzen hat und „nur" durch ein einfaches Bundesgesetz institutionalisiert ist. Aber auch die Region Brüssel hat einen geringeren Grad an Autonomie als die anderen Regionen (Nagel und Requejo 2009, S. 66 f.). Allerdings gibt es sowohl für Brüssel wie für die DG einen Tendenz zur Angleichung auf einem höheren Niveau. Damit zeichnet sich für Belgien ein ähnliches Muster einer Angleichung nach oben wie für Spanien in den 1990er Jahren ab. Von einer solchen Angleichung zu unterscheiden ist die Fusion der Organe der

Region Flandern und der Flämischen Gemeinschaft, die zwar Synergien, aber keine zusätzlichen Kompetenzen generiert hat. Auch die Sonderstellung der Region Brüssel dient letztlich dem Zweck, „die ‚höhere Symmetrie' der beiden großen Sprachgemeinschaften zu wahren" (Nagel und Requejo 2009, S. 66 f.).

3.5 Zusammenfassung und Wiederholungsfragen

Die Idee des Föderalismus lässt sich bis in die Antike (Staatenbünde) zurück verfolgen und hat durch die „Federalist Papers" und die US-Verfassung erheblichen Einfluss auf die modere Staatsbildung gewonnen. Neben der US-amerikanischen Tradition lässt sich aber auch eine kontinentaleuropäische Tradition unterscheiden. Föderalismus stellt eine zusätzliche (vertikale) Form der Gewaltenteilung dar, bei der die Struktur von Exekutive, Legislative und Judikative auf der Ebene teilsouveräner Gliedstaaten vervielfältigt wird. Ideengeschichtlich wird dies u. a. durch die Notwendigkeit der Herrschaftskontrolle und der Reduzierung der Gefahren von „big government" begründet. Für die institutionelle Analyse ist die Unterscheidung von horizontalem und vertikalem Föderalismus grundlegend, in der jeweils die Grundformen des Staatenbundes und des Bundesstaates erkennbar sind. Insbesondere die Formen des horizontalen Föderalismus (Konferenzen, Staatsverträge) sind in der (politikwissenschaftlichen) Öffentlichkeit oft kaum präsent. Aktuelle Föderalismuskonzepte sind teilweise wenig übersichtlich und konsistent. Wettbewerbs- und kooperativer Föderalismus, Exekutiv- und Vollzugsföderalismus sind dabei noch einige der theoretisch anspruchsvolleren Konzepte. Häufig geschieht Theoriebildung nach dem Motto „anything goes".

Fragen

Nennen Sie ideengeschichtliche Begründer und Begründungen des Föderalismus.
Wie unterscheiden sich ideengeschichtliche von aktuellen Föderalismusbegründungen?
Welche Strukturmerkmale von föderalen Staaten gibt es?
Nennen Sie Gründe und Beispiele für die Dezentralisierung sowie für die Föderalisierung von Einheitsstaaten
Nennen Sie Institutionen des vertikalen Föderalismus.
Wie lässt sich das Ausmaß der Föderalisierung eines Staates empirisch messen und vergleichen?
Grenzen Sie Devolution von Föderalismus ab.
Was ist Exekutivföderalismus?

Regieren und Governance in föderalen Staaten 4

4.1 Geteilte Souveränität

4.1.1 Probleme der Souveränität und ihrer Teilung

Ausgangspunkt der modernen Souveränitätslehre ist die Ausdifferenzierung eines säkularisierten, staatlichen Machtanspruchs gegenüber dem der Kirche im späten Mittelalter. Aber auch die Problematik der Teilung von Macht im „innerstaatlichen" Verhältnis der Landesfürsten untereinander sowie zwischen ihnen und dem Reich trug zur Entfaltung der Idee geteilter Souveränität bei (Roth 2011). In der Idee des Föderalismus blieb der mittelalterliche Dualismus von Reich (Bund) und Ständen erhalten, der sich in anderen Teilen Europas nicht halten konnte (Buscher 2010). Dass nach dem Untergang des Reiches die Fürsten der großen Territorien die neuen Träger der politischen Macht waren, wurde im Schrifttum der damaligen Zeit nur langsam und erst nach dem Reichsdeputationshauptschluss 1803 auch breiter anerkannt. Dies war aber die Grundlage dafür, dass die Ableitung von Hoheitsrechten von der fürstlichen Landeshoheit unter kaiserlicher Autorität allmählich überging zur Souveränität des modernen (Territorial)Staates, der zugleich aber noch als föderale Staatsorganisation möglich war (Grzeszick 1995, S. 137).

Dieser Adaption der sich entwickelnden Souveränitätslehre an die föderale Entwicklung in der Nachfolge des alten Reiches stand in anderen Teilen Europa die Grundlegung einer einheitsstaatlich, unteilbar gedachten Souveränitätslehre gegenüber, die mit den Namen Bodin und Hobbes verbunden ist. Eine Mittelposition nimmt dabei Niccolò Machiavelli (1469–1527) ein, dessen Theoriebildung trotz gelegentlicher Referenzen an die Idee eines geeinten Italiens weitgehend auf der Ebene des fürstlich oder republikanisch regierten Kleinstaates fokussiert ist. Die eigentlich naheliegende Idee eines Bundes zwischen den fünf italienischen Stadtstaaten als eine Form der Einigung Italiens wird von ihm nicht aufgenommen, liefe sie doch den neuen Lehren von der Staatsraison entgegen, die nicht nur im Italien in der ersten Hälfte des 16. Jahrhunderts entstanden waren.

In Jean Bodins (1530–1596) Hauptwerk „Sechs Bücher über die Republik" (1576) wird Souveränität noch stark in einem theologischen Rahmen gedacht. Die von Machiavelli vollzogene Befreiung des Staatsdenkens aus religiösen Zwängen wird von ihm wieder zurück genommen bzw. nicht mitvollzogen. Souveränität wird an das Naturrecht und die göttlichen Gebote gebunden. Während in Machiavellis Fürst ein monistisches Individuum, der nach Macht strebende Fürst, im Zentrum aller Überlegungen steht, geht Bodins Verständnis des Staates über diesen individualistischen Zugang zur Politik hinaus. Er unterscheidet zwischen rechtsstaatlich geordneten Republiken einerseits und Räuberbanden und Piratenhorden andererseits, für die intern keine naturrechtlich oder nach göttlichem Gebot geordneten Beziehungen möglich sind. Daher darf auch der Staat (außer in extremen Notlagen) nicht mit ihnen paktieren. Denn der Staat ist gekennzeichnet durch die Merkmale Familie, Souveränität und ‚gemeinsame Dinge', die im Einklang mit dem Naturrecht und den göttlichen Geboten stehen sollen. Die Idee einer zustimmungspflichtigen Volks- oder Ständeversammlung ist damit nicht kompatibel, sie würde die absolute Gewalt des Fürsten zerstören. Vielmehr erfolgt eine hierarchische Ableitung der Fürstensouveränität von Gott. Dieser habe die Fürsten als seine Statthalter eingesetzt, „damit sie der übrigen Menschheit befehlen […] Wer sich gegen den König wendet, versündigt sich an Gott, dessen Abbild auf Erden der Fürst ist" (Bodin 1976, S. 39).

Souveränität ist die Fähigkeit einer obersten Befehlsgewalt, Recht zu setzen, das nicht an die Zustimmung oder Ablehnung eines Dritten (Volkes, Parlament oder Fürst) gebunden ist („puissance absolue"). Im Abschnitt „Über die Souveränität" definiert Bodin diese als die absolute und dauernde höchste Befehlsgewalt eines Staates (majestas). Ferner definiert er den Staat „als die dem Recht gemäß gehandhabte Lenkung mehrerer Familien und der ihnen gemeinsamen Dinge mit souveräner Gewalt". Einzelne Machthaber können nicht als souveräne Herrscher betrachtet werden. Sie sind nur Treuhänder und Hüter dieser Gewalt, bis diese Delegation oder „Belehnung" vom Volk oder dem Fürsten widerrufen wird. Bodin sieht die richterliche und die Herrschaftsgewalt analog zu Gütern, die man anderen zwar zum Gebrauch überlassen kann, die dadurch aber (noch) nicht den Eigentümer wechseln. Allein der souveräne Eigentümer entscheidet, wem und wie lange er diese verleihen möchte.

Eine interessante Lösung erfährt das „Souveränitätsparadoxon" (Luhmann) bei Bodin. Der Souverän kann nach Bodin nicht durch (eigene) Gesetze, wohl aber

4.1 Geteilte Souveränität

durch Verträge gebunden werden. Darum darf man Gesetze und Verträge nicht verwechseln. Durch Gesetz werden nur die Untertanen auf dessen Inhalte gebunden, nicht aber der Souverän selbst. Während ein Gesetz einseitig bindet, bindet ein Vertrag zweiseitig bzw. wechselseitig. Im Vertrag hat der Fürst gegenüber dem Untertanen keinerlei Vorrechte mehr. Dadurch wird eine Selbstbindung des Souveräns möglich, die durch Gesetze nicht möglich ist, da diese vom Souverän jederzeit einseitig wieder aufgehoben werden können. Damit wird bei Bodin bereits ein kontraktualistisches Element sichtbar, ohne dass es bereits eine fundamentale Begründungsposition einnimmt wie bei Thomas Hobbes (1588–1679).

Dessen Souveränitätslehre des Staates richtet sich auch gegen die Ideen der Fürsten- und der Volkssouveränität. Mit der Staatssouveränität wird eine Begründungsfigur „oberhalb" von Fürsten oder Volk bzw. Monarchie oder Republik etabliert. Erst vor dem Hintergrund einer wahrnehmbaren Differenz von personaler und staatlicher Dimension von Herrschaft macht das Ludwig XIV. zugeschriebene Zitat „L' état c'est moi" Sinn, nämlich als ein Versuch zur Überwindung eben dieser Differenz. „Der Inhaber der Souveränität ist zwar höchste Entscheidungsinstanz im Staat und hat keinen höheren über sich, er ist jedoch bloßer Vollstrecker sachlicher Notwendigkeiten und gebunden an natürliche Gesetze, insbesondere an die Fundamentalgesetze, die nicht angetastet werden dürfen" (Roth 2011, S. 689).

Eine vollständig säkularisierte Begründung der Staatsgewalt erfolgt erst durch Machiavellis' Fürstenspiegel und Thomas Hobbes' Theorie des Gesellschaftsvertrages, in dem das Volk die Rolle des Souveräns einnimmt, um sie von dort wieder an einen Herrscher oder eine Versammlung zu delegieren. Entscheidend ist, dass die Souveränität nun nicht mehr von Gott abgeleitet wird, sondern vom Volk bzw. den individuellen Kalkülen der Vertragschließenden. Auch wenn der Herrschaftsvertrag zunächst noch streng hierarchisch und ohne interne Differenzierungen als Unterwerfungsvertrag konzipiert wird, war dies doch eine entscheidende Weichenstellung für die Begründung von Souveränität durch die Idee des ‚Volkes'.

Für den Staatsrechtler Carl Schmitt (1888–1985) war souverän, wer über den ‚Ausnahmezustand' entscheiden konnte. Im stark von Thomas Hobbes beeinflussten Denken Schmitts ist der moderne Ausnahmezustand eine Wiederkehr des Naturzustandes (als Krieg aller gegen alle), in dem die Macht des Rechts hinter das Recht der Macht zurücktritt. Souveränität als Letztentscheidung umfasst für Schmitt dabei sowohl eine rechtliche wie eine machtpolitische Dimension. Während im Normalzustand Souveränität durch das Recht zur Letztentscheidung definiert ist, tritt im Ausnahmezustand die Ordnung der Normen hinter die Entscheidungsmacht (des Souveräns) zurück. Gleichwohl bleibt das Handeln des Souveräns im Ausnahmezustand immer auf eine (neue) Rechtsordnung bezogen. Als a priori der Rechtsordnung ist der Ausnahmezustand quasi ihre ‚dunkle Seite'.

Beide Denker sind Theoretiker eines aufgeklärten Absolutismus bzw. ‚Unitarismus', für die die Begrenzung des Willkürproblems politischer Herrschaft durch (horizontale oder vertikale) Gewaltenteilung nicht im Zentrum stand. In keiner der frühen Souveränitätstheorien war die Idee einer föderalen Gewaltenteilung angelegt. Vielmehr war eine Teilung der Gewalten zunächst undenkbar, da sie in diesen Modellen zum Verlust der Souveränität geführt hätte (Roth 2011, S. 691).

Das Problem der Kontrolle der Willkür des notwendigerweise mit sehr umfassenden Kompetenzen ausgestatteten Herrschers wird erst von John Locke (1632–1704) aufgenommen und einer ‚modernen' Antwort zugeführt. Locke reagiert auf das Willkürproblem an der Spitze mit der Idee einer internen Differenzierung der Staatsmacht in zwei Gewalten, eine das Recht ausführende Exekutive und einer mit überlegener Macht ausgestatteten Legislative. Locke unterscheidet des Weiteren eine (untergeordnete) föderative Gewalt als die Kompetenz, Verträge mit anderen Staaten abzuschließen, die aber einen Teilbereich der Exekutive darstellt. In Lockes föderativer Gewalt spielt die Unterscheidung zwischen innerer und äußerer Souveränität eine Rolle, wobei bereits die äußere Souveränität der Exekutiven zugeordnet wird. Erstere umfasst i. d. R. die Landesherrschaft bzw. die Territorialgewalt, letztere die Entscheidung über Krieg und Frieden, die Abwehr äußerer Feinde sowie die Freiheit des Vertragsschlusses mit anderen souveränen Staaten. Bei John Locke findet sich nicht nur bereits eine einfache Form der Gewaltenteilung als Reaktion auf die Einseitigkeiten des Hobbesschen Vertragsmodells, sondern auch bereits ein rudimentärer Föderalismus. Während bei den Unitaristen in der politischen Ideengeschichte das Gewaltmonopol und die Souveränität des Staates im Zentrum stehen, fokussieren Föderalisten viel stärker auf die Gewaltenteilung.

Wie sich am Übergang von Hobbes zu Locke bereits deutlich erkennen lässt, entstand Gewaltenteilung in bewusster Abgrenzung bzw. als Sicherungsmechanismus gegen die Gefahren einer (in aristotelischer Terminologie) Entartung souveräner monarchischer Herrschaft. Lehren der Staatsraison und Souveränitätstheorien „dienten zunächst der Entmachtung der bisherigen Herrschaftsträger und der Übertragung der gesamten Macht auf einen Fürsten und den ihn umgebenden Apparat politischer Spezialisten" (Roth 2011, S. 684). Staatsraison und Souveränitätstheorie waren zwar eine „europäische Koproduktion" (Roth 2011, S. 684), jedoch fanden solche ‚unitarischen' Denkformen bei deutschen Denkern zunächst wenig Anklang, die noch stärker an der (föderalistischen) alten Reichsidee festhielten. Überhaupt blieb das politische Denken im 16. Jahrhundert in Deutschland schwach ausgeprägt, was von Roth (2011, S. 684) auf die Vorherrschaft des Schularistotelismus und der Scholastik zurück geführt wird. Im Unterschied zur horizontalen fand die vertikale Gewaltenteilung aufgrund der alten Reichsidee in den deutschen Ländern deutlich stärkere Resonanz.

4.1 Geteilte Souveränität

Dagegen konnte in den amerikanischen Kolonien relativ unbelastet von historischen Erfahrungen mit der Suche nach einer optimalen Form von Gewaltenteilung begonnen werden. So konnte neben der horizontalen Gewaltentrennung von Präsident und Kongress (sowie den Gerichten) auch eine starke vertikale Trennung realisiert werden. Beide Dimensionen wurden in den „Federalist Papers" (1787/1788) während der US-Verfassungsgebung vorbildlich als zusätzliche Herrschaftskontrolle begründet. Der Preis der vertikalen Gewaltenteilung, also der Mitbestimmung der Staaten auf Bundesebene durch eine zweite Kammer, ist allerdings eine mehr oder weniger umfassende Einschränkung des durch die erste Kammer vertretenen demokratischen Repräsentationsprinzips. Das Beispiel der Verfassungsgebung in den USA illustriert, dass vertikale Gewaltenteilung eine anspruchsvolle Errungenschaft moderner Staatlichkeit ist. Wie horizontale Gewaltenteilung dient sie der Kontrolle von Herrschaft. Die föderale (bzw. vertikale) Gewaltenteilung (Bund/Gliedstaaten) ergänzt die horizontale Gewaltenteilung von Legislative, Exekutive und Judikative.

Neben (demokratie)theoretischen Begründungsproblemen treten durch die vertikale Gewaltenteilung aber auch eine Reihe praktischer Probleme auf, etwa hinsichtlich der konkreten Ausgestaltung der Kompetenzverteilung. Erst auf der Basis geteilter Souveränität und ihrer Begründung konnten sich konkrete Kompetenzverteilungen zwischen den Ebenen entwickeln. Die vertikale und horizontale Teilbarkeit der Souveränität bildet die Basis für die konkrete Kompetenzaufteilung und sicherte den Einzel- bzw. Gliedstaaten ihre Qualität als (teil)souveräne Staaten und nicht bloß als Selbstverwaltungs- bzw. Gebietskörperschaften. Am einfachsten ist die Aufteilung von Souveränitätsrechten meist bei der Unterscheidung von innerer und äußerer Souveränität. Dabei fällt dem Bundesstaat weitestgehend die äußere Souveränität zu, während die innere zwischen beiden Ebenen geteilt wird. Gliedstaaten haben keine Außenminister (aber oft Europaminister). Souveränitätssubjekt im Sinne des Völkerrechts ist der Bundesstaat.

4.1.2 Kompetenztrennung und konkurrierende Kompetenzen

Kompetenzfragen bilden die operative Ebene von Souveränitätsfragen. Für die Analyse von Kompetenzverteilungen bieten sich vier Kategorien an: die von exklusiven und konkurrierenden sowie von aufgezählten und Residualkompetenzen (Hueglin und Fenna 2006, S. 149). Wie beim Finanzföderalismus lassen sich auch bei der Gesetzgebung idealtypisch zwei Systeme gegenüber stellen: ein Trennmodell und ein Modell konkurrierender Kompetenzen. Im Trennmodell werden alle Regelungsbereiche ausschließlich entweder der föderalen oder der Gliedstaatenebene zugewiesen. Dabei kann die konkrete Ausgestaltung auch zwischen einzelnen Themenbereichen variieren. Trennsysteme sind einerseits konfliktärmer als Konkurrenzsysteme, können andererseits aber auch zu Problemen bei der Umsetzung von supranationalem Recht auf Ebene der Gliedstaaten führen (Ehrbeck 2011, S. 237). In Konkurrenzmodellen werden dagegen verschiedene Formen der nicht-ausschließlichen Kompetenzverteilung zwischen föderaler und Gliedstaatenebene praktiziert. Das Modell der ausschließlichen Kompetenzen ist in den USA realisiert. In Europa ist es in der Österreichischen Bundesverfassung angelegt, aber nicht streng realisiert, da sie mit der Grundsatz- und Ausführungsgesetzgebung auch Mischformen enthält (Ehrbeck 2011, S. 237). Innerhalb der konkurrierenden Gesetzgebung sind einige Unterformen zu unterscheiden. In der Regel hat der Zentralstaat eine Kernkompetenz für eine Reihe von Materien, bei denen die Gliedstaaten entweder darauf angewiesen sind, dass der Zentralstaat nicht aktiv wird, oder dass sie ggf. vorhandene Ausführungs- oder Abweichungskompetenzen nutzen können. Neben der Kernkompetenz wird aus juristischer Sicht auch eine Bedarfskompetenz unterschieden, die sich auf jene Materien erstreckt, in denen eine gesamtstaatliche Regelung dringend erforderlich ist und Bundesrecht dann die Regelungen der Gliedstaaten verdrängt (Ehrbeck 2011, S. 229).

Die Komplexität der Abweichungsgesetzgebung entsteht durch die Möglichkeit der Gliedstaaten, unterschiedlich stark „von zentralstaatlichen Regelungen abzuweichen. Der Vorrang dezentraler Normen besticht aus föderalen Gesichtspunkten vor allem durch die Möglichkeit der Verwirklichung eines hohen Grades an Gestaltungsmöglichkeiten der dezentralen Einheiten gemäß deren eigenständigen Normierungsinteressen sowie -vermögen" (Ehrbeck 2011, S. 241). Während bei den Materien der Bedarfskompetenz von einem Vorrang der zentralen Ebene auszugehen ist, haben bei den Materien der Abweichungskompetenzen die Gliedstaaten das letzte Wort, sofern nicht eine zentralstaatliche Sicherungsklausel dies einschränkt (Ehrbeck 2011, S. 243). Die Vorrangigkeit ist also genau umgekehrt zu derjenigen bei der Kernkompetenz. Während bei der Kernkompetenz die Regelungen des Zentralstaates diejenigen der Gliedstaaten verdrängen, verdrängt bei der Abweichungsgesetzgebung in den dafür ausgewiesenen Bereichen die Regelung des Gliedstaates diejenige des Zentralstaates.

Die zweite oben eingeführte Unterscheidung war die zwischen ausschließlichen (enumerated) und Residualkompetenzen. Ausschließliche, d. h. abschließend aufgezählte Kompetenzen können sich sowohl auf die Bundesebene wie auf die Ebene der Gliedstaaten beziehen. Art. 1, Abschnitt 8 der US-Verfassung ist ein Beispiel für eine ausschließliche Kompetenzliste zugunsten des Bundes, der auch ein Misstrauen gegenüber einer (zu) starken Kompetenzausweitung des Bundes zugrunde liegt. Andererseits findet sich die Residualkompetenz der Staaten lediglich im 10. Verfassungszusatz (Hueglin und Fenna 2006, S. 154). Residualkompetenzen beziehen sich meist auf die Ebene der Gliedstaaten. Wie bereits bei den

Abweichungskompetenzen können auch Residualkompetenzen zur Entstehung von asymmetrischen Normbeständen auf Gliedstaatenebene führen. Die Residualkompetenz hat für die Gliedstaaten den Nachteil, dass es bei der Zuordnung neuer Regelungsmaterien und strittiger Sachverhalte argumentativ leichter ist, sie bereits bestehenden Titeln zuzuordnen statt einer allgemeinen Residualkompetenz. Da die bestehenden Titel aber meist Bundeskompetenzen enthalten, kann sich dies zuungunsten der Gliedstaaten auswirken (Ehrbeck 2011, S. 206).

4.2 Föderalismus, Demokratie und Regierungsform

4.2.1 Föderalismus und Demokratiequalität

Welche Verbindungen gibt es zwischen Föderalismus, Demokratie und Regierungsform? Sind föderale Staaten allein schon demokratischer, weil es eine zusätzliche Repräsentationsebene und dadurch mehr Möglichkeiten für Partizipation und Wahlen gibt? Dann müsste z. B. die Bevölkerung in föderalen Staaten mit ihrer Demokratie zufriedener sein als die in unitarischen Systemen. Oder sind unitarische Systeme demokratischer, weil sie durch Wahlen einen schnellen und durchgreifenden Politikwechsel ohne die Blockademöglichkeit durch Gliedstaaten ermöglichen? Die theoretisch in der „Strukturbruchthese" von Gerhard Lehmbruch aus Perspektive der Mehrheitsdemokratie gut begründete Inkongruenz von bundesstaatlicher und parteienwettbewerblicher Willensbildung lässt sich empirisch aber nur schwer nachweisen. In der Bundesrepublik Deutschland liegt der Anteil der endgültig am Bundesrat gescheiterten Gesetze bei ca. einem Prozent und auch für die wichtigen „Schlüsselentscheidungen" unter der Bedingung von „divided government" lässt sich keine wesentliche Beeinträchtigung der Entscheidungsfindung durch den Bundesrat feststellen (Reutter 2010, S. 128).

Wenn sich eine quantitative Beeinträchtigung der demokratischen Willensbildung durch das Bundesstaatsprinzip empirisch kaum nachweisen lässt, wie sieht es dann beim qualitativen Zusammenhang von Demokratie und Föderalismus aus? Über die ‚Qualität' von Demokratien geben verschiedene Demokratieindices Auskunft wie z. B. das „Demokratiebarometer" und der „Vanhanen-Index". Das Demokratiebarometer (www.democracybarometer.org) misst die Demokratiequalität mittels 53 Indikatoren, die den drei Kategorien Freiheiten, Kontrolle und Gleichheit zugeordnet sind. Der Grad des Föderalismus wird dabei zusammen mit dem Bikameralismus der Subkategorie „mutual constraints of constitutional powers" der vertikalen demokratischen Kontrolle zugeordnet. Codiert wird die Föderalismusvariable allerdings nur dreistufig, mit 0, 50 und 100. In Tab. 4.1 sind die Länder

Tab. 4.1 Indikator Föderalismus des Demokratiebarometers 2012. (Quelle: Nach www.democracybarometer.org/ (Abruf 21.03.2014))

	Federalism	Bicameralism	Freedom	Control	Equality	DemQual
Denmark	0	0	78,73 (2)	72,87 (2)	69,52 (2)	73,69 (1)
Sweden	0	0	79,71 (1)	65,21 (8)	65,16 (7)	69,99 (2)
Switzerland	100	100	72,47 (5)	72,90 (1)	62,60 (11)	69,31 (3)
Norway	0	50	70,36 (7)	65,74 (6)	67,75 (3)	67,95 (4)
Finland	0	0	72,52 (4)	65,35 (7)	65,97 (5)	67,94 (5)
Netherlands	0	50	72,26 (6)	61,20 (14)	64,14 (8)	65,85 (6)
Iceland	0	0	68,65 (8)	52,28 (36)	74,38 (1)	65,03 (7)
Belgium	100	50	65,82 (10)	66,55 (5)	61,29 (13)	64,55 (8)
Germany	100	100	57,26 (16)	69,24 (4)	61,83 (12)	62,75 (9)
Luxembourg	0	0	74,89 (3)	54,66 (27)	57,47 (18)	62,27 (10)
Canada	100	0	55,53 (22)	64,41 (9)	63,64 (9)	61,18 (11)
New Zealand	0	0	60,23 (12)	56,82 (20)	66,21 (4)	61,07 (12)
Austria	50	0	57,18 (17)	62,74 (11)	62,89 (10)	60,93 (13)
Slovenia	0	0	63,97 (11)	57,64 (19)	56,38 (19)	59,32 (14)
Australia	100	100	55,43 (23)	56,65 (21)	65,67 (6)	59,23 (15)
Italy	50	50	54,61 (24)	58,36 (16)	49,19 (31)	54,04 (20)
Brazil	100	100	45,76 (33)	72,26 (3)	44,13 (41)	53,90 (22)
United States	100	100	57,09 (18)	45,96 (46)	54,36 (21)	52,45 (25)
South Africa	50	100	56,67 (19)	55,81 (24)	43,22 (42)	51,87 (26)
Spain	50	50	35,80 (40)	57,88 (18)	59,25 (16)	50,87 (28)
Argentina	100	50	33,28 (42)	60,43 (15)	48,58 (33)	47,32 (37)
Mexico	100	100	32,33 (45)	63,70 (10)	36,32 (48)	43,94 (42)
India	100	100	25,10 (48)	50,35 (42)	49,59 (27)	41,55 (47)

Sortiert nach Spalte 7, Rangwerte in Klammern. Bis Platz 15 vollständig, danach nur noch föderale Staaten dokumentiert

nach dem Gesamtwert der Demokratiequalität (DemQual) nach den Rangwerten (in Klammern) sortiert. Es fällt auf, dass sowohl im Gesamtindex wie auch in den drei Hauptkategorien Freiheit, Kontrolle und Gleichheit die (unitarischen) nordischen Staaten Dänemark, Schweden, Norwegen und Finnland die Spitzenplatze belegen. Als föderaler Staat kann sich lediglich die Schweiz sowohl im Gesamtindex wie in der Kategorie Kontrolle in dieser Spitzengruppe behaupten. In der Kategorie Gleichheit erreicht sie aber lediglich den 11. Rang; hier ist Australien der bestbewertete föderale Staat auf Rang 6. Insgesamt sammeln sich die föderalen Staaten also keinesfalls an der Spitze des Demokratiebarometers, lediglich in der Hauptkategorie Kontrolle sind mit der Schweiz, Brasilien, Deutschland, Belgien und Kanada fünf föderale Staaten unter den „Top 10" des Demokratiebarometers vertreten.

4.2.2 Parlamentarische und präsidentielle Systeme

Die Unterscheidung von parlamentarischen und präsidentiellen Systemen gehört zu den grundlegenden Analysekategorien der vergleichenden Politikwissenschaft. Die Bundesstaaten im Sample dieses Buches sind überwiegend parlamentarische Demokratien (Ausnahmen USA und Schweiz). Ist dies ein Hinweis, dass Föderalismus bevorzugt in Verbindung mit parlamentarischen Systemen anzutreffen ist, oder ist er ‚systemisch neutral'? Tatsächlich entspricht diese Zufallsverteilung im Buch einem Schwerpunkt parlamentarischer Systeme in Europa (Belgien, Deutschland, Österreich). Aber auch Australien, Indien und Kanada sind parlamentarische Bundesstaaten. In Amerika gibt es dagegen insgesamt mehr präsidentielle Systeme und folglich auch mehr präsidentielle Bundesstaaten (USA, Mexiko, Brasilien, Argentinien). Russland ist ein Beispiel für eine semipräsidentielle Föderation. Die Schweiz stellt mit der Kombination von Föderalismus und Direktorialregierung (Loewenstein 1959) bzw. versammlungsunabhängiger Exekutive (Shugart und Carey 1992) wieder einmal eine Ausnahme dar.

Die Konzentration parlamentarischer Bundesstaaten in Europa darf nicht darüber hinweg täuschen, dass innerhalb der Gesamtpopulation föderaler Staaten beide Regierungsformen etwa gleich häufig verteilt sind. Allerdings überwiegen in Europa parlamentarische Systeme und in Amerika Präsidentielle. Beide, die föderale Staatsform und die präsidentielle Regierungsform sind weltweit relativ selten vorzufinden. Föderalismus stellt ein ergänzendes Prinzip der vertikalen Gewaltenteilung dar, Präsidentialismus eine Form der horizontalen Gewaltenteilung. Überraschenderweise gibt es zwischen den beiden kleinen Populationen eine große Schnittmenge. Davon ist im Ländersample dieses Buches allerdings nur die USA

Tab. 4.2 Präsidentielle und parlamentarische föderale Systeme. (Quelle: Nach Leunig 2010, S. 58)

	Bikameralismus		
	Symmetrisch	Leicht asymmetrisch	Stark asymmetrisch
Präsidentielles System	Argentinien (V)	Russländische Föderation (V)	
	Brasilien (V)		
	Mexiko (M/V)		
	Nigeria (M)		
	USA (M)		
	Schweiz (V)		
	Pakistan (M/V)		
Parlamentarisches System	(Australien) (M)	Deutschland (V)	Belgien (V)
	Bosnien-Herzegowina (V)	Südafrika (V)	Malaysia (M)
	Indien (M)		Österreich (V)
	Kanada (M)		Spanien (V)

Nach dem Kriterium der Rückholbarkeit der Regierung wurden die Schweiz und Russland als präsidentielle Systeme eingestuft. Wahlrecht für die erste Kammer (*M* Mehrheitswahlrecht, *V* Verhältniswahlrecht) eigene Ergänzung. Kanada eigene Ergänzung

vertreten. Die Schweiz weist zwar auch Merkmale eines präsidentiellen Systems auf, ist aber eher als Typus sui generis zu verorten. Berücksichtigt man lediglich das Hauptkriterium nach Steffani (1983), die Rückholbarkeit der Regierung durch das Parlament wie in der Zusammenstellung von Leunig (2010), ist sie als präsidentielles System zu klassifizieren.

Der Unterschied zwischen parlamentarischen und präsidentiellen Systemen im Hinblick auf föderale zweite Kammern besteht im Ausmaß (und der Form) der Beteiligung an der Gesetzgebung (Leunig 2010). Demgegenüber sind Unterschiede bei den anderen klassischen Parlamentsfunktionen wie der Kreations-, Kontroll- und Repräsentationsfunktion nicht zu erkennen (Leunig 2010, S. 65). Föderale präsidentielle Systeme sind durch einen symmetrischen Bikameralismus gekennzeichnet. Eine Ausnahme stellt lediglich Russland dar (vgl. Tab. 4.2). Dagegen sind in föderalen parlamentarischen Systemen relativ viele asymmetrische zweite Kammern anzutreffen. Von den Untersuchungsländern dieses Bandes sind dies der Belgische und der Spanische Senat, sowie der Österreichische und der Deutsche Bundesrat. Dagegen stellt ein symmetrischer Bikameralismus in föderalen parlamentarischen Systemen eine Ausnahme dar (Indien, Bosnien-Herzegowina).

Die von Leunig (2010) untersuchten 18 zweiten Kammern waren meistens relativ symmetrisch zur ersten Kammer. Lediglich die zweite Kammer in Belgien,

Österreich, Spanien und Malaysia waren bei der Gesetzgebung deutlich schwächer gestellt als die erste Kammer. Alle vier Fälle sind parlamentarische Demokratien. Von den acht untersuchten parlamentarischen Bundesstaaten sind damit genau vier nicht oder leicht asymmetrisch und vier stark asymmetrisch ausgestattet. „Demgegenüber verfügten nahezu alle präsidentiellen Föderalstaaten über eine mit der Ersten Kammer im Gesetzgebungsprozess gleichberechtigten Zweiten Kammer" (Leunig 2010, S. 58). Es gibt also eine Tendenz in präsidentiellen Bundesstaaten zu symmetrischem und in parlamentarischen Bundesstaaten zu asymmetrischem Bikameralismus. Die von Steffani (1983) theoretisch abgeleitete höhere Affinität von Föderalismus und Präsidentialismus (Kaiser 2012, S. 169) führt auf empirischer Ebene nicht zu einer größeren Häufigkeit präsidentieller Bundesstaaten.

4.3 Herausforderungen föderalen Regierens

4.3.1 Regieren in Bundesstaaten

Regieren wird häufig mit der politischen Funktion der Entscheidungsfindung gleichgesetzt, meint im engeren Sinn aber nur die instiutionalisierte Leitungs- oder Lenkungsfunktion (von lat. regere) innerhalb des politischen Systems. Diese lässt sich in zwei Dimensionen unterscheiden: die (Regierungs)Institutionen und die (Regierungs)Parteien. Erst beides zusammen ermöglicht die Herbeiführung und Umsetzung politischer Entscheidungen. Dazu gehört auch „die dirigierende Koordination und Kontrolle der ausführenden Verwaltung, die Beratung und/oder Initiierung von Gesetzentwürfen, der Erlass von Verordnungen sowie die Regelung von Meinungsverschiedenheiten zwischen Ministerien" (Schniewind 2008b, S. 111).

Während „regieren" in Mehrheitsdemokratien, aber auch in Einheitsstaaten stärker hierarchisch verstanden wird als die Umsetzung des politischen Programms einer Mehrheit, gilt es in föderalen Systemen (zunehmend) als nichthierarchisches „Interdependenzmanagement" (Korte und Fröhlich 2009, S. 183) verschiedenster Akteure, Ebenen und Interessen mit einer vergleichsweisen hohen Zahl von Verhandlungs- und Konsenserfordernissen. Die föderale Ordnung eines Staates vervielfacht demnach die Verhandlungsarenen in einem politischen System und erhöht die Anzahl der Vetospieler und strategischen Akteuren, die bei der Herstellung und Umsetzung von Mehrheitsentscheidungen beachtet werden müssen.

Bei föderalem Regieren kommt neben den möglichen Zielkonflikten zwischen Koalitionsparteien bzw. innerhalb einer Regierungspartei auch stärker die vertikale Dimension des Parteiensystems zum Tragen. Formal durch die zweite Kammer, informell aber auch durch die komplexere Willensbildung und Kommunikation einer föderal organisierten Partei, ergeben sich zusätzliche Möglichkeiten für politische Akteure, durch institutionelle oder parteipolitische Vetomacht die „Richtung des Regierens" (Sack 2013, S. 82) zu beeinflussen. Die Interessen der Akteure können sich dabei nicht nur auf die Politikinhalte (Policies) richten, sondern auch auf die Veränderung institutioneller Rahmenbedingungen. Dabei ist von einem Interesse der jeweiligen Einheiten an einer Stärkung oder Erweiterung ihrer Macht- und Einflusspositionen auszugehen, mit denen wiederum das „Überleben" der Organisation oder Institution gesichert werden soll (Sack 2013, S. 86).

Durch die oben skizzierte Teilung der Macht wird in Bundesstaaten (mindestens) auf zwei Ebenen regiert: auf der nationalen und auf der gliedstaatlichen Ebene, wo es in Hinsicht auf parteipolitische Varianz und auf das Regierungsformat zu erheblichen Unterschieden kommen kann. Hinsichtlich der institutionellen Ausgestaltung besteht dagegen eine Tendenz zur Ähnlichkeit innerhalb eines Bundesstaates. Daher fokussiert die Forschung primär auf parteipolitische (Koalitions-) Muster und Regierungsformate (Einparteienregierungen, minimal winning coalitons, (über)große Koalitionen, Minderheitsregierungen) in den Gliedstaaten. Für die Bundesländer in Deutschland zwischen 1946 und 2005 kommt Schniewind (2008b, S. 125) auf einen Anteil von Einparteienmehrheitsregierungen von 36,7 %, kleinstmöglichen Gewinnkoalitionen von 36,3 %, (über)großen Koalitionen von 23,9 %, Einparteien-Minderheitsregierungen von 1,7 % und Minderheitskoalitionen von 1,4 % (gemessen in Tagen).

In parteipolitischer Hinsicht werden Koalitionsregierungen in Gliedstaaten oft als „Experimentierfeld" für neue Koalitionszusammensetzungen angesehen. So hat es in Deutschland keine Parteienkombination in einer Bundesregierung gegeben, die es nicht bereits vorher einmal auf Landesebene gegeben hat (Schniewind 2008b, S. 113). Der erstmaligen Regierungsbeteiligung der Grünen auf Bundesebene (1998) ging in Hessen von 1983 bis 1985 zunächst eine von den Grünen tolerierte Minderheitsregierung der SPD voraus, ehe bis 1987 eine Koalition folgte (Krumm 2004). 2013 kam es (wiederum in Hessen) zur ersten schwarz-grünen Koalition in einem Flächenland.

Neben der Funktion als „Experimentierfeld" in der parteipolitischen Dimension des Regierens bringt Föderalismus aber auch eine Vervielfachung von Ansatzpunkten für Interessengruppen. In Einheitsstaaten sind das nationale Parlament (z. B. „Westminster") sowie die nationale Regierung und Verwaltung die Hauptadressaten des Verbandseinflusses. In föderalen Systemen müssen Verbände ihre Bemühungen auch auf die Ebene der für sie relevanten Gliedstaaten ausweiten. Während der Verbandseinfluss auf Bundesebene, z. B. durch Doppelmitgliedschaften von Abgeordneten, in Fachausschüssen und Beiräten, als (informelle) Kontakte zu Ministerien bei der Erstellung von Gesetzentwürfen oder als „Öffentlichkeitsarbeit" breites politikwissenschaftliches Interesse findet, sind entsprechende Studien auf Gliedstaatenebene noch selten. Aus Sicht der Verbände ist Föderalismus also mit einem höheren Aufwand verbunden. Andererseits können sich dadurch aber auch die Erfolgschancen erhöhen, etwa indem unterschiedliche (partei)politische Konstellationen auf verschiedenen Ebenen genutzt werden können, z. B. für einen „Umweg" über Berlin oder Brüssel, um regionale Interessen zu fördern, die sich vor Ort (noch) nicht durchsetzen lassen.

4.3.2 Vetospieler und Akteurskonstellationen

Dass Regieren in Bundesstaaten aufgrund der (zusätzlichen) horizontalen Gewaltenteilung komplexer als in Einheitsstaaten ist, leuchtet unmittelbar ein. Schwieriger ist dagegen schon die Frage, wie dies empirisch untersucht werden kann. Während stärker normativ ausgerichtete Ansätze das (multilevel) Governance-Konzept bevorzugen (Kap. 4.4), bieten sich für empirische Ansätze z. B. institutionelle Analysen an. Dazu zählt der von George Tsebelis (1995, 2002) ausgearbeitete Vetospieler-Ansatz, der eine institutionelle Analyse mit einer Akteursperspektive verbindet. Entscheidend für politischen Wandel sind aus dieser Sicht nicht die Akteure, die bestimmte „Issues" auf die politische Agenda setzen, sondern die Vetospieler, die einen wie auch immer veranlassten Wandel zulassen oder verhindern können. Föderalismus ist einer der Anwendungsbereiche der Theorie. Vetospieler sind nach Tsebelis alle politischen Akteure, deren Zustimmung für einen Politikwechsel gebraucht wird. Dies sind auf Regierungsebene die Koalitionspartner (in Koalitionsregierungen), in institutioneller Hinsicht etwa Oberste Gerichte oder in der Politics-Dimension einflussreiche Verbände, auch wenn deren Vetomacht nicht durch die Verfassung garantiert ist (Blum und Schubert 2011, S. 42).

Tsebelis' Anliegen ist die Erklärung des Ausmaßes politischen Wandels in einem System durch die institutionelle Struktur der Vetospieler. Politischer Wandel kann umso leichter stattfinden, je weniger institutionell verankerte Akteure politischen Veränderungen zustimmen müssen. Je mehr Akteure dagegen zustimmen müssen, um eine Veränderung herbeizuführen, desto größer ist die Wahrscheinlichkeit von politischem Stillstand (policy stability). Das Vetospieler-Theorem gibt also Auskunft darüber, welche Erfolgschancen eine politische Initiative aufgrund der Struktur der Vetospieler in einem System hat. Der Agenda-Setter, der im Vetospieler-Theorem nicht im Zentrum des Interesses steht, kann z. B. die Regierung oder das Parlament sein. Tsebelis schränkt die Initiativakteure aber nicht auf solche ein, die in der Lage sind, eine Gesetzesinitiative zu starten. Entscheidend ist die Fähigkeit, als Agenda-Setter zu fungieren und den politischen Status quo verändern zu wollen (Tsebelis 2002). Vetospieler sind die institutionellen Gegenspieler der Agenda-Setter.

In präsidentiellen Systemen kann auch der Präsident seine Vetomacht gegenüber dem Parlament ausspielen. Die Unterscheidung von parlamentarischen und präsidentiellen Systemen wird allerdings in die Systematik der Vetospieler überführt. Sie bietet eine eigene Operationalisierung der Gewaltenteilung durch eine Klassifikation von Vetospielern. Neben Art und Anzahl spielt auch die interne Kohäsion (von Parteien) eine Rolle für die Macht der Vetospieler. Diese Kohäsion ist in präsidentiellen Systemen oft niedriger als in parlamentarischen Systemen, insb. bei „divided government" in präsidentiellen und semipräsidentiellen Systemen.

Tsebelis unterscheidet zwischen individuellen und kollektiven Vetospielern. Individuelle Vetospieler sind etwa Staatspräsidenten, deren Unterschrift für die Ausfertigung eines Gesetzes erforderlich ist. Kollektive Vetospieler sind z. B. Parteien, bei denen die Zustimmung oder Ablehnung einer Initiative auch von der Struktur der internen Willensbildung abhängt, z. B. von der Agenda-Kontrolle durch bestimmte Akteure und der erforderlichen Mehrheit für einen Beschluss. In einer weiteren Dimension unterscheidet Tsebelis institutionelle und parteipolitische Vetospieler. Erstere sind durch eine Existenzgarantie in der Verfassung abgesichert (polity), letztere entstehen durch den politischen Prozess innerhalb von institutionellen Vetospielern, z. B. als Koalitionsparteien. Im Fall von Referenden ist auch das Volk institutioneller Vetospieler.

Aus Sicht des Vetospieler-Ansatzes hat Föderalismus insbesondere Auswirkungen auf die Kompetenzausstattung der zweiten Kammer (Stichwort (a)symmetrischer Bikameralismus) sowie auch die programmatische Kohärenz der Parteien. Aufgrund der dezentralen Organisation der Parteien in föderalen Staaten kann dort die programmatische Kohärenz der Parteien auf nationaler Ebene im Vergleich zu unitarischen Systemen niedriger sein. Im Hinblick auf die territoriale Organisation der zweiten Kammer im Föderalismus kommt hinzu, dass dort neben parteipolitischen auch regionale bzw. gliedstaatliche Interessen eine wichtige Rolle spielen. Je besser die Kompetenzausstattung einer zweiten Kammer, umso größer ist die Wahrscheinlichkeit, dass gliedstaatliche die parteipolitischen Interessen überlagern können. Für den Deutschen Bundesrat ist dies z. B. ausführlich unter dem Aspekt der Mehrheitsverhältnisse von Regierungs- und Oppositionsparteien des Bundes auf Länderebene untersucht worden. Die Ebenendifferenzierung kann aber auch dazu führen, dass selbst in Gliedstaaten mit gleichen parteipolitischen Mehrheiten wie im Bund die Zustimmung dieser Länder zu Regierungsvorlagen in der zweiten Kammer keinesfalls automatisch gegeben ist. Vielmehr können auch diese Länder versuchen, für ihre Zustimmung Gegenleistungen zu erlangen.

Im Hinblick auf die Struktur der Vetospieler im Föderalismus argumentiert Tsebelis, dass im Vergleich zu Einheitsstaaten die Anzahl der Vetospieler und in der Folge auch die Policy-Stabilität in einem politischen System erhöht wird (Kaiser 2007, S. 466). Dies ist aus Sicht des Vetospieler-Ansatzes auch naheliegend, denn durch die zusätzliche Dimension der Gewaltenteilung erhöht sich auch das Blockadepotential im politischen Prozess. Dagegen würden bestimmte inhaltliche Policy-Effekte durch Föderalismus zunächst nicht begünstigt werden (Kaiser 2007, S. 466). Der Ertrag des Vetospieler-Ansatzes für die Föderalismusforschung besteht demnach darin, die institutionellen Bedingungen für einen Policy-Wechsel in föderalen Staaten vergleichbar zu machen. Neben der quantitativen Dimension der Anzahl von Vetospielern rücken auch die ideologische Distanz zwischen den Vetospielern und ihre interne Kohärenz ins Zentrum der (vergleichenden) Analyse.

Im Unterschied zu Tsebelis' axiomatisch sparsamer Theorie arbeitet der Akteurszentrierte Institutionalismus (AI) stärker mit spieltheoretischen und Rational Choice-Annahmen. Im Unterschied zur Rational Choice-Theorie sind die Akteure bei Tsebelis tatsächlich Policy-seeker; sie sind nicht primär an ihrer Nutzenmaximierung interessiert, sondern an der Umsetzung ihrer Idealvorstellungen von Politik. Für Renate Mayntz und Fritz W. Scharpf (grundlegend 1995) reicht es nicht aus, einfach nur die Ermöglichungen und Beschränkungen zu analysieren, die von Institutionen ausgehen. Vielmehr umfasst politisches Handeln gerade auch eine eigennutzorientierte, strategische wie auch normative Handlungsorientierung mit dem Ziel, die Spielregeln selbst zum eigenen Vorteil zu verändern. Im Bereich der Policy-Forschung ist dies auch als ‚meta policy making' bezeichnet worden (Skocpol 1994) und in der Institutionentheorie wird dies auch unter der Fragestellung von ‚drivers for institutional change' erfasst (z. B. Streeck und Thelen 2005). Föderalismuspolitik, für die i. d. R. die Zustimmung des Bundes und der Gliedstaaten erforderlich ist, liefert viele Beispiele für Meta-Politik, bei der die Akteure nicht nur die Inhalte, sondern auch die Spielregeln zu ihren Gunsten zu verändern beabsichtigen. Dies betrifft insbesondere die Entscheidungsregeln des ‚joint decision making' von Bund und Gliedstaaten. Damit die oft geforderte Entflechtung von Verbundaufgaben nicht zu einem Verlustgeschäft für eine Seite wird (z. B. die Gliedstaaten), sind aus dieser Sicht je nach Verhandlungsmacht und Interessenlage der Akteure komplexe Tauschgeschäfte erforderlich (Scharpf 2009).

4.3.3 Föderalismus und Demokratie

Zu den Herausforderungen föderalen Regierens gehört eine Spannung zwischen den Prinzipien des Föderalismus und der Demokratie. Besonders deutlich ist dies bei der Überrepräsentation (gemessen an der Bevölkerung) der kleinen Gliedstaaten in der zweiten Kammer, die nicht nur das Senatsmodell, sondern auch das Bundesratsmodell betrifft. Aufgrund der gleichen oder ähnlichen Stimmengewichtung der Gliedstaaten in der zweiten Kammer kann es zu einer Verzerrung gegenüber der Willens- bzw. Mehrheitsbildung in der ersten Kammer kommen. Bei einem strengen Verständnis von Demokratie als „Volkssouveränität" stellen (föderale) zweite Kammern eine demokratisch legitimationsbedürftige Einschränkung dieser Souveränität dar (Stepan 2011).

In Bundesstaaten wie den USA und der Schweiz ist durch die (weitgehende) Stimmengleichheit der Gliedstaaten in der zweiten Kammer die Disproportionalität zwischen den Einwohnerzahlen und ihrer politischen Repräsentation in der zweiten Kammer besonders hoch. Historisch gesehen ist dies der Preis der Konsensfindung in der Gründungsphase. Stört man sich an dieser Disproportionalität, muss man vom Prinzip der Stimmengleichheit der Gliedstaaten abrücken, was z. B. beim Bundesratsmodell in Österreich und Deutschland geschehen ist. Die Unterschiede in der Stimmengewichtung zwischen größtem und kleinstem Gliedstaat werden in Tab. 4.3 vorgestellt.

In Deutschland hat etwa das kleinste Bundesland Bremen immer noch halb so viele Stimmen wie das bevölkerungsreichste Bundesland Nordrhein-Westfalen, das die 13,5-fache Einwohnerzahl Bremens hat. Am geringsten ist das Stimmenungleichgewicht im Fall Österreichs, in dem das größte Bundesland Niederöster-

Tab. 4.3 Disproportionalität bei der Vertretung von Gliedstaaten (Stand 2009/2010). (Quelle: Eurostat und nationale Statistikämter)

	EU	Deutschland	Österreich	Schweiz	USA
Größter (Glied)Staat Bevölkerung	Deutschland 81.802.257	Nordrhein-Westfalen 17.872.763	Niederösterreich 1.607.428	Zürich 1.372.800	Kalifornien 37.352.956
Stimmengewichtung	29 von 345	6 von 69	12 von 62	2 von 46	2 von 100
Einwohner je Stimme	2.820.767,4	2.978.793,8	133.952,3	686.400	18.676.478
Kleinster (Glied)Staat Bevölkerung	Malta 412.970	Bremen 661.716	Burgenland 283.965	Appenzell I.Rh. 15.700	Wyoming 563.626
Stimmengewichtung	3	3	3	1	2
Einwohner je Stimme	137.656,6	220.572	94.655	15.700	281.813
Disproportionalität	20,5	13,5	1,4	43,7	66,27

4.3 Herausforderungen föderalen Regierens

reich immerhin 12 Stimmen im Bundesrat hat. In der Europäischen Union liegt das Stimmenungleichgewicht zwischen größtem und kleinstem Mitglied im Rat der EU zwischen dem Bundesratsmodell mit Österreich und Deutschland und dem Senatsmodell mit der Schweiz und den USA. Die geringste Disproportionalität (Einwohner je Sitz) mit einem Faktor von 1,4 zwischen dem größten und dem kleinsten Gliedstaat ist für Österreich zu beobachten. Die unterschiedlichen Wahlmodi für die Vertreter der zweiten Kammer (Schweiz und USA: Volk, Österreich: Landtage, Deutschland: Landesregierungen) bleiben bei dieser Überlegung zunächst sekundär. So könnte eine weitgehende Annäherung der Gliedstaatenrepräsentation in der zweiten Kammer an die Bevölkerungszahlen die Unterschiede zwischen den Repräsentationsprinzipen der ersten und zweiten Kammer verwischen und damit die Legitimationsgrundlage der zweiten Kammer unterlaufen.

Eine zweite Variable, die sich auf das Verhältnis von Demokratie und Föderalismus auswirkt, ist die Kompetenzausstattung der zweiten Kammer. Wieder argumentiert Stepan (2011, S. 199) pointiert: „My proposition is that the greater the competences of the territorial house, the more the demos – which is represented on a one person-one vote basis in the lower house – is constrained. In the United States, the lower house has a somewhat more important role than the Senat in budget initiations, but if one takes into account the Senat's constitutionally exclusive prerogative to advice and consent on judicial, ambassadorial, and major administrative appointments, the two houses come fairly close to policy-making parity". Dieser Aspekt wird für die Schweiz im Kapitel über Bikameralismus ausführlicher behandelt.

Eine weitere mögliche Konfliktlinie von Föderalismus und Demokratie ist der Bereich konföderaler Strukturen innerhalb eines Bundesstaates. Im Vergleich der Bundesstaaten dieses Samples ist die horizontale bzw. intergouvernmentale Zusammenarbeit der Kantone am stärksten ausgeprägt. Diese horizontalen Strukturen bringen eine staatenbündische, konföderale Dimension innerhalb der Schweiz zum Ausdruck. Sie erleichtern aufgrund ihrer flachen Hierarchie zwar die Kooperation, haben aber auch mit dem typischen Legitimationsproblem von Staatenbünden, nämlich einem Demokratiedefizit, zu kämpfen (Birrer 2007). So unterliegen die Einrichtungen des kooperativen Föderalismus meist weder einer direkten Kontrolle des Bundesparlaments noch der Gliedstaatenparlamente. Auch kann in einigen Fällen (Spanien) sogar von einer Dominanz des Zentralstaates in diesen Gremien ausgegangen werden. Horizontale Koordinationsformen sind oft aus dem Dilemma entstanden, das Gliedstaaten einerseits einen weiteren Transfer ihrer Souveränität an den Bund verhindern wollen, andererseits aber auch Ungleichheiten zwischen sich abbauen möchten bzw. müssen.

4.4 Governance im Föderalismus

4.4.1 Föderalismus als Multilevel Governance

Mit Föderalismus und Governance treffen zwei Konzepte aufeinander, die oft eine klare Definition vermissen lassen. „Trotz anhaltender akademischer Diskussion und einer Vielzahl von Studien hat sich kein gültiger Konsens über ein klar definiertes Set an Governance-Modi durchgesetzt" (Sack 2013, S. 98). Governance wird von Schuppert (2012, S. 224) definiert als Regelungsstruktur oder „Steuerungszusammenhang einer Aufgabenerfüllung", bei dem die „unterschiedlichen Handlungsrationalitäten (und auch Rechtsregime) staatlicher und privater Akteure zur Erreichung von Steuerungszielen in den jeweiligen Politikfeldern" im Zentrum des Interesses stehen. Dabei können die privaten Akteure weiter nach wirtschaftlichen und zivilgesellschaftlichen Kontexten unterschieden werden.

Oft bleiben allerdings die Grenzen zwischen Governance als analytischem und als normativem Konzept unklar. So wird es zum einen als analytischer Rahmen zur Untersuchung (neuer) Formen der Zusammenarbeit von Staat, Markt und Zivilgesellschaft genutzt, zum anderen aber auch als (normatives) Leitbild, dass dazu beitragen soll, staatliche Steuerungs-, Effizienz- oder Legitimationsdefizite zu reduzieren. Der Governance-Ansatz ist auch in Abgrenzung zum klassischen, institutionenzentrierten „Government" entstanden. Grundlagen der Unterscheidung von Government und Governance werden in Tab. 4.4 zusammen gefasst.

Tab. 4.4 Government und Governance – unterschiedliche Sichtweisen des Regierens. (Quelle: Wilson und Game 2011, S. 152; eigene Übersetzung und Ergänzung)

Government	Governance
Befasst sich primär mit den *Institutionen* des Staates	Befasst sich starker mit den *Prozessen* des Regierens und mit den beteiligten nichtstaatlichen Akteuren
Fokussiert auf das Geschehen im *öffentlichen Sektor* und darin institutionalisierte Akteure wie Medien, Parteien, Gerichte, Interessenverbände etc.	Stärker inklusiv; berücksichtigt, das Policy-making, Leistungserbringung und Problemlösen *alle Sektoren* der Gesellschaft umfasst – private, freiwillige, gemeinschaftliche und öffentliche Aktivitäten
Fokussiert hauptsächlich auf (hierarchische) *Strukturen* des Regierungssystems	Fokussiert stärker auf *Policies, Output und Outcome* des Regierens
Hierarchische, bürokratische Organisationsformen, klare Weisungs- und Verantwortlichkeitsbeziehungen	*Netzwerke* und Partnerschaften, Verhandeln und Austausch zwischen Einzelnen und Gruppen bzw. Organisationen, diffuse Verantwortlichkeiten
*Weber*sches Bürokratiemodell	New Public Management (*NPM*)
Direkte Leistungserbringung und Steuerung durch den Staat	Staat ist nur *indirekt* beteiligt, durch Regulierung, Ermöglichung und Gewährleistung

4.4 Governance im Föderalismus

Als konzeptioneller Rahmen muss Governance für konkretere Analysen zunächst noch operationalisiert werden. Dies geschieht häufig durch die Benennung verschiedener „Governance-Mechanismen" der Handlungskoordination, wie z. B. Hierarchien, Netzwerke, Verhandlungen und Wettbewerb. Sack (2013, S. 102) unterscheidet fünf Governance-Mechanismen: Hierarchie, Wettbewerb, Gemeinschaft, Verhandlung und Dialog. Dabei ist zu beachten, „dass sich in unterschiedlichen Politikfeldern und bei unterschiedlichen Governance-Formen unterschiedliche Selektivitäten, also systemische Bevorzugungen und Privilegierungen von Akteuren und sozialen Milieus zeigen. Anders formuliert: Formen der Handlungskoordination bevorzugen manche Akteure und benachteiligen andere" (Sack 2013, S. 102). Governance-Mechanismen sind interessenpolitisch nicht neutral; Netzwerke tendieren zur Intransparenz, Wettbewerb privilegiert ressourcenstarke Akteure, Verhandlungen und Dialog setzen Freiheit von äußeren Zwängen voraus.

Die Beispiele illustrieren, dass es dabei nicht um grundsätzliche Neuerungen geht, sondern um Neukontextualisierung oder Rahmung bestehender analytischer oder normativer Konzepte. Das Risiko dabei ist, den Governance-Begriff zu überdehnen (conceptual stretching) und dadurch analytisch unbrauchbar zu machen. Einen gewissen Mehrwert von den oben genannten Governance-Mechanismen versprechen Netzwerk- und Verhandlungsanalyse. Politikwechsel können in föderalen Systemen in vielen Bereichen nicht „von oben", also hierarchisch, erzwungen oder durchgesetzt werden. Des Weiteren gibt es für die Bereiche wettbewerblicher Politikgestaltung bereits ausgefeilte empirische und theoretische Analysekonzepte, so dass etwa Verhandlungs- und Netzwerkanalysen von der Governance-Perspektive profitieren könnten. Dazu gehören neue, nichthierarchische Steuerungsformen wie das gemeinsame Aushandeln von Leitbildern und (Policy-)Zielen, die allerdings nicht beschränkt auf föderales Regieren sind, sondern auch in einheitsstaatlichen Kontexten angewendet werden.

Da hierarchische Steuerung in vielen Bereichen mit föderalen Strukturen nicht möglich ist, haben sich politisch-fiskalische Kooperations- und Anreizstrukturen etabliert. Dabei umfassen die Mechanismen föderalen Regierens nur einen Teilbereich der Governance-Forschung sowohl auf der Input- als auch auf der Output-Seite des Regierens. Das Governance-Konzept ist dem der „Verhandlungsdemokratie" ähnlich. Die anreiz- und verhandlungsbasierte föderale Politikkoordination ist folglich auch mit dem Governance-Konzept untersucht worden. Für die Perspektive föderalen Regierens ist das im Grunde aber nicht neu, wurden durch die Mitgestaltungsrechte der Gliedstaaten doch immer schon Verhandlungen und Netzwerkstrukturen gefördert.

Aus Perspektive des Governance-Ansatzes und der Steuerungstheorie lassen sich die Herausforderungen föderalen Regierens mit der Akkomodation sprachlich-kultureller Heterogenität und der Notwendigkeit der (effizienten) Politikkoordination in der vertikalen und der horizontalen Dimension umschreiben. Im Hinblick auf den ersten Problembereich kann Föderalismus als ein Mechanismus zur Akkommodation eines politischen Systems an soziale Heterogenität (z. B. sprachliche Identitäten) verstanden werden. Föderale Strukturen sind einerseits als Antwort auf partikulare kulturelle Identitäten und Nationalismen gedacht, können andererseits aber neue Konflikte um die Verteilung von Kompetenzen und Mitteln hervorrufen.

Dies trifft besonders auf mehrsprachige Bundesstaaten zu, da mit der eigenen Sprache oft eigene kulturelle Identitäten verbunden sind. Bestehende föderale Mitwirkungsrechte können dann dahingehend genutzt werden, den eigenen gliedstaatlichen Entscheidungsspielraum durch Vetopolitik oder Bargaining auszudehnen. Föderale Strukturen können somit in mehrfacher Hinsicht eine Herausforderung für effizientes Regieren darstellen, worauf Fritz W. Scharpf (z. B. 2009) mit der These der „Politikverflechtungsfalle", einer Variante der Unregierbarkeits-Diskussion der 1970er Jahre, hingewiesen hat. Die formellen Regeln des politischen Spiels in föderalen Systemen werden durch die Kompetenzverteilung und die daraus abgeleiteten Zustimmungserfordernisse und Vetomöglichkeiten definiert. Die Initiativ- und Kontrollmöglichkeiten werden teilweise durch formelle Strukturen wie die zweite Kammer, teilweise aber auch durch informelle Strukturen wie regionale und parteipolitische Netzwerke ausgeübt. Je asymmetrischer die formelle Machtverteilung zwischen erster und zweiter Kammer gestaltet ist, umso mehr Einfluss auf die nationale Politikgestaltung können informelle Kontakte und Einrichtungen gewinnen.

In finanzieller Hinsicht müssen oft Mischfinanzierungen realisiert werden. In jedem Fall wird eine formelle oder informelle Policy-Koordination zwischen den dezentralen Regierungen untereinander (horizontaler Föderalismus) sowie zwischen diesen und der nationalen Regierung (vertikaler Föderalismus) notwendig. Dabei ist die Beteiligung der Gliedstaaten an der Politikgestaltung auf zentraler Ebene der stärker institutionalisierte und zentralisierte Koordinationsmechanismus, der landesweit einheitliche und breit akzeptierte Regelungen als Outcome erzeugen soll. Horizontaler Föderalismus ist dagegen ein nicht-hierarchischer Koordinationsmechanismus, der stärkere Policy-Variationen zulässt und im Vergleich der föderalen Staaten in sehr unterschiedlichen Formen und Intensitäten genutzt wird. Sie bieten sich etwa bei länderübergreifenden, aber dennoch regional begrenzten Problemen an sowie bei Materien, die primär in die Kompetenz der Gliedstaaten fallen, so dass trotz eines Bedarfs für eine bundesweit einheitliche Regelung der Bund nicht (alleine) aktiv werden kann.

Durch Mitgestaltungsrecht und -praxis der Gliedstaaten und die Mitfinanzierung gliedstaatlicher Aufgaben durch die zentrale Ebene entsteht bei der nationalen Politikentwicklung eine Tendenz zu Kompromisslösungen und Konkordanzmechanismen, die sich am politischen System der Schweiz gut beobachten lassen. Die Kompromiss- und Konkordanzzwänge föderalen Regierens auf der Bundesebene richten sich dabei nicht auf parteipolitisch neutrale Sach- bzw. Länderinteressen, sondern die Konflikte werden in der Regel parteipolitisch mediatisiert, da Parteien (im Unterschied etwa zur Verwaltung) meist die umfangreichsten Erfahrungen mit dem Interessenausgleich einer Vielzahl entscheidungsrelevanter Akteure und ‚Stakeholder' gesammelt haben.

Die Herausforderungen föderalen Regierens zeigen sich aber auch bei Fragen der Finanzierung Ebenen übergreifender Aufgaben und Projekte, z. B. in der Regional- und Strukturpolitik. Akteure der verschiedenen Ebenen müssen sich zunächst über die allgemeinen Ziele eines Programms oder einer Maßnahme verständigen, denen unterschiedliche Problemwahrnehmungen und -diagnosen zugrunde liegen können. Für eine Phaseneinteilung dieses Kommunikations- und Entscheidungsprozesses bieten sich Modelle des Policy Making (Jann und Wegrich 2009, S. 80) an, die bereits in Kap. 2.2. vorgestellt wurden.

4.4.2 Föderalismus als Politikverflechtung

Eine Linie der Kritik an der Ausgestaltung des Föderalismus in Deutschland führt von der Strukturbruchthese Gerhard Lehmbruchs (1976) zur These der Politikverflechtungsfalle von Fritz W. Scharpf (1985). In der Strukturbruchthese werden die unterschiedlichen Handlungslogiken betont, die sich einerseits aus dem (insb. in den 1970er Jahren) hohen Wettbewerbsdruck der Parteienkonkurrenz und andererseits aus der durch den „Verbundföderalismus" angelegten Notwendigkeit zu Kooperation und Kompromiss zwischen den Parteien ergeben. Das Resultat dieser Kombination von Wettbewerbs- und Konsenslogik seien dann häufige Entscheidungsblockaden und Politikstillstand.

Von Fritz W. Scharpf wird diese Problembeschreibung stärker politökonomisch akzentuiert (Strünck 2012, S. 10). Die Koordinationszwänge des Verbundföderalismus gleichen ‚Politikverflechtungsfallen', die zu suboptimalen Ergebnissen führen. Die durch Politikverflechtung erzeugten Leistungsdefizite betreffen dabei sowohl das Policy-Outcome wie auch die Reformierbarkeit des Systems insgesamt. Dadurch erklärt sich nach Scharpf auch, warum von Föderalismusreformen (in Deutschland) kein großer Wurf zu erwarten ist. Auch für Akteure in Föderalismusreformen gilt die parteipolitische Wettbewerbslogik, dass (kurzfristige) Eigeninteressen meist die langfristigen Allgemeininteressen aushebeln und die Ergebnisse nie das Pareto-Optimum erreichen.

Moniert wird an der Mitwirkung der Länderexekutiven durch den Bundesrat an der Willensbildung des Bundes etwa, dass auf diese Weise lediglich inkrementelle Anpassungen und keine umfassenden Reformen möglich werden, dass also die Mitwirkung der Länderexekutiven ein Kandidat für Probleme der ‚Regierbarkeit' auf Bundesebene ist und der Bundesrat ein ‚Blockadeinstrument' der Länder gegen effektives Umgestalten bei entsprechenden Mehrheiten im Bundestag sei. Während Scharpf stärker auf die Effizienz des Policy-Outputs fokussiert, gilt Lehmbruchs Föderalismuskritik stärker der Entkopplung demokratischer Verantwortlichkeit (Strünck 2012, S. 12). Beide Thesen nehmen dezidiert kritisch Stellung zur Ausgestaltung und Reformfähigkeit des Föderalismus in Deutschland. Zu fragen ist auch, auf welchen normativen Prämissen diese Kritiken beruhen. Dabei fällt etwa auf, dass die Thesen eher historisch oder theoretisch begründet werden als empirisch-vergleichend.

Im Vergleich zu Österreich und der Schweiz bewegen sich die Zustimmungserfordernisse des Deutschen Bundesrats in der Gesetzgebung auf einem mittleren Niveau. Im Senatsmodell der USA und der Schweiz liegt die Zustimmungsanforderung der zweiten Kammer bei der Gesetzgebung bei 100 %; demgegenüber hat der Österreichische Bundesrat ein wirksames Veto nur bei Verfassungsänderungen, die Länderinteressen betreffen. Überträgt man die Argumentation der Politikverflechtungsfalle auf die Schweiz oder die USA, dann müssten dort die Probleme der Regierbarkeit am größten sein, während sie unter diesem Aspekt in Österreich (und Belgien) an geringsten sein müssten. Den Klagen über Politikstillstand und der Blockademacht des Bundesrats steht auf der anderen Seite aber eine hohe Erfolgsquote von in den Bundestag eingebrachten zustimmungspflichtigen Gesetzen gegenüber (Kap. 2). Aus solchen Klagen scheint auch eine Präferenz für einen „unitarischen" Föderalismus zu sprechen, in dem bei einem Regierungswechsel im Bund ähnlich wie in Westminster-Systemen schnelle und umfangreiche Politikwechsel eingeleitet werden können.

Theoretisch weniger elaboriert ist die Erklärung der Politikverflechtung durch die funktionale Kompetenzverteilung des Grundgesetzes, nach der die Verwaltungs- bzw. Vollzugskompetenz für die meisten Aufgaben Ländersache ist, einschließlich jener in der Gesetzgebungskompetenz des Bundes (Münch 2012, S. 180). Die Zuständigkeit für den Vollzug gebe den Ländern ein starkes Mitwirkungsrecht bei der Politikentwicklung und trage somit zu Kompromisszwängen und Politikverflechtung bei. Allerdings liegt auch in den (tendenziellen) Trennsystemen der USA und der Schweiz die Ausführungsverantwortung weitgehend bei den Gliedstaaten. Dies drückt sich z. B. auch in dem hohen Personalanteil der Gliedsaaten an den Verwaltungsstellen insgesamt aus. Entweder kann die starke Stellung der Gliedstaaten an der Ausführung nicht für die Politikverflechtung verantwortlich gemacht werden, oder Politikverflechtung muss für alle Bundesstaaten mit starkem Vollzugsföderalismus (und symmetrischem Bikameralismus) diagnostiziert werden. Vielleicht kommt in solchen Thesen auch eine heimliche Sehnsucht nach dem Einheitsstaat zum Ausdruck, in dem die Politik (vermeintlich) noch verständlich und das Regieren (noch) einfach ist. Tabelle 4.5 gibt einen Überblick

Tab. 4.5 Politikverflechtung über vier Ebenen am Beispiel der Bundesrepublik Deutschland (Auswahl). (Quelle: Eigene Zusammenstellung)

Top down / Bottom up	EU	Bundesrepublik Deutschland	Bundesländer	Kommunen
EU	–	Europäische Rechtsetzung/nationaler Parlamentsvorbehalt; Vertragsverletzungsverfahren; Vertretungen der Kommission in Deutschland (Berlin, Bonn, München), Zahlreiche regionale Informationszentren	Struktur- und Kohäsionsfonds der EU	
Bundesrepublik Deutschland	*Bundesregierung*: Europ. Rat: 1 Stimme; Ministerrat: 29 von 345 Stimmen; *Bundestag*: GG Art. 45: Ausschuss für Angelegenheiten der EU & Art. 23 III: Stellungnahme des BT; *Bundesrat*: Art. 23 IV: Beteiligung des BR an Willensbildung des Bundes & Art. 52 IIIa: Europakammer; *Bundesverfassungsgericht*: Fällt Urteile mit europapolitischer Auswirkung; *Bevölkerung*: Wählt 99 MdEP	–	Vollzugsföderalismus: – Planung und Durchführung von Gemeinschaftsaufgaben von Bund und Ländern, z. B. Wirtschaftsförderung (Art. 104b), teilweise Hochschulen – „eigene Angelegenheiten" (Art. 84) – Auftragsverwaltung (Art. 85): z. B. SGB (z. B. Sozialhilfe) – Finanzverwaltung: Einzug und Verteilung von Gemeinschaftssteuern (z. B. Einkommenssteuer)	
Bundesländer	*Ausschuss der Regionen*: 1 Vertreter je Land plus fünf rotierende Sitze; *Landesvertretungen* bei der EU in Brüssel; *Bundesrat*: GG Art. 23 II (Mitwirkung der Länder), IV, Art. 52, IIIa	Beteiligungsföderalismus: *Bundesrat*: GG Art. 23 I (Übertragung von Hoheitsrechten), Art. 23 V (Berücksichtigung der Interessen der Länder), Art. 23 IV (Wahrnehmung von Rechten bei ausschließlicher Kompetenz der Länder[Schule, Kultur, Rundfunk]), Art. 72 & 74 (konkurr. Gesetzgebung); *Landesvertretungen* in Berlin	–	*Kommunalaufsicht* (Rechtsaufsicht) und Fachaufsicht des Landes ggü. den Kommunen
Kommunen	*Ausschuss der Regionen*: 3 kommunale Vertreter aus Deutschland; Rat der Gemeinden und Regionen Europas (*RGRE*) (Lobbying)	Dt. Städtetag, Dt. Landkreistag, Dt. Städte- und Gemeindebund	Z. B. Hessischer Städte- und Gemeindebund e. V. (HSGB), Hessischer Städtetag	–

über institutionelle Dimensionen der Politikverflechtung im europäischen Mehrebenensystem am Beispiel der Bundesrepublik Deutschland. Auf der horizontalen Achse ist dabei die Bottom up-Dimension der Willensbildung eingezeichnet, etwa die Beteiligung der Bundesländer an der Willensbildung auf EU-Ebene. Auf der vertikalen Achse ist die Top-down Dimension der politischen Implementierung eingetragen, etwa der Vollzugsföderalismus im Verhältnis von Bund und Ländern.

4.5 Zusammenfassung und Wiederholungsfragen

Als Regieren noch einfach war, standen Mehrheiten und Hierarchien im Zentrum der Regierungsforschung. Heute ‚leidet' Regieren zunehmend unter Vetospielern und Politikverflechtung. Mehrheiten müssen organisiert und Vetospieler eingebunden werden. Auf diesen Wandel reagiert die Politik verstärkt mit nicht-hierarchischen Steuerungsformen, durch das Setzen von Anreizen, durch Verhandlungen und Netzwerke. Dieser Wandel wird durch den Governance-Begriff gerahmt, der sowohl als Leitbild wie als heuristischer Interpretationsrahmen fungiert, um Steuerungsmechanismen wie Hierarchien, Netzwerke und Verhandlungen zu untersuchen.

Im Föderalismus sind die Gliedstaaten etwa durch mehr oder weniger mächtige zweite Kammern am Regieren auf Bundesebene beteiligt. Aber auch informelle Strukturen wie regionale und parteipolitische Netzwerke spielen eine wichtige Rolle. Im Sample dieses Bandes haben die Schweiz und die USA die stärksten zweiten Kammern (symmetrischer Bikamerlismus) und Belgien sowie Österreich die schwächsten.

Im Unterschied zu unitarischen Systemen muss bei föderalen Systemen stärker zwischen einem Regierungs- und einem Politikwechsel unterschieden werden. Für einen Politikwechsel im Föderalismus müssen andere Bedingungen erfüllt sein als in einem Westminster-System, in dem oft ein Regierungswechsel auch für einen Politikwechsel ausreichend ist. In den USA sind dies ‚gleichfarbige' Mehrheiten in den beiden Kammern des Kongresses und im Weißen Haus. Wie sich am Beispiel der Schweiz illustrieren lässt, muss sich eine Vielzahl von Vetospielern und ein ausgeprägter Föderalismus nicht nachteilig auf die Regierungsführung auf Bundesebene auswirken.

4.5 Zusammenfassung und Wiederholungsfragen

Fragen

Souveränität ist die Grundlage von Staatlichkeit. Skizzieren Sie ideengeschichtliche Begründungen der (Un)Teilbarkeit von Souveränität.

Skizzieren Sie die unterschiedlichen Modelle der Verteilung von Kompetenzen in föderalen Staaten.

Welche Auswirkungen hat Föderalismus auf die Anzahl von Konstellationen von Vetospielern in politischen Systemen?

Skizzieren Sie mögliche Konfliktfelder zwischen Föderalismus und Demokratie.

Versuchen Sie, den Begriff Governance zu definieren.

Welche Governance-Mechanismen lassen sich unterscheiden?

Skizzieren Sie Stärken und Schwächen der Konzepte Governance und Politikverflechtung.

Teilbereiche der vergleichenden Föderalismusforschung 5

5.1 Verfassungsföderalismus (constitutional federalism)

5.1.1 Grundlagen

Grundlage einer bundesstaatlichen Ordnung ist eine (geschriebene) Verfassung, die das Zusammenspiel der Akteure und Institutionen zwischen den Ebenen regelt und Anweisungen für die politische und rechtliche Lösung von Konflikte gibt. Da es bei föderaler Gewaltenteilung allgemein um die Teilung von Macht bzw. Kompetenzen zwischen souveränen Staaten in einem Bund geht, ist eine geschriebene Bundesverfassung und ein sie auslegendes Gericht grundlegend. Auch die Gliedstaaten haben meist eigene Verfassungen, deren Inhalte sich aber an den Vorgaben der Bundesverfassung orientieren müssen. Die Verfassungen der Gliedstaaten werden durch die Parlamente oder direkt durch die Bevölkerung legitimiert und bei Bedarf auch geändert. Im Unterschied dazu haben devoluierte Einheiten in Einheitsstaaten keine eigene Verfassung, sondern lediglich Statuten bzw. einfache Gesetze, auf deren Inhalt der Zentralstaat einen erheblichen Einfluss hat.

Der Verfassungsvergleich als Teilbereich der Föderalismusforschung konzentriert sich daher besonders auf mögliche Konfliktfelder und ihre (rechtliche) Lösung (Hanschel 2012; Saunders 2007; Tarr 2005). „Constitutional federalism" fragt nach der Entstehung, der verfassungsrechtlichen Verankerung und Ausgestaltung föderaler Merkmale in der Verfassung und ihre Absicherung durch Oberste Gerichte.

In föderalen Systemen sind wesentliche Ordnungsmerkmale in der Bundesverfassung verankert und durch einen Beteiligungsvorbehalt der Gliedstaaten nur erschwert veränderbar. Unter den Begriff des Verfassungsföderalismus werden konstitutionelle Garantien für die Gliedstaaten wie auch die Verteilung von Kompetenzen zwischen Bundesstaat und Gliedstaaten untersucht. In den vorherigen Kapiteln wurden dazu bereits einige Hinweise gegeben. So wird der Einfluss der Gliedstaaten im föderalen Politikprozess stark durch die in der Verfassung definierte Kompetenzaufteilung und den Wahlmodus der zweiten Kammer mitbestimmt. Zu den konstitutionellen Kennzeichen von Bundesstaaten gehört auch, dass die Existenz der Gliedstaaten in der Bundesverfassung abgesichert ist und nicht ohne deren Mitwirkung geändert werden kann (z. B. bei einer Länderfusion).

Constitutional federalism fragt neben der verfassungsrechtlichen Stellung der zweiten Kammer und der Kompetenzverteilung zwischen den Ebenen aber auch nach weiteren verfassungsrechtlich gegebenen Einwirkungsmöglichkeiten zwischen den Ebenen, etwa nach der Möglichkeit, Bundeszwang auszuüben sowie nach den Klagemöglichkeiten vor Ober- bzw. Verfassungsgerichten. So sind im Grundgesetz der Bundesrepublik Deutschland die Klagemöglichkeiten der Länder vor dem Bundesverfassungsgericht sehr breit ausgebaut, während in der Schweiz zwar auch ein Bundesgericht mit Zuständigkeit für Streitigkeiten zwischen Bund und Kantonen existiert, jedoch keine Möglichkeit hat, Bundesgesetze oder Volksinitiativen auf ihre Vereinbarkeit mit der Bundesverfassung zu überprüfen (Kap. 10.1). Eine ähnliche Situation lag anfangs auch für den Supreme Court der USA vor; dieser hat sich jedoch aufgrund fehlender eindeutiger Regelungen in der US-Verfassung im Laufe der Zeit selbst ermächtigt, entsprechende Überprüfungen durchführen zu können. Dabei ist die Selektivität in der Auswahl von zulässigen Fällen aber deutlich größer als beim Bundesverfassungsgericht in Deutschland, bei dem lediglich ein Kammersystem für die Vorprüfung von Fällen eingesetzt wird. Der US-Supreme Court betreibt dabei eine Mischung aus politischer Zurückhaltung (judicial restrain) bei vielen Entscheidungen und politisch relevanter Fortentwicklung der Verfassung durch die Auswahl zulässiger Fälle (Kap. 5.1.3).

5.1.2 Föderalismuspolitik und (De)Zentralisierung

Die Bezeichnung Föderalismuspolitik für alle Fragen, die das Zusammenspiel von Bund und Gliedstaaten betreffen, ist von der Sache her naheliegend, in der Praxis jedoch unüblich. Dies ist u. a. darauf zurückzuführen, dass Veränderungen der föderalen Struktur eines Bundesstaates verfassungsrechtlich mit qualifizierten Mehrheiten abgesichert sind. Dadurch entstehen wiederum komplexe Vetospieler-Konstellationen, die Reformen zwar nicht unmöglich machen, aber doch auf bestimmte „windows of opportunity" (insb. große Koalitionen) beschränken. Statt von einer (kontinuierlichen) Föderalismuspolitik wird daher eher von (punktuellen) Föderalismusreformen gesprochen.

5.1 Verfassungsföderalismus (constitutional federalism)

Tab. 5.1 Alter der Verfassung und Stärke der föderalen zweiten Kammer. (Quelle: Eigene Zusammenstellung nach Lijphart 1999. Der Bikammeralismus-Index reicht bis zu einem Höchstwert von 4, der Föderalismus-Index bis zu 5)

	Inkrafttreten der Verfassung	Stärke der zweiten Kammer nach Lijphart (1999)	Föderalismus-Index nach Lijphart (1999)
USA	1789	4,0	5,0
Schweiz	1848	4,0	5,0
Deutschland	1949	4,0	5,0
Österreich	1955	2,0	4,5
Spanien	1978	3,0	3,0
Belgien	1980/1990	3,0	3,2

Föderalismuspolitik befasst sich u. a. mit dem politisch erwünschten (De)Zentralisierungsgrad in einem föderalen System. Dabei ist zunächst zu unterscheiden zwischen der (De)Zentralisierung auf föderaler Ebene sowie innerhalb der Gliedstaaten. In der Regel steht die föderale Ebene im Zentrum des Interesses. Dezentralisierung hat mehrere Dimensionen; analytisch sollte dabei die Abgrenzung zu Devolution und Regionalisierung mit bedacht werden, die jeweils unterschiedliche Akzente auf die administrative, exekutive und legislative Dimension legen (Kap. 3.2).

Constitutional federalism fragt z. B. nach Art und Umfang der Abgabe von Kompetenzen an subnationale Einheiten. Die Abgabe nennenswerter legislativer Kompetenzen an die gliedstaatliche Ebene ist nur eines von mehreren Kriterien für einen Übergang von Devolution zu Föderalisierung. Spanien und Belgien sind Beispiele für eine unterschiedlich weit reichende konstitutionelle Föderalisierung ehemaliger Einheitsstaaten. In umgekehrter Richtung wird zwar auch in Bundesstaaten eine Tendenz zur Zentralisierung beobachtet, jedoch beschränkt sich diese meist auf die administrative Dimension. Eine demokratisch legitimierte Abschaffung föderaler Strukturen zugunsten eines Einheitsstaates ist bislang die Ausnahme. Formal ist hier die Auflösung der Sowjetunion Ende 1991 in 15 meist unitarische Republiken zu nennen. Und mit der Tschechoslowakei wurde 1993 ein weiterer föderaler Staat in zwei unitarische Staaten aufgelöst. Die Auflösung der Bundesrepublik Jugoslawien in den 1990er Jahren verlief dagegen unfriedlich.

In historischer Perspektive haben ältere Bundesstaaten meist eine stärkere zweite Kammer als jüngere Bundesstaaten. So haben die USA und die Schweiz als die ältesten Bundesstaaten unseres Samples auch die stärksten zweiten Kammern, während Belgien und Spanien als neue Föderationen schwache zweite Kammern haben. Deutschland und Österreich bewegen sich sowohl bei der Variable Alter wie auch bei der Stärke der zweiten Kammer im Mittelfeld. Dieser Zusammenhang zeigt sich innerhalb des kleinen Samples sowohl für die Stärke der zweiten Kammer wie auch für den Föderalismus-Index nach Lijphart (1999). Eine Ausnahme in Tab. 5.1

ist lediglich der in seinen Kompetenzen sehr schwach aufgestellt Bundesrat in Österreich, der von Lijphart noch unterhalb der Senate von Spanien und Belgien platziert wurde.

Ausgehend von der Beobachtung solcher allgemeiner Zusammenhänge lässt sich der Vergleich föderaler Regelungen in Bundesverfassungen auf eine Reihe von weiteren Fragen ausweiten, etwa auf zentralisierend wirkende Verfassungsnormen und nach verfassungsmäßigen Einwirkungsmöglichkeiten des Bundes auf die Politik in den Gliedstaaten. Zu den dezentralisierend wirkenden Verfassungsnormen ist die Subsidiaritätsidee zu zählen (die Kompetenzvermutung zugunsten der Gliedstaaten), die in fast allen Bundesverfassungen zumindest implizit enthalten ist. Dem stehen aber mehr oder weniger umfangreiche zentralisierend wirkende Normen entgehen, die von politischen oder juristischen Akteuren für eine weitere Zentralisierung von Aufgaben genutzt werden können. Da diese Normen in der Regel viel konkreter sind als die allgemeine Subsidiaritätsnorm, stellt letztere (alleine) meist keine wirksame Begrenzung weiterer Zentralisierung dar.

Das in Deutschland (Art. 37 GG) und Spanien (Art. 155 CE) zwar vorhandene, aber noch nie angewandte Instrument des Bundeszwangs wird als „ultima ratio" eingeschätzt, dass nur bei groben Verstößen etwa bei der Umsetzung von EU-Recht zur Anwendung kommen sollte, um den dadurch zu erwartenden politischen Schaden zu reduzieren. „Im Rahmen des Bundeszwangs nach Art. 37 GG bzw. Art. 155 CE wird der Zentralstaat in die Lage versetzt, alle notwendigen Maßnahmen zu ergreifen, um die Pflichtverletzung einer dezentralen Einheit zu beseitigen" (Ehrbeck 2011, S. 212). Demgegenüber ist die Möglichkeit einer Klage des Bundes vor dem nationalen Verfassungsgericht gegen Pflichtverstöße der Gliedstaaten das angemessenere Mittel (Ehrbeck 2011, S. 211). In Spanien kam dieses Instrument z. B. im Zuge der geplanten katalonischen Unabhängigkeitsabstimmung Ende 2014 zur Anwendung.

Im Kontext der Übernahme von EU-Recht durch die Gliedstaaten wurde in Österreich ein spezieller Devolutionsmechanismus entwickelt. Während ausgehend von britischen Beispiel unter Devolution üblicherweise die Übertragung administrativer, exekutiver und ggf. legislativer Kompetenzen an die Gliedstaaten verstanden wird, ist im österreichischen Fall eine temporäre Kompetenzübertragung von der Gliedstaaten an den Bund gemeint. Dabei erhält der Bund die Kompetenz zur Umsetzung einer Richtlinie, wenn durch den EuGH (bzw. EuG) festgestellt wird, „dass eine Umsetzung, zu der innerstaatlich eine dezentrale Einheit verpflichtet war, nicht erfolgt ist. Diese Kompetenz steht dem Zentralstaat solange zu, bis die säumige dezentrale Einheit die erforderliche Maßnahme erlassen hat" (Ehrbeck 2011, S. 213). Die dezentrale Kompetenz ‚devoluiert' nach Art. 23d Abs. 5 B-VG so lange an den Zentralstaat und ermöglicht ihm die Umsetzung der EU-Richtlinie

5.1 Verfassungsföderalismus (constitutional federalism)

für den betroffenen Gliedstaat, bis dieser selbst aktiv wird, so dass das Bundesrecht wieder außer Kraft treten kann. Ein ähnlicher Mechanismus wurde in Spanien für die Autonomen Gemeinschaften diskutiert (Ehrbeck 2011).

Benz (2009) sieht auf Ebene der Verfassungsreformen der bundesstaatlichen Ordnung in Deutschland das von Scharpf für die ‚verfasste Politik' beschriebene Muster der Politikverflechtung, also den Zwang zur Einigung und zu Kompromissen von konkurrierenden politischen Kräften, die eher zu inkrementellen Anpassungen als zu umfassenden Reformen führen. „Selbst größere Reformen des Föderalismus enden nicht mit substantiellen Weichenstellungen, sondern bewegen sich in den eingefahrenen Bahnen des kooperativen Föderalismus" (Benz 2009, S. 117). Typisch für die ‚Geschwisterrivalität' auf Gliedstaatenebene ist eine Mischung aus Kooperation und Konkurrenz, die nach Benz zu widersprüchlichen Verhaltensweisen führen kann. Zum einen werden Verhandlungszwänge sowie Autonomie- und Machtverlust kritisiert, zugleich wird aber auch Kooperation und Lastenteilung gesucht. Daher findet eine weitere Zentralisierung durch bundeseinheitliche Regelungen und durch Finanzmittel des Bundes letztlich doch häufig die Zustimmung der Länder.

Bei größeren Reformprojekten wird auf das Mittel der Vorbereitung durch gemeinsame Kommissionen von Bundestag und Bundesrat zurück gegriffen. Damit ist nach Ansicht von Benz aber auch eine Tendenz zur Informalisierung und Intransparenz verbunden. „Die Gemeinsame Verfassungskommission, die aufgrund des Vertrages über die Deutsche Einheit zustande kam (Januar 1992 bis Oktober 1993) sowie die erste Föderalismuskommission (November 2003 bis Dezember 2004) tagten noch öffentlich, während die zweite Föderalismuskommission (März 2007 bis März 2009) überwiegend nicht öffentlich beriet. In allen Fällen gingen Kompromisse aus den üblichen informellen Verhandlungen führender Vertreter des Bundes und der Länder hervor" (Benz 2009, S. 118). In solchen Kommissionen werde der Unterschied von Verfassungspolitik und ‚verfasster Politik' verwischt, da oft Verfassungsänderungen und einfache Gesetze gleichzeitig beraten werden und dadurch Verfassungsänderungen im Zuge von Föderalismusreformen politisiert werden können und im Zuge von Kompromisslösungen etwa Details in die Verfassung aufgenommen werden, die vielleicht besser in einfachen Gesetzen aufgehoben wären und zu einer ‚Überfrachtung' der Verfassung mit Detailfragen führten, die den Handlungsspielraum für zukünftige Regierungen unnötig einschränke und ggf. die Rolle der Verfassungsgerichte aufwerte (Benz 2009, S. 119).

Damit ist auch auf die Rolle von Staatszielbestimmungen etwa im Hinblick auf die Einheitlichkeit oder Gleichwertigkeit der Lebensverhältnisse in den Gliedstaaten in der Verfassung angespielt, die sowohl das Handeln der öffentlichen Gewalt im Bund wie auch in den Gliedstaaten anleiten sollen. Dagegen sind Themen wie

Sozialpolitik, Regionalförderung, Umweltschutz etc. keine spezifisch föderalen Staatsziele. In Bundesstaaten muss z. B. über die Verteilung von sozialpolitischen Kompetenzen zwischen den Ebenen entschieden werden. Die Gliedstaaten haben dabei meist nicht unerhebliche Kompetenzen. Diese Allokationsfragen zwischen den Ebenen betreffen aber letztlich alle Politikfelder, für die sowohl der Zentralstaat wie auch die Gliedstaaten Kompetenztitel haben.

5.1.3 Verfassungsgerichte

Der Einfluss der Judikative auf die Ausgestaltung föderaler Strukturen ist nicht zu unterschätzen. Die Funktion der Verfassungsgerichte ist in föderalen Staaten aufgrund möglicher Konflikte um die Machtverteilung zwischen den Ebenen gewichtiger als in Einheitsstaaten. Allerdings gibt es auch hier wieder Unterschiede. Ein unter dem Aspekt von ‚judicial review' sehr zurückgenommenes Bundesgericht in der Schweiz und ein zunehmend aktiver in die Politik eingreifendes Verfassungsgericht in Deutschland markieren die beiden Pole im Spektrum der Fälle dieses Bandes.

Grundlegend lassen sich zwei Modelle von Verfassungsgerichtsbarkeit unterscheiden: eine „diffuse" Verfassungskontrolle durch ein Oberstes Gericht und eine „spezialisierte" Kontrolle durch ein Verfassungsgericht (Kneip 2009, S. 146). Beide Modelle sind mit einer föderalen Verfassung kompatibel, jedoch findet sich ersteres häufiger im amerikanischen und letztere im europäischen Kontext. Eine starke Verfassungsgerichtsbarkeit, die über die Rechte und Pflichten des Bundes und der Gliedstaaten wacht und bei Zuständigkeitskonflikten entscheidet, ist ein Merkmal föderaler Staaten. Eine reduzierte Verfassungsgerichtsbarkeit wie in einigen unitarischen Systemen (Frankreich, Großbritannien), ist in föderalen Staaten nicht möglich. Dies lässt sich gut am Belgischen Verfassungsgerichtshof (früher Schiedshof) illustrieren, der erst nach der Föderalisierung Belgiens 1984 seine Tätigkeit aufnahm und sukzessive mit zusätzlichen Kompetenzen ausgestattet wurde. Dagegen ist die starke Stellung des Bundesverfassungsgerichts in Deutschland nicht nur der föderalen Staatsform, sondern auch den Erfahrungen der nationalsozialistischen Diktatur geschuldet. Die Schweiz als die älteste Föderation in Europa hat kein spezialisiertes Verfassungsgericht. Das dortige Bundesgericht kann lediglich über die Vereinbarkeit von Kantonsrecht mit der Bundesverfassung entscheiden.

In den USA hat der Supreme Court die Funktion eines Verfassungsgerichts, allerdings fehlt ein entsprechender Hinweis in der Verfassung und auch eine abstrakte Normenkontrolle ist (wie in der Schweiz) nicht möglich. Vielmehr entscheidet der Oberste Gerichtshof als Appelationsinstanz nur konkrete „cases and controversies" und hat dabei auch einen Ermessensspielraum, welche Fälle er in dieser

5.1 Verfassungsföderalismus (constitutional federalism)

Tab. 5.2 Verfassungsgerichtsbarkeit in 23 OECD-Ländern, 1990–2010. (Quelle: Nach Lijphart 2012, S. 215 und Vatter 2014, S. 509)

Stärke der Verfassungsgerichtsbarkeit	Föderale Staaten	Einheitsstaaten
Stark	Deutschland, Kanada, USA	
Mittel	Australien, Belgien, Österreich, Spanien[a]	Frankreich, Italien[a]
Schwach		Dänemark, Griechenland, Island, Irland, Japan, Norwegen, Portugal
Keine	Schweiz[b]	Finnland, Luxemburg, Niederlande, Neuseeland, Schweden, UK

[a] In Spanien wurden auch umfangreiche legislative Kompetenzen an die Autonomen Gemeinschaften übertragen, so dass eine Zuordnung als föderaler Staat mit Einschränkungen möglich ist. In Italien überwiegt dagegen bislang die administrative Devolution
[b] Abweichend von Lijphart sieht Vatter in der Schweiz eine schwache Verfassungsgerichtsbarkeit als gegeben an

Funktion annimmt. Angenommen werden müssen lediglich Berufungen gegen Entscheidungen unterer Gerichte zugunsten ihrer eigenen politischen Ebene bzw. Einheit (Shell 1998, S. 172).

Eine Ausnahme sind die Verfassungsgerichte der deutschen Bundesländer, die der Staatlichkeit der Länder zusätzlich sichtbaren Ausdruck geben. Als letztes Bundesland hat Schleswig-Holstein 2008 ein eigenes Verfassungsgericht eingerichtet (Dombert 2012, S. 20). Gegenüber dem Bundesverfassungsgericht haben diese Gerichte eine Ergänzungs- bzw. Entlastungsfunktion. Grundlage für Klagen vor einem Landesverfassungsgericht ist die jeweilige (bundesrechtskonforme) Landesverfassung. Im Einzelnen unterscheiden sich die Landesgerichte z. B. durch ihre Bezeichnung als Staats- bzw. Verfassungsgerichtshof oder Verfassungsgericht, durch die Richterwahl und durch die zulässigen Klagearten. So gibt es in Baden-Württemberg, Bremen, Hamburg, Niedersachsen und Nordrhein-Westfalen keine Verfassungsbeschwerde, während sie in Berlin, Brandenburg, Hessen, Mecklenburg-Vorpommern, Rheinland-Pfalz, Saarland, Sachsen und Thüringen gegen Gesetze und Einzelakte des Landes möglich ist. In Bayern kann gegen Einzelakte Verfassungsbeschwerde und gegen Gesetze Popularklage erhoben werden (Dombert 2012, S. 25).

Die Entwicklung von starken Verfassungsgerichten in föderalen Staaten zeigt sich auch deutlich auf der Skala von Lijphart (2012, S. 215), der vier Stufen unterscheidet. Von den in Tab. 5.2 berücksichtigten 23 OECD-Staaten sind in den beiden obersten Kategorien (mit Ausnahme Frankreichs) alle mehr oder weniger stark föderalisiert. Tabelle 5.3 fasst die Regelungen zu den Obersten Gerichten in den sechs Untersuchungsländern dieses Bandes noch einmal zusammen.

Tab. 5.3 Verfassungsgerichtsbarkeit in föderalen Staaten. (Quelle: Eigene Zusammenstellung; vgl. a. Kneip 2009, S. 168)

Land	AT	BE	CH	DE	ES	USA
Gericht	Verfassungsgerichtshof	Verfassungsgerichtshof (bis 2007: Schiedshof)	Bundesgericht	Bundesverfassungsgericht	Tribunal Constitucional	Supreme Court
Klagewege	Individuelle Verfassungsbeschwerde, konkrete und abstrakte Normenkontrolle mit breitem Antragsrecht, Bund-Länder-Streitigkeiten und Streitigkeiten zwischen Ländern (insb. Art. 137–147 B-VG)	Kompetenzkonflikte zwischen Regionen und Gemeinschaften sowie zwischen regionaler und zentraler Ebene; auch Individualklage möglich. Breite Anrufungsmöglichkeiten, aber Prüfungsgrundlagen darf nur Artikel 10, 11 und 24 sowie Titel II (Art. 8 bis 32) und Art. 170, 172 und 191 sein	Kompetenzkonflikte zwischen Bundesbehörden und kantonalen Behörden sowie öffentlich-rechtliche Streitigkeiten zwischen Bund und Kantonen sowie zwischen Kantonen. Konkrete Normenkontrolle auf Erlasse der Kantone beschränkt; keine abstrakte Normenkontrolle	Verfassungsbeschwerde, Konkrete und abstrakte Normenkontrolle, Organklage, Wahlprüfung, Bund-Länder-Streitigkeit, öffentlich-rechtliche Streitigkeiten, u. a.	Verfassungsbeschwerde, Konkrete und abstrakte Normenkontrolle, Organstreit, Streit Zentralstaat – AG, Kontrolle völkerrechtlicher Verträge	Berufung gegen Entscheidungen unterer Gerichte zugunsten der eigenen pol. Einheit sowie „writ of certiorari"
Richterwahl	Von den 14 Mitgliedern darf die Bundesregierung den Präsidenten, Vizepräs. und sechs Mitglieder vorschlagen. Nationalrat und Bundesrat schlagen je drei Mitglieder vor	Vorschlag durch Kammer und Senat mit Zweidrittelmehrheit und Ernennung durch König. Sechs Mitglieder aus der französischen und sechs aus der niederländischen Sprachgruppe	Die Wahl der 38 Richter durch die Bundesversammlung „berücksichtigt sprachliche, regionale sowie fachliche Kriterien und nimmt freiwillig Rücksicht auf die Proporzansprüche der grossen politischen Parteien" (www.bger.ch).	Wahl der 16 Richter je zur Hälfte durch den Wahlausschuss (12 Mitglieder) des Bundestags und den Bundesrat mit jeweils 2/3-Mehrheit	Jeweils vier der 12 Mitglieder werden von Kongress und Senat mit 3/5-Mehrheit vorgeschlagen, jeweils zwei von der Regierung und einem Justizausschuss	Richter werden auf Vorschlag des Präsidenten mit Zustimmung des Senats auf Lebenszeit ernannt

5.2 Parteien- und Wahlsysteme im Föderalismus

5.2.1 Föderale Parteiensysteme

Die föderale Gliederung politischer Systeme hat Auswirkungen auch auf die Struktur und Entwicklung von Parteiensystemen. Dies betrifft zum einen das nationale Parteiensystem und seine Beeinflussung durch die gliedstaatlichen Parteiensysteme, zum anderen aber auch die gliedstaatlichen Parteiensysteme selbst, die bislang eher selten vergleichend untersucht worden sind. Meist werden Parteien und Parteiensysteme einzelner Länder als Einzelfallstudien untersucht (z. B. Kost et al. 2010). Dies gilt allerdings weniger für die Wahlforschung, in der Wechselwirkungen von bundesstaatlichen und gliedstaatlichen Wahlen bereits ausführlicher untersucht worden sind (z. B. Völkl 2009; Eder und Magin 2008) (Tab. 5.4).

Für die vergleichende Analyse von Parteiensystemen bieten sich eine Reihe von Indikatoren wie die einfache und die effektive Parteienzahl, die Polarisierung und Volatilität an (Tab. 5.3, vgl. a. Krumm 2013b; Schniewind 2008a). Die Untersuchung dieser Indikatoren auf der Gliedstaatenebene kann allerdings mit einem erheblichen Arbeitsaufwand verbunden sein, weshalb solche „within case analysis" bislang noch eher selten sind. Schniewind (2008a) kommt für die Parteiensysteme der deutschen Bundesländer aufgrund einer Clusteranalyse verschiedener quanti-

Tab. 5.4 Kriterien zum Vergleich föderaler Parteiensysteme. (Quelle: Nach Bräuniger und Debus 2012, eigene Ergänzung)

Organisationsstruktur der Parteien	Vorgaben zur Organisation der Landesverbände, Mitgliederstrukturen und Finanzen, regionale Schwerpunkte, Einfluss des Landesverbandes in der Bundespartei und Bundestagsfraktion, Größe der Landtagsfraktion, Regierungs- oder Oppositionsstatus im Bund bzw. Gliedstaat, Einfluss des Regierungschefs
Wahlen und Wahlsystem	Mehrheits- und Verhältniswahl, Second order elections, Protestwahlen, zeitliche Abfolge von Wahlen auf unterschiedlichen Ebenen
Wahlverhalten und Fragmentierung des Parteiensystems	Anzahl der parlamentarischen und elektoralen Parteien, Volatilität des Parteiensystems
Art und Ausmaß der Dezentralisierung von Kompetenzen	Umfang der administrativen, exekutiven und legislativen Dezentralisierung eines Bundestaates
Sozialstrukturelle Heterogenität in den einzelnen Regionen	Entwicklung von Parteien entlang sozioökonomischer Konfliktlinien wie Stadt/Land, konfessionell/laizistisch, Arbeit/Kapital

Tab. 5.5 Cluster der Parteiensysteme der dt. Bundesländer 1990–2005. (Quelle: Schniewind 2008a, S. 106)

Gruppe	Länder	Merkmale
1	Hessen, Niedersachsen, Nordrhein-Westfalen, Rheinland-Pfalz, Saarland, Schleswig-Holstein	Niedrige Fragmentierung
		Geringe Volatilität
		Hohe Konzentration der Wählerstimmen
		Kaum extreme Parteien
2	Bayern	Niedrige Fraktionalisierung
		Geringer Anteil linker Parteien
		Geringe Volatilität
		Hohe Konzentration der Wählerstimmen
		Keine extremen Parteien
3	Berlin, Brandenburg, Bremen, Hamburg, Mecklenburg-Vorpommern, Sachsen-Anhalt, Thüringen	Hohe Fragmetierung
		Hohe Volatilität
		Dominanz linker Parteien
		Niedrige Wählerstimmenkonzentration
4	Baden-Württemberg, Sachsen	Extreme Parteien (außer PDS)
		Mittlere Volatilität
		Geringer Anteil linker Parteien
		Niedrige Wählerstimmenkonzentration

tativer Merkmale (vgl. Tab. 5.5) zur Einteilung von vier Ländergruppen für den Zeitraum zwischen 1990 und 2005)

Nach Schniewind (2008a, S. 108) hat sich in den westdeutschen Bundesländern mit Ausnahme von Baden-Württemberg und Bayern ein stabiles Zweieinhalbparteiensystemen mit einem „eher geschlossenen, zentripetalen Parteienwettbewerb" herausgebildet. Dagegen sind in den neuen Bundesländern (ohne Sachsen) und den Stadtstaaten eher Mehrparteiensystemen anzutreffen; in letzteren kommt eine hohe Fraktionalisierung und Volatilität als Resultat starker sozioökonomischer Differenzierung hinzu. Eine gleichfalls hohe Volatilität in den neuen Bundesländern macht die Charakterisierung verfestigter Kräfteverhältnisse dort schwieriger (Schniewind 2008a).

Welche Auswirkungen hat die föderale Struktur eines politischen Systems auf das (nationale) Parteiensystem? Während bis vor einigen Jahren die Ergebnisse der Parteiensystemforschung nicht nur für föderale Systeme deutliche Hinweise auf eine Verringerung territorialer Unterschiede ergaben (Lipset und Rokkan 1967; Caramani 2004), hat sich in den letzten Jahren ein neues Interesse an Prozessen der Denationalisierung und Regionalisierung des parteipolitischen Wettbewerbs entwickelt (Jeffery und Hough 2003; Swenden 2006).

5.2 Parteien- und Wahlsysteme im Föderalismus

Die Schwierigkeit, eindeutige Entwicklungsrichtungen festzustellen, lässt sich gut am Beispiel der deutschen Wiedervereinigung illustrieren. Nach 1990 wurde zunächst sogar von zwei verschiedenen Parteiensystemen in Ost und West gesprochen, mit der PDS zunächst als einer ostdeutschen Regionalpartei. Mit der Abspaltung der WASG von der SPD 2005 und dem Zusammenschluss mit der PDS zum Linken im Juni 2007 hat sich jedoch auch dieser Unterschied verringert, ohne allerdings zu verschwinden. Die Stärkung der Linkspartei im Westen und die Schwäche einiger etablierter Parteien in den neuen Bundesländern (z. B. SPD in Sachsen) geht einher mit Schwächeperioden der Volksparteien insgesamt, die bereits als umfassende „Erosion der Volksparteien" zumindest in System mit Verhältniswahlrecht diagnostiziert worden sind.

Das Beispiel der deutschen Wiedervereinigung illustriert auch, dass der Aufstieg neuer Parteien oft regional begrenzt stattfindet. Ähnlich wie bei der einfachen Mehrheitswahl müssen sich neue Parteien auf bestimmte, Erfolg versprechende Wahlkreise oder Gliedstaaten konzentrieren. Wie das Beispiel der NPD in den Landtagen von Sachen und Mecklenburg-Vorpommern zeigt, ist eine regionale Ausweitung des Erfolgs von einer ganzen Reihe sozioökonomischer und politischer Bedingungen abhängig und keineswegs so einfach, wie die Westausdehnung der Linkspartei dies evtl. erscheinen lassen mag.

Auch ist bislang kaum untersucht, wie die föderale Struktur eines politischen Systems mit den beobachteten Tendenzen stärkerer regionaler Unterschiede im Wahlverhalten zusammen hängt. Im Unterschied zu den kleineren Wahlkreisen im Mehrheitswahlrecht bietet die Gliedstaatenebene in Verbindung mit dem Verhältniswahlrecht möglicherweise einen Rahmen für mehr regionale politische Homogenität. Anders gesagt kann die Regionalisierung des Wahlverhaltens in den Wahlkreisen des Mehrheitswahlrechts möglicherweise schneller voranschreiten als auf der Gliedstaatenebene föderaler Staaten. Dabei ist zu beachten, dass in „Westminster-Bundesstaaten" (USA, Kanada, Indien und Australien) das (fragmentierungshemmende) Mehrheitswahlrecht angewendet wird, in den zentraleuropäischen Bundesstaaten dagegen das Verhältniswahlrecht.

Zu welchen Anteilen die beobachtete gestiegene Heterogenität im Wahlverhalten und in den Parteiensystemen (Detterbeck 2010, S. 194) also auf die föderale Struktur oder auf das Wahlrecht zurückzuführen ist, bleibt empirisch zu klären. Nach den Beobachtungen von Detterbeck (2010, S. 199 f.) gibt es deutliche Unterschiede im Wahlverhalten und der Wahlbeteiligung zwischen einerseits der Gliedstaatenebene und andererseits der zentralen Ebene in den föderalen Systemen Belgiens, Deutschlands und Österreichs, die sich in den devoluierten Systemen Großbritanniens und Spaniens noch nicht so ausgeprägt finden. „Das wohl auffälligste Merkmal subnationaler Wahlen ist, neben der geringeren Wahlbeteiligung,

die verminderte Unterstützung der jeweiligen nationalen Regierungspartei(en)" (Detterbeck 2010, S. 200).[1]
Die Schwierigkeiten beim Vergleich der Auswirkungen föderaler Strukturen auf die Parteiensysteme auf nationaler und regionaler Ebene resultieren auch aus der geringen Fallzahl föderaler Staaten. Durch das Small-N-Problem findet oft entweder ein qualitatives Untersuchungsdesign mit eingeschränkter Verallgemeinerbarkeit der Ergebnisse statt oder eine Konfundierung von vergleichender föderaler Parteiensystemanalyse und Staatstätigkeits- bzw. Policyforschung (vgl. Kap. 5.3 und 5.4). Aus Sicht der Ökonomischen Theorie der Politik sind föderale Parteiensysteme vertikal und horizontal untergliederte (Teil)Märkte, auf denen die Parteien um unterschiedliche (horizontale Ebene) oder überlappende (vertikale Ebene) territoriale Wählergruppen konkurrieren (mit Ausnahme von Regionalparteien).

Aus theoretischer Sicht sind die Interdependenzen von föderalem Parteiensystem und Policies dagegen thematisiert worden, z. B. durch die Strukturbruch-These von Gerhard Lehmbruch (zuerst 1976), die von tendenziell gegenläufigen Entscheidungslogiken im Parteiensystem und im föderativen Regierungssystem ausgeht, die sich ggf. wechselseitig blockieren können (Lehmbruch zuerst 1976). Dabei geht er davon aus, dass das föderale Entscheidungssystem stärker verhandlungsdemokratisch geprägt ist, also auf Kooperation angewiesen ist, während das föderale Parteiensystem wettbewerblich orientiert ist, also konkurrenzbasiertes Handeln fördert (Kaiser 2012). Es ist v. a. die Willensbildung in den föderal organisierten Parteien, die diesen „Zielkonflikt" des Handelns in unterschiedlich strukturierten Arenen auffangen und ausgleichen muss. Scharpf (2009) hat diese These zur „Politikverflechtungsfalle" weiter entwickelt (vgl. Kap. 4.4.2), die zu umfangreichen (insb. theoretischen) Folgestudien motiviert hat.

De jure sind die Parteien in den Gliedstaaten meist eigenständige Organisationen, deren Präferenzen und Personalauswahl auch deutlich von den Präferenzen anderer territorialer Verbände der gleichen Partei abweichen kann. In Belgien und der Schweiz wird davon am intensivsten Gebrauch gemacht, während die territorialen Ebenen der Parteien in Deutschland und Österreich homogener organisiert sind. Unterschiedliche gesetzliche Rahmenbedingungen, politisch-kulturelle Traditionen und sozioökonomische Herausforderungen auf der Gliedstaaten-Ebene ebenso wie die rechtliche und politische Zentralisierung des nationalen Parteiensystems können zu unterschiedlichen Entwicklungspfaden regionaler Parteiensysteme beitragen.

Ein wichtiger Einflussfaktor auf die Homogenität gliedstaatlicher Parteiensysteme ist das Ausmaß der Konsens- bzw. Mehrheitsorientierung auf nationaler Ebene. Dadurch können in den Ländern Parteien regieren, die im Bund in der Op-

---

[1] Zur niedrigeren Wahlbeteiligung bei Regional- und Europawahlen vgl. a. das Konzept der second order elections nach Reif und Schmitt (1980).

5.2 Parteien- und Wahlsysteme im Föderalismus

position sind und umgekehrt. Auf Länderebene können Mehrheiten für die Opposition im Bund die Politik der Mehrheit im Bund blockieren und/oder von der Unzufriedenheit mit der Regierung im Bund profitieren. Am stärksten ist dieses Wechselspiel der Ebenen in der Schweiz durch die Konkordanz eingeschränkt. In Österreich ist es durch die häufigen Großen Koalitionen eingeschränkt. Am stärksten sind Mehrheitseffekte in Deutschland und den USA wahrnehmbar, während in Belgien die parteipolitischen Konfliktlinien bei der Regierungsbildung im Bund stark durch das Sprachencleavage geprägt werden. In Österreich wie in Deutschland liegt somit ein stärker integriertes Parteiensystem vor, in Belgien ein stark dezentralisiertes mit Tendenzen zur Disaggregation und in der Schweiz ein dezentralisiertes Parteiensystem mit Tendenz zur Nationalisierung.

Für Spanien ist beobachtet worden, dass sich die Struktur des nationalen Parteiensystems durch die zunehmende Autonomisierung der Gemeinschaften wesentlich verändert hat: Zwar ist der Stimmenanteil regionaler Parteien bei nationalen Wahlen nach wie vor überschaubar, allerdings ist ihr Einfluss in einer Reihe von Autonomen Gemeinschaften (insb. Katalonien) deutlich gestiegen. Insb. in den ‚historischen' Regionen entstanden so relativ eigenständige Parteiensysteme mit unterschiedlichen Strukturen und Entwicklungstendenzen (Bernecker und Pietschmann 2005, S. 415). In Deutschland sind regionale Unterschiede im Zuge der Wiedervereinigung zunächst verstärkt worden. Durch die Ausdehnung der Linkspartei in die westlichen Bundesländer durch die Fusion der PDS mit der WASG hat allerdings wieder eine Angleichung statt gefunden. Regionalparteien wie z. B. in Spanien sind mit wenigen Ausnahmen (SSW, CSU) in Deutschland nicht erfolgreich.

Von den europäischen Bundesstaaten hat das österreichische Parteiensystem die geringsten regionalen Asymmetrien. In Deutschland zeigen sich deutliche Ost-West und auch Nord-Süd-Unterschiede und in der Schweiz hat die ‚Nationalisierung' des Parteiensystems erst allmählich Auftrieb bekommen. Noch stärker sind die regionalen Unterschiede in Belgien (vgl. Kap. 10.4.2). Ob Parteien allerdings insgesamt eher föderal oder zentral organisiert sind, hängt stark vom Wahlrecht ab. In den europäischen Bundesstaaten kommt das Verhältniswahlrecht, in den USA das einfache Mehrheitswahlrecht zur Anwendung. Mehrheits- und Verhältniswahlrecht haben einen deutlich wahrnehmbaren Einfluss auf das Regierungsformat und auch auf die Anzahl der parteipolitischen Vetospieler auf Regierungsebene (Tsebelis 2002).

5.2.2 Föderale Wahlsysteme

Wahlsysteme in föderalen Staaten beziehen sich auf verschiedene Verfassungsorgane: die erste und die zweite Kammer auf nationaler Ebene können mit unterschiedlichen Systemen gewählt werden, die Wahl zu den Parlamenten der Gliedstaaten erfolgt mit je eigenen Regelungen und für die Wahl zum EU-Parlament steht es den Parteien frei, ob sie mit einer einzigen Bundesliste oder mit Landeslisten antreten. Am besten erforscht sind dabei die Wahlen und Wahlsysteme zu den nationalen Parlamenten, einschließlich der zu den zweiten Kammern. Mit dem Repräsentationsprinzip der zweiten Kammer, also dem Senats- oder dem Bundesratsprinzip, ist oft auch bereits die grundlegende Form des Wahlrechts festgelegt. Beim Senatsprinzip (z. B. USA, Schweiz) kommt meist die Mehrheitswahl zur Anwendung, beim Bundesratsprinzip meist eine Form der (indirekten) Verhältniswahl durch die Parlamente der Gliedstaaten (USA bis 1913, Österreich, teilweise auf Spanien) bzw. ex officio-Mitgliedschaften der Gliedstaaten-Regierungen (Deutschland).

Mehrheits- und Verhältniswahlrecht führen (nicht nur) in föderalen Staaten zu unterschiedlichen Anreizen für die ‚Nationalisierung' von Parteiensystemen, während durch Föderalisierung oder Devolution Anreize für eine stärkere Regionalisierung möglich sind. Nach „Duverger's Law" (1963) sollten Mehrheitswahlverfahren Zweiparteiensysteme begünstigen und Verhältniswahlsysteme Mehrparteiensysteme. Dies trifft zwar weitgehend für die Kongresswahlen in den USA zu – allerdings erst ab den 1930er Jahren. Während des 19. Jahrhunderts gab es auf Bundes- wie auf Staatenebene lange Phasen mit mehr als zwei Parteien. Einige Parteien traten regional begrenzt an und in anderen Regionen (wie dem Süden bis in die 1970er Jahre) kam es zur Prädominanz einer einzigen Partei. „There was a major transition that occured in the United States in the 1920s and 1930s, where the effective number of parties nationally dropped to 2 and stayed there, and thus the party aggregation measure drops to low levels and does not rise again. Great surges in third- and fourth-party strength at the national level ceased by the 1930s" (Chhibber und Kollman 2004, S. 209). Dieser Defragmentierungsschub in den 1930er Jahren wird von den Autoren durch die New-Deal-Politik erklärt, die dem Zweiparteiensystem letztlich zum Durchbruch verholfen habe.

In föderalen Staaten wie Kanada und Indien mit ähnlichem Wahlrecht kam es dagegen nie zu einer vergleichbaren Konzentration auf ein Zweiparteiensystem wie in den USA. Auch im britischen Unterhaus hat sich ein faktisches Zweiparteiensystem nie durchsetzen können. Dort war die Fragmentierung in den 1950er Jahren noch am geringsten und ist seither ansteigend. Chhibber und Kollman (2004) haben die Tendenz zur Nationalisierung föderaler Parteiensysteme mit der Zentralisierung von Kompetenzen in Verbindung gebracht. Je stärker die zentrale Ebene in einem Bundesstaat mit Kompetenzen ausgestattet ist, umso größer ist der Anreiz für Wähler, ‚nationale' Parteien zu wählen und für Politiker, sich überregionalen Parteien anzuschließen. Die Rolle des Wahlrechts, aber auch die von sozialen

5.2 Parteien- und Wahlsysteme im Föderalismus

Cleavages bei der Herausbildung nationaler Parteiensysteme müssten demnach etwas zurückgestuft werden.

Für die zweite Kammer ist der regionale Bezug dagegen noch offensichtlicher. In den USA und der Schweiz gilt das Senatsprinzip mit relativer Mehrheitswahl in den Gliedstaaten, in Deutschland und Österreich das Bundesratsprinzip. Dabei werden für die Sitzzahlen je Bundesland auch die Einwohnerzahlen berücksichtigt. Allerdings gelten unterschiedliche Wahlmodi. In Deutschland gilt eine ex officio-Mitgliedschaft von Mitgliedern der Landesregierungen im Bundesrat. In Österreich werden die Bundesratsmitglieder nach Parteiproporz von den Landtagen gewählt. In Belgien ist die Wahl der Senatoren an unterschiedliche Kontingente gebunden gewesen (u. a. 40 direkt und 21 von den Gemeinschaftsparlamenten gewählte Senatoren, vgl. Kap. 11.2.3). In Spanien werden die Senatoren größtenteils in den Provinzen gewählt, ein kleiner Anteil wird jedoch auch von den Parlamenten der Autonomen Gemeinschaften nach Parteiproporz gewählt (Kap. 12.3.1). In den beiden ‚verspäteten Bundesstaaten' Belgien und Spanien wurden somit jeweils unterschiedliche Mischsysteme realisiert.

An die Unterscheidung von Senats- und Bundesratsprinzip haben sich vielfältige Diskussionen über das Verhältnis von Föderalismus und Demokratie angeschlossen. So wird in der Beteiligung der Gliedstaaten (und ihres ‚Demos') an der bundestaatlichen Willensbildung einerseits zusätzliche partizipative, demokratiesichernde Einflussmöglichkeiten gesehen, andererseits – insb. beim Senatsprinzip – aber auch ein potenzieller Konflikt zwischen dem Demokratie- und dem Föderalismusprinzip (Kincaid 2010; Stepan 2011).

Weitgehend unbeachtet geblieben in der Wahlsystem- wie in der Föderalismusforschung ist bislang die föderale Dimension des Wahlrechts zur ersten Kammer. Die Wahlregime für die nationalen Wahlen können auf unterschiedliche Weise auf die föderale Struktur eines Staates Bezug nehmen. Angesichts der performativen Funktion des Wahlrechts für das Parteiensystem überrascht es etwas, dass diesbezügliche Unterschiede in föderalen Staaten bislang kaum systematisch untersucht worden sind. Die übersichtlichste Regelung liegt in der Schweiz vor. Dort ist die kantonale Ebene entscheidend für die Kandidatenaufstellung, die Stimmabgabe und die Umrechnung von Stimmen in Sitze. Eine (zusätzliche) Verrechnung von Stimmen in Sitze auf nationaler Ebene wie in Deutschland oder Österreich findet nicht statt (Tab. 5.6).

Im Wahlrecht zum Deutschen Bundestag (Stand 9. Mai 2013) spielt neben der Zuteilung von Sitzkontingenten an die Länder in der ersten Zuteilungsstufe, der Aufstellung der Landeslisten und der Abgabe der Zweitstimme für Landeslisten der Parteien, auch die nationale Ebene eine wichtige Rolle. Nach § 6 Absatz 2 des Bundeswahlgesetzes werden in der ersten Verteilungsstufe jedem Land Sitz-

Tab. 5.6 Vergleich föderale Elemente bei der Wahl zur ersten Kammer in Bundesstaaten. (Quelle: Eigene Zusammenstellung)

	AT	BE	CH	DE	USA
Wahlsystem	PR	PR	PR	PR (gemischt)	Plurality
Sperrklausel	4 % auf Bundesebene	5 % auf Provinzebene[a]	–	5 % auf Bundesebene	–
Grundmandatsklausel	Ein Sitz auf regionaler Ebene	–	–	3 Direktmandate	–
Verrechnungsverfahren	Hare/d'Hondt	d'Hondt	Hagenbach-Bischoff/ d'Hondt	Sainte-Lague/ Schepers	Einfache Mehrheit
Listentyp	Offen auf regionaler und Länderebene, Präferenzstimme	Offen, Mehrpersonenwahlkreise (2–22)	Offen auf Kantonsebene (panaschieren & kumulieren)	EPWK und geschlossene Listen auf Landesebene	EPWK
Kandidatenauswahl	Regional, Land	Provinz	Kantone	Länder	Wahlkreis
Wahlebenen	Regional, Land	Provinz	Kantone	Länder	Wahlkreis
Verrechnungsebenen	Regional, Land, Bund	Provinz	Kantone	Bund	Wahlkreis
Anzal relevanter Ebenen	3	1 (Provinz)	2 (Bezirke, Kantone)	3 (EPWK, Land, Bund)	1 (EPWK)
Typ	Unitarisch	Fragmentiert	Dezentralisiert	Unitarisch	Dezentralisiert

EPWK Einpersonenwahlkreis. Stand 2013
[a] außer Brussels-Halle-Vilvoorde, Leuven und Brabant Wallon

kontingente anhand des jeweiligen (deutschen) Bevölkerungsanteils zugeordnet (Tab. 5.7). Dabei sind nach § 78 Absatz 1 der Bundeswahlordnung die amtlichen Bevölkerungsdaten zum letzten Jahresende zugrunde zu legen. Im Unterschied zur Schweiz ergibt sich die endgültige Zahl der Ländermandate aber erst nach der zweiten Verteilungsstufe. Zwar werden in Deutschland mit der Zweitstimme Landeslisten gewählt, jedoch ist für die Umrechnung der Stimmen in Sitze das nationale Ergebnis einer Partei maßgebend. Durch die Aufstellung und Wahl von Landeslisten (mit der Zweitstimme) soll die dezentrale Verankerung der Parteien gestärkt werden, durch die Stimmenverrechnung auf nationaler Wahlkreisebene soll eine größere Proportionalität von Stimmen- und Sitzanteilen der Parteien erreicht werden.

5.2 Parteien- und Wahlsysteme im Föderalismus

Tab. 5.7 Sitzkontingente der Länder (DE) nach der ersten Verteilungsstufe 2013. (Quelle: www.bundeswahlleiter.de; Aktuelle Mitteilung des Bundeswahlleiters vom 02.09.2013)

Land	Deutsche Bevölkerung (31.12.2012)	Divisor	Sitze Ungerundet	Gerundet
Nordrhein-Westfalen	15.895.182		128,114629	128
Bayern	11.353.264		91,506924	92
Baden-Württemberg	9.482.902		76,431869	76
Niedersachsen	7.354.892		59,280181	59
Hessen	5.388.350		43,429919	43
Sachsen	4.005.278		32,282405	32
Rheinland-Pfalz	3.672.888		29,603353	30
Berlin	3.025.288	: 124.070 =	24,383719	24
Schleswig-Holstein	2.686.085		21,649754	22
Brandenburg	2.418.267		19,491150	19
Sachsen-Anhalt	2.247.673		18,116168	18
Thüringen	2.154.202		17,362795	17
Mecklenburg-Vorpommern	1.585.032		12,775304	13
Hamburg	1.559.655		12,570767	13
Saarland	919.402		7,410349	7
Bremen	575.805		4,640969	5
Insgesamt	74.324.165			598

Nach dem Wechsel vom Mehrheitswahlrecht zum (territorialen) Verhältniswahlrecht in Österreich 1918 wurde zunächst innerhalb der einzelnen Wahlkreise mit geschlossenen (starren) Listen gewählt. 1949 wurden die starren durch „lose gebundene" Listen ersetzt, die den Wählern durch Reihungsvermerke und Streichungen direkten Einfluss auf die Reihenfolge der Kandidaten innerhalb einer Liste gaben.[2] In der Nationalrats-Wahlordnung von 1971 wurde dieses System wiederum durch das der Vorzugsstimme ersetzt; die Möglichkeit des Reihens und Streichens wurde aufgrund von verfassungsrechtlichen Bedenken gestrichen (Haller 1991, S. 181).[3] 1992 wurde Art. 26 der Bundesverfassung neu gefasst, wobei

---

[2] „Die entsprechenden Bestimmungen waren in der Regierungsvorlage ursprünglich nicht vorgesehen, sondern wurden erst im Verfassungsausschuß von der ÖVP beantragt und auch nur mit ÖVP-Stimmen beschlossen" (Haller 1991, S. 181).

[3] „Im Gegensatz zum Reihen und Streichen ist die Vorzugsstimme einfach zu handhaben und bringt auch wesentliche Erleichterungen bei der Auszählung der Stimmzettel. Da zur Ermittlung der Wahlpunkte keine komplizierten mathematischen Verfahren notwendig sind, kann der Wähler schon im Vorhinein abschätzen, wie viele Stimmen (absolut) ein Vorzugsmandat ‚kostet'" (Haller 1991, S. 187 f.).

Tab. 5.8 Das Mehrebenen-Wahlrecht zum Österreichischen Nationalrat. (Quelle: Eigene Zusammenstellung)

Ebene	Verteilungsrunde	Anzahl Wahlkreise	Verrechnungsverfahren	Sperrklausel/ Grundmandat	Präferenzstimme
Regional	Erste	39	Hare	Ein Mandat	Ja
Länder	Zweite	9	Hare		Ja
Bund	Dritte	1	d'Hondt	4 %	Nein

die Regionalwahlkreise verbindlich festgelegt wurden und das abschließende Verrechnungsverfahren für das gesamte Bundesgebiet als nationaler Wahlkreis hinzugefügt wurde.

In Österreich wird aktuell ein Drei-Ebenen-System angewendet, dass sich von dem in Deutschland deutlich unterscheidet. Während in Deutschland die 298 Direktwahlkreise mit Mehrheitswahlrecht die unterste Ebene bilden, sind dies in Österreich 39 Regionalwahlkreise, in denen nach Verhältniswahlrecht zwischen einem (Osttirol) und neun (Graz und Umgebung) Listenkandidaten gewählt werden. Die nächsthöhere Ebene stellen die neun Landeswahlkreise dar, die mit den Grenzen der Bundesländer identisch sind. Schließlich werden die verbliebenen Mandate nach den Ergebnissen auf nationaler Ebene verrechnet. Tabelle 5.8 fasst das dreistufige Verrechnungsverfahren in Österreich nochmal zusammen.

Im Unterschied zu den europäischen Bundesstaaten wird in den USA für die Wahl zum Repräsentantenhaus das einfache Mehrheitswahlrecht auf Ebene der Einzelstaaten angewendet. Dazu wird nach den Zahlen des letzten Zensus zunächst die Gesamtzahl der Sitze des Hauses auf die Einzelstaaten verteilt. Jeder Staat hat so viele Direktwahlkreise, wie ihm aufgrund seiner Bevölkerungszahl an Sitzen im Haus zustehen.

Etwas komplizierter wird die Situation bei den Wahlsystemen auf Gliedstaatenebene. Meist wird auf Gliedstaatenebene ein ähnliches Wahlrecht angewendet wie auf der Ebene des Bundes. So werden die Kantonsparlamente in der Schweiz meist ähnlich dem Verhältniswahlrecht des Nationalrats gewählt und in Deutschland gilt in vielen Ländern ein personalisiertes Verhältniswahlrecht analog zum Bund. Im Unterschied zu den Zweikammerparlamenten auf Staatenebene der USA gibt es in den europäischen Länder- und Kantonsparlamenten nur eine Kammer. Die meisten deutschen Bundesländer haben eine Fünf-Prozent-Hürde, ein Zweistimmen-Wahlrecht (Ausnahmen Baden-Württemberg, Bremen, Hamburg und Saarland) mit unterschiedlichen Sitzanteilen für Direkt- und Listenkandidaten, geschlossene Listen (Ausnahme Baden-Württemberg, Bayern, Bremen und Hamburg) und eine fünfjährige Legislatur (Ausnahme Bremen und Hamburg). Die Parlamentsgröße liegt zwischen 51 (Saarland) und 181 Sitzen (Nordrhein-Westfalen).

In den USA wird auch auf Staatenebene nach dem einfachen Mehrheitswahlrecht gewählt. Auf nationaler Ebene wird vor einer Wahl zum Repräsentantenhaus nach den Ergebnissen des letzten Zensus eine Aufteilung der Gesamtzahl der Mandate auf die einzelnen Staaten vorgenommen. Diese müssen dann ggf. die Anzahl der Wahlkreise in ihrem Staat durch „Reapportioning" erhöhen oder verringern. Auch um Bevölkerungswanderungen innerhalb eines Staates auszugleichen, müssen ggf. Wahlkreisgrenzen neu gezogen werden („Redistricting"). Der Zuschnitt von Wahlkreisen in den USA ist hochgradig politisiert. Im Unterschied zu einer Reihe europäischer Staaten ist es in den USA bislang noch nicht gelungen, diesen Prozess durch Ausgliederung in unabhängige „Boundary Commissions" (wie etwa in Großbritannien) zu entpolitisieren. Wie diese Beispiele illustrieren, ist die föderale Dimension von Wahlsystemen zur ersten Kammer ein politikwissenschaftlich bislang noch eher vernachlässigtes Feld. Föderale Organisationsformen und Verhaltensweisen spielen nicht nur für die Parteien(system) und Wahlforschung, sondern auch für die Wahlsystemforschung im Hinblick auf die erste (und natürlich die zweite) Parlamentskammer eine wichtige Rolle.

5.3 Bildungsföderalismus

5.3.1 Zwischen gliedstaatlicher Kompetenzdomäne und Reformdruck

Bildungspolitik ist eine Kompetenzdomäne der Gliedstaaten, die in der öffentlichen Wahrnehmung oft im Schatten bundespolitischer Themen wie der Wirtschafts- und Sozialpolitik stand. Dies hat sich seit der Jahrtausendwende durch Stichworte wie PISA-Studien für den Schul- und die Bologna-Reformen für den Hochschulbereich geändert. In beiden Fällen geht es um eine bessere europaweite Vergleichbarkeit von Bildungsergebnissen und – im Fall der Bologna-Reformen – eine dadurch ermöglichte höhere internationale Mobilität von Studierenden. Seit 1999 soll durch den „Bologna-Prozess" ein einheitlicher Europäischer Hochschulraum geschaffen werden, dessen Umsetzung in föderalen Staaten primär die Gliedstaaten betrifft. Auch die erste PISA-Studie im Jahr 2000 und die Folgestudien haben einen Reformdruck auf föderale Bildungssysteme ausgeübt. Zum einen wurden die nationalen Lernergebnisse verglichen und auf die Leistungsfähigkeit der Bildungssysteme zurück geschlossen, zum anderen wurden auch Ergebnisse auf Gliedstaatenebene veröffentlicht (PISA-E), die den „bildungsföderalen Wettbewerb" auf dieser Ebene weiter entfacht haben. In Deutschland sind Schulen und

Hochschulen primär im Aufgabenbereich der Länder angesiedelt, während in der Wissenschafts- und Forschungspolitik auch der Bund ein Wort mitzureden hat, etwa im Bereich der (außeruniversitären) Forschungsförderung und dem der Exzellenzinitiative des Bundes und der Länder. Die dadurch ausgelösten Reformen haben im „dynamischen System" (Benz 1985) des Bildungsföderalismus eher zu einer weiteren Zentralisierung als zu einer Dezentralisierung beigetragen.

Für das Policy-Making im Bildungs- und speziell im Hochschulbereich fällt etwa länderübergreifend auf, dass Reformen eher inkrementell und pragmatisch stattfinden (etwa Einführung und Rücknahme von Studiengebühren in Deutschland und Österreich) und weniger konzentriert im Kontext von großen Föderalismusreformen. So wurde in Deutschland während der dritten Großen Koalition 2014 von den Parteivorsitzenden von CDU, CSU und SPD beschlossen, das in der Föderalismusreform I mit dem Ziel der Stärkung der Länderautonomie eingeführte (und hoch umstrittene) Kooperationsverbot zwischen Bund und Ländern im Hochschulbereich wieder zu streichen. Statt einer Einschränkung von „geteilter Souveränität" wurde dieser Versuch einer Stärkung des dualen Föderalismus als ein Verlust von Gestaltungsmacht für die Länder wahrgenommen. Nach der 2014 beschlossenen Reform wird auch die Ausbildungsförderung (BAföG) nunmehr alleine vom Bund finanziert, die dadurch bei den Ländern freiwerdenden Mittel sollen an anderen Stellen für deren Bildungspolitik verwendet werden.

Ein indirekter Einfluss des Bundes auf die Hochschulpolitik der Ländern geht auch von den speziellen Einrichtungen der außeruniversitären Forschung wie der Max-Planck-Gesellschaft aus, etwa in Fragen der Forschungsorganisation oder von ‚best practice'. Ein direkter bundespolitischer Einfluss auf die Hochschulpolitik geht insb. von den drei großen hochschulpolitischen Programmen mit Beteiligung des Bundes aus:

- Mit dem Hochschulpakt 2020 zwischen Bund und Ländern wird seit 2007 die Bereitstellung zusätzlicher Studienplätze ermöglicht. Durch das gemeinsame Bund-Länder-Programm wurden bis 2014 etwa 470.000 zusätzliche Studienplätze an Universitäten und Fachhochschulen finanziert.
- Mit dem Pakt für Forschung und Innovation (www.pakt-fuer-forschung.de) erhalten die gemeinsam von Bund und Ländern finanzierten (außeruniversitären) Forschungseinrichtungen (die Fraunhofer-Gesellschaft, die Helmholtz-Gemeinschaft, die Max-Planck-Gesellschaft und die Leibniz-Gemeinschaft) und auch die DFG im Zeitraum 2011 bis 2015 jährlich 5 % steigende Zuschüsse, müssen sich im Gegenzug aber auf bestimmte forschungspolitische Ziele verpflichten (www.bmbf.de/de/3215.php).

5.3 Bildungsföderalismus

- Die Exzellenzinitiative des Bundes und der Länder zielt auf die Förderung von Wissenschaft und Spitzenforschung an deutschen Hochschulen. Sie ist konzeptionell aufgeteilt in die Förderlinien Zukunftskonzepte, Exzellenzcluster und Graduiertenschulen, wofür bis Ende 2012 1,9 Mrd. € von Bund und Ländern bereit gestellt wurden. Die dritte und (vorläufig) letzte Förderrunde endet 2017.

Im Unterschied zu Deutschland gibt es in der Schweiz mit den ETHs in Zürich und Lausanne auch zwei Hochschulen des Bundes. Eine Ausnahme in Deutschland stellt die von Bund und Ländern gemeinsam getragene Verwaltungshochschule (genauer: Universität für Verwaltungswissenschaft) Speyer dar, die aber primär der Weiterbildung mit der Zielrichtung des höheren Dienstes des Bundes und der Länder dient. Für die Berufsvorbereitung und Ausbildung, die Fort- und Weiterbildung setzen sowohl die deutschen Länder wie auch der Bund unterschiedliche Schwerpunkte und auch unterschiedliche Förderinstrumente ein (z. B. Bildungschecks).

Der durch PISA und den Bologna-Prozess ausgelöste Reformdruck hatte sich institutionell teilweise zunächst in die Bund-Länder-Kommission (seit 2008 die Gemeinsame Wissenschaftskonferenz) und teilweise in die parallel tagende Föderalismusreform I kanalisiert. Eines der bildungspolitischen Ergebnisse der Föderalismusreform I war die Neufassung des Art. 91b GG durch die Abschaffung der Gemeinschaftsaufgabe Hochschulbau. Danach konnten Bund und Länder „in Fällen überregionaler Bedeutung zusammenwirken bei der Förderung von: 1.) Einrichtungen und Vorhaben der wissenschaftlichen Forschung außerhalb von Hochschulen; 2.) Vorhaben der Wissenschaft und Forschung an Hochschulen; 3.) Forschungsbauten an Hochschulen einschließlich Großgeräten." Eine inhaltliche Förderung von Hochschulen durch den Bund war durch die Formulierung „Vorhaben" in Absatz 2 lediglich durch zeitlich befristete Politikprogramme möglich. Die 2014 beschlossene Änderung von Art. 91b wurde vom Bund durch die Komplettübernahme des Länderanteils am BAföG begleitet, wodurch die Länder um über eine Milliarde Euro jährlich entlastet werden. Art. 91b nF lautet:

1. Bund und Länder können auf Grund von Vereinbarungen in Fällen überregionaler Bedeutung bei der Förderung von Wissenschaft, Forschung und Lehre zusammenwirken. Vereinbarungen, die im Schwerpunkt Hochschulen betreffen, bedürfen der Zustimmung aller Länder. Dies gilt nicht für Vereinbarungen über Forschungsbauten einschließlich Großgeräten
2. Bund und Länder können auf Grund von Vereinbarungen zur Feststellung der Leistungsfähigkeit des Bildungswesens im internationalen Vergleich und bei diesbezüglichen Berichten und Empfehlungen zusammenwirken. [...]

Trotz des inzwischen wieder gefallenen „Kooperationsverbots" aus der Föderalismusreform I ist die Tendenz zur Mischfinanzierung in vielen Bereichen der Bildungspolitik ausgesprochen stark. Die Forschungsförderung der DFG wird zu etwa 65 % vom Bund und zu einem geringeren Teil von den Ländern finanziert. Bei den Helmholtz-Zentren hat der Bund einen Finanzierungsanteil von ca. 90 % und bei der Fraunhofer Gesellschaft einen Anteil von ca. 80 % (Sturm 2010, S. 55). Die Exzellenzinitiative des Bundes und der Länder zur Förderung von Wissenschaft und Forschung an deutschen Hochschulen sind weitere Beispiele für Mischfinanzierungsprogramme.

Begründet werden solche Programme meist mit dem Argument der Wettbewerbsfähigkeit des nationalen Hochschulsystems im internationalen Vergleich. Der Wettbewerb richtet sich dabei auf Spitzenforscher und Studierende (Human Resources), auf Europäischen und internationale Fördergelder (Drittmittel), auf Grundlagenforschung und (technologische) Innovation (Research & Development). Die Gliedstaaten stehen vor dem Hintergrund des nationalen wie internationalen Wettbewerbs vor einem Dilemma. Einerseits ist das Politikfeld Bildung und Hochschule traditionell eine Kompetenzdomäne der Gliedstaaten, andererseits können die meisten Gliedstaaten diese Aufgabe angesichts klammer Kassen alleine immer weniger bewältigen. Dieses Dilemma zeigt sich auch bei der sog. Exzellenzinitiative in Deutschland, die einerseits einen ‚Geldsegen' für die Hochschulen brachte, andererseits für die Länder auch eine (weitere) Erosion ihrer Gestaltungsmacht im Hochschulbereich mit sich brachte.

In anderen föderalen Staaten nimmt man die bildungspolitische Trennung zwischen den Ebenen weniger streng. In der Schweiz unterhält der Bund gleich zwei eigene Hochschulen, die ETHs in Lausanne und Zürich, und in Spanien ist der Zentralstaat auch in der Bildungspolitik noch ein gewichtiger Akteur. Allerdings sind Bundeshochschulen nicht nur im Sample dieses Bandes die Ausnahme. In der Schweiz hat man sich mit den beiden ETHs in Zürich und Lausanne bewusst für Technische Hochschulen des Bundes und nicht für Universitäten entschieden. In der Schweiz und in Belgien stellt auch die Mehrsprachigkeit des Landes besondere Herausforderungen an die föderale Bildungspolitik.

Den größten Einfluss auf die Bildungspolitik im Sample dieses Bandes hat der Bund in Österreich, der als Träger für die mittleren und höheren Schulen sowie der (berufs)pädagogischen Akademien fungiert. Gesetzliche Grundlage ist das Schulorganisations- und das Schulunterrichtsgesetz. Wie in der Schweiz fand seit Mitte der 1990er Jahren eine Diversifizierung des höheren Bildungsangebotes statt. Dabei wurden etwa Fachhochschulen zu vollwertigen Universitäten aufgestuft und das Angebot an tertiären Bildungseinrichtungen diversifiziert: „Colleges for pedagogicial professions, Universities of applied sciences (Fachhochschulen), and

University-based courses. The existing pedagogical academies are to be transformed by 2007 into colleges for pedagogical professions, maintaining their task of educating teachers" (Eder et al. 2007, S. 72).

In Belgien ist die Kompetenz für Bildungspolitik 1989 weitestgehend auf die Gemeinschaften übertragen worden. Die föderale Regierung hat Kompetenzen für die Mitarbeiter-Pensionen von Bildungseinrichtungen behalten sowie für die Regulierung der Schulpflicht und die Mindestanforderungen für akademische Abschlüsse (Brusselmans-Dehairs und Valcke 2007, S. 105). Für die Finanzierung der Schulen und Hochschulen sind die Gemeinschaften zuständig. Art. 17 der Belgischen Verfassung gewährt eine besondere Organisationsfreiheit im Bildungswesen, was u. a. zu einer höheren Dichte an (subventionierten) privaten Schulen und Hochschulen geführt hat. Neben den Gemeinschaften und privaten Trägern können auch Provinzen und Gemeinden Bildungseinrichtungen gründen. „Privately run education mainly consists of catholic schools" (Brusselmans-Dehairs und Valcke 2007, S. 109). Als Kehrseite dieser Freiheit wird z. B. die Kostenintensität der Einrichtungen genannt.

In Spanien sind die Bildungskompetenzen über drei Ebenen des politischen Systems verteilt. Die Politik der Zentralregierung in Madrid wird durch das Bildungs- und Wissenschaftsministerium entwickelt und ausgeführt. Der Zentralregierung vorbehalten sind die Verkündung und Umsetzung von allgemeinen Richtlinien hinsichtlich des grundlegenden Rechts auf Bildung, allgemeine Regelungen des Bildungssystems, die Definition von Mindestanforderungen an staatlich autorisierte Bildungseinrichtungen, die Dauer der Schulpflicht und die Bedingungen für die Anerkennung von akademischen und beruflichen Qualifikationen in ganz Spanien (Usarralde 2007, S. 729).

Die Autonomen Gemeinschaften müssen ihre Bildungspolitik mit dem Zentralstaat und mit den anderen Regionen abstimmen, wozu Sektorkonferenzen das passende Forum bieten. Die AG haben alle exekutiven und regulativen Aufgaben im Bildungssektor übernommen, die nicht zu den exklusiven Aufgabenbereichen des Zentralstaates gehören. „They have the power to develop state regulations and to regulate non-basic elements of the education system, as well as the executive and administrative powers which allow them to administer the education system within their own territories" (Usarralde 2007, S. 729). Auf lokaler Ebene stehen auch den Städten und Gemeinden einige bildungspolitische Kompetenzen zu, „such as the provision of building sites for public educational establishments; the preservation, repairs, surveillance, and maintenance of pre-school and primary education establishments; and the surveillance of the fulfillment of compulsory education and the performance of the educational service" (Usarralde 2007, S. 729).

Während in Deutschland, der Schweiz und Österreich ein duales System der Berufsausbildung für eine hohe Qualifikation der Arbeitskräfte und eine niedrige Jugendarbeitslosigkeit sorgt, haben nicht nur quasiföderale Länder wie Spanien hier ganz andere Lasten zu bewältigen. Die duale Ausbildung steht historisch in der Tradition des Zunftwesens und ist aktuell als eine Ausprägung des Korporatismus zu sehen, die in den pluralistischen Systemen Südeuropas, aber auch des angelsächsischen Raumes, kaum Fuß fassen konnte.

Angesichts hoher Jugendarbeitslosigkeit und hoher Schulabbrecherquoten wurde 2013 von der konservativen Regierung Rajoy eine Reformgesetz (Lomce) initiiert, das mehr Effizienz ins Schulwesen bringen sollte, zugleich aber auch wegen einer Zentralisierung der Bildungspolitik kritisiert wurde (NZZ 25.05.2013, S. 8). Während die Lehrer vom Zentralstaat beschäftigt werden, der auch über die Höhe von Studiengebühren entscheidet, haben die Autonomen Gemeinschaften einen starken Einfluss auf die Lehrinhalte, was sich z. B. in einer Bevorzugung der Regionalsprachen an Schulen und Universitäten gegenüber dem Spanischen ausdrücken kann. In dem Reformgesetz wurden die Regionen verpflichtet, private Angebote zu finanzieren, falls die öffentlichen Schulen keinen ausreichenden Spanischunterricht anbieten. „Die katalanische Regionalregierung sieht darin einen Eingriff in ihre Bildungshoheit. Sie bemängelte, das Gesetz orientiere sich nicht an pädagogischen Kriterien, sondern setze auf eine neue Zentralisierung" (Usarralde 2007, S. 729).

5.3.2 Akteure und Prozesse in der Bildungspolitik

Stichworte wie Kompetenzorientierung des Lernens und lebenslanges Lernen legen bereits nahe, dass das Spektrum bildungspolitischer Interessen äußerst vielfältig ist und entsprechend ein breites Feld bildungspolitischer Akteure auf die Politikergebnisse Einfluss nehmen will. Im Folgenden findet daher eine Beschränkung auf das Gebiet der Hochschulpolitik statt, die von den Gliedstaaten meist durch eigene Hochschulgesetze reguliert werden. Daher überrascht es nicht, dass nach Regierungswechseln auch oft das Hochschulgesetz eines Landes an die Prioritäten der neuen Regierung angepasst wird.

Während z. B. in den 1970er Jahren eher eine direkte Politisierung der Hochschulen zu beobachten war, findet seit den 2000er Jahren (nicht nur im Zuge der Bologna-Reformen) eine eher indirekte, gleichwohl politisch akzentuierte Einflussnahme statt. Die Ziele solcher Reformen sind vielfältig; teilweise soll Autonomie und Verantwortung der Hochschulen gestärkt werden, teilweise steht der Nutzen und das Outcome für die Gesellschaft im Vordergrund (z. B. Innovation

5.3 Bildungsföderalismus

und Wirtschaftsförderung), teilweise treten regional- und beschäftigungspolitische Ziele in den Vordergrund. Letztere sind besonders bei der Einrichtung und fachlichen Ausrichtung von Fachhochschulen relevant, die stärker regional- und arbeitsmarktpolitische Aufgaben wahrnehmen, während Universitäten stärker dem internationalen Wettbewerb um Forscher, Studenten und Drittmittel ausgesetzt sind.

Für die Hochschulpolitik heißt dies, verstärkt auf wettbewerbs- bzw. marktliche Steuerungsformen zu setzten, insb. in Form monetärer Anreize. Die Exzellenzinitiative des Bundes und der Länder zur Förderung von Spitzenuniversitäten in Deutschland ist hierfür ein Beispiel; sie illustriert zugleich, wie der Bund sich über finanzielle Anreize Einfluss in einer Kompetenzdomäne der Länder sichert. Der Einfluss der Bundesebene auf die bildungs- bzw. hochschulpolitischen Rahmenbedingungen lässt sich normativ aber auch durch ein landesweites Interesse an relativ einheitlichen Standards erklären, die andernfalls über die Mechanismen des „horizontalen Föderalismus" hergestellt werden müssten.

Die entsprechenden Einrichtungen der horizontalen Koordination von Bildungspolitik sind die Fachkonferenzen der Landesminister. In Deutschland ist dies die Ständige Konferenz der Kultusminister der Länder (KMK), in der Schweiz die kantonale Konferenz der Erziehungsdirektoren (EDK) und in Spanien die Sektorkonferenzen der Autonomen Gemeinschaften. Österreich hat aufgrund seines unitarischen Charakters keine Fachkonferenzen der Landesminister (lediglich die Landeshauptleute-Konferenz). In Belgien ist der horizontale Föderalismus kaum ausgeprägt.

In Deutschland fand der Kooperationsbedarf zwischen den Ebenen einen institutionellen Ausdruck z. B. in der Bund-Länder-Kommission für Bildungsplanung und Forschungsförderung (BLK), die 2008 in die Gemeinsame Wissenschaftskonferenz (GWK) überführt wurde (Scheller 2010, S. 238 f.). Die GWK setzt sich aus Mitgliedern der Forschungs- und der Finanzministerien des Bundes und der Länder zusammen. Sie befasst sich insbesondere mit den in Art. 91 Abs. 1, b GG genannten gemeinsamen Aufgaben (vgl. oben).

Die vergleichsweise gute Ausstattung außeruniversitärer Forschungseinrichtungen durch Bundesmittel erklärt sich auch als Reaktion des Bundes auf die Verhinderung einer Bundesuniversität durch die Länder (Geis und Krausnick 2012, S. 286). Helmholtz, Fraunhofer, Max Planck, Leibniz und DFG werden zu unterschiedlichen, aber erheblichen Anteilen vom Bund finanziert. In der Föderalismusreform I wurde der „gesamte Hochschulbereich – nicht zuletzt als ‚Verhandlungsmasse' – der alleinigen Länderhoheit zugewiesen. Zur Vermeidung einer verkappten Hochschulpolitik des Bundes über die Finanzierungskompetenz wurde die institutionelle Förderung strikt ausgeschlossen" (Geis und Krausnick 2012, S. 286) (Tab. 5.9).

Tab. 5.9 Forschungs- und hochschulpolitische Akteure in Deutschland. (Quelle: Eigene Zusammenstellung)

Bund	Bundesministerium für Wissenschaft und Kunst, Bundesministerium für auswärtige Angelegenheiten (Bereich Internationalisierung der Hochschulen)
Gemeinsame Wissenschaftskonferenz (GWK)	Wissenschafts- und Finanzminister des Bundes und der Länder. „Bund und Länder führen je 16 Stimmen, für die Beschlussfassung ist eine Mehrheit von 29 Stimmen notwendig" (Geis und Krausnich 2012, S. 287). Hauptaufgabe ist die Förderung der außeruniversitären Forschungseinrichtungen (Geis und Krausnich 2012, S. 287)
Wissenschaftsrat	Der Wissenschaftsrat setzt sich aus Wissenschaftlern und Personen des öffentlichen Lebens und Politikern aus Bund und Ländern zusammen. Seine Vermittlungsfunktion richtet sich zum einen auf die Bereiche Wissenschaft und Politik, zum anderen auf die Ebenen von Bund und Ländern (www.wissenschaftsrat.de)
Hochschulrektorenkonferenz (HRK)	Freiwilliger Zusammenschluss staatlicher und staatlich anerkannter Universitäten und Hochschulen in Deutschland mit gegenwärtig 268 Mitgliedshochschulen, in denen über 94 % aller Studierenden immatrikuliert sind. „Die HRK ist die Stimme der Hochschulen gegenüber Politik und Öffentlichkeit und sie ist das Forum für den gemeinsamen Meinungsbildungsprozess der Hochschulen" (www.hrk.de)
Bundesländer	Landesregierungen, Kultusministerien, Parlamente
Ständige Konferenz der Kultusminister der Länder (KMK)	Bildungspolitisches Koordinationsorgan der Länder im Rahmen des horizontalen Föderalismus
„Big Five"	Fraunhofer-Gesellschaft, Helmholtz-Gemeinschaft, Leibniz-Gemeinschaft, Max Planck-Gesellschaft (MPG), Deutsche Forschungsgemeinschaft (DFG)
Deutscher Hochschulverband (DHV)	Berufs- bzw. Standesvertretung von Professoren und Wissenschaftlern in Deutschland
Stiftungen	Z. B. Volkswagenstiftung, Fritz Thyssen Stiftung, Alexander von Humboldt-Stiftung, parteinahe Stiftungen etc.

Um eine möglichst breite Verteilung der Mittel der Exzellenzinitiative in Deutschland auf die Länder zu ermöglichen, sollten nicht einzelne Spitzenuniversitäten gefördert werden, sondern nur einzelne Fakultäten bzw. Fachbereiche in Form von Graduiertenschulen und Exzellenzclustern. Dadurch soll verhindert werden, dass sich die gesamten Fördermittel auf einzelne Bundesländer bzw. Universitäten konzentrieren. Staatdessen sollte die Chancengleichheit zwischen den Universitäten beim Wettbewerb um die Mittel erhöht werden. Das Beispiel der

5.3 Bildungsföderalismus

Exzellenzinitiative in Deutschland hat gezeigt, dass trotz hoher Konsens- und Kooperationszwänge der Bund und die Länder durchaus in der Lage sind, umfassendere Reformen zu gestalten und „ein beachtliches Maß an Anpassungsfähigkeit und Flexibilität" zu nutzen (Scheller 2010, S. 253).

In Österreich werden solche bildungspolitischen Kompetenzgerangel wohl nur milde belächelt. Dort ist der Bund „für eine landeseinheitliche Ausgestaltung des Bildungssektors" verantwortlich, was sowohl das Schul- wie auch das Hochschulwesen umfasst. Das Schulwesen wird etwa durch das ‚Schulorganisationsgesetz' und das ‚Schulunterrichtsgesetz' reguliert, das Hochschulwesen durch das ‚Bundesgesetz über die Organisation der Universitäten und ihre Studien' (Schneider 2005, S. 59 f.). Im Unterschied zu Deutschland fungieren die Bundesländer in Österreich in diesem Politikfeld lediglich als Vollzugsorgane der Bundespolitik. Auf Bundesebene ist das Wissenschaftsministerium für den Hochschulbereich und das Unterrichtsministerium für die Schulen verantwortlich. Die Länder haben lediglich bei den Volks- und Sonderschulen (Primärbereich) gewisse legislative Kompetenzen.

In der Schweiz wurde im September 2011 ein neues Hochschulgesetz erlassen, das dem Bund mehr Mitspracherechte gibt. Durfte bislang der Bund die kantonalen Hochschulen lediglich finanziell unterstützten, so ist ihm nach dem neuen Gesetz nun eine inhaltliche Einflussnahme bzw. Zusammenarbeit mit den Kantone im Hochschulbereich erlaubt. Des Weiteren ist eine langfristige Fusion der Konferenzen von Universitäten und Fachhochschulen vorgesehen, um die Fragmentierung mit bis dato drei Spitzengremien im Hochschulbereich zu reduzieren. Zunächst ist eine engere Zusammenarbeit von Universitäts- und Fachhochschulkonferenz avisiert, danach eine Fusion dieser Einrichtungen. „Damit würde sich die Schweiz dem europaweit einmaligen integrierten System Deutschland mit nur einem Spitzenverband für alle Hochschultypen annähern" (DUZ 01/2012, S. 12–13).

Im Vergleich mit dem tertiären Bildungssektor in den angelsächsischen Staaten fällt eine durchweg niedrigere „Kommerzialisierung" von Bildung in den zentraleuropäischen Bundesstaaten auf. Wie sich am Beispiel der USA zeigen lässt, wirkt Bildungsföderalismus aber nicht per se hemmend auf Prozesse der Kommerzialisierung in diesem Politikfeld. Dies lässt sich für Deutschland und Österreich gut am geringen Anteil privater Hochschulen (ca. drei Prozent am gesamten ‚Studierendenmarkt') illustrieren, aber auch an der (gescheiterten) Einführung von Studiengebühren. Am Beispiel der kompetitiven Einführung und Abschaffung von Studiengebühren durch die Bundesländer lässt sich auch die Komplexität eine Politikwechsels in diesem föderalen Politikfeld gut aufzeigen. Tabelle 5.10 stellt die Regelungen und Praktiken der Politik im Hinblick auf Studiengebühren in vier föderalen und zwei unitarischen Systemen (Italien und UK) vor.

Tab. 5.10 Studiengebühren im internationalen Vergleich. (Quelle: Nach www.daad.de, eigene Ergänzung. Stand 2013)

Schweiz	Durchschnittlich ca. SFR 1.500 pro Studienjahr	Studiengebühren sind Sache der Hochschulen und betragen zwischen SFR 425 und 1200 pro Semester. Einige Universitäten verlangen zusätzliche Gebühren von ausländischen Studenten
Österreich	Keine Gebühren mehr seit 03/2012	Nach einer Wiedereinführung in 2001 zunächst in 2008 weitgehende Befreiungsregelungen von den 363 € pro Semester und 2012 endgültige Aufgebung durch Verfassungsgerichtsentscheidung aus 2011
Deutschland	Keine Studiengebühren mehr	Nach einer Verfassungsgerichtsentscheidung hatten 2005 etwa die Hälfte der Länder Gebühren bis zu 500 € pro Semester eingeführt, die inzwischen aber wieder abgeschafft sind
Italien	750–3.000 € pro Jahr plus Einschreibegebgebühren	Alle Universitäten erheben Studiengebühren, die sich von Fakultät zu Fakultät unterscheiden können. Sie werden jedes Jahr neu festgelegt und bewegen sich in einer Spanne von ca. 750 bis 3.000 € pro Jahr. Zusätzlich Einschreibgebühren von ca. 170 €
UK	Bis zu 9.000 £ pro Jahr	England, Wales, Nordirland: Obergrenze von bis zu £ 9.000 pro Studienjahr, die exakte Hoche kann von den Hochschulen selbst festgelegt werden kann. Seit 2010 nachträgliche Pauschale möglich
		Schottland: Für Schotten und EU-Bürger frei
USA	Durchschnittlich 12.000 bis 16.000 US$ pro Jahr	Kann von den Hochschulen selbst festgelegt werden und hängt von Fachrichtung und Art des Studiengangs ab. Bandbreite zwischen US$ 2.000 (community college) und US$ 33.000 (Master-Studium an Universitäten) pro Studienjahr

5.4 Zusammenfassung und Wiederholungsfragen

Verfassungsföderalismus gleicht dem Skelett eines föderalen Systems. Es ist am wenigsten sichtbar, trägt aber doch die Hauptlast für den Zusammenhalt und die Gestalt des Bundesstaates. Im Unterschied zur Devolution muss Föderalismus durch die Bundesverfassung und i. d. R. durch ein Bundesgericht abgesichert sein. In den älteren Bundesstaaten haben die Gliedstaaten eigene Verfassungen, die eigenverantwortlich erarbeitet und erlassen worden sind und auch von den Gliedstaaten selbst geändert werden können. Die Verfassungen sind Ausdruck der (Teil) Souveränität der Gliedstaaten, müssen aber dennoch gelegentlich an nationale und internationale (EU) Entwicklungen angepasst (nachgeführt) werden. Auf Ebene der Bundesverfassung können die föderalen Normen nur mit Beteiligung und Zustimmung der Gliedstaaten geändert werden, was Reformen schwerer (Politikverflechtung), aber nicht unmöglich macht (vgl. die Föderalismusreformen in Deutschland und der Schweiz). Im Unterschied zu Verfassungsgrundlagen und auch zum regionalen Wahlverhalten sind föderale Parteien- und Wahlsysteme bislang noch relativ wenig streng vergleichend untersucht worden. Dabei ist eine internationale und eine intranationale Vergleichsdimension zu unterscheiden. Am stärksten föderalisiert ist das Parteiensystem Belgiens, während es im spanischen und im deutschen Parteiensystem, begünstigt durch das Verhältniswahlrecht, neben starke Regionalparteien auch immer noch relativ starke Volksparteien gibt. Mit dem Bildungsföderalismus wurde ein Politikfeld vorgestellt, das traditionell stark durch die föderale Struktur eines Staates geprägt wird, seit der Jahrtausendwende (Stichworte PISA und Bologna) aber unter einem verstärkten Reformdruck steht.

Fragen

Wozu benötigen föderale Staaten eine geschriebene Verfassung?
Welche Typen von Gerichten mit verfassungsauslegender Kompetenz kennen Sie?
Skizzieren Sie Besonderheiten von Parteiensystemen im Föderalismus.
Welche hochschulpolitischen Akteure gibt es in Deutschland? Skizzieren Sie ihren Aufgabenschwerpunkt und ihre Interessenlage.
Diskutieren Sie Vor- und Nachteile eines hochschulpolitischen Kooperationsverbots zwischen Bund und Ländern in Deutschland.

Finanzföderalismus

6.1 Grundlagen

Finanzwissenschaft untersucht Art und Ausmaß der Finanzierung und Bereitstellung öffentlicher Güter – mit anderen Worten: die Einnahmen- und Ausgabenseite öffentlicher Haushalte. Durch die föderale Staatsorganisation erhalten die Finanzbeziehungen eine zusätzliche Dimension. Dabei muss politisch entschieden werden, wie die Kompetenz- bzw. Aufgabenverteilung zwischen den Ebenen eines politischen Systems sowie die Finanzierung der Aufgaben gestaltet werden soll. Fällt eine Entscheidung für die Erfüllung einer Aufgabe auf einer bestimmten Ebene, sollte dann auch für eine entsprechende Finanzierung der Aufgabenerfüllung gesorgt werden. Dabei gilt in der Regel, dass bestimmte Steuerarten nicht mit bestimmten Ausgabearten verknüpft sind. So sind die Einnahmen aus der Kfz-Steuer (meist als Bundessteuer) nicht an Aufgaben im Straßenbau gekoppelt und die Einnahmen aus der Tabaksteuer nicht an die Gesundheitsvorsorge. In der Praxis ist die Priorität der öffentlichen Aufgaben vor der Frage ihrer Finanzierung (Anderson und Scheller 2012) oft jedoch nicht so klar erkennbar. Vielmehr wird bei der Entscheidung über die Notwendigkeit und Allokation bestimmter öffentlicher Aufgaben oft bereits die Finanzierungsfrage mit bedacht. Eigentlich erwünschte Aufgaben können dann bereits an der Frage ihrer Finanzierung scheitern.

Finanzföderalismus ist an der Schnittstelle zwischen Föderalismus(forschung) und Finanzwissenschaft angesiedelt. Er verbindet finanzwissenschaftliche mit föderalen Fragestellungen. Dazu gehört etwa die Frage nach dem optimalen Steueranteil der Gliedstaaten wie auch die Förderung des wirtschaftlichen Wachstums durch föderale Aufgabenplanung und in Deutschland auch die „Herstellung gleichwertiger Lebensverhältnisse im Bundesgebiet" (Art. 72). Übergeordnete Fragestellungen vergleichen z. B. Wachstumseffekte der Mittelallokation in Föderalismus, Unitarismus und dezentralisierten Einheitsstaaten. Unterschiedliche ökonomische Allokations- bzw. Verteilungswirkungen föderaler und unitarischer Systeme sind folglich seit langem Gegenstand der Finanzwissenschaft (Zimmermann et al. 2011; Oates 1975).

Im Bereich der föderalen Finanzpolitik stehen dann wieder unterschiedliche Steuerungsinstrumente zur Verfügung, die stärker auf der Ausgabenseite (z. B. Subventionen) oder auf der Einnahmenseite (Steuererhöhungen oder -vergünstigungen) ansetzen können. Dabei ist neben der für die Föderalismusforschung primär relevanten vertikalen Aufteilung von Steuer- und Finanzkraft aber auch an die horizontale Ausgliederung von Aufgaben in Sonderhaushalte, wie die Sozialversicherungen und den Fonds Deutsche Einheit zu denken, die zu einer Unterschätzung von Staatsaktivität führen können, wenn die entsprechenden Nebenhaushalte etwa bei internationalen Vergleichen nicht berücksichtigt werden (Scherf 2011, S. 114).

Zu den Zielen der Finanzpolitik im Föderalismus gehört sowohl der Erhalt und die Stärkung regionaler Autonomie und Wettbewerbsfähigkeit wie auch der Ausgleich von regionalen Unterschieden in der Versorgung mit öffentlichen Leistungen. Anders formuliert geht es bei diesem Punkt um die Angleichung der Lebensverhältnisse in der Bevölkerung, die mehr oder weniger explizit in einer Verfassung normiert sein kann (Nowotny 1999, S. 144). Dieser Zielkonflikt wird in jedem Bundesstaat anders gewichtet bzw. entschieden. In der Schweiz etwa liegt der Schwerpunkt stärker auf dem Erhalt und der Stärkung regionaler Autonomie, in Deutschland (nicht zuletzt durch die Wiedervereinigung) auf dem Ausgleich der Finanzkraft der Länder und der Herstellung gleichwertiger Lebensbedingungen. Größere finanzielle Autonomie der Gliedstaaten wird meist mit den Anreiz- und Innovationswirkungen des Standortwettbewerbs begründet (Nowotny 1999, S. 144), eine größere Betonung des Ausgleichs mit dem Solidaritäts- bzw. Gleichwertigkeitsprinzip.

Zunächst ist grundlegend zwischen der Einnahme- und der Ausgabenseite der Finanzbeziehungen im Bundesstaat zu unterscheiden. Die Einnahmeseite wird dabei durch die Art und den Umfang sowie der Verteilung der Steuer- und Abgabenkompetenzen zwischen den Ebenen bestimmt, die Ausgabenseite durch die Aufgabenzuweisung bzw. -verteilung und die damit verbundene Kostendimension. Beide Seiten sind schließlich durch die Transferdimension des Finanzausgleichs direkt miteinander verbunden. Wie oben bereits für die Kompetenzordnung aufgezeigt, lassen sich auch im Finanzföderalismus zwei idealtypische Modelle gegenüber stellen: ein Trennmodell und ein Verbundmodell bei der Steuer- und Aufgabenverteilung.

6.1 Grundlagen

Oft ist die Finanzierung einer Aufgabe auch auf der Ebene der Aufgabenwahrnehmung angesiedelt, so dass die Einnahmen- und die Ausgabenanteile in der föderalen Finanzordnung nicht immer exakt übereinstimmen. Damit es dennoch nicht zu allzu großen Abweichungen kommt, ist i. d. R. das Konnexitätsprinzip in der Bundesverfassung verankert, im deutschen Grundgesetz in Art. 104a Abs. 1. Nach diesem Prinzip muss diejenige Ebene, der nach der Aufgabenteilung zwischen Bund und Gliedstaaten eine bestimmte Aufgabe zugewiesen wurde, auch für die dabei entstehenden Kosten aufkommen (Laufer und Münch 2010, S. 236).

Diese Verknüpfung von Zuständigkeit und Finanzierung lässt sich allerdings selbst unter den idealen Bedingungen des dualen Föderalismus nicht konsequent durchhalten. Vielmehr finden sich in der Praxis sowohl auf der Aufgabenseite wie auf der Finanzierungsseite komplexe Mischsysteme, die in der Regel einen mehr oder weniger umfangreichen horizontalen und/oder vertikalen Finanzausgleich erforderlich machen. Folglich ist auch die (Wirkung der) Umverteilung zwischen der zentralen Ebene und den Gliedstaaten (vertikaler Finanzausgleich) sowie zwischen den Gliedstaaten untereinander (horizontaler Finanzausgleich), ein zentraler Untersuchungsgegenstand des Finanzföderalismus. Anders gesagt geht es um die Bestimmung der Faktoren, die die Höhe der Einnahmen- und Ausgabenanteile des Zentralstaates und der Gliedstaaten bestimmen, sowie die Effekte unterschiedlicher Ausgabenanteile der Ebenen auf das Wirtschaftsleben. Auch die Frage, ob es eine volkswirtschaftlich ‚optimale' Verteilung von Aufgaben und ihrer Finanzierung zwischen Bund und Gliedstaaten gibt, gehört dazu.

Finanzierungs- und Aufgabenseite folgen oft unterschiedlichen politischen Dynamiken. Oft lassen sich Aufgaben leichter als Einnahmen zwischen den Ebenen neu zuteilen. Dadurch kann es zu Ungleichgewichten bei der Refinanzierung der Gliedstaaten kommen. Auch auf Ebene der Gemeinden zeigen sich erhebliche Unterschiede in der Aufgabenlast, etwa in der Sozialpolitik und beim Ausbau von Infrastrukturen. Auf der Einnahmeseite sind die prozentualen Anteile der Gliedstaaten an den Gemeinschaftssteuern meist zwar langfristig stabil, jedoch kann das konkrete Steueraufkommen in Abhängigkeit von der Konjunkturentwicklung schwanken. Davon sind Länder und Gemeinden meist stärker betroffen als der Bund. Die relativ hohen Anteile der deutschen Länder und schweizerischen Kantone an der Einkommensteuer erklären sich auch „aus der politischen Absicht, für diese Ebene eine starke finanzielle Position gegenüber dem Zentralstaat zu sichern, obwohl ja nach den meisten ökonomischen Gesichtspunkten die Einkommensbesteuerung eher dem Zentralstaat zuzuweisen wäre" (Nowotny 1999, S. 149). Tabelle 6.1 fasst die prozentuale Aufteilung der Steuereinnahmen (2001–2005) über die drei Ebenen des politischen Systems in fünf föderalen Staaten zusammen.

Tab. 6.1 Anteile der Gebietskörperschaften an den gesamtstaatlichen Steuereinnahmen, 2001–2005. (Quelle: Egner 2012, S. 91, 97, 101, 104, 109, 115)

	USA	Deutschland	Österreich	Schweiz	Kanada	Australien
Bund	68,1	44,9	70,9	45,0	48,0	69,1
Gliedstaaten	18,9	42,2	13,2	32,1	41,4	27,9
Gemeinden	13,0	13,9	15,9	22,9	10,6	3,0

Während Tab. 6.1 lediglich einen relativ kurzen Zeitraum von vier Jahren für die Einnahmeseite umfasst, liegt der langfristige Ausgabenanteil (1981–2005) der gliederstaatlichen Ebene in den USA bei 19,5 %, in Deutschland bei 37,1 %, in Österreich bei 21,1 %, in der Schweiz bei 40,3 %, in Kanada bei 42,6 % und in Australien bei 37,3 % (Egner 2012, S. 126). Dass der gliedstaatliche Ausgabenanteil teilweise deutlich höher liegt als der gliedstaatliche Anteil der gesamtstaatlichen Steuereinnahmen (Österreich, Schweiz, Australien), lässt sich zum einen durch die unterschiedlichen Beobachtungszeiträume erklären, hauptsächlich aber durch zentralstaatliche Zuweisungen zu den gliedstaatlichen Haushalten.

Wie oben skizziert, muss der Anteil der Steuereinnahmen einer Ebene nicht mit dem Ausgabenanteil dieser Ebene übereinstimmen. Neben den Steuereinnahmen können Gliedstaaten auch Einnahmen aus horizontaler oder vertikaler Umverteilung (und durch Kredite) erhalten. Dabei muss die Umverteilung nicht ausschließlich ‚one way' vom Zentralstaat zu den Gliedstaaten erfolgen. In geringem Umfang können Gliedstaaten auch für die Nutzung von Leistungen des Zentralstaates zur Kasse gebeten werden (Spanien) oder Kommunen für die Nutzung von Leistungen des Bundesstaates (USA). Wie Watts (2008) aufgezeigt hat, können die Anteile von Finanztransfers an die Gliedstaaten massiv variieren. In Kanada trugen Finanztransfers im Zeitraum 2000 bis 2004 nur mit ca. 13 % zu den gliedstaatlichen Einnahmen bei und in der Schweiz mit knapp einem Viertel. Am größten ist die Transferdimension in den von Watts berücksichtigten föderalen Staaten in Nigeria und Südafrika mit 89 und 96 %. Während in Tab. 6.1 lediglich die Steuereinnahmen berücksichtigt werden, sind in Tab. 6.2 auch die Sozialversicherungshaushalte einbezogen. Dadurch reduzieren sich die Anteile der drei politischen Ebenen etwas, zugleich entsteht aber ein umfassenderes Bild der ‚gesamtstaatlichen' Verteilung von Einnahmen und Ausgaben.

Neben der Finanzierungs- (Einnahmen) und Aufgabenseite (Ausgaben) spielt auch die Umverteilung innerhalb und zwischen den Ebenen eine wichtige Rolle in der Föderalismuspolitik. Nicht alle Bundesstaaten haben ein ähnlich gut ausgebauten Finanzausgleich wie Deutschland und die Schweiz. In den USA und in Spanien wird ein horizontaler Finanzausgleich, also zwischen Bundesstaaten, nicht prakti-

Tab. 6.2 Anteile der politischen Ebene an den Gesamteinnahmen/-ausgaben des Staates (in %). (Quelle: Eigene Berechnung nach Eurostat [gov_a_main] (Abruf am 21.05.2014). Fehlende Anteile auf 100 %: Sozialversicherung)

	Ebene	Gesamtausgaben (% des Staates)		Gesamteinnahmen (% des Staates)	
		2002	2012	2002	2012
Belgien	Zentralstaat	55,82	57,30	55,47	54,81
	Gliedstaaten	27,82	27,93	27,62	29,94
	Kommunen	13,65	13,27	13,25	13,56
Deutschland	Zentralstaat	29,20	31,02	27,76	29,75
	Gliedstaaten	28,03	28,68	26,98	28,06
	Kommunen	15,44	17,00	16,20	17,41
Spanien	Zentralstaat	41,64	43,62	40,63	34,53
	Gliedstaaten	34,14	37,87	33,16	43,72
	Kommunen	15,54	12,50	15,37	16,68
Österreich	Zentralstaat	55,05	52,04	53,31	49,44
	Gliedstaaten	17,78	17,98	18,59	18,65
	Kommunen	15,33	15,22	16,11	16,02
Schweiz	Zentralstaat	35,10	31,24	30,20	31,85
	Gliedstaaten	35,56	40,32	38,87	39,55
	Kommunen	21,14	22,17	21,81	21,48

ziert. Allerdings gibt es Bundesbeihilfen (federal grants) für die Bundesstaaten für spezifische Aufgaben wie auch solche ohne (bzw. mit nur loser) Zweckbindung. Da der weit größere Anteil zweckgebundene Zuweisungen sind, findet ein allgemeiner Ausgleich der Finanzkraft durch federal grants nur sehr eingeschränkt statt (Heise 2012, S. 66). An der Stelle des horizontalen Finanzausgleichs steht im US-amerikanischen System der Bundeszuweisungen der Leitgedanke des föderalen Wettbewerbs (Kap. 6.2). Dazu gehört, dass jede Ebene einschließlich der Kommunen im Sinne von ‚self rule' relativ selbständig Steuern erheben kann. Dies umfasst auch die Möglichkeit, dass die Bundesstaaten relativ autonom über die Einführung neuer, eigener Steuern entscheiden können (Heise 2012, S. 66).

In der Schweiz und Deutschland ist dagegen sowohl ein horizontaler wie auch ein vertikaler Finanzausgleich realisiert. Allerdings werden in beiden Ländern mit dem Finanzausgleich unterschiedliche Ziele verfolgt. Im Unterschied zum Finanzausgleich in Deutschland mit einer „fast vollständige Auffüllung der Finanzmittel aller Glieder auf 100 % des Durchschnitts" soll das schweizerische System „nur im Rahmen des bestehenden kantonalen Steuer- und Standortwettbewerbes für faire Ausgangsbedingungen sorgen und kantonale Autonomie sichern" (Heise 2012, S. 66). Der schweizerische Finanzausgleich folgt stärker dem Wettbewerbsprinzip, der Deutsche dem Solidaritätsprinzip.

Das Konzept des dualen Föderalismus wirkt sich auch auf das Steuersystem aus. In der Schweiz und den USA herrscht ein Trennsystem bei der Steuererhebung vor, in Deutschland ein Verbundsystem. Bei einem Trennsystem erheben Bundesstaat und Gliedstaaten jeweils eigene Steuern, bei einem Verbundsystem erhebt lediglich der Bundesstaat eine bestimmte Steuerart und teilt sie dann nach einem Verteilungsschlüssel auf Bund, Länder und ggf. Gemeinden auf (Laufer und Münch 2010, S. 243). Beide Systeme haben Vor- und Nachteile. Im Verbundsystem etwa ist der Wettbewerb zwischen den Gliedstaaten reduziert und Änderungen unterliegen den Restriktionen der ‚Politikverflechtung'. Andererseits können z. B. Skalenerträge bei der Steuererhebung und gesamtwirtschaftliche, finanzpolitische Steuerungsmöglichkeiten genutzt werden. Dem stehen bei einem Trennsystem als Vorteile die klare Verantwortlichkeit und leichtere Änderbarkeit gegenüber, als Nachteile allerdings die mögliche stärkere Streuung des Aufkommens zwischen den Haushalten und in der Folge größere Finanzkraftunterschiede bzw. ein (zentraler) Ausgleichsbedarf, sowie eingeschränkte konjunkturpolitische Steuerungsmöglichkeiten (vgl. Thöni 1986, S. 57).

Ähnlich den sog. Geber- und Nehmerländern des bundesdeutschen Finanzausgleichs lassen sich auch Zahler- und Empfängerkantone für die Schweiz unterscheiden. Zu den größten Nettoempfängern nach der 2008 in Kraft getretenen Reform (NFA) gehören meist die Kantone Bern, Wallis und Freiburg, zu den größten Zahlern meist Zürich, Genf und Zug. Im Jahr 2013 teilten sich die 26 Kantone der

Tab. 6.3 Schuldenbremsen im internationalen Vergleich. (Quelle: Eigene Zusammenstellung)

Belgien	EWU-Fiskalpakt auf föderaler und Gliedstaatenebene 2013 unterzeichnet, aber keine „eigene" Schuldenbremse in der Verfassung
Deutschland	Schuldenbremse für den Bund (ab 2016) und die Länder (ab 2020) in Art. 109 GG verankert. Zusätzlich Schuldenbremsen in der meisten Länderverfassungen
Österreich	Einfaches Gesetz zur Schuldenbremse im Dezember 2011 erlassen (Zweidrittelmehrheit für Verfassungsgesetz wurde nicht erreicht)
Schweiz	Schuldenbremse für den Bund (ab 2008) in der Bundesverfassung verankert (Art. 126). Zusätzlich Schuldenbremsen in den meisten Kantonsverfassungen
Spanien	Schuldenbremse für die Autonomen Gemeinschaften von 1,5 % des BIP unter Rajoy 2012 eingeführt
USA	Nach Art. 1 Abschn. 8 hat nur der Kongress das Recht, auf Rechnung der Vereinigten Staaten Kredit aufzunehmen. Da die Schuldenobergrenze regelmäßig angehoben werden muss, kann es bei unterschiedlichen Mehrheiten („divided government") auch zu Blockaden kommen. Auf Ebene der Staaten existieren „budget deficit caps"

Schweiz in 9 Geberkantone und 17 Nehmerkantone auf (vgl. Kap. 6.5). Ein weiteres Strukturelement des Finanzföderalismus sind „Schuldenbremsen". Im Zuge der Reform des Finanzausgleichs wurden in der Schweiz und Deutschland auch Begrenzungen für die Neuverschuldung in die Bundesverfassung aufgenommen, die sowohl die Finanzpolitik des Bundes als auch die der Länder bzw. Kantone binden. Solche Selbstbindungen sind bei ihrer Einführung auf die Zustimmung der Gliedstaaten angewiesen, die sich dafür meist etwa durch Sonderzahlungen oder einen Härtefallausgleich kompensieren lassen. Zusätzlich haben eine Reihe von Ländern bzw. Kantonen eigene Schuldenbremsen in ihre Verfassungen aufgenommen. Tabelle 6.3 gibt einen Überblick über die Regelungen der Schuldenbremsen in den ausgewählten Ländern dieses Bandes.

6.2 USA

Ein föderales Finanzkraftausgleichssystem besteht in den USA nicht. Dies ist ein wesentliches Unterscheidungsmerkmal des US-amerikanischen Föderalismus im Vergleich zu vielen andern föderalen Staaten. In einem Vergleich mit Australien und Kanada kommen Bélanda und Lecoursa (2014) zu dem Ergebnis, dass die Gründe für das Fehlen eines solchen Systems in den USA u. a. in der Abwesenheit einer Bedrohung der territorialen Integrität des Landes (nach 1865) und die Schwäche der Idee von ‚social citizenship' sind. Stärker im Institutionensystem verortet ist das Argument, dass ein starker Bikameralismus in Verbindung mit schwacher Parteidisziplin selbst bei einer stärkeren Nachfrage nach direktem Finanzausgleich die Einführung eines solchen Systems schwierig gemacht hätte (Bélanda und Lecoursa 2014).

Allerdings gibt es einen vertikalen Ausgleich in Form von ‚federal grants' des Bundes für mehr oder weniger genau umrissene Aufgaben der Staaten und der Kommunen. Die Zuweisungen des Bundes richten sich dabei hauptsächlich nach den vier Kriterien

- Bevölkerungszahlen (people)
- Finanzbedarf (need for services)
- Empfängerzahl (recipients) und
- Finanzkraft (fiscal capacity) (Heise 2010, S. 72).

Föderale Finanzpolitik findet aber nicht zwischen den Staaten bzw. zwischen Staaten und Bund statt, sondern in einem „iron triangle" zwischen der Bundesregierung (einschließlich der Bürokratie), dem Kongress und den Interessengruppen. Die Akteure dieses „eisernen Dreiecks" verhandeln sowohl die Ausgabenverteilung des Bundes im Allgemeinen wie auch in Bezug auf die Staaten, die aufgrund einer relativ heterogenen Interessenlage als kollektive Vetospieler meist ausfallen. Dadurch vergrößert sich der Handlungsspielraum für den Präsidenten, die Kongressabgeordneten und die Bundesbürokratie (Heise 2010, S. 71). Begünstigt auch durch das pluralistische System der Interessenvermittlung, können bzw. müssen Einzel- und Wahlkreisinteressen stark berücksichtigt werden. Dadurch haben sich seit der Nachkriegszeit relativ atomisierte Strukturen föderaler Finanzbeziehungen entwickelt, „die sich so genannte ‚vertikale Koalitionen' zunutze macht: 26 Bundesbehörden schütten derzeit rund 1.000 teilweise höchst spezielle Zuweisungen über das ganze Land aus" (Heise 2010, S. 71). Der vertikale Finanzausgleich in den USA reicht dabei, im Unterschied zu Deutschland und der Schweiz, vom Bund auch direkt zu den Kommunen durch. Dieses System zweckgebundener, vertikal integrierter Finanzbeziehungen erschwert Kürzungen durch den Präsidenten oder entsprechende Mehrheiten im Kongress erheblich. „Bei einer Kürzung der konditionalen Zuweisungen ist eine klar umrissene Kette vertikaler Interessen von Einschnitten bedroht". Dagegen sind die allgemeinen Zuweisungen oft leichter zu kürzen. Tabelle 6.4 fasst die Grundbegriffe des US-Finanzföderalismus zusammen.

Die finanzpolitische Zentralisierung hat in den USA bereits unter ihrem ersten Finanzminister Alexander Hamilton eingesetzt. In einer Art Schuldenschnitt wurden die Schulden der Gliedstaaten, die insbesondere aus dem Unabhängigkeitskrieg stammten, 1790 vom Bund übernommen. Als Gegenleistung war er an

Tab. 6.4 Grundbegriffe des Finanzföderalismus (USA). (Quelle: Nach www.laits.utexas. edu/gov310/CF/glossary.html, eigene Übersetzung und Ergänzung)

Federal grants	Zahlungen des Bundes an Einzelstaaten setzten während des 19. Jh. ein („federal grants") und bilden inzwischen eine eigene Einkommenskategorie der Gliedstaaten mit bis zu einem Fünftel des Staatshaushalts. Sie sind häufig mit einer Selbstbeteiligungsquote der Einzelstaaten verbunden. Trotz aller Zuschüsse und Auflagen ist der Bund hinsichtlich der Ausführung seiner Programme auf Einzelstaaten angewiesen
Block grant	Pauschale Zuweisungen des Kongresses an die Staaten oder Kommunen. Staaten können entscheiden, wie sie die Mittel aufteilen möchten, d. h. auf welche Programme sie ihren Fokus legen möchten. Dadurch haben sie mehr Entscheidungsfreiheit. Dennoch besteht eine allgemeine Zweckbindung an Aufgabenbereiche wie Erziehung, Gesundheit usw
Categorical grant	An Einzelstaaten oder Kommunen gewährte Zuschüsse, die an strenge Auflagen („strings") gebunden sind. Sie werden zur Ausführung bestimmter Projekte gewährt und sind kaum mit eigenem Ermessensspielraum für die Einzelstaaten verbunden (Länder als „Vollstrecker" der Bundespolitik). Bsp: Antidiskriminierungspolitik, Arbeitsschutz, Umweltschutz
Revenue sharing grants	Freie Bundeszuschüsse an Gliedstaaten und Kommunen, 1972 unter Nixon eingeführt. De facto mit keinen Auflagen verbunden und somit für Empfänger frei verfügbar. Nach 1980 nur noch an Kommunen vergeben und 1986 wieder abgeschafft
Bundeseinkommenssteuer	Seit 1913 erlaubt, Teil davon wird als Bundeszuschuss an Gliedstaaten und Kommunen weiter geleitet (wirkt zentralisierend)
Federal payments to individuals	Beinhalten die Ausgaben der Staaten in den Bereichen Gesundheit (Medicare), Arbeitslosenunterstützung, Wohngeld, Soziales Sicherungssystem, Pensionen für Bundesbeamte, Unterstützung bei Behinderung, sowie Einkommensteuergutschriften, Lebensmittelmarken, etc.
Federal & state transfers to local governments	Der größere Anteil der Zuschüssen für die Kommunen kommt von den Staaten, ein kleinerer Anteil vom Bund
Unfunded mandates	Tendenz der Bundesregierung seit den 1980er Jahren, den Staaten und Kommunen durch Gesetz Aufgaben und Leistungen aufzuerlegen, ohne für eine ausreichende Gegenfinanzierung bei der Ausführung zu sorgen. 1995 kam es auf Druck der Staaten durch den Kongress zu einer Verschärfung der Bedingungen für ‚unfunded mandates'

einem Schuldenverbot in den Gliedstaaten interessiert, was aber noch einige Zeit auf sich warten ließ. Im Zuge des Ausbaus der Infrastruktur in der ersten Hälfte des 19. Jahrhunderts kam es wieder zu einer neuen, erheblichen Verschuldung der Gliedstaaten insb. bei britischen und niederländischen Investoren. Nach einer Bankenkrise 1840 gerieten Gliedstaaten mit einem hohen Anleihenoutput in Zahlungsverzug:

> 1841 und 1842 stellten Arkansas, Florida, Indiana, Illinois, Maryland, Michigan, Mississippi, Louisiana und Pennsylvania den Schuldendienst ein – das waren 9 von damals 26 US-Gliedstaaten. [...] Schon vor der Insolvenz hatten die Krisenstaaten versucht, den Kongress davon zu überzeugen, ihnen die Schuldenlast abzunehmen. Nach dem Zahlungsausfall pochten britische Investoren zudem darauf, dass die Schulden der Gliedstaaten von Washington garantiert würden. (Eisenring/NZZ 2011)

Das der Bund trotz des Verlustes der internationalen „Bonität" einiger Gliedstaaten nicht zu einer erneuten Übernahme der Schulden bereit war, lag auch am Widerstand der Staaten mit ausgeglichenen Finanzen, die im Kongress eine knappe Mehrheit hatten (Eisenring/NZZ 2011). Die von den Haushaltsproblemen betroffenen Gliedstaaten waren dadurch gezwungen, selbst in Verhandlungen mit ihren Gläubigern zu treten und nach Lösungen zu suchen. In der Folge wurde in einigen Staaten erstmals die „golden rule" eingeführt, die einen ausgeglichenen Haushalt verlangt. „Vor der Krise von 1840 hatten sie sich durch Landverkäufe, die Vergabe von Lizenzen und zunehmend über Schulden finanziert" (Eisenring/NZZ 2011). Seither hat sich die strenge Linie des Bundes, für die Schulden der Staaten nicht einzustehen, etwa während des New Deals unter Roosevelt oder nach der globalen Finanz- und Wirtschaftskrise 2008, durchgesetzt. Sie ist allerdings nicht in den Rang eines Verfassungsartikels erhoben worden. Die Ursprünge dieser Politik unter Alexander Hamilton werden vom britischen Economist anschaulich zusammen gefasst:

> Leagues and confederacies are like feudal baronies: breaches lead to anarchy, tyranny and war. That was Alexander Hamilton's case for a strong American federal government. After the adoption of America's constitution, Hamilton became treasury secretary. The federal government assumed the war debts of the ex-colonies, issued new national bonds backed by direct taxes and minted its own currency. Hamilton's new financial system helped transform the young republic from a basket-case into an economic powerhouse. [...] The reforms of 1789 were followed by a "no-bail-out" policy in 1840 that forced some states into default. The Federal Reserve was set up in 1913 to act as lender of last resort. The 1930s slump led to much-expanded federal spending under Roosevelt. American states are now constrained by balanced-budget rules, but the federal government borrows hugely to bolster demand. (Economist, 11.02.2012, S. 30)

Ein Beispiel für einen hoch verschuldeten Gliedstaat, dessen Gouverneur im Zuge der Schuldenkrise 2009 eine Bundesgarantie für die neuen Schulden des Gliedstaates und der Kommunen forderte, um die Zinsen zu senken, war Kalifornien unter Gov. Schwarzenegger. Da sich Washington aber nicht drauf einließ, kam Kalifornien nicht um massive Ausgabenkürzungen von $ 15 Mrd. herum (Eisenring/NZZ 2011). Trotz Schuldenbremsen in fast allen Verfassungen der Staaten (Ausnahme: Vermont) haben diese eine moderate Verschuldung aufgebaut, die aber erheblich niedriger ausfällt als die des Bundes. Die Schuldenquoten der Gliedstaaten einschließlich der jeweiligen Kommunen lagen 2010 zwischen 6 % (Wyoming) und 27 % (Massachusetts) des regionalen BIP (Eisenring/NZZ 2011).

Die finanzpolitische Dimension des Föderalismus ist also von Anfang an präsent gewesen und hat teilweise die staatsrechtliche (Souveränitäts-)Dimension überlagert, indem die Staaten ihre Politik weniger an dem ausrichten, was sie dürfen (Kompetenzen), als an dem, was sie sich leisten können. Dies ist mit der Finanzkrise zu Beginn des 20. Jahrhunderts und später durch die Weltwirtschaftskrise und dem New Deal ein „Einfallstor" für den politischen Mitgestaltungsanspruch des Bundes in der Politik der Staaten gewesen, der auch als eine indirekte, schleichende Zentralisierung durch die finanzpolitische Steuerung des Bundes beschrieben worden ist.

Der Einfluss des Bundes durch federal grants wird in Tab. 6.5 für das Haushaltsjahr 2010/2011 quantifiziert. Auf der Ebene der Staaten ergibt sich ein Eigenfinanzierungsanteil von 64 % und ein Fremdfinanzierungsanteil durch die Bundes- und die kommunale Ebene von 35,8 %. Für die Einnahmen der kommunalen Ebene ergibt sich ein Eigenanteil von 62 % und eine Zuschusskomponente des Bundes von knapp 5 % und der Staaten von knapp 33 %. Bei der aggregierten Betrachtung von Staaten und Kommunen fällt die Querfinanzierung zwischen diesen beiden Ebenen aus. Dadurch ergibt sich ein höherer Einnahmenanteil aus eigenen Quellen von 75,3 % und ein Bundeszuschuss von 24,7 %. Mit anderen Worten beträgt sowohl für die Kommunen wie für die Staaten der Anteil der Zuschüsse von anderen Ebenen des politischen Systems jeweils etwas mehr als 35 % und der Anteil der Einnahmen aus eigenen (Steuer) Mitteln ca. 62 bzw. 64 %.

Insgesamt ist der Anteil der Bundesstaaten am gesamtstaatlichen Steueraufkommen mit knapp 20 % vergleichsweise niedrig (Egner 2012, S. 104). Dass die Bundesstaaten die Möglichkeit zur eigenen Steuerschöpfung nicht stärker nutzen, liegt zum einen am fiskalischen Wettbewerb zwischen den Staaten, zum Anderen an haushaltspolitischen Regulierungen in vielen Gliedstaaten wie „balanced budget requirements" und Ausgabenbegrenzungen (Egner 2012, S. 107). In Verbindung mit solchen Regelungen wirkt der Steuerwettbewerb zwischen den Staaten fiskalpolitisch also eher restriktiv.

Tab. 6.5 Einnahmen, Ausgaben und Transfers zwischen den Ebenen 2010–2011 in US-$ (und Prozentanteil). (Quelle: http://www.census.gov/govs/local/ Anm.: Der deutlich niedrigere Anteil „intergovermental revenue" in Sp. 4 entsteht durch den Wegfall der Zahlungen der Staaten an die Kommunen, die auf dieser Ebene nicht mehr berücksichtigt werden [10.08.2013])

	State government amount	Local government amount	State & local government amount
Revenue	2.265.212.581	1.669.420.996	3.433.535.571
General revenue	1.654.313.442	1.459.561.447	2.612.776.883
Intergovernmental revenue	592.997.583 (35,84 %)	554.062.107 (37,96 %)	645.961.684 (24,7 %)
From Federal Government	573.403.505 (34,66 %)	72.558.179 (4,97 %)	645.961.684
From State government	–	481.503.928 (32,98 %)	–
From local governments	19.594.078 (1,18 %)	–	–
General revenue from own sources	1.061.315.859 (64,15 %)	905.499.340 (62,03 %)	1.966.815.199 (75,3 %)
Expenditure	2.004.325.002	1.664.493.675	3.162.628.274

6.3 Deutschland

Wie das Wahlrecht ist auch die deutsche Finanzverfassung ein Mischsystem, diesmal aus Verbund- und Trennsystem. Grundlage der föderalen Finanzverfassung ist Abschnitt X des Grundgesetzes (Art. 104a bis 115). In beiden Bereichen haben historische Gründe bei den Verhandlungen des parlamentarischen Rates bzw. Einflussnahmen der Alliierten eine wichtige Rolle gespielt. Beim Finanzföderalismus betrifft dies insb. die Mischung von Trenn- und Verbundsystem auf der Einnahmeseite der öffentlichen Finanzen (vgl. oben). Im Mischsystem des deutschen Föderalismus sind Elemente sowohl des Trenn- wie auch des Verbundsystems realisiert, allerdings überwiegt das Verbundsystem deutlich. Tabelle 6.6 zeigt eine Auswahl aus Artikel 104a und b GG, die sich auf die Steueraufteilung beziehen.

Einmal etabliert, sind Misch- bzw. Verbundsysteme aufgrund der notwendigen Mehrheiten nur sehr schwer reformierbar. Kommen dennoch Reformen zustande, müssen häufig Kompensationen für die Zustimmung potenziell benachteiligter Länder gezahlt werden oder die Reformen führen an anderer Stelle zu Verschlechterungen, wie sich dies am Beispiel des Bund-Länder-Kooperationsverbots im Hochschulbereich bei der Föderalismusreform I gezeigt hat. Ein Beispiel für solche Tauschgeschäfte sind die Kompensationen bei der Einführung der Schuldenbremse im Grundgesetz für die besonders betroffenen Nehmerländer in Höhe von jährlich 800 Mill. €.

6.3 Deutschland

Tab. 6.6 Verbundsystem in Deutschland. (Quelle: Grundgesetz (Stand 2012), eigene Zusammenstellung)

Artikel	Auszüge
104a	(1) Der Bund und die Länder tragen gesondert die Ausgaben, die sich aus der Wahrnehmung ihrer Aufgaben ergeben, soweit dieses Grundgesetz nichts anderes bestimmt
	(2) Handeln die Länder im Auftrage des Bundes, trägt der Bund die sich daraus ergebenden Ausgaben
	(3) Bundesgesetze, die Geldleistungen gewähren und von den Ländern ausgeführt werden, können bestimmen, dass die Geldleistungen ganz oder zum Teil vom Bund getragen werden. Bestimmt das Gesetz, dass der Bund die Hälfte der Ausgaben oder mehr trägt, wird es im Auftrage des Bundes durchgeführt
	(4) Bundesgesetze, die Pflichten der Länder zur Erbringung von Geldleistungen, geldwerten Sachleistungen oder vergleichbaren Dienstleistungen gegenüber Dritten begründen und von den Ländern als eigene Angelegenheit oder nach Absatz 3 Satz 2 im Auftrag des Bundes ausgeführt werden, bedürfen der Zustimmung des Bundesrates, wenn daraus entstehende Ausgaben von den Ländern zu tragen sind. [...]
104b	(1) Der Bund kann, soweit dieses Grundgesetz ihm Gesetzgebungsbefugnisse verleiht, den Ländern Finanzhilfen für besonders bedeutsame Investitionen der Länder und der Gemeinden (Gemeindeverbände) gewähren, die
	1. zur Abwehr einer Störung des gesamtwirtschaftlichen Gleichgewichts oder
	2. zum Ausgleich unterschiedlicher Wirtschaftskraft im Bundesgebiet oder
	3. zur Förderung des wirtschaftlichen Wachstums erforderlich sind. [...]

In Deutschland hat sich die Steueraufteilung seit der Gründung der Bundesrepublik erheblich verändert. Anfangs bestand ein Trennsystem bei der Lohn- und Einkommensteuer, der Körperschaftsteuer, der Umsatzsteuer und der Gewerbesteuer, welches aber seit 1955 zunehmend zu einen Verbundsystem umgebaut wurde. Dadurch sind für eine Veränderung bei diesen Steuern nicht mehr nur eine Ebene zuständig, sondern zwei. Durch den gemeinsamen Beschluss von Bund und Ländern wird die Flexibilität eingeschränkt und Verantwortlichkeit verwischt. Dies betrifft besonders die Länder, die aufgrund der geringen Steuerautonomie ohnehin nur einen engen finanzpolitischen Handlungsspielraum haben. Im Unterschied zu den USA können sie keine neuen Steuern einführen und nur wenige bestehende Steuern eigenständig verändern. Dies gilt etwa für die Grunderwerbsteuer, deren Aufkommen allerdings stark konjunkturabhängig ist und in Phasen anziehender Konjunktur mit einem Bau- und Immobilienboom auch zu deutlich steigenden Ländereinnahmen führt.

Tab. 6.7 Verteilung der Steuereinnahmen zwischen Bund, Ländern und Gemeinden. (Quelle: Brümmerhoff 2011, S. 708)

Bund	Länder	Gemeinden
Steuern allein		
Best. Verbrauchsteuern	Erbschaftsteuer	Grundsteuer örtliche Aufwand- und Verbrauchsteuern
• Tabaksteuer	Biersteuer	• Jagd- u. Fischereisteuer
• Kaffeesteuer	Rennwett- u. Lotteriesteuer	• Hundesteuer
• Branntweinsteuer	Spielbankabgabe	• Getränkesteuer
• Mineralölsteuer	Feuerschutzsteuer	
• Stromsteuer	Grunderwerbsteuer	
Kfz-Steuer		
Versicherungsteuer		
Ergänzgsabg. zu ESt u. KSt		
Solidaritätszuschlag		
Anteile an Gemeinschaftssteuern		
Lohn- und veranlagte ESt (42,5 %)	Lohn- und veranlagte ESt (42,5 %)	Lohn- und veranlagte ESt (15,0 %)
Abgeltungssteuer (44 %)	Abgeltungssteuer (44 %)	Abgeltungssteuer (12 %)
Zinsabschlag (44 %)	Zinsabschlag (44 %)	Zinsabschlag (12 %)
KSt u. Kapitalertragsteuer (50 %)	KSt u. Kapitalertragsteuer (50 %)	
USt einschl. Einfuhr-USt (49,7 %)	USt einschl. Einfuhr-USt (50,3 %)	USt einschl. Einfuhr-USt (2,2 %)[a]
Gewerbesteuerumlage (12/389 %)	Gewerbesteuerumlage (18/389 %)	Gewerbesteuer (100 % nach Umlage)

[a] Für den Beitrag des Bundes zur GRV erfolgt ein Vorwegabzug von 5,63 %, vom Rest ein weiterer von 2,2 % für die Gemeinden zum Ausgleich für die weggefallene Gewerbekapitalsteuer

Trotz einiger ausschließlicher Ländersteuern (Tab. 6.7) haben die Länder über die Höhe des Großteils ihrer Steuereinnahmen keine direkte Entscheidungsmacht, sondern lediglich ein Mitspracherecht über den Bundesrat. Einzig die Grunderwerbssteuer bietet den Ländern einen gewissen Spielraum für Einnahmen aus eigenen Steuern. Folglich muss die Haushaltskonsolidierung der Länder (Stichwort Schuldenbremsen) primär auf der Ausgabenseite ansetzen, auf der allerdings in vielen Bereichen mittel- und langfristige Zahlungsverpflichtungen bestehen, etwa im Personalbereich (Brügelmann und Schaefer 2012, S. 21).

Die in Tab. 6.7 aufgezeigte Verteilung der Steuereinnahmen nach dem Trenn- und dem Verbundsystem darf nicht darüber hinweg täuschen, dass der Großteil der Steuern nach dem Verbundsystem erhoben und nach einem Verteilungsschlüssel auf die verschiedenen Ebenen verteilt wird. Die größte Summe kommt durch

6.3 Deutschland

Tab. 6.8 Stufen des Finanzausgleichs in Deutschland. (Quelle: Nach Laufer und Münch 2010)

Stufe	Verteilung
Vertikale Steuerverteilung	Verteilung des Aufkommens aus den Gemeinschaftssteuern auf die Ebenen Bund, Länder und Kommunen
Horizontale Steuerverteilung	In dieser Stufe wird das Steueraufkommen auf Länderebene den einzelnen Ländern zugeteilt
Horizontaler Finanzausgleich	Länderfinanzausgleich zwischen finanzstarken und finanzschwachen Ländern
Vertikaler Finanzausgleich (Bundesergänzungszuweisungen)	Setzen sich zusammen aus Fehlbetrags-Bundesergänzungszuweisungen und Sonder-Bundesergänzungszuweisungen (z. B. dem Solidarpakt II)

die Umsatz- und Einfuhrumsatzsteuer zustande (ca. € 200 Mrd.), gefolgt von der Lohn- und Einkommenssteuer. In der Regel werden die Gemeinschaftssteuern gleichgewichtig zwischen Bund und Ländern verteilt, mit ggf. einem kleineren Anteil für die Kommunen. Um die Aufteilung der Mehrwertsteuer (Umsatzsteuer) durch den vertikalen Finanzausgleich nach Artikel 106 Abs. 3 GG gibt es immer wieder Diskussionen, u. a. aufgrund der darin verwendeten unbestimmten Rechtsbegriffe und Problemen bei der Ebenenabgrenzung.

Die beiden ertragreichsten Steuern, die Mehrwert- bzw. Umsatzsteuer und die Lohn- und Einkommenssteuer, sind Verbundsteuern. Die Mehrwertsteuer wird zu 53,9 % an den Bund, zu 44,1 % an die Länder und zu 2 % an die Gemeinden verteilt. Bei der Lohn- und Einkommenssteuer wird der Ertrag jeweils zu 42,5 % an Bund und Länder und zu 15 % an die Gemeinden verteilt (Brügelmann und Schaefer 2012, S. 246). Die Steuerverteilung in Deutschland gestaltet sich in insgesamt vier Stufen. In den beiden ersten Stufen wird die Verteilung des Steueraufkommens zwischen Bund und Länder sowie zwischen den Ländern berechnet. Erst in den Stufen drei und vier findet dann der eigentliche Finanzausgleich statt (Tab. 6.8). Der eigentliche Länderfinanzausgleich findet dann als Umverteilung der Finanzkraft zwischen den Ländern nach Maßgabe des Art. 107 GG statt. In der letzten Stufe kann der Bund für besondere Bedarfe einzelner Länder Ergänzungszuweisungen leisten (Brügelmann und Schaefer 2012, S. 259).

Von der Steuerverteilung auf der Einnahmeseite zu unterscheiden ist die Aufgabenverteilung auf der Ausgabenseite. Die Aufgaben jeder Ebene können dabei ganz unterschiedlich ausgabenintensiv sein. Für die meisten Bundesländer sind die Einnahmen aus eigenen Steuern, aus Anteilen der Verbundsteuern, sowie aus Abgaben und Gebühren nicht ausreichend, um die laufenden Ausgaben zu decken. Nach Blankart (2007) wurde so ein System institutioneller Inkongruenz eingerichtet, bei dem den Ländern (und Kommunen) immer mehr Aufgaben übertragen wurden, ohne ihnen dabei zugleich entsprechende Einnahmequellen zur Seite zu stellen. In der Föderalismusreform I wurde eine Aufgabenübertragung vom Bund auf die Gemeinden verboten. In Bezug auf die Länder besagt das ebenfalls 2006 eingeführte Konnexitätsprinzips im Grundgesetz (Art. 104a), dass Bund und Länder die Ausgaben, die sich aus der Wahrnehmung ihrer Aufgaben ergeben, gesondert tragen. Werden die Länder dagegen im Auftrag des Bundes aktiv, trägt der Bund auch die sich daraus ergebenden Kosten.

Ein wichtiger Impulsgeber für Reformen ist das Bundesverfassungsgericht, das aus den unterschiedlichsten Motiven angerufen werden kann. So erstritten sich etwa das Saarland und Bremen 1992 aufgrund von Haushaltsnotlagen Bundeshilfen zur Stabilisierung der Haushalte. Ein ähnlicher Versuch Berlins scheiterte 2006 jedoch am Bundesverfassungsgericht. Damit gibt es zwar kein automatisches „Bailout" für hochverschuldete Bundesländer, jedoch sehen Kritiker des Finanzausgleichs die Selbstverantwortung der Bundesländer geschwächt. Entsprechend sind Schuldengrenzen bzw. -bremsen für die Bundesländer bislang meist erfolglos geblieben (Blankart 2007). Im Unterschied zu Deutschland gibt es in den USA keine Bailout-Option für die Bundesstaaten durch den Bund, was bis zur Möglichkeit der Insolvenz einzelner Staaten gehen kann. Nach Blankert müssen Solidarität und Selbstverantwortung zwischen den Ländern durch klare und begrenzte Haftungszusagen der übergeordneten Gebietskörperschaft in eine neue Balance gebracht werden.

Ein politischer Dauerbrenner in der Föderalismusforschung und insb. auch in der Politik sind die Länderfinanzen und die daraus resultierenden Leistungen des Länderfinanzausgleichs. 2012 waren Bayern, Baden-Württemberg und Hessen als die letzten Nettozahler im Finanzausgleich verblieben. Der horizontale Finanzausgleich hatte 2012 ein Volumen von insgesamt 7,9 Mrd. €. Der Länderfinanzausgleich wird nicht auf Basis der Defizite der Länder berechnet, sondern ausschließlich aus der Finanzkraft der Länder. Er wird also lediglich auf der Einnahmeseite berechnet. Die Ausgabeseite sowie das Defizit als Differenz von Einnahmen und Ausgaben spielt dabei keine Rolle. Auf diese Lücke hat u. a. die Föderalismusreform II mit dem Verbot neuer Schulden (Schuldenbremse) für die Länder ab 2020 reagiert (Tab. 6.9).

Beide Systeme, der Länderfinanzausgleich und die Schuldenbremse, sind völlig unabhängig voneinander; gleichwohl kann die Schuldenbremse aber als Ergänzung des Finanzausgleichs gesehen werden. Die Finanzkraft als ausschließliche Berechnungsgrundlage hat zur Folge, dass die Höhe der Ein- oder Auszahlungen eines Landes deutlich vom Haushaltssaldo abweichen kann. Unter den verbliebenen drei Nettozahlern ist Bayern das einzige Land mit einem Haushaltsüberschuss, während Hessen ein moderates und Baden-Württemberg ein deutliches Haushaltsdefizit aufweist (2013). Zu den Empfängerländern mit Haushaltsüberschuss (2013) gehören Sachsen, Berlin, Brandenburg, Thüringen, Niedersachsen und Mecklenburg-Vorpommern. Auffällig ist ein hoher Anteil an neuen Bundesländern unter

Tab. 6.9 Länderfinanzausgleich 2012 im Überblick. (Quelle: FAZ, 06.08.2013, S. 5)

	Ausgleichsbeitrag (Mio. €)	Euro je Einwohner	Euro je Erwerbstätigen
Geberländer			
Bayern	3904	309	599
Baden-Württemberg	2694	249	489
Hessen	1327	217	441
Nehmerländer			
Berlin	3323	945	2054
Sachsen	963	233	491
Sachsen-Anhalt	547	238	495
Brandenburg	542	217	437
Thüringen	541	244	486
Bremen	517	782	1712
Mecklenburg-Vorp.	452	277	577
Nordrhein-Westfalen	402	23	49
Rheinland-Pfalz	224	56	115
Niedersachsen	173	22	46
Schleswig-Holstein	129	45	95
Saarland	92	91	202
Hamburg	21	12	23

den Ländern mit Haushaltsüberschuss. Die Stellung der Bundesländer beim Finanzausgleich ist nur ein sehr grober Indikator für ihre allgemeine Finanzsituation. Für einen detaillierten Vergleich sind z. B. die in Tab. 6.10 aufgeführten Indikatoren aufschlussreich. Das mit Abstand höchste Steueraufkommen pro Kopf hat Hamburg (Hafen!), die mit Abstand höchste Verschuldung pro Kopf hat Bremen, die niedrigste Sachsen. Auch bei der Verschuldung als Anteil des BIP erreicht Bremen mit 65 % den höchsten Wert. Beim niedrigsten Wert wird Sachsen diesmal knapp von Bayern überholt. Bei der Zins-Steuer-Quote, dem Verhältnis von Zinsverpflichtungen und Steueraufkommen, liegen Bayern und Sachsen auf den Spitzenplätzen und das Saarland und Bremen auf den letzten Plätzen.

Eine spezielle Form des Finanztransfers zwischen den Bundesländern ist auch mit dem Erneuerbare-Energien-Gesetz (EEG) verbunden. Von den ca. 24 Mrd. € im Jahr 2014, die durch die EEG-Umlage zur Förderung erneuerbarer Energien zusätzlich über die Stromrechnung erhoben werden,[1] fließt ein Großteil in Flächenstaaten mit vielen Hauseigentümern, für die z. B. Photovoltaikanlagen eine

---

[1] Während die Umlage 2008 noch bei 1,15 Cent/kWh lag, hat sie sich bis 2014 mit 6,24 Cent/kWh um das 5,4-fache erhöht.

Tab. 6.10 Indikatoren der öffentlichen Finanzen der Bundesländer, 2010. (Quelle: Destatis, dbresearch; eigene Hervorhebung. Stand Anfang 2010)

	Steueraufk. pro Kopf	Gesamtschulden pro Kopf	Gesamtschulden in % des BIP	Zins-Steuer-Quote
BW	5.091,79	5.416,34	16,09	7,50
Bayern	5.390,83	2.329,01	6,59	3,60
Berlin	4.504,28	17.368,26	63,21	15,40
Brandenburg	2.185,04	7.890,07	35,45	10,70
Bremen	5.733,71	*27.335,29*	*65,10*	*24,40*
Hamburg	*12.934,64*	14.111,73	28,44	10,80
Hessen	7.030,57	6.089,90	16,42	9,60
MV	1.487,73	6.233,82	28,68	9,40
Niedersachsen	3.218,96	6.845,25	25,35	10,20
NRW	5.492,37	9.790,13	32,19	11,20
Rheinland-Pfalz	3.751,80	7.622,50	28,38	11,50
Saarland	4.532,90	11.945,50	40,54	21,20
Sachsen	2.147,61	1.542,05	6,75	3,70
Sachsen-Anhalt	1.693,80	8.760,89	39,39	13,70
Schleswig-Holstein	3.777,48	9.729,34	36,43	15,10
Thüringen	1.799,91	7.338,65	32,99	11,90

attraktive Einnahmequelle sind. Die Umverteilung findet dabei zunächst von Mietern (Stromkunden) zu Hauseigentümern (potenzielle Einspeiser) statt. Da Mieter aber häufiger in Stadtstaaten (z. B. Berlin) und Bundesländern mit hoher Bevölkerungsdichte (z. B. Nordrhein-Westfalen) und Hauseigentümer in wohlhabenden Flächenländern (z. B. Bayern) anzutreffen sind, hat sich durch das EEG-Gesetz eine ‚horizontale' Umverteilung zwischen den Ländern entwickelt. Nach dem 2014 vorgelegten Bericht der Expertenkommission „Forschung und Innovation" sinkt für Unternehmen aufgrund der hohen Subventionen für Wind-, Solar und Biomassenutzung mit etablierten Technologien der Anreiz, Investitionen in neue Technologien zu riskieren. Die hohen Subventionen sind somit zwar politisch erwünscht, haben ökonomisch aber deutlich kontraproduktive Effekte.

6.4 Österreich

Die Ausgabe- und Einnahmekompetenzen der österreichischen Finanzverfassung sind weitgehend dem Bund zugeordnet (Storr 2012, S. 680). Dies entspricht der zentralistischen Entwicklung der Kompetenzordnung insgesamt. In der Typologie von Trenn- und Verbundsystem entspricht dies einem Verbundsystem mit Dominanz des Bundes. Die Bundeskompetenz besteht für die beiden wichtigsten

6.4 Österreich

Steuerarten, die ausschließlichen Bundesabgaben, die vollständig in den Bundeshaushalt einfließen, sowie die gemeinschaftlichen Bundesabgaben, die zwar durch den Bund erhoben werden, deren Ertrag dann aber nach einem vom Bund festgelegten Verteilungsschlüssel zwischen Bund, Ländern und Gemeinden verteilt wird. Die Verteilungsschlüssel werden im Rahmen der alle vier Jahre stattfindenden Anpassung des Finanzausgleichsgesetzes (FAG) an aktuelle Entwicklungen angepasst, wobei meist eine einzige Formel (z. B. 72:15:13) für die Aufteilung der verschiedenen Einnahmearten auf die Gebietskörperschaften Anwendung findet (Egner 2012, S. 97 f.). Des Weiteren gibt es Zuschlagsabgaben aus einer Stammabgabe des Bundes und Zuschlägen von Ländern und Gemeinden. In die Länderkompetenz fallen die ausschließlichen Landesabgaben und Länderzuschläge zu Bundesabgaben sowie „Abgaben zu demselben Besteuerungsgegenstand wie eine Bundesabgabe" (Storr 2012, S. 681). Der Einnahmeanteil der Länder aus eigenen Steuern ist allerdings sehr gering. Eigene Ländersteuern tragen etwa mit 2 % zu den Einnahmen der Länder bei, der restliche Bedarf wird zu knapp über der Hälfte durch Bundeszuweisungen und zur anderen Hälfte durch die Anteile an den gemeinsamen Bundessteuern gedeckt (Egner 2012, S. 98). Egner (2012, S. 98) spricht auch von einem völlig fehlende Einfluss der Länder auf die Steuergestaltung und die Festlegung der Einnahmeverteilung. Zwar gehen dem Finanzausgleichsgesetz Verhandlungen zwischen Bund, Ländern und Gemeinden voraus, jedoch haben die Länder über den Bundesrat lediglich ein Einspruchsrecht, so dass der Bund das Verfahren dominiert (Storr 2012, S. 681).

Die Dominanz des Bundes drückt sich auch in den Bundestransfers aus, die meist als Zweck gebundene Zuschüssen des Bundes erfolgen. Dies erinnert an das System der categorial grants in den USA, durch die sich der Bund auch Einfluss auf Ebene der Länder sichert. In Österreich haben sich auf diese Weise in ähnlicher Weise vertikal integrierte Finanzbeziehungen entwickelt, mit denen trotz Dominanz des Bundes die Länder und Kommunen sehr gut auskommen. Der ‚Politikverflechtung' in diesem Bereich folgt allerdings kein Blockadepotenzial der Länder im Rahmen des vertikalen Föderalismus. Elemente eines Trennsystems fehlen, wie eingangs skizziert, fast vollständig (Egner 2012, S. 99).

Wie im US-amerikanischen System ist ein horizontaler Finanzausgleich (zwischen den Ländern) nicht vorhanden. Ähnlich dem dortigen System gibt es aufgabengebundene Zuweisungen des Bundes an die Länder und ergänzende Zuweisungen, falls zusätzliche Finanzbedarfe bestehen (Egner 2012, S. 99). Die starke Zentralisierung hat für die Länder u. a. eine relativ niedrige Verschuldung zur Folge, da der Bund i. d. R. auch für die Finanzierung übertragener Aufgaben aufkommt (Auftragsverwaltung der Länder für den Bund und Konnexitätsprinzip). Im Vergleich der deutschen, österreichischen und schweizerischen Finanzordnungen ist das österreichische System mit Abstand am stärksten zentralisiert.

6.5 Schweiz

Die schweizerische Finanzordnung ist auf der Einnahmeseite durch eine starke fiskalische Unabhängigkeit der Ebenen wie auch der Kantone und Gemeinden untereinander gekennzeichnet. Die einzige größere Verbundsteuer ist die direkte Bundessteuer. Nach Art. 128 BV darf der Bund nur das Einkommen natürlicher Personen (höchstens 11,5 %) und den Reinertrag juristischer Personen (höchstens 8,5 %) direkt besteuern. Bei der Festsetzung dieser Steuertarife muss der Bund sogar „auf die Belastung durch die direkten Steuern der Kantone und Gemeinden Rücksicht" nehmen. Diese einzige direkte Bundessteuer „wird von den Kantonen veranlagt und eingezogen. Vom Rohertrag der Steuer fallen ihnen mindestens 17 Prozent zu" (Abs. 4). Als indirekte Steuer stehen dem Bund eine Mehrwertsteuer von höchstens 6,5 % zu (Art. 130 BV), einige Verbrauchssteuern (Tabak, Branntwein, Bier, Automobile) sowie eine Stempel- und eine Verrechnungssteuer, von der wiederum 10 % den Kantonen zufließt (Art. 132). Die Steuerkompetenzen des Bundes sind in der Verfassung enumerativ erfasst, die Kantone haben dagegen eine Residualkompetenz und können eigene Steuern erheben, allerdings nicht in den Bereichen der indirekten Steuern des Bundes (Art. 134 BV). Der kantonale Anteil der Steuereinnahmen ist mit etwa einem Drittel deutlich höher, der Bundesanteil mit ca. 45 % deutlich niedriger als z. B. in den USA.

Im Vergleich zur finanzpolitischen Dominanz des Bundes in Österreich wird die dezentrale, föderale Finanzverfassung in der Schweiz noch stärker deutlich. Im internationalen Vergleich haben die Kantone „mit Ausnahme einiger Bundesstaaten in den USA, die weit reichendsten Steuerkompetenzen im Vergleich zu allen subnationalen Gebietskörperschaften der föderalen Staaten. Dieser Steuerföderalismus bildet das finanzielle Rückgrat der Eigenständigkeit der Kantone" (Brühl-Moser 2012, S. 716). Dass trotz dieses Spielraums der Kantone keine Aufwärtsspirale bei den Steuersätzen einsetzt, wird u. a. durch den Steuerwettbewerb zwischen den Kantonen und durch kantonale Finanzreferenden verhindert. Und dass es trotz des Steuerwettbewerbs zu keiner Abwärtsspirale kommt, wird u. a. auf Finanzausgleich und die Umverteilungswirkung der ersten Säule der Sozialversicherung (Alters- und Hinterlassenenversicherung sowie Invalidenversicherung) zurückgeführt (Brühl-Moser 2012, S. 716). Dennoch kann der Steuerwettbewerb zwischen den Kantonen als einer der härtesten im Vergleich der Untersuchungsländer dieses Buches bezeichnet werden.

Trotz der Dominanz des Trennsystems und der finanziellen Unabhängigkeit der Kantone findet (im Unterschied zu den USA) ein sehr zielgerichteter Finanzausgleich zu Gunsten finanziell schwacher Kantone statt. Wie eingangs bereits erwähnt, ist das Ziel des Finanzausgleichs aber nicht wie in Deutschland eine voll-

6.5 Schweiz

ständige Angleichung der Finanzkraft, sondern lediglich ein Ausgleich besonderer Belastungen wie etwa für die Bergkantone. Aufgrund wachsender Kritik am alten, 1959 eingeführten Finanzausgleich kam es in den 1990er Jahren zu einer konsensuellen Reform: der „Neugestaltung des Finanzausgleichs und der Aufgabenteilung zwischen Bund und Kantonen" (NFA). 2004 wurde die Reform von 65 % der Bevölkerung und 23 der 26 Kantone im obligatorischen Referendum angenommen. Äußere Anlässe der Reformen waren der in den 1990er Jahren weiter gestiegene Abstand in der finanziellen Leistungsfähigkeit zwischen den Kantonen, der durch das bestehende Ausgleichssystem nicht mehr aufgefangen werden konnte. Insgesamt wurden vier Hauptziele mit der Reform verfolgt:

- Stärkung der kantonalen Autonomie,
- Verringerung der Differenzen der finanziellen Leistungsfähigkeit der Kantone,
- Steigerung der Effizienz bei der Aufgabenerfüllung
- Schaffung fairer Voraussetzungen für den Steuerwettbewerb (Frey 2013, S. 14).

Diese allgemeinen Ziele wurden in sechs Teilzielen umgesetzt:

- Eine Aufgabenentflechtung früherer Verbundaufgaben,
- Schaffung eines Ressourcenausgleichs nach Maßgabe des kantonalen Steuerpotentials,
- Schaffung eines Lastenausgleichs, in dem geografisch-topografische (z. B. Bergkantone) und soziodemografische (Ballungsräume) Merkmale berücksichtigt werden,
- Aufhebung der engen Zweckbindung von Bundeszuschüssen und Stärkung der Eigenverantwortung der Kantone für die Mittelverwendung (vertikale Zusammenarbeit),
- Verbesserung der interkantonalen (horizontalen) Zusammenarbeit,
- Härteausgleich, um Ausfälle für die finanzschwachen Kantone in einer Übergangsphase (28 Jahre) abzufangen (Frey 2013).

Die 2003 von der Bundesversammlung beschlossene und 2004 vom Volk bestätigte Neugestaltung des Finanzausgleichs und der Aufgabenteilung zwischen Bund und Kantonen trat Anfang 2008 in Kraft. Die Verhandlungen wurden weitgehend von den Exekutiven der Kantone und des Bundes dominiert (Grotz und Poier 2010, S. 250). Die kantonalen Exekutiven hatten durch die Konferenz der Kantonsdirektoren eine neue und wirksame Plattform der Verhandlung und Einflussnahme gefunden. „Andere institutionelle Akteure, wie etwa die Legislativen, waren weniger stark eingebunden" (Grotz und Poier 2010).

Der vom Bund und den finanzstarken Kantonen gespeiste Topf Ressourcenausgleich soll für eine finanzielle Grundausstattung der Kantone von mindestens 85% des Landesdurchschnitts sorgen. Das ist deutlich weniger als beim bundesdeutschen Finanzausgleich und illustriert noch einmal den Wettbewerbscharakter des schweizerischen Systems. Der Lastenausgleich soll einerseits die Berggebiete, andererseits die städtisch geprägten Kantone mit ihren je spezifischen Herausforderungen unterstützen. Und der zeitlich befristete Härteausgleich ist schließlich auch ein Instrument, um die Akzeptanz für die Reform auch bei den finanzschwachen Kantonen zu erhöhen.

Neben umfangreichen Änderungen in der Bundesverfassung bildet auch das Finanz- und Lastenausgleichsgesetz (FiLaG) die Grundlagen des NFA. Nach Art. 2 FiLaG soll „die steuerliche Wettbewerbsfähigkeit der Kantone im nationalen und internationalen Verhältnis erhalten" bleiben und „übermässige finanzielle Lasten der Kantone auf Grund ihrer geografisch-topografischen oder soziodemografischen Bedingungen" ausgeglichen sowie ein angemessener interkantonalen Lastenausgleich gewährleistet werden. Alle vier Jahre muss der Bundesrat über die Wirksamkeit des Gesetzes berichten (Art. 18, Wirksamkeitsbericht). Im ersten Wirksamkeitsbericht des Bundesrates für den Zeitraum 2008 bis 2011 wurde kein grundsätzlicher Reformbedarf festgestellt, sondern lediglich eine Unterausstattung der Ressourcen- und Lastengleichs, der für die Jahre 2012 bis 2015 korrigiert wurde (Abb. 6.1).

Die eigenen Ressourcen eines Kantons, die nach Umverteilung auf mindestens 85% des schweizerischen Durchschnitts pro Einwohner angehoben werden sollen, berechnen sich aus dem steuerbaren Einkommen und dem Vermögen der natürlichen Personen sowie der steuerbaren Gewinne der juristischen Personen (Art. 3 Abs. 2 FiLaG). Dabei ermittelt der Bundesrat jährlich zusammen mit den Kantonen „das Ressourcenpotenzial jedes Kantons pro Kopf seiner Einwohnerinnen und Einwohner auf Grund der Zahlen der letzten drei verfügbaren Jahre". Über die Hälfte der Mittel für den Ressourcenausgleich muss vom Bund kommen. Der Beitrag der „ressourcenstarken Kantone an den Ressourcenausgleich beträgt mindestens zwei Drittel und höchstens 80 Prozent der Leistungen des Bundes" (Art. 4).

Der zweite ‚Topf' ist der Lastenausgleich für topografisch oder demografisch benachteiligte Kantone. Der Beitrag des Bundes (knapp 700 Mill. Franken) in diesem Topf wird mit dem Ausgleich geografisch-topografischer Lasten (Art. 7) und soziodemografischer Lasten (Art. 8) zwischen den Kantonen begründet. In Deutschland entspricht dies etwa den Bundesergänzungszuweisungen auf der vierten Stufe der Länderfinanzausgleichs (vgl. Laufer und Münch 2010, S. 259). Im Unterschied zu Österreich und Deutschland gibt es sogar die Möglichkeit, die Kantone in bestimmten Aufgabenbereichen zur Zusammenarbeit mit Lastenausgleich

6.5 Schweiz

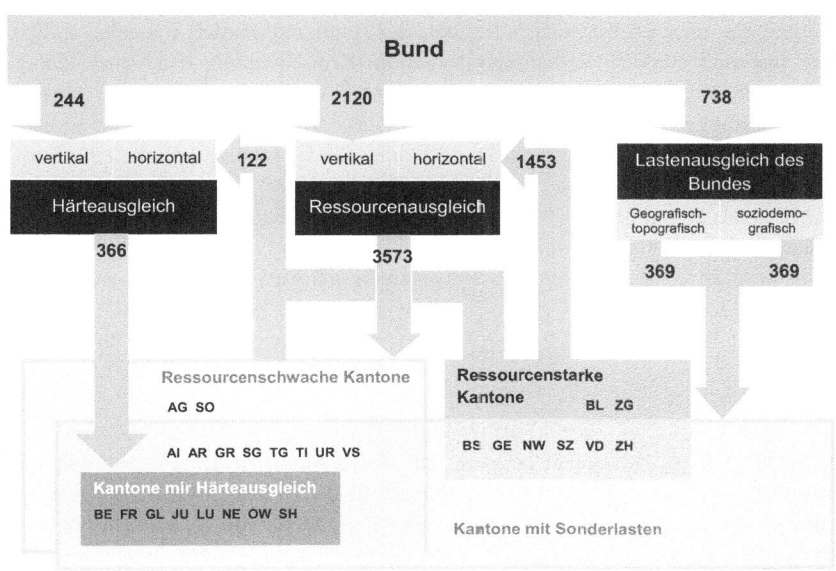

Abb. 6.1 Finanzströme des NFA 2012. (Quelle: Krumm 2013b, S. 32, nach EDF 2012, S. 2, Stand Juni 2012)

zu verpflichten (Art. 10). Auch kann die Bundesversammlung (mit Referendumsvorbehalt) interkantonale Rahmenvereinbarungen oder Verträge für allgemeinverbindlich erklären (Art. 14) oder einzelne Kantone zur Beteiligung an interkantonalen Verträgen verpflichten (Art. 15).

Der Härteausgleich ist der dritte Fonds mit einer Laufzeit von max. 28 Jahren. Nach acht Jahren reduzieren sich die Leistungen jährlich automatisch um fünf Prozent. Der Härteausgleich wird zu zwei Dritteln vom Bund und zu einem Drittel von den Kantonen gespeist.

Trotz einer im Detail sehr unterschiedlichen Ausgestaltung zeigen sich in der Schweiz und Deutschland ähnliche Probleme einer „politischen Ökonomie" des Finanzausgleichs. In beiden Ländern gibt es einen relativ kleinen Anteil relativ finanzstarker Geberländer, während die deutliche Mehrheit der Gliedstaaten auf der Empfängerseite steht. 2014 gab es in der Schweiz neun Geberkantone und 17 Nehmerkantone, in Deutschland gab es 2013 nur noch drei Geberländer (von insgesamt 16 Ländern). Mit einem Anteil von 34 % ist in der Schweiz immerhin noch gut ein Drittel der Gliedstaaten als Geberkanton eingebunden, in Deutschland entsprechen die drei Geberländer einem Anteil von 18 % der Bundesländer. Da für eine Reform des Finanzausgleichs aber eine qualifizierte Mehrheit in der zweiten Kammer erforderlich ist, haben die Empfängerländer in beiden Fällen eine ungleich stärkere Verhandlungsposition. Konsequenterweise wurde daher in Deutschland der Finanzausgleich von zwei Geberländern auch vor das Verfassungsgericht getragen. In der Schweiz gibt es diese Möglichkeit nicht, dort ist man auf politische Lösungen angewiesen. Allerdings ist das relative Volumen des horizontalen Finanzausgleich dort mit 1,6 Mrd. Franken (0,28 % des BIP) ähnlich hoch wie in Deutschland mit 8,5 Mrd. € (0,31 % des BIP). Berücksichtigt man zusätzlich, dass der Großteil des NFA in der Schweiz von Bund finanziert wird (3,2 Mrd. Franken in 2013), dann ist das Gesamtvolumen (als Anteil am BIP) sogar größer als in Deutschland.

6.6 Belgien

In Belgien besteht in besonderer Weise eine Diskrepanz zwischen der Kompetenzverteilung der Einnahme- und der Ausgabenseite der föderalen Finanzverfassung. Mit anderen Worten weicht die Verteilung der Ausgabenkompetenzen deutlich von der Verteilung der eigenständigen Finanzierungs- bzw. Steuerkompetenzen der Gliedstaaten ab. Neben dieser Asymmetrie von Steuer- und Ausgabenkompetenz fällt im belgischen Finanzföderalismus noch die Abwesenheit eines horizontalen Finanzausgleichs auf, die wiederum ins allgemeine Bild eines kaum ausgeprägten horizontalen Föderalismus in Belgien passt. Der belgische Finanzsausgleich beschränkt sich auf die vertikale Dimension, den Ausgleich durch den Bund in Form von Zuweisungen an die Gemeinschaften und Regionen. Im Unterschied zu Trenn- und Verbundsystemen (z. B. USA, Deutschland) bleibt bei Zuweisungssystemen die Steuerhoheit weitgehend auf zentraler Ebene, von wo dann Finanzzuweisungen an die Gliedstaaten und ggf. auch an die Gemeinden erfolgen.

Ein solches Zuweisungssystem wird als sekundärer vertikaler Finanzausgleich oft mit einem Trenn- und/oder Verbundsystem als primärem vertikalen Finanzausgleich kombiniert (Nowotny 1999, S. 135). Zuweisungen können dabei entweder zweckgebunden (conditional grants), frei (block grants), oder an die Erbringung bestimmter Eigenleistungen der Gliedstaaten (matching grants) gekoppelt sein (Nowotny 1999). In Belgien hat der Föderalstaat trotz der weitreichenden Dezentralisierung von Aufgaben nach wie vor eine zentrale Stellung in der Finanzpolitik. Er zieht die meisten Steuern ein, wie z. B. die Einkommens- und Mehrwertsteuer, und verteilt sie dann auf die Gemeinschaften und Regionen. Auch deren Steuersatz und Verteilung wird auf zentraler Ebene festgelegt. Knapp zwei Drittel der föderalen Einkünfte (einschließlich Sozialversicherung) werden in Flandern erhoben und knapp ein Viertel in der Wallonie (Rest Brüssel). Da es keinen horizontalen Finanzausgleich gibt, wird (meist von flämischer Seite) errechnet wie hoch der

6.6 Belgien

Anteil der Abgaben und Rückflüsse von zentraler Ebene an die Regionen ist, um so für jede Region eine Zahlungsbilanz zu erstellen. Natürlich ist Flandern in solchen Berechnungen ein „Nettozahler".

Der geringe Eigenfinanzierungsanteil der Ausgaben der Regionen und Gemeinschaften bei schwacher eigener Steuererhebungskompetenz ist typisch für die Devolution von Einheitsstaaten wie in Belgien und Spanien. In solchen Fällen sichert sich der Zentralstaat durch eine zentrale Genehmigungspflicht eine Steuerungs- bzw. Kontrollmöglichkeit der regionalen Finanzpolitik. Dann kann es zu deutlichen Diskrepanzen kommen zwischen geringen eigenen Steuerfestsetzungskompetenzen der Regionen und einem gleichwohl sehr hohen Anteil der Gliedstaaten an den gesamtstaatlichen Ausgaben. Alternativ zur anteilsmäßigen Beteiligung an zentral festgesetzten Steuereinnahmen können den Gliedstaaten aber auch eigene Abweichungskompetenz gewährt werden, mit denen diese von bestimmten, auf nationaler Ebene erhobenen Steuern innerhalb einer vorgegebenen Bandbreite abweichen können.

So wurde es den belgischen Gemeinschaften und Regionen durch die Staatsreform von 1980 gestattet, auf bestimmte Steuern des Zentralstaates Auf- oder Abschläge vorzunehmen, sowie eigene Steuern zu erheben und Kredite aufzunehmen. Diese eigenen Mittel bewegten sich anfangs noch im einstelligen Prozentbereich des gesamten Steueraufkommens; die Haupteinnahmequelle blieben die Zuweisungen des Zentralstaates (Woydt 2012, S. 770). Durch den Transfer der Bildungspolitik sowie der dazu gehörigen Finanzierung der Lehrergehälter auf Gemeinschaftsebene stieg deren Ausgabenanteil nach der Reform 1988 auf etwa 30 %. Die Finanzierung der Gemeinschaften und Regionen wurde durch das „Besondere Finanzierungsgesetz" (loi spéciale de financement) von 1989 geregelt. In der Reform 2001 bekamen die Regionen die ‚lokalisierbaren' kleineren Steuern und Gebühren übertragen und durften Auf- und Abschläge zur Einkommensteuer vornehmen. Da die Gemeinschaften nicht ‚lokalisierbar' sind (vgl. Kap. 11.3), haben sie keine eigene Steuerkompetenz, sondern werden durch Transfers des Zentralstaates und die Einnahmen der Nationallotterie finanziert. Dafür wurde der Anteil der Regionen an der Einkommensteuer reduziert (Woydt 2012, S. 773).

Die Möglichkeit der Regionen, Auf- oder Abschläge zur Einkommensteuer von bis zu 6,75 % zu beschließen, wurde durch die Reformen der Regierung di Rupo aufgehoben, so dass es nun keine Beschränkungen für Abweichungen mehr gibt. Allerdings erfolgt die Festsetzung der Steuerbasis nach wie vor durch die föderale Ebene (Chardon 2012, S. 288 f.). So kommen für die Flämische Gemeinschaft und Region ca. 74 % der Einnahmen aus Zuweisungen durch die Bundesebene und lediglich 18 % werden durch eigene Steuereinnahmen gedeckt. Auf der Ausgabenseite stellen Aus- und Weiterbildung mit 38 % aller Ausgaben den mit Abstand größten Bereich dar (Tab. 6.11).

Tab. 6.11 Einnahmen und Ausgaben der Flämischen Gemeinschaft und Region, 2011. (Quelle: Flemish Parliament 2011, S. 22)

Expenditure (total 25,6 bn. €) for	Mill. Euro	Prozentanteil
Education and Training	9866	38
Public Well-Being, Public Health and Family Matters	3426	13
Mobility and Public Works	2910	11
Local Authorities	2715	11
Employment and Social Economics	1404	5
Culture, Youth, Sports and Media	1174	5
Economic Affairs, Science and Innovation	1011	4
Environmental and Nature Conservation Issues and Energy	914	4
Town & County Planning, Housing and Patrimonium Issues	698	3
Finance & Budget	714	3
Higher Authorities	250	1
Flanders International	183	1
Agriculture and Fishery	172	1
Others	146	0
Revenue (total 25,5 bn. €) from		
Financial resources allocated by Federal Government	18892	74
Flemish taxes	4460	18
Revenue from Flemish Institutions	1390	5
Others	737	3

Bei der Entwicklung der belgischen Staatsfinanzen lassen sich mehrere Phasen unterscheiden. Die Politik des im europäischen Vergleich hoch verschuldeten Belgiens schwankt dabei zwischen starker Schuldenaufnahme in Krisenzeiten und meist kurzen, aber effektiven Konsolidierungsbemühungen wie etwa zwischen 1982 und 1985 (Wagschal und Wenzelburger 2008, S. 68). Der damit eingeleitete Trend sinkender Haushaltsdefizite hielt aber nur bis zur nächsten Wirtschaftskrise 1992 an. Das Defizit stieg in 1992 auf $-7,9\%$ des BIP und die Schuldenquote stieg bis 1993 auf 140% des BIP auf ein neues Rekordhoch. „Grund dafür waren v. a. ein geringes Wirtschaftswachstum, eine laxere Budgetdisziplin der Regierung und steigende Ausgaben für die Arbeitslosenversicherung infolge wachsender Arbeitslosigkeit" (Wagschal und Wenzelburger 2008, S. 68). Diese Daten leiten dann eine neue Konsolidierungsphase ein, die auch durch die beabsichtigte Teilnahme an der Europäischen Währungsunion sowie durch wachsende Zinsbelastungen des Haushalts motiviert war. Ziel war es, das Defizit bis 1996 auf 3% des BIP zu reduzieren. Auch die Schuldenquote wurde von 1993 bis 2005 kontinuierlich auf unter 100% des BIP gesenkt (Wagschal und Wenzelburger 2008, S. 69). Das Sparprogramm der Regierung Dehaene war eine Reaktion „auf das Scheitern von Verhandlungen über einen Sozialpakt zwischen Gewerkschaften und Arbeitgebern, der die Wettbewerbsfähigkeit Belgiens verbessern und das Sozialversicherungssystem reformieren sollte" (Wagschal und Wenzelburger 2008, S. 74). Auch der Conseil Supérieur des Finances (CSF) wurde seit den 1990er Jahren stärker in die Haushaltskontrolle einbezogen (Wagschal und Wenzelburger 2008, S. 78). Auf diese Weise konnte die Gesamtverschuldung von 130% des BIP (1995) kontinuierlich gesenkt werden auf zuletzt 84% im Jahr 2007. Seither ist die Schuldenquote wieder angestiegen, bis auf 101,5% im Jahr 2013 (Eurostat).

6.7 Spanien

Da sich Spanien beim Übergang zur Demokratie auch an den Regelungen des deutschen Grundgesetzes orientiert hat, überrascht es nicht, dass die Finanzordnung zwischen Staat und Autonomen Gemeinschaften (AG) ein fiskalisches Mischsystem adaptiert hat mit inzwischen umfangreichen Transfers von Aufgaben und Steuer- sowie Ausgabekompetenzen an die AG. Ähnlich wie in Belgien und Deutschland wird die Mehrwertsteuer zwischen zentraler Ebene und Gliedstaaten aufgeteilt, wobei die Entscheidung über die Anteile dem Parlament (Cortez Generales) vorbehalten ist. Der Anteil der AG an den gesamten staatlichen Einnahmen liegt bei 43%, der Anteil der Kommunen bei etwa 16%. Auf der Ausgabenseite bestritten die Zentralregierung 2012 etwa 43% der Ausgaben, die AG 38% und die Kommunen 12% (vgl. Tab. 6.2). Damit ist Spanien finanzpolitisch vergleichsweise stark dezentralisiert. Noch deutlicher ist dies in der Schweiz und Kanada der Fall (Bosch und Durán 2008, S. 6).

Nach einer Reform der Finanzbeziehungen 2002 ist der Anteil der AG an den Gemeinschaftssteuern bzw. abgetretenen Steuern weiter gestiegen. Der Einnahmeanteil aus eigenen Steuern ist mit 1,4% (2006) allerdings sehr bescheiden. Insgesamt machen Steuereinnahmen etwa 55% der Einkünfte der AG aus, weitere 38% kommen aus Zuschüssen von der nationalen Ebene oder der EU. Unter den Zuschüssen von der nationalen Ebene fungiert ein Fonds als eine Art Bundesergänzungszuweisung: „the Sufficiency Fund, which is the system's stopgap mechanism, covering the difference between the expenditure needs of each AC and it's tax ability" (Ullastres 2008, S. 80).

Unter den übertragenen Steuern machen die Einkommenssteuer und die Mehrwertsteuer mit jeweils ca. 15% den größten Anteil aus (Bosch und Durán 2008, S. 12). Zwar haben sich die finanziellen Möglichkeiten der AGs insbesondere seit den Reformen 2002 deutlich verbessert, jedoch muss auch berücksichtigt werden, dass sie immer noch kaum eigene Steuerkompetenzen haben. „The greater part of financing comes, in one way or another, from transfers received from the central government, which exercises tax power and administrates the principal taxes" (Bosch und Durán 2008, S. 77). Zwar kommen eine Reihe von (kleineren) Steuern vollständig den AG zugute, jedoch bleibt die Entscheidung über Art und Umfang nach wie vor bei der zentralen Ebene. Dies wird von den Politikern auf nationaler Ebene immer noch als ein Kontrollmechanismus gegenüber den Aktivitäten der Regionalpolitik wahrgenommen und auch geschätzt (Bosch und Durán 2008, S. 77; Tab. 6.12).

Das Finanzausgleichssystem ist schwächer institutionalisiert als in Deutschland und der Schweiz und bezieht sich insb. auf die Ermöglichung ähnlicher Standards öffentlicher Leistungen in allen Regionen in den Bereichen Bildung und Gesundheit. „In Spain, there are two main instruments with equalization purposes within the regional financing system: the Sufficiency Fund (Fondo de Suficiencia) and the Equalization Grants (Asignaciones de Nivelación)" (Ruiz-Huerta Carbonell und Herrero Alcalde 2008, S. 150). Die Equalization Grants sind eigentlich für Ausgleichszahlungen in den Bereichen Gesundheit und Bildung gedacht, haben in der Praxis aber wenig Relevanz entfaltet. Der Sufficiency Fund dagegen versucht, ungleiche Belastungen zwischen den Regionen auszugleichen, die die Bereitstellung einheitlicher öffentlicher Leistungen in den Feldern der devoluierten Politiken beeinträchtigen. Dies betrifft insbesondere die unterschiedliche Bevölkerungsdichte und die daraus resultierende unterschiedliche Finanzkraft in den AG (Ruiz-Huerta Carbonell und Herrero Alcalde 2008, S. 150). Bis zur EU-Osterweitung 2004

Tab. 6.12 Steuerarten und Verteilung in Spanien. (Quelle: Bosch und Durán 2008, S. 10)

Steuerart	Anteil AG (%)	Rechtliche Befugnisse AG	Verwaltung
Einkommenssteuer	33	Ja	Zentral
Mehrwertsteuer	35	Nein	Zentral
Verbrauchssteuern	100	Nein	Zentral
Kapitaltransfersteuer	100	Ja	AG
Stempelsteuer	100	Ja	AG
Erbschaftssteuer	100	Ja	AG
Kfz-Zulassung	100	Ja	Zentral/AG
Spielsteuer	100	Ja	AG
Treibstoffsteuer	100	Ja	Zentral/AG
Vermögenssteuer	100	Ja	Zentral/AG
Elektrizitätssteuer	100	Nein	Zentral

hatten viele spanische Regionen auch von den EU-Kohäsionsfonds profitiert. Im EU-Finanzplan 2000–2006 waren noch 11 AG in den Genuss der höchsten Ziel-1 Förderkategorie gekommen, im Finanzplan 2007–2013 waren es nur noch vier Regionen. Diese Reduzierung ist aber nur zum Teil auf wirtschaftliches Wachstum zurückzuführen, zum Teil auch auf den ‚statistischen Effekt' einer durch die EU-Osterweiterung insgesamt niedrigeren durchschnittlichen Wirtschaftskraft. In den Verhandlungen der EU-Finanzrahmen 2007–2013 und 2014–2020 haben sich die Prioritäten der AG von der Förderung großer Infrastrukturprojekte zur Förderung kleiner und mittelständischer Unternehmen und wissenschaftsbasierter Aktivitäten verschoben (Kölling 2013, S. 379). Auch das ist eine Strategie der Anpassung an veränderte wirtschafts- und europapolitische Rahmenbedingungen.

6.8 Zusammenfassung und Wiederholungsfragen

Finanzföderalismus ist ein oft umstrittener Teilbereich des Föderalismus, bei dem es um die Verteilung von Einnahmen und Ausgaben zwischen den Ebenen geht. Auf der Einnahmeseite lassen sich idealtypisch Trenn- und Verbundsysteme unterscheiden, während in der Praxis entweder Mischsysteme vorliegen oder Verbundsysteme überwiegen. Der Anteil subnationaler Einheiten an den gesamtstaatlichen Einnahmen und Ausgaben gibt Auskunft über den Grad finanzpolitischer Dezentralisierung eines Landes. Ziele föderaler Finanzpolitik umfassen z. B. die Stärkung regionaler Selbstständigkeit, aber auch den interregionalen Ausgleich. Allerdings ist ein horizontaler Finanzausgleich vergleichsweise selten anzutreffen. Ein eigenes Finanzausgleichssystem zwischen den Gliedstaaten gibt es in Deutschland und der Schweiz. In den USA, Österreich und Belgien findet dagegen ein indirekter Finanzausgleich durch Transfers der zentralen Ebene an die Gliedstaaten statt. Direkte Finanzausgleichssysteme sind in ihrer Zielformulierung und Umverteilungswirkung transparenter, erzeugen aber auch leichter eine Spannung zwischen Geber- und Nehmerländern. In den USA und Österreich werden solche Konfliktlinien durch eine vertikale Integration der Finanzbeziehungen vermieden. In der Schweiz und Deutschland dagegen gibt es trotz Reformen wiederholt politische Debatten um die „richtige" Ausgestaltung der föderalen Finanzbeziehungen.

Fragen

Warum gibt es in den USA und Belgien kein horizontales Finanzausgleichsystem?

Vergleichen Sie die Ziele des Finanzausgleichs in Deutschland und der Schweiz.

Nennen Sie drei „Geberländer" bzw. „Geberkantone" im Finanzausgleich in Deutschland und der Schweiz

Skizzieren Sie die Besonderheiten des spanischen Finanzausgleichsystems.

USA: zwischen dualem und kooperativem Föderalismus 7

7.1 Grundlagen

Als ältester Bundesstaat können die Vereinigten Staaten auf eine inzwischen bald 230-jährige Verfassungsgeschichte zurückblicken, die vielfältiges Material zur Entwicklung des Föderalismus in Theorie und Praxis zu bieten hat. Die Position des Föderalismus-Artikels in der Verfassung, unmittelbar nach den drei Gewalten Kongress (Art. 1), Präsident (Art. 2) und Supreme Court (Art. 3) bringt diese Wertschätzung von vertikaler Gewaltenteilung und Begrenzung von Regierungsmacht zum Ausdruck. Dabei spielten die Erfahrungen mit dem Britischen Kolonialreich und das eigene Unabhängigkeitsstreben eine wichtige Rolle. Als Bestandteil eines umfassenden kolonialen Wirtschaftssystems war den amerikanischen Kolonien anfangs nur der wirtschaftliche Verkehr mit dem britischen Mutterland erlaubt (insb. Export von Tabak und Baumwolle). Die Erhebung von Zöllen auf Importwaren erregte Widerstand und führte 1773 zur „Boston Tea Party", die wiederum die Britische Regierung dazu brachte, die Selbstverwaltung der Kolonien aufzuheben, was wiederum zur Unabhängigkeitserklärung vom 04. Juli 1776 und dem Entstehen von 13 unabhängigen Staaten beitrug.

Die politische Zusammenarbeit der nun unabhängigen Staaten sollte zunächst durch die Konföderationsartikel geregelt werden, die eine eher lockere völkerrechtliche Vereinigung, einen Staatenbund, vorsahen. Die „Articles of Confederation" von 1778, die bereits auf die Gewährung beschränkter Selbstverwaltungsstatuten für die Kolonien aufbauen konnten, hatten u. a. die gemeinsame Verteidigung gegen äußere Feinde (wie die ehemaligen europäischen Kolonialmächte) zum Ziel. Dieses Konstrukt erwies sich aber bald als unzulänglich, etwa im Hinblick auf die Bewältigung der Folgen des Unabhängigkeitskrieges. Daher wurde 1787 ein Verfassungskonvent in Philadelphia einberufen, durch den die Verfassung überarbeitet werden sollte. Es zeigte sich bald, dass eine Überarbeitung nicht sinnvoll erschien und man entschied sich für die Ausarbeitung einer neuen Verfassung. Die Entwicklung in den USA von den Articles of Confederation zur Bundesverfassung von 1787 nimmt damit im Zeitraffer eine Entwicklung vorweg, die sich in anderen Staatenbünden erst später und viel langsamer vollzog, in Deutschland z. B. von der Gründung des Deutschen Bundes bis zur Reichsgründung 1871 unter dem Vorzeichen einer Föderalisierung „von oben".

Die neue US-Bundesverfassung von 1788 sah eine Legislative aus zwei Kammern vor und ein präsidentielles, gewaltentrennendes System, bei dem die Exekutivgewalt von einem direkt, aber mittels Wahlmännern gewählten Präsidenten ausgeübt wird. Der Bund erhielt in der neuen Verfassung die ausschließliche Zuständigkeit etwa für die Außenpolitik, die Verteidigung, die Währung, den Außenhandel sowie das Recht, den Handel zwischen den Staaten zu regeln (interstate commerce) und Zölle zu erheben (Einkünfte). Die umstrittene Frage der Grundrechte wurde in die ersten zehn Zusatzartikel (Amendments) ausgelagert (Bill of Rights). Seit Mitte des 19. Jahrhundert verschob sich das tatsächliche Machtverhältnis zwischen Bund und Staaten allmählich zugunsten des Bundes. Dies Entwicklung wurde u. a. durch die Rechtssprechung des Supreme Courts bei der Auslegung der sog. „necessary-and-proper-clause" der Verfassung begünstigt (z. B. 1819 McCullock vs. Maryland). Damit sind in aller Kürze einige historische Wendepunkte in der Verfassungsgeschichte genannt. Tabelle 7.1 gibt wichtige Regelungen der Verfassung, die sich mit föderalismusrelevanten Themen wie den Rechten der Staaten befassen, wieder. Dabei fällt etwa auf, dass die Rechte und Pflichten der Staaten relativ detailliert geregelt sind, nicht nur in Artikel IV („Föderalismusartikel") der Verfassung.

Neben der Verfassung und ihrer Auslegung durch den Supreme Court sind es aber auch immer wieder einzelne Präsidenten, die das Verhältnis von Bund und Staaten neu ausgelegt haben. Dabei blieb die Leitidee des „dual federalism", also einer nach Aufgabenbereichen getrennten Zuständigkeit von Bund und Staaten, nicht unangetastet. Dabei läuft die Föderalismuspolitik in den USA darauf hinaus, dual federalism entweder (wieder) zu stärken oder zugunsten anderer Leitbilder zu schwächen. Ein Beispiel dafür ist die Übertragung der Idee des dual federalism auf die Finanzbeziehungen zwischen Bund und Staaten durch Alexander Hamilton, einem der drei Autoren der Federalist Papers und einflussreichem Politiker der Gründungsphase. Neben einer strengen Ebenentrennung der Einnahmen führte dies auch zu einer Praxis der Bailout-Verweigerung des Bundes für finanziell angeschlagene Gliedstaaten.

Tab. 7.1 Föderalismusartikel in der US-Verfassung. (Quelle: Eigene Zusammenstellung)

Commerce Clause	Artikel I, Abschnitt 8: Der Kongress hat das Recht: […] den Handel mit fremden Ländern, zwischen den Einzelstaaten und mit den Indianerstämmen zu regeln
Necessary and Proper-Clause (Clastic Clause)	Artikel I, Abschnitt 8: Der Kongress hat das Recht: […] alle zur Ausübung der vorstehenden Befugnisse und aller anderen Rechte, die der Regierung der Vereinigten Staaten, einem ihrer Zweige oder einem einzelnen Beamten auf Grund dieser Verfassung übertragen sind, notwendigen und zweckdienlichen Gesetze zu erlassen
Full Faith and Credit	Artikel IV, Abschnitt 1: Gesetze, Urkunden und richterliche Entscheidungen jedes Einzelstaates genießen in jedem anderen Staat volle Würdigung und Anerkennung
Privileges and Immunities	Artikel IV, Abschnitt 2, Satz 1: Die Bürger eines jeden Einzelstaates genießen alle Vorrechte und Freiheiten der Bürger anderer Einzelstaaten
Extradition	Artikel IV, Abschnitt 2, Satz 2: Wer in irgendeinem Einzelstaate des Verrats oder eines Verbrechens oder Vergehens angeklagt wird, sich der Strafverfolgung durch Flucht entzieht und in einem anderen Staat aufgegriffen wird, muss auf Verlangen der Regierung des Staates, aus dem er entflohen ist, ausgeliefert und nach dem Staat geschafft werden, unter dessen Gerichtsbarkeit dieses Verbrechen fällt
Supremacy Clause	Artikel VI, Satz 2: Diese Verfassung, die in ihrem Verfolg zu erlassenden Gesetze der Vereinigten Staaten sowie alle im Namen der Vereinigten Staaten abgeschlossenen oder künftig abzuschließenden Verträge sind das oberste Gesetz des Landes; und die Richter in jedem Einzelstaat sind ungeachtet entgegenstehender Bestimmungen in der Verfassung oder den Gesetzen eines Einzelstaates daran gebunden

Tab. 7.1 (Fortsetzung)

States' Rights	Artikel I, Absatz 3: Der Senat der Vereinigten Staaten besteht aus je zwei Senatoren aus jedem Einzelstaat, die von dessen gesetzgebender Körperschaft auf sechs Jahre gewählt werden. Jedem Senator steht eine Stimme zu
	Artikel IV, Absatz 3: Neue Staaten können vom Kongress in diesen Bund aufgenommen werden. Jedoch darf kein neuer Staat innerhalb des Hoheitsbereichs eines anderen Staates gebildet oder errichtet werden. Auch darf kein neuer Staat durch die Vereinbarung von zwei oder mehr Einzelstaaten oder Teilen von Einzelstaaten ohne die Zustimmung sowohl der gesetzgebenden Körperschaften der betreffenden Einzelstaaten als auch des Kongresses gebildet werden
	Artikel IV, Absatz 4: Die Vereinigten Staaten gewährleisten jedem Staat innerhalb dieses Bundes eine republikanische Regierungsform; sie schützen jeden von ihnen gegen feindliche Einfälle und auf Antrag seiner gesetzgebenden Körperschaft oder Regierung (wenn die gesetzgebende Körperschaft nicht einberufen werden kann) auch gegen innere Gewaltakte
	Zusatzartikel X: Die Machtbefugnisse, die von der Verfassung weder den Vereinigten Staaten übertragen noch den Einzelstaaten entzogen werden, bleiben den Einzelstaaten oder dem Volke vorbehalten
Implied Powers (Jurisdiction of Supreme Court)	Es kommt nicht auf die absolute Notwendigkeit eines Gesetzes an, der Kongress hat vielmehr ein weitgehendes Ermessen hinsichtlich der Mittel, mit denen er seine von der Verfassung garantierten Rechte durchsetzen will
Selective Incorporation (Practice of Supreme Court)	Praxis des Supreme Court, lediglich einige, aber nicht alle Rechte und Freiheiten aus der Bill of Rights als grundlegend zu berücksichtigen und gegen Gliedstaaten durchzusetzen, gemäß Zusatzartikel XIV („nor shall any State deprive any person of life, liberty, or property, without due process of law")

7.1 Grundlagen

Ein umfassender Umbau der föderalen Beziehungen fand unter Franklin D. Roosevelts New Deal-Politik in den 1930er Jahren statt. Ziel dieser Politik war die Stärkung des Bundeseinflusses auf die Staaten unter dem Eindruck der Weltwirtschaftskrise und der daraus resultierenden sozialen Probleme. Die Umsetzung der Bundesprogramme erfolgte u. a durch Bundeszuschüsse für Aufgaben der Staaten, die zu einer finanzpolitischen Verschränkung von Bund und Staaten führten. Die grundsätzliche Richtung dieser von Roosevelt eingeschlagenen Politik wurde unter Lyndon B. Johnson (1963–1969) beibehalten und zur Idee der Great Society ausgebaut, die einen massiven Ausbau des Sozial- und Wohlfahrtsstaates mit sich brachte, teilweise unter verwaltungstechnischer Umgehung der Staaten (schleichende Zentralisierung).

Eine umfassende Neuorientierung der Föderalismuspolitik erfolgte erst durch Nixon und Reagan unter dem Stichwort des „new federalism". Dazu wurden u. a. viele der von der Johnson-Administration eingeführten „categorical grants" in „block grants" umgewandelt sowie neue „revenue-sharing grants" eingeführt (Kap. 6.2). Die Kompetenzverteilung zwischen Bund und Staaten wurde neu geregelt und eine Reihe von Kompetenzen an die Staaten abgegeben. Unter Ronald Reagan (1981–1989) wurden die Pläne des new federalism weiter ausgebaut. Weitere zweckgebundene categorical grants wurden in block grants umgewandelt und die revenue-sharing grants wurden mit dem Ziel der Stärkung des dual federalism wieder abgeschafft. Auch die Politik des „swap and turn back" sollte einer Stärkung des dual federalism dienen. Dabei wurden große Teilen der Sozialpolitik von den Staaten übernommen, die dafür Kompetenzen im Gesundheitswesen an den Bund abgegeben haben (swap). Die dadurch entstandene finanzielle Mehrbelastung der Staaten wurde durch Umverteilung von Steuereinnahmen ausgeglichen (Falke 2004).

Ähnlich wie in Deutschland und der Schweiz ist ein Großteil des Verwaltungspersonals auf Ebene der Staaten beschäftigt. Da auf dieser Ebene auch weitgehend der Vollzug von Bundesgesetzen stattfindet, kann für die USA auch von einem Vollzugsföderalismus gesprochen werden. Die Verteilung auf die Ebenen, aber auch die Zuwächse an Personal (und damit an Aufgaben) lassen sich gut an der Entwicklung des Personalumfangs bzw. der Lohnsummen festmachen (Kap. 7.5.2). Während die Anzahl der Bundesbeschäftigten sich seit den frühen 1950er Jahren bis heute um etwa 0,3 auf knapp drei Millionen erhöht hat, stieg die Zahl der Beschäftigten auf Staaten- und Gemeindeebene im gleichen Zeitraum von 4 auf über 19 Mio. an (vgl. a. Tab. 7.9).

Es gehört zur frühliberalen, dezentralisierten politischen Kultur der Vereinigen Staaten, dass auch große Unterschiede in der Wirtschaftskraft bzw. dem Wohlstand der Staaten allgemein akzeptiert werden. Ein horizontaler Finanzausgleich (zwischen den Staaten) wie in Deutschland und der Schweiz existiert nicht, ebenso wenig ein Verfassungsziel analog zu Art. 72 II GG zur Herstellung gleichwertiger Lebensverhältnisse im Bundesgebiet (Falke 2004, S. 263). Im Unterschied zu Deutschland gibt es keine eigene Verwaltungsgerichtsbarkeit; entsprechende Streitfälle werden von den ordentlichen Gerichten entschieden (Linneweber 1994, S. 174).

Im Unterschied zu Deutschland und Österreich sind in den USA weder die Regierungen noch die Parlamenten der Einzelstaaten auf zentraler Ebene einflussreich institutionalisiert, sondern lediglich durch Lobbyorganisationen vertreten. Allerdings gibt es durch die starke Stellung des Senats auf Bundesebene einen gewissen Ausgleich, in dem jedoch weder Regierungen noch Parlamente der Staaten einen direkten Einfluss haben.

Angesichts der institutionellen Stärke des Senats wie auch der erheblichen Disproportionalität zwischen Einwohner- und Mandatszahlen der Staaten wurde eine nur indirekte Legitimation der Senatoren als problematisch bewertet. 1913 wurde die Wahl der Senatoren in den Staaten von der Parlamentswahl auf die direkte Volkswahl umgestellt. Tabelle 7.2 fasst die wichtigsten Grundbegriffe des US-Föderalismus zusammen.

7.2 Symmetrischer Bikameralismus

7.2.1 Der Senat

Symmetrischer Bikameralismus bezeichnet die gleichwertige Stellung der beiden Parlamentskammern bei der Gesetzgebung. Kann ein Veto der zweiten Kammer von der ersten Kammer überstimmt werden oder muss die zweiten Kammer nicht an allen Abstimmungen beteiligt werden, liegt ein asymmetrischer Bikameralismus vor. Im US-Kongress ist der Senat die dem Repräsentantenhaus weitgehend gleichgestellte zweite Kammer. Jeder Staat entsendet nach Artikel I Abs. 3 der Bundesverfassung zwei Senatoren für eine Amtszeit von sechs Jahren, die seit der Aufnahme des XVII. Amendements in die Verfassung 1913 durch Direktwahl in den jeweiligen Staaten bestimmt werden. Des Weiteren kann der Gouverneur eines Staates nach diesem Zusatzartikel mit Zustimmung des Parlaments im Fall einer Vakanz einen Senator ernennen, bis die nächste Wahl abgehalten wird. Als Wahlsystem wurde die relative Mehrheitswahl in Einerwahlkreisen (Bundesstaat) festgelegt.

Alle zwei Jahre wird ein Drittel der Senatoren neu gewählt, so dass nach sechs Jahren eine Gesamterneuerung des Senats stattgefunden hat. Die Details der Wahl liegen in der Kompetenz der Bundesstaaten. Die ursprüngliche Regelung der Wahl durch die Parlamente der Staaten, die heute noch für den Österreichischen Bundesrat praktiziert wird, sollte die Verbindung zwischen Kongress und Staatenparlamenten stärken. Auch sollte durch die indirekte Wahl der Senatoren einer möglichen Beeinflussung der Senatoren durch die öffentliche Meinung vorgebeugt und deren Sachorientierung auf die Interessen der Staaten gestärkt werden.

7.2 Symmetrischer Bikameralismus

Tab. 7.2 Grundbegriffe des US-Föderalismus. (Quelle: Nach http://www.laits.utexas.edu/gov310/CF/glossary.html (eigene Übersetzung und Ergänzung))

Confederation	Regierungsform, bei der mehrere unabhängige Staaten sich zusammen schließen und eine zentrale Regierung mit beschränkten Kompetenzen bilden. Die einzelnen Staaten behalten dabei ihre volle Souveränität und haben das Recht die Zentralregierung aufzulösen
Federalism	Eine Regierungsform, bei der die Kompetenzen verfassungsmäßig zwischen der Zentralregierung und den subnationalen Regierungen (Länder, Provinzen, Regionen) aufgeteilt sind. Dabei kann es zu Kompetenzüberschneidungen, die evtl. von Gerichten entschieden werden müssen
Dual federalism	Nationale Regierung und die Regierungen der Gliedstaaten sind in ihrem Wirkungsbereich jeweils die Souveräne. Einflussbereich, Kompetenzen und Ressourcen zwischen beiden sind klar getrennt. Gesetze werden je für den eigenen Geltungsbereich gemacht und von eigenen Verwaltungen ausgeführt (Schichtkuchen Föderalismus)
Marble cake federalism	Bund und Staaten bearbeiten Aufgaben gemeinsam. Gemeinsame Nutzung von Ressourcen und Institutionen
Horizontal federalism	Beschreibt das Verhältnis der Gliedstaaten untereinander. Einschränkungen in Artikel IX der US-Verfassung
Cooperative federalism	Zentralregierung, Landesregierungen und teilw. lokale Regierungen sprechen Details ihrer Politiken miteinander ab und klären im Konsens, welche Ebene welche speziellen Aufgaben übernimmt
Regulated federalism	Kongress erlässt Gesetze für nationalen Standard, an denen sich auch Staaten und Kommunen orientieren müssen
New federalism	New Federalism begann unter Präsident Nixon und wurde danach von Präsident Reagan fortgeführt. Ziel war ein schrittweiser Rücktransfer von Kompetenzen an die Länder („devolution revolution"). Umschichtung von (zweckgebundenen) categorial grants zu block grants, damit die Staaten mehr Entscheidungsfreiheit haben, wofür sie die finanziellen Mittel verwenden wollen. Hintergrund war Skepsis der Republikaner gegenüber dem Big Government (ineffizient, anfälliger für Korruption und Bestrebungen seine Einflusssphäre auf Länderangelegenheiten auszudehnen). Aber auch: zentralistische Vorgaben der Republikaner, um ihre Ziele durchzusetzen, z. B. bei Homeland Security & Anti-Terrorpolitik
Anti-Federalists	Bezeichnung aus den Jahren 1787/1788 für die Gegner der neuen Bundesverfassung mit starker Zentralgewalt. Auch nach der Verfassungsgebung setzten sich die Anti-Federalists weiter für starke Gliedstaaten ein

Tab. 7.2 (Fortsetzung)

Madisonianism	James Madisons Idee, das politische System der USA so zu strukturieren, dass die Gewalten beschränkt werden und Machtmissbrauch verhindert wird. Mittel: Föderalismus, Gewaltenteilung, Bikameralismus, qualifizierte Mehrheiten
Limited government	Verfassungsgrundsatz, nach dem die Gewalt der Regierung über die Bürger beschränkt werden muss und individuelle Rechte und Freiheiten geschützt werden müssen, auch wenn die Regierungsgewalt im Namen einer Bevölkerungsmehrheit ausgeübt wird

In essence, senators would serve as 'states' ambassadors' to the federal government. Unfortunately, problems with this system soon arose, particularly when state legislators failed to agree on a Senate candidate, causing frequent Senate vacancies. By 1826 proposals for direct election of senators began appearing, but it took reformers nearly a century to achieve this constitutional change.[1]

Die Direktwahl der Senatoren stellt auch eine Stärkung des dualen Föderalismus dar, da die Legitimation der zweiten Kammer nun nicht mehr von einem Verfassungsorgan (Parlamenten) der Gliedstaaten abhängig war. Die zweite Kammer bezog ihre Legitimation nun direkt und ohne Umweg aus der Bevölkerung der Staaten. Die Trennung der Legitimationswege von Senatoren und Staatenparlamenten entspricht auch dem Grundanliegen des dual federalism.

Dass nach dem Senatsprinzip alle Staaten unabhängig von Größe und Bevölkerung gleich stark in der zweiten Kammer vertreten sind, kommt kleinen Staaten entgegen, die dadurch genauso viel Vetomacht erhalten wie die bevölkerungsreichsten Staaten. Da es keine Beschränkung für die Wiederwahl gibt, kommen Senatoren oft auf eine lange Amtszeit (www.senate.gov/states/). Im Unterschied zum Bundesratsmodell in Deutschland und Österreich sind Regierungen und Parlamente der Gliedstaaten im Senatsmodell (USA und Schweiz) auf Bundesebene deutlich schwächer vertreten. Dem „Exekutivföderlismus" der Mitwirkung der Länderregierungen bei der Willensbildung auf Bundesebene in der zweiten Kammer entsprechen in den USA die National Govenors Association (NGA) und der Council of State Governments (CSG) sowie die National Conference of State Legislatures (NCSL), die allerdings eher als Lobbyorganisationen zu charakterisieren sind und keineswegs geschlossen Allgemeininteressen der Staaten artikulieren und vertreten (Heise 2012, S. 70).

Die wichtigsten Untergliederungen sind die 20 (Haupt-)Ausschüsse und 68 Unterausschüsse des Senats. Jeder Senator ist Mitglied in vier bis sechs Ausschüs-

---

[1] www.senate.gov/pagelayout/art/a_three_sections_with_teasers/art_hist_home.htm [11.11.2013].

7.2 Symmetrischer Bikameralismus

sen. Allerdings ist die Mitgliedschaft jedes Senators auf zwei A-Ausschüsse und ein B-Ausschuss begrenzt. Für C-Ausschüsse gibt es keine Beschränkung. Die Ausschüsse werden je nach Wichtigkeit in eine der drei Klassen eingeteilt. „Party rules also restrict senators' service on so-called ‚Super A' committees. Additionally, these service rules may be waived individually or collectively, as the Senate (and its parties) think necessary".[2] In den Grundzügen sind sich die Ausschüsse in Senat und Repräsentantenhaus ähnlich, jedoch kann jeder Senatsausschuss innerhalb der allgemeinen Vorgaben eigene Regeln für seine Arbeitsweise erlassen. Neben den Ausschüssen und Unterausschüssen gibt es noch vier joint committees sowie select committees, die sich mit allgemeinen Fragen (oversight, housekeeping responsibilities) befassen (Heise 2012, S. 70).

Der Ausschussvorsitzende wird von der Mehrheitspartei im Senat gestellt, die auch die Mehrheit der Sitze in einem Ausschuss inne hat. Aufgrund des Umfangs und der Komplexität der Arbeit der Ausschüsse haben diese Zugriff auf umfangreiche personelle bzw. finanzielle Ressourcen. In jedem zweijährigen Zyklus fallen tausende Entwürfe und Resolutionen zur Beratung an, von denen nur ein Bruchteil auch in den Ausschüssen beraten wird. Steigt ein Ausschuss auf eine Vorlage ein, erhöht dies deren Erfolgschance jedoch erheblich. Der Einfluss von Ausschüssen geht deutlich über die Begleitung der Gesetzgebung hinaus. „A committee that considers a measure will manage the full Senate's deliberation on it. Also, its members will be appointed to any conference committee created to reconcile its version of a bill with the version passed by the House of Representatives".[3] Des Weiteren gibt es Ausschüsse, die sich auf die personellen Ernennungen des Präsidenten spezialisiert haben oder auch auf Fehlverhalten von Senatoren. Ein Ausschluss aus dem Senat ist als Ultima Ratio möglich, wird aber äußerst selten praktiziert. Zu den wirkungsvollen Instrumenten der Ausschüsse gehört auch die Möglichkeit, Anhörungen und Untersuchungen durchführen zu können und eigene Gesetzentwürfe und Resolutionen einzubringen, sowie – allgemein – die Exekutive zu kontrollieren.[4]

Tabelle 7.3 gibt einen Überblick über die quantitative Dimension der Arbeit des Senats. Für den Zeitraum 1994–2013 fällt beim Vergleich der Mittelwerte ein leichter Anstieg der Zahl der Sitzungstage sowie der insgesamt bearbeiteten Maßnahmen auf. Dagegen legen die Mittelwerte für Roll Call Votes (namentliche Abstimmung), Gesetze, ratifizierte Verträge und bestätigte Nominierungen eine (teilweise deutliche) rückläufige Tendenz nahe. Allerdings sollten daraus nur sehr vorsichtig Schlüsse auf eine Veränderung im Tätigkeitsprofil des Senats gezogen werden.

---

[2] www.senate.gov/legislative/common/briefing/Senate_legislative_process.htm.

[3] www.senate.gov/legislative/common/briefing/Senate_legislative_process.htm.

[4] www.senate.gov/legislative/common/briefing/Senate_legislative_process.htm.

Tab. 7.3 Statistik zur Aktivität des Senats. (Quelle: www.senate.gov und eigene Ergänzung)

	1994	2000	2005	2010	2013	MW 94-03	MW 04-13	MW 94-13
Days in sessions	138	141	159	158	156	156,9	163,1	160
Total measures passed	465	696	624	569	356	496,2	541,6	518,9
Roll call votes	329	298	366	299	291	362,4	299,1	330,75
Quorum calls	6	6	3	8	13	4,2	4,3	4,25
Public laws	255	410	169	258	73	213,7	198,1	205,9
Treaties ratified	8	39	6	6	0	19,7	8,2	13,95
Nominations confirmed	37.446	22.512	25.942	23.327	17.328	27.2319	23.2459	25.2389

7.2.2 Gesetzgebung

Durch das gleichberechtigte Zusammenspiel der beiden Kammern des Kongresses bei der Gesetzgebung sowie der Möglichkeit präsidentieller Einflussnahme (z. B. Vetomöglichkeit) ist die Gesetzgebung in den USA ein komplexes Unternehmen. Im Unterschied zur Schweizerischen Bundesversammlung ist der Bikameralismus in den USA nicht perfekt symmetrisch. Die oben skizzierten Unterschiede betreffen das Initiativrecht.für bestimmte Materien. In allen Bereichen der Steuern und des Haushalts hat der Senat kein Initiativrecht; dieses liegt dann allein beim Repräsentantenhaus. Diese Einschränkung resultiert aus der Wahrnehmung, dass das Repräsentantenhaus den Belangen der Bundesfinanzen letztlich doch ein Stückchen näher steht als der von den Staaten beschickte Senat. Dieser hat dafür ein Vetorecht bei den Personalnominierungen durch den Präsidenten bekommen. Dass auch der Präsident kein (direktes) Initiativrecht im Kongress hat, erklärt sich durch die strenge Gewaltenteilung (power sharing) zwischen Legislative und Exekutive. Mit Ausnahme dieser Einschränkung beim Initiativrecht und dem präsidentiellen Vetorecht entspricht das Grundschema der Gesetzgebung dem üblichen Verfahren in parlamentarischen Demokratien. Auch die starke Stellung der Ausschüsse (mit Initiativrecht) ist kein Alleinstellungsmerkmal der Gesetzgebung durch den US-Kongress. Das Conference Committee (Tab. 7.4) etwa entspricht dem Vermittlungsausschuss zwischen Bundestag und Bundesrat in Deutschland. Auch die Möglichkeit des präsidentiellen Vetos ist kein Alleinstellungsmerkmal im Sample der Untersuchungsländer dieses Bandes. Eine funktional vergleichbare Einrich-

7.2 Symmetrischer Bikameralismus

Tab. 7.4 Weg der Gesetzgebung (kurz) eines Senatsgesetzes. (Quelle: Nach www.senate.gov/reference/resources/pdf/legprocessflowchart.pdf (Abruf 12.02.2014))

Bill is drafted and introduced by Senator
If no objection heard, bill is considered read twice, and referred to the appropriate committee. Printed Bill is made available in Senate and House document rooms, and electronically on the Legislative Information System
Committee Action
Legislation is referred to a committee after introduction, which often further refers it to one of its subcommittees. The subcommittee may request reports from government agencies or departments, hold hearings, mark up the bill (adopt revisions), and report to the full committee, which may take take similar action, and report the legislation to its full chamber
Unanimous consent requested to lay bill before the Senate. If consent is granted, the Presiding Officer instructs the Legislative Clerk to report the title
The Amending Process
Bill is debated and Amendment(s) are submitted or proposed. Floor consideration of a measure usually begins with opening statements by the floor managers, and often by other Senators. The first amendments usually to be considered are those recommended by the reporting committee. The amending process continues until the Senate orders the bill engrossed and read a third (and last) time.. Then the Senate votes on final passage
Call for a vote
The Presiding Officer instructs the Legislative Clerk to read the title a third and final time. Article. I, sec. 5, paragraph 3 of the Constitution provides that one-fifth of those present (11 Senators, if no more than a quorum is present) can order a rollcall vote or a recorded vote. Otherwise, votes can be taken by voice vote, unanimous consent, or division
House Action
Bill is passed by the House of Representatives and delivered back to the Senate
If not amended by House, bill is enrolled in the Senate
Enrolled bill is signed
After the Senate and House resolve all their disagreements concerning a bill or joint resolution, all the original papers are transmitted to the enrolling clerk of the originating chamber, who has the measure printed on parchment, certified by the chief officer of the originating chamber, and signed by the Speaker of the House and by either the Vice President (who is the President of the Senate) or the authorized presiding officer of the Senate. The enrolled bill then goes to the President for his approval or veto. Bill is delivered to White House
The bill is signed into law or vetoed
If the President approves and signs the measure within 10 days, it becomes law. The 10-day period begins on midnight of the day the President receives the measure, and Sundays are not counted
If the President objects to a measure, he may veto it by returning it to its chamber of origin together with a statement of his objections, again within the same 10-day period. Unless both chambers subsequently vote by a 2/3 majority to override the veto, the measure does not become law
If the President does not act on a measure-approving or vetoing it-within 10 days, the fate of the measure depends on whether Congress is in session. If Congress is in session, the bill becomes law without the President's approval. If Congress is not in session, the measure does not become law (pocket veto)

Tab. 7.4 (Fortsetzung)

OR bill is *amended* by House of Representatives. Amended bill is delivered to the Senate. Senate may disagree to House Amendment and requests a conference

Conference Committee Action
If the Senate does not accept the House's position, one of the chambers may propose creation of a conference committee to negotiate and resolve the matters in disagreement between the two chambers
Conferees are traditionally drawn from the committee of jurisdiction, but conferees representing other Senate interests may also be appointed. There are no formal rules that outline how conference meetings are to be organized. Routinely, the principals from each chamber or their respective staffs conduct pre-conference meetings so as to expedite the bargaining process when the conference formally convenes
Resolution is embodied in a conference report, signed by a majority of Senate conferees and House conferees. The conference report must be agreed to by both chambers before it is cleared for presidential consideration. In the Senate, conference reports are usually brought up by unanimous consent at a time agreed to by the party leaders and floor managers

If the bill is agreed to, it is enrolled
Enrolled bill is signed and delivered to White House

Bill is signed into law or vetoed by the President

tung liegt in der Schweiz mit dem (fakultativen und obligatorischen) Referendum vor. Die Vetomacht ist hier vom Präsidenten (bzw. der Exekutive) auf das Volk übertragen worden.

Allerdings machen die Präsidenten von ihrem Vetorecht höchst unterschiedlich Gebrauch. Dies gilt insb. für das umstrittene „Pocket-Veto", bei dem der Präsident das bevorstehendes Ende der Sitzungsperiode nutzen kann und inaktiv bleibt, das Gesetz also nicht unterzeichnet. Wäre der Kongress in den folgenden 10 Arbeitstagen nach Eintreffen des Gesetzes im Weißen Haus in einer Sitzungsphase, würde eine solche Inaktivität zum Erlass des Gesetzes führen, da vom Präsidenten ein förmliches, begründetes Veto erwartet wird. Steht in den nächsten 10 Arbeitstagen aber ein Sitzungsende bevor, führt die Inaktivität des Präsidenten zum Scheitern des Gesetzes (Pocket-Veto).

Tabelle 7.5 gibt einen Überblick über die Nutzung von Vetos und ihre Überstimmung durch den Kongress seit 1945. Am häufigsten wurde das reguläre Veto von Truman eingesetzt (180) und das Pocket-Veto von Eisenhower (108). Am sparsamsten wurden Vetos unter Barack Obama eingesetzt. Mit jeweils 12 Fällen wurden Vetos von Truman und Ford am häufigsten vom Kongress mit der dafür notwendigen Zweidrittel-Mehrheit überstimmt. Legt man allerdings den prozentualen Anteil der überstimmten regulären Vetos zugrunde (Pocket Vetos können nicht überstimmt werden), dann haben George W. Bush (33 %) und Nixon (27 %) am

7.2 Symmetrischer Bikameralismus

Tab. 7.5 Präsidentielle Vetos und Überstimmungen durch den Kongress 1945–2013. (Quelle: https://www.senate.gov/reference/Legislation/Vetoes/vetoCounts.htm [03/2014] und eigene Ergänzung)

Präsident	Vetos			
	Regulär	Pocket	Total	Überstimmt (%)
Barack H. Obama (2009–2013)	2	0	2	0 (0)
George W. Bush (2001–2009)	12	0	12	4 (33,3)
William J. Clinton (1993–2001)	36	1	37	2 (5,5)
George H. W. Bush (1989–1993)	29	15	44	1 (3,4)
Ronald Reagan (1981–1989)	39	39	78	9 (23)
Jimmy Carter (1977–1981)	13	18	31	2 (15,3)
Gerald R. Ford (1974–1977)	48	18	66	12 (25)
Richard M. Nixon (1969–1974)	26	17	43	7 (26,9)
Lyndon B. Johnson (1963–1969)	16	14	30	0 (0)
John F. Kennedy (1961–1963)	12	9	21	0 (0)
Dwight D. Eisenhower (1953–1961)	73	108	181	2 (2,7)
Harry S. Truman (1945–1953)	180	70	250	12 (6,6)

häufigsten eine Niederlage bei (regulären) Vetos erfahren müssen. Solche Überstimmungen von präsidentiellen Vetos können auch als Indikator für die Stärke oder Schwäche eines Präsidenten im Machtkampf mit dem Kongress interpretiert werden. Die Ultima Ratio eines Vetos wird durch eine Zweidrittel-Mehrheit im Kongress aufgehoben. Deutlicher kann eine Niederlage im Machtkampf zwischen Präsident und Kongress nicht ausfallen.

7.2.3 Föderalismus und Präsidentialismus

Wie oben bereits gezeigt, lässt sich Föderalismus mit parlamentarischen wie auch mit präsidentiellen Systemen kombinieren. Für die USA als präsidentiellem Bundesstaat hat dies zu einigen Sonderrechten des Senats geführt. Während im Bereich der Gesetzgebung das Repräsentantenhaus und der Senat gleichberechtigt sind, hat letzterer bei allen wichtigen Personalangelegenheiten der Regierung ein Vetorecht. Diese gegenüber dem Repräsentantenhaus erweiterten Rechte des Senats bei Ernennungen durch den Präsidenten beziehen sich auf die Nominierung von Ministern, von Chefs der Obersten Bundesbehörden, von Botschaftern, von Bundesrichtern des Supreme Court und der Federal District Courts, für deren Ernennung jeweils eine Mehrheit im Senat erforderlich ist. Für die Ratifizierung internationaler Verträge ist nach Art. II, 2 der Verfassung sogar eine Zweidrittelmehrheit der anwesenden Senatoren notwendig. Quasi als Gegenleistung hat aber der Vizepräsident den Vorsitz im Senat inne (Haas 2010, S. 29). Dadurch ist insgesamt eine Gewaltenverschränkung („checks and balances") zwischen Exekutive und Legislative realisiert worden, die sich durch die Hervorhebung des Senats als eine eigene Verschränkung von Präsidentialismus und Föderalismus entwickelt hat. Für die personelle Regierungsführung des Präsidenten hat der Senat somit eine wichtigere Rolle als das Repräsentantenhaus, das dafür aber durch haushaltspolitische Vorrechte kompensiert wird. Im Unterschied zur Schweizerischen Bundesversammlung ist der symmetrische Bikameralismus des US-Kongresses also nicht ‚perfekt'.

In parteipolitischer Hinsicht gab es von Mitte der 1950er Jahre bis 1980 eine lange Phase ‚demokratischer' Mehrheiten im Senat (Haas 2010, S. 37). Dadurch hatten es republikanische Präsidenten oft schwerer, ihre Erstpräferenzen bei Ernennungen durchzusetzen. Seither sind die Mehrheitsverhältnis ausgeglichener; allerdings besteht immer noch eine Tendenz zu demokratischen Senatsmehrheiten. Des Weiteren hat sich im Senat ein abweichendes Abstimmungsverhalten gegenüber der Parteilinie deutlich reduziert, die Parteiraison hat sich also stärker durchgesetzt (Haas 2010, S. 37).

Neben dem Senat und seiner Wahl sind aber auch die Präsidentschaftswahlen selbst deutlich föderal geprägt. Dies betrifft sowohl die Vorwahlen in den Staaten wie auch der Wahlkampf um die Stimmen des Wahlkollegiums (die „Wahlmänner") der Staaten. Im Wahlkampf richten die Präsidentschaftskandidaten ihre Kampagnen strategisch auf die Staaten aus, in denen sie ihren Aufwand (und ihr Geld) am sinnvollsten investiert sehen. Dabei spielt zum einen die Größe des Wahlkollegiums eine Rolle, zum anderen aber auch die Umfragewerte eines Kandidaten. Der Präsidentschaftswahlkampf einer Partei bzw. eines Kandidaten wird dann auf die Staaten konzentriert, in denen das Kosten/Nutzen-Verhältnis am günstigsten ist.

7.3 Vertikaler Föderalismus: Dual, kooperativ oder ‚coercive'?

Bereits die Gründungsphase der USA war einerseits durch das Misstrauen gegenüber „big government", andererseits durch die Einsicht in die Notwendigkeit staatenübergreifender Lösungen und die Delegation von Aufgaben an eine starke Zentralregierung („Washington") geprägt. Die Entstehung des dualen Föderalismus ist vor diesem Hintergrund der Verfassungsentstehung, genauer der Auseinandersetzung zwischen Federalists und Anti-Federalists zu sehen. Neben der Bill of Rights und dem Verzicht auf ein Verbot der Sklaverei war dies bei der Verfassungsgebung ein weitere Kompromiss, um das Verfassungsprojekt nicht insgesamt zu gefährden.

Somit standen sich von Anfang an „zentralistische" und „konföderale" Kräfte gegenüber, die unterschiedliche Vorstellungen von der Rolle der Staaten in dem

7.3 Vertikaler Föderalismus: Dual, kooperativ oder ‚coercive'?

zukünftigen Gemeinwesen hatten. Als institutioneller Kompromiss resultierte daraus neben der starken Stellung der Senatoren bzw. des Senats auch die Idee des dualen Föderalismus, in dem Bund und Staaten deutlich voneinander getrennte Kompetenzen haben und die des Bunds zunächst nur sehr begrenzt waren. Auf diese Weise wurden auch Probleme geteilter Souveränität weitgehend vermieden, die sich ergeben hätten, wenn Bund und Staaten in bestimmten Feldern bei der Gesetzgebung oder der Aufgabenerfüllung hätten kooperieren müssen. Im Unterschied zu den Verfassungsgebungen der Nachkriegszeit in Deutschland und Österreich verlief die Verfassungsgebung auf Staaten- und Bundesebene in den USA (und der Schweiz) viel stärker unabhängig voneinander. In letzteren hatten die Gliedstaaten ihre Verfassungsgebung bereits lange abgeschlossen und eine eigene Verfassungspraxis etabliert, während in Deutschland die Verfassungsgebung auf zentraler und auf Länderebene zeitlich viel enger beieinander lagen. Durch die zeitliche Nähe der Verfassungsgebung auf Bundes- und Länderebene konnten die Prozesse stärker aufeinander Bezug nehmen, während in den USA (und der Schweiz) die institutionelle Ordnung der Gliedstaaten bei der Gründung des Bundesstaates bereits stärker ausgeformt war. „The dualistic character of constitutional federalism was structurally reinforced by dual federal and state constitutionalism, and by the federal government and the states being fully equipped governments with their own legislative, executive, and judicial institutions There was, for the most part, no perceived need for one order of government to depend on the other in order to perform its functions" (Kincaid 2002, S. 139).

Bei der Gesetzgebung drückt sich der duale Föderalismus in einer strengen Trennung der Zuständigkeitsbereiche von Bund und Staaten aus. Dies sind die von der Verfassung an den Bund delegierten oder für die Staaten reservierten Kompetenzen (powers). Daneben gibt es aber auch einen Bereich konkurrierender Gesetzgebung (concurrent powers), in dem sowohl der Bund wie auch die Staaten aktiv werden können. Beispiele für concurrent powers sind das Recht Steuern einzuführen bzw. zu erheben, Schulden aufzunehmen und Gerichte unterhalb des Supreme Court einzurichten. Nach dem Subsidiaritätsprinzip (X. Amendement) gilt, dass alle Zuständigkeiten, die von der Verfassung nicht ausdrücklich dem Bund zugewiesen werden, bei den Staaten verbleiben. Die Aufteilung der Befugnisse zwischen den Ebenen richtet sich nach Politikfeldern und der Notwendigkeit einer einheitlichen Lösung. Der Bund ist z. B. zuständig für die Verteidigung und Außenpolitik, die Staaten für Bildung, Rechtswesen und öffentliche Ordnung. Aber auch Steuern sind lange Zeit eine Kompetenzdomäne der Staaten gewesen.

Trotz des im Zuge der industriellen Revolution und der damit verbundenen sozialpolitischen Herausforderungen (Stichwort New Deal unter Präsident Franklin D. Roosevelt) entstandenen Trends zu mehr Kooperation zwischen den Staaten sowie zwischen Bund und Staaten. So kam es etwa zu Beginn des 20. Jahrhundert zu

Tab. 7.6 Politikverflechtung und marble cake federalism. (Quelle: Eigene Zusammenstellung)

Kompetenzausweitung des Bundes durch Supreme Court-Entscheidungen auf Grundlage von Generalklauseln der Verfassung
Finanzielle Bundeszuschüsse (grants in aid) für Einzelstaaten und Kommunen zur Unterstützung der in ihrer Souveränität stehenden Wohlfahrts- und Gesundheitseinrichtungen sowie für Ausbildung und Erziehung
Daraus folgend Aufsichtsrechte der Bundesbehörden über die Verwendung der Bundesmittel
Rahmenvorschriften des Bundes zur Vereinheitlichung der einzelstaatlichen Gesetzgebung
Amts- Personal-, Sach-, und Informationshilfen zwischen den Verwaltungsorganen der Ebenen
Geringe zentralisierende Wirkung nationaler Parteien, geringe Sympathie in der Bevölkerung für „Washington"

einem Ausbau von Bundeskompetenzen im Zuge der gestiegenen Einwanderung, aber erst der New Deal 1932 brachte einen Durchbruch in Richtung kooperativem Föderalismus. Auslöser für den Wandel vom dualistischen zum kooperativen oder auch kompetitiven Föderalismus waren insbesondere Leistungsdefizite von Einzelstaaten und Gemeinden angesichts der Ausweitung sozialstaatlicher Ausgaben und (erst in zweiter Linie) Machtbestrebungen des Bundes (McKay 2005, S. 76). Inzwischen sind die Staaten aber auch in diesen Feldern sehr effiziente und professionelle Politikproduzenten (McKay 2005, S. 76) (Tab. 7.6).

In den 1980er Jahren hat sich das weitgehend ‚kooperative' Politikmuster zwischen Bund und Staaten wieder verändert und wurde zunehmend als ‚coercive' (erzwingend) beschrieben. Dies resultierte zum einen aus der verstärkten Trennung der Ebenen im Rahmen des New Federalism unter Nixon und Reagan, zum anderen aus dem Trend zu ‚unfunded mandates', also der verbindlichen Aufgabenübertragung vom Bund an die Staaten oder Gemeinden, ohne gleichzeitig für einen finanziellen Ausgleich zu sorgen. Dadurch waren Staaten und Gemeinden gezwungen, entweder selbst unpopuläre Steuererhöhungen oder Kreditaufnahmen durchzuführen oder an anderen Stellen zu kürzen. Die klamme Haushaltslage des Bundes wurde auf diese Weise ‚nach unten' weiter gereicht, was sich allerdings im Zuge des Wirtschaftsbooms der 1990er Jahre und dem Wiederanstieg der ‚federal aids' für die Staaten wieder entspannt hat (Albritton 2006, S. 137).

7.4 Stiefkind horizontaler Föderalismus

Im Vergleich zu den Strukturen des vertikalen Föderalismus sind die des horizontalen Föderalismus in den USA sehr schwach ausgeprägt. Wie bereits im Kapitel über den Finanzföderalismus gezeigt, nehmen horizontale Einrichtungen auch in der politischen Willensbildung eine vergleichsweise schwache Position ein. Die Idee einer auf Solidarität und Selbstkoordination gegründeten horizontalen Politikkoordination zwischen den Einzelstaaten hat in den USA erst relativ spät und auch nur sehr schwach Fuß fassen können. Insgesamt ist das Verhältnis zwischen den Staaten eher von Wettbewerb und Alleingängen als von Kooperation geprägt. Zwischenstaatliche Kooperation ist meist auf zwei oder wenig mehr Staaten begrenzt und wird durch „interstate compacts" geregelt. Solche zwischenstaatlichen Vereinbarungen brauchen nach Art. 1, Abs. 10 der Verfassung aber die Zustimmung des Kongresses. Außerdem tun sich die Staaten meist schwer damit, Kompetenzen an neue, zwischenstaatliche Einrichtungen zu übertragen oder Entscheidungen solcher Gremien zu akzeptieren, die den eigenen Vorstellungen entgegen stehen (Gerston 2007, S. 137). Folglich werden solche Einrichtungen entweder gar nicht erst gegründet oder nur mit wenig Kompetenzen ausgestattet. Dennoch gibt es inzwischen über 200 interstate compacts. Beispiele hierfür sind die gemeinsame Hafenbehörde von New York und New Jersey und der Colorado River Basin Compact, dem Arizona, Kalifornien, Colorado, Nevada, New Mexico, Utah und Wyoming angehören und der die Verteilung der Wasserressourcen zwischen den beteiligten Staaten regelt (Gerston 2007, S. 137).

Am stärksten in die bundesweite horizontale Politikkoordination involviert ist die 1907/1908 gegründete National Governors Association (www.nga.org), die die jährlichen Treffen der Gouverneure der Einzelstaaten organisiert. Der jährlich wechselnde Vorsitz ist abwechselnd für einen demokratischen und einen republikanischen Gouverneur reserviert. Die NGA unterhält ein Center for Best Practice und verschiedene (Fach)Ausschüsse wie etwa das Executive Committee und das Economic Development & Commerce Committee.[5] Dagegen hat das 1933 gegründete Council of State Governments (CSG) wie auch die 1975 gegründete National Conference of State Legislatures (NCSL) stärker einen Think-Tank und Lobbying-Charakter. Das CSG vertritt Interessen alle drei Zweige der Regierungen der Einzelstaaten. „CSG is a region-based forum that fosters the exchange of insights and ideas to help state officials shape public policy. This offers unparalleled regional, national and international opportunities to network, develop leaders, collaborate and create problem-solving partnerships" (www.csg.org/about/default.aspx).

---

[5] www.nga.org/cms/home/federal-relations/nga-committees.html.

Die National Conference of State Legislatures (NCSL) ist eine jüngere Organisation für Abgeordnete und Mitarbeiter der Parlamente der Staaten und versteht sich stärker als Forum für Beratung, Unterstützung und Kommunikation ihrer Mitglieder. Im Unterschied zur NGA sind CSG und NCSL stärker mit Politikberatung und mit Lobbying für die Staaten auf Bundesebene befasst. Neben diesen landesweiten Institutionen gibt es auch noch regional begrenzte Einrichtungen wie die Western Region of Lieutenant Govenors und die Southern State Treasurers Conference. Diese operieren „well beneath the radar of the public or media. Whether well known or hardly known, these voluntary groups of government leaders meet to exchange ideas, share the results of new programs, pursue collaborative projects, and mine areas of common interests" (Gerston 2007, S. 139).

Die hohe Wertschätzung eigener Souveränitätsrechte der Gliedstaaten und eine politische Kultur des Wettbewerbs zwischen den Staaten hat historisch oft für ein hohes Konfliktniveau auf dieser Ebene gesorgt. Trotz eines inzwischen effektiveren Konfliktmanagements haben die Staaten immer noch ihre je eigenen politischen und sozialen Prioritäten, die dann zu ganz unterschiedlichen Reaktionen auf die gleichen oder ähnliche Probleme führen können. „Their economies depend upon different mixes of industries, population subsets, and environmental frameworks, underscoring different challenges and contributins. For three reasons, states often produce conflicting policies. Some of which are tolerated and others of which are tested at higher levels along the vertical chain of governmental authority" (Gerston 2007, S. 140).

7.5 Die Bundesstaaten im Vergleich

7.5.1 Sozioökonomische Merkmale

Mit 50 Staaten bieten die USA im Sample der ausgewählten Bundesstaaten dieses Bandes einen hohen Grad an „föderaler Varianz". Dies zeigt sich besonders gut an den in der Tab. 7.7 zusammen gestellten Bevölkerungs- und Wirtschaftsdaten. Die Staaten sind darin zu acht wirtschaftlichen Großregionen zusammen gefasst, die lediglich statistische Zwecke haben. Solche regionalen Gliederungen sind für statistische, aber auch für finanz- und wirtschaftspolitische Zwecke üblich. Das Federal Reserve System („Fed") teilt die Bundesstaaten in zwölf Distrikte mit eigenen Distriktnotenbanken auf, deren Grenzen teilweise quer durch einzelne Staaten verlaufen und sich an Wirtschaftsregionen orientieren.

Die niedrigste Einwohnerzahl hat Wyoming mit 0,57 Mill. und die größte Kalifornien mit 38 Mill. im Jahr 2012. Wyoming hat somit nur 1/66 der Bevölkerung Kaliforniens bzw. 0,18 % der Einwohner der USA, während Kalifornien auf 12,1 %

7.5 Die Bundesstaaten im Vergleich

Tab. 7.7 Bevölkerung und reales BIP nach Staaten, 2012. (Quelle: Bevölkerungsschätzung zum 01.07.2012: U.S. Census Bureau (www.census.gov) NST-EST2012-01 und eigene Berechnung, Rest: U.S. Bureau of Economic Analysis (www.bea.gov) nach North American Industry Classification System (NAICS, Abruf 12.03.2013)

	Bevölkerung	BIP pro Kopf	BIP-Anteil (%)		BIP-Wachstum (%)		
	2012	2012	2009	2012	2009	2012	2012 Rang
New England	*14.562.704*	*49.519*	*5,5*	*5,3*	*−2,6*	*1,2*	
Connecticut	3.590.347	54.925	1,6	1,5	−3,6	−0,1	50
Maine	1.329.192	34.597	0,4	0,3	−1,8	0,5	44
Massachusetts	6.646.144	53.221	2,6	2,6	−2,4	2,2	19
New Hampshire	1.320.718	42.958	0,4	0,4	−1,8	0,5	43
Rhode Island	1.050.292	41.678	0,3	0,3	−1,6	1,4	34
Vermont	626.011	38.198	0,2	0,2	−2,9	1,2	40
Mideast	*48.632.365*	*49.580*	*18,3*	*18,0*	*−2,1*	*1,5*	
Delaware	917.092	61.183	0,4	0,4	3,1	0,2	49
District of Columbia	632.323	145.663	0,7	0,7	−0,7	0,7	
Maryland	5.884.563	46.720	2,1	2,0	−1,1	2,4	15
New Jersey	8.864.590	49.430	3,4	3,3	−4,3	1,3	36
New York	19.570.261	53.067	7,8	7,7	−1,4	1,3	37
Pennsylvania	12.763.536	40.063	3,9	3,9	−3,1	1,7	27
Great Lakes	*46.566.572*	*39.919*	*13,8*	*13,9*	*−5,3*	*2,2*	
Illinois	12.875.255	46.151	4,5	4,5	−3,4	1,9	26
Indiana	6.537.334	39.065	1,8	1,9	−6,0	3,3	8
Michigan	9.883.360	35.298	2,5	2,6	−9,1	2,2	18
Ohio	11.544.225	37.690	3,3	3,3	−5,7	2,2	20
Wisconsin	5.726.398	39.308	1,7	1,7	−2,8	1,5	32
Plains	*20.749.725*	*42.465*	*6,5*	*6,6*	*−2,7*	*2,7*	
Iowa	3.074.186	42.222	1,0	1,0	−1,6	2,4	16
Kansas	2.885.905	41.070	0,9	0,9	−3,2	1,4	35
Minnesota	5.379.139	47.028	1,9	1,9	−3,5	3,5	5
Missouri	6.021.988	36.815	1,7	1,7	−4,3	2,0	25
Nebraska	1.855.525	44.943	0,6	0,6	−0,1	1,5	29
North Dakota	699.628	55.250	0,2	0,3	3,0	13,4	1

Tab. 7.7 (Fortsetzung)

	Bevölkerung	BIP pro Kopf	BIP-Anteil (%)		BIP-Wachstum (%)		
	2012	2012	2009	2012	2009	2012	2012 Rang
South Dakota	833.354	43.181	0,3	0,3	0,2	0,2	46
Southeast	*79.949.220*	*36.961*	*22,4*	*22,1*	*−3,3*	*2,1*	
Alabama	4.822.023	32.615	1,2	1,2	−3,9	1,2	39
Arkansas	2.949.131	31.837	0,7	0,7	−2,0	1,3	38
Florida	19.317.568	34.802	5,2	5,0	−5,9	2,4	14
Georgia	9.919.945	37.702	2,8	2,8	−5,4	2,1	24
Kentucky	4.380.415	33.519	1,1	1,1	−3,9	1,4	33
Louisiana	4.601.893	43.145	1,5	1,6	3,2	1,5	30
Mississippi	2.984.926	28.944	0,7	0,7	−3,9	2,4	17
North Carolina	9.752.073	40.289	3,0	2,9	−1,5	2,7	11
South Carolina	4.723.723	31.881	1,1	1,1	−4,3	2,7	12
Tennessee	6.456.243	37.254	1,8	1,8	−3,9	3,3	9
Virginia	8.185.867	47.127	2,9	2,9	−0,7	1,1	42
West Virginia	1.855.413	30.389	0,4	0,4	0,6	3,3	10
Southwest	*38.512.816*	*42.880*	*11,6*	*12,2*	*−1,7*	*4,1*	
Arizona	6.553.255	35.195	1,8	1,7	−8,2	2,6	13
New Mexico	2.085.538	33.900	0,5	0,5	1,7	0,2	47
Oklahoma	3.814.820	36.252	1,0	1,0	−1,7	2,1	23
Texas	26.059.203	46.498	8,2	9,0	−0,5	4,8	2
Rocky Mountain	*11.220.150*	*41.677*	*3,5*	*3,5*	*−1,5*	*2,1*	
Colorado	5.187.582	46.242	1,8	1,8	−2,2	2,1	22
Idaho	1.595.728	31.945	0,4	0,4	−2,8	0,4	45
Montana	1.005.141	33.204	0,3	0,3	−2,1	2,1	21
Utah	2.855.287	39.158	0,8	0,8	−1,0	3,4	7
Wyoming	576.412	54.305	0,2	0,2	3,4	0,2	48
Far West	*53.720.488*	*46.211*	*18,4*	*18,2*	*−4,5*	*3,3*	
Alaska	731.449	61.156	0,3	0,3	7,7	1,1	41
California	38.041.430	46.029	13,1	12,9	−5,1	3,5	6
Hawaii	1.392.313	44.442	0,5	0,5	−3,7	1,6	28
Nevada	2.758.931	41.029	0,9	0,9	−8,2	1,5	31
Oregon	3.899.353	48.069	1,2	1,3	−3,2	3,9	3
Washington	6.897.012	47.146	2,4	2,4	−2,4	3,6	4
United States	*313.914.040*	*42.784*	*100*	*100*	*−3,3*	*2,5*	

der gesamten Einwohner der USA kommt. Wie oben gezeigt, sind beide Staaten im Senat aber mit jeweils zwei Mitgliedern vertreten. Die Einwohnerzahl eines Staates steht auch in keinem Zusammenhang mit der wirtschaftlichen Aktivität eines Staates, gemessen am realen Bruttoinlandsprodukt. Das BIP pro Kopf liegt im bevölkerungsmäßig kleinen Wyoming mit $ 54.305 im Jahr 2012 überdurchschnittlich hoch und im drittgrößten Staat nach der Bevölkerung, Florida, mit $ 34.802 deutlich unter dem US-Durchschnitt von $ 42.784 pro Kopf. Weniger stark im Vergleich zum Bevölkerungsanteil sind die Abweichungen des BIP-Anteils der Gliedstaaten. So stellt Kalifornien 12,1 % der Bevölkerung und trägt mit 12,9 % zum BIP der USA bei (alle Zahlen für 2012, Tab. 7.7).

Von besonderem Interesse als ökonomischer Indikator ist auch das BIP-Wachstum. In Tab. 7.7 sind die Werte des Krisenjahres 2009 und des ersten Nachkrisenjahres 2012 aufgeführt. Am härtesten getroffen von der Subprime-Krise und der folgenden globalen Wirtschafts- und Finanzkrise waren Michigan mit −9,1 % sowie Arizona und Nevada mit jeweils −8,2 % Wachstum in 2009. Dagegen gibt das BIP-Wachstum für 2012 einen Hinweis auf die wirtschaftliche Erholung in einem Staat. Die Rangwerte in der rechten Spalte vor Tab. 7.7 helfen dabei, die Wachstumsraten leichter einzuordnen. Spitzenreiter ist North Dakota, mit deutlichem Abstand gefolgt von Texas, Oregon, Washington und Minnesota. Von den drei oben genannten Staaten mit der höchsten Schrumpfung 2009 hat sich Arizona drei Jahre später mit einem Wachstum von 2,6 % am besten von der Krise erholen können; bei Michigan sind es immer noch 2,2 % Wachstum im Jahr 2012. Allerdings ist zu berücksichtigen, dass nach einem großen Einbruch das anschließende Wachstum von einem viel niedrigeren Niveau startet als bei Staaten, die relativ glimpflich durch die Krise gekommen sind.

7.5.2 Politisch-institutionelle Merkmale

Im Unterschied zur sozioökonomischen Dimension besteht auf politisch-institutioneller Ebene der Staaten weniger föderale Varianz. Alle Staaten haben einen ähnlichen institutionellen Aufbau und verfügen über eine Exekutive mit einem gewählten Gouverneur, ein Zweikammerparlament (Ausnahme Nebraska) und einer personell stark ausgebauten Verwaltung. Im Unterschied zum Kongress sind die Parlamente der Staaten aber viel schwächer professionalisiert und institutionalisiert. Die Amtszeit eines Senators dauert meist vier Jahre, die eines Abgeordneten auf Staatenebene zwei Jahre. In 32 Staaten gibt es keine Amtszeitbeschränkung, in den anderen sind es meist acht (in fünf Staaten auch 12) aufeinander folgende Jahre für beide Kammern (Grant und Ashbee 2002, S. 252). Ähnlich wie im Schweizer

Bundesparlament dominiert das „Milizprinzip", bei dem die Abgeordneten noch einem Haupt- oder „Brotberuf" nachgehen. Teilweise wird ein Mandat auch gar nicht vergütet, während die Vergütung in Kalifornien und New York (fast) der eines Hauptberufs entspricht (Grant und Ashbee 2002, S. 251).

Die Gouverneure sind wie kleine Präsidenten ihrer Staaten; wie für den ‚großen' Präsidenten im 22. Amendment der US-Verfassung gibt es auch in 39 Staaten Amtszeit-Begrenzungen (meist zwei aufeinanderfolgende Amtsperioden zu je 4 Jahren). In 48 Staaten gibt es ein allgemeines Vetorecht des Gouverneurs gegenüber Gesetzen des Parlaments, in 43 sogar ein Line-item veto, mit dem einzelne Abschnitte eines Gesetzes blockiert werden können. Häufig ist das Line-item veto jedoch auf Mittel- und Ausgabengesetze (appropriations and spending bills) beschränkt. Die Macht eines Gouverneurs hängt von vielen Faktoren ab. Im Unterschied zur nationalen Ebene wird auch der Stellvertreter direkt vom Volk gewählt, so dass er einer anderen Partei als der Gouverneur angehören kann. Allgemein reduziert ein hoher Anteil direkt gewählter Spitzenpositionen (z. B. in Michigan, North Dakota, Georgia) die Macht des Gouverneurs tendenziell (Grant und Ashbee 2002, S. 252).

Von der ‚progressive movement', die u. a. 1913 die Direktwahl der US-Senatoren erreicht hatte (17. Amendment), gingen auch wichtige Impulse für die Einführung direktdemokratischer Instrumente auf Staatenebene aus. So kam es, dass Volksinitiative, Referendum und Recall in vielen Verfassungen verankert wurden. In 24 Staaten sind Varianten der Initiative möglich, in fast allen Staaten Legislativreferenden und in einigen Staaten auch Varianten des Recalls. Die umfassendste Form des Recalls erstreckt sich dabei auf alle gewählten Staatsämter einschließlich der Richter und der jeweiligen Kongressmitglieder (Grant und Ashbee 2002, S. 252). Bekanntes Beispiel für einen Recall auf Staatenebene war die Abwahl des Gouverneurs Ray Davis (Dem.) in Kalifornien 2003 und dessen Ersetzung durch Arnold Schwarzenegger (Rep.). Initiative und Referendum haben zu einer erheblichen Belebung des politischen Prozesses beigetragen. Die Volksinitiative ermöglicht es, Themen am Parlament vorbei auf die Agenda zu setzen, die auf parlamentarischer Ebene nicht mehrheitsfähig sind oder sogar ignoriert werden. Im Jahr 2000 wurden 72 Initiativen und 133 Referenden in 42 Staaten zur Abstimmung gestellt. „They include such controversial issues as gun control, gay marriages, the legalisation of marijuana for medical use, campaign finance controls, school choice, genetically modified foods and tax cuts. In recent years a higher percentage of the ballot measures have been passed" (Grant und Ashbee 2002, S. 252).

Auf Ebene der Parteiensysteme der Staaten gilt, was oben bereits über Parteiensysteme im Föderalismus gesagt wurde. Trotz der Limitierung auf Zweiparteiensysteme durch das Mehrheitswahlrecht haben die Parteiensysteme der Staaten aufgrund sozialstruktureller Unterschiede ihre eigenen Traditionen und Kulturen des politischen Wettbewerbs entwickelt (Grant und Ashbee 2002, S. 257). Wie auf nationaler Ebene ist auch ‚divided government' (also unterschiedliche parteipolitische Mehrheiten im Parlament und Exekutive) möglich und in den letzten Jahrzehnten auch vermehrt vorgekommen. Auf der parteipolitischen Landkarte galt der Süden lange Zeit als Hochburg der Demokraten. Jedoch gelang es den Republikanern seit den 1980er Jahren zunehmend, auch im Süden bei konservativen Demokraten zu punkten (Grant und Ashbee 2002, S. 258).

In institutioneller Hinsicht darf man sich durch die überschaubare Zahl von 50 Staaten nicht über die institutionelle Vielfalt auf regionaler und lokaler Ebene hinwegtäuschen lassen. Während die Staaten noch sehr ähnlich organisiert sind, gibt es auf lokaler Ebene wieder größere Unterschiede. Dabei wird zwischen „general purpose" und „special purpose jurisdictions" unterschieden. Einschließlich der Bundesregierung und der 50 Staaten gab es 2012 im Mehrebenensystem der USA 89.055 „govermnent units". Geht man davon aus, dass die Zahl der Regierungen auf Staaten- und Bundesebene langfristig stabil ist, dann spiegelt die Veränderung in der Statistik über „Federal, State, and Local Government Units" deutlich einen Trend wieder. Von den 1940er Jahren bis 1972 sank die Zahl von 155.116 auf 78.269 und ist seither wieder gestiegen, auf 89.004 im Jahr 2012.[6]

Während der sinkende Trend bis in die 1970er Jahre durch Gemeindezusammenschlüsse erklärt werden kann, ist der steigende Trend seither auf die zunehmende Nutzung von „special purpose units" (Zweckverbände) zu erklären. Relativ stabil ist dagegen die Anzahl der Counties (Landkreise) bei einer leicht steigenden Zahl von Municipalities (Gemeinden). Townships finden sich hauptsächlich in Neuengland, ist Anzahl ist leicht sinkend. Am stärksten ist aber die Anzahl der School Districts gefallen, von über 108.000 im Jahr 1942 auf knapp 13.000 im Jahr 2012 (Tab. 7.8). Special districts sind i. d. R. auf eine spezielle kommunale Aufgabe wie Abfallentsorgung, Wasserversorgung oder den Unterhalt öffentlicher Einrichtungen wie z. B. von Krankenhäusern in einem County spezialisiert. Die von einem direkt gewählten Gremium kontrollierten School Districts sind ein wei-

Tab. 7.8 Local governments nach Typen 2012. (Quelle: http://www.census.gov/govs/cog2012/)

Total	General purpose					Special purpose		
	Total	County	Subcounty			Total	Special districts	Independent school districts
			Total	Municipal	Town or township			
89.004	38.917	3031	35.886	19.522	16.364	50.087	37.203	12.884

---

[6] http://www.census.gov/govs/cog2012/.

teres Beispiel für solche Einrichtungen. Sie sind verantwortlich für die Schulverwaltung und die Einstellung und Bezahlung der Lehrer sowie das Fächerangebot. Allerdings müssen die Mittel hierfür von der Gemeinde oder dem County bewilligt werden. „Die finanzielle Unterstützung durch den Staat und die Aufsichtsbefugnisse der einzelstaatlichen Bildungsbehörde variieren stark zwischen den Staaten. Im Allgemeinen aber sind die Schulbezirke weitgehend autonom" (Gunlicks 1998, S. 469).

Ein wichtiger Aspekt des Vollzugsföderalismus ist der Umfang der Verwaltungen auf den verschiedenen Ebenen, der durch die Anzahl der Stellen und die Lohnsummen gemessen werden kann. 2011 betrug die Anzahl der Vollzeitäquivalente über alle Ebenen 22.267.205 Stellen. Die tatsächliche Anzahl der Beschäftigen ist aber deutlich höher, da viele Stellen geteilt werden. Von den Vollzeitäquivalenten sind lediglich 12,8 % der Stellen auf Bundesebene angesiedelt, 23,8 % auf Ebene der Staaten und 63,3 % auf lokaler Ebene (Tab. 7.9). Ein weiterer Indikator für den Umfang der Verwaltung auf den unterschiedlichen Ebenen ist die Summe der Lohnkosten. Von den insgesamt 86.496,1 Mill. US-Dollar Personalkosten im März 2011 entfielen 18,6 % auf die Bundesebene, 23 % auf Staatenebene und 58,2 % auf die Gemeindeebene. Im Vergleich zu den Vollzeitäquivalenten ist die Bundesebene bei den Personalkosten damit leicht übergewichtet und die lokale Ebene leicht untergewichtet.

Im Vergleich der Politikfelder sind auf Bundesebene die Bereiche Verteidigung und Internationale Beziehungen am personalintensivsten, während der „Postal Service" für den Bund die höchsten Personalkosten bringt. Auf Ebene der Staaten ist das Feld „Higher Education" am personal- und personalkostenintensivsten, auf Ebene der Kommunen die „Primary & Secondary Education". Zusammengefasst kann man also sagen, dass Soldaten (Bund) und (Hoschschul)Lehrer (Staaten und Gemeinden) die größten Kontingente im öffentlichen Dienst der USA stellen (vgl. Tab. 7.9).

7.6 Zusammenfassung und Wiederholungsfragen

Mit der US-Verfassung von 1787 wurde der erste moderne Bundesstaat errichtet. Die Idee eines Zusammenschlusses autonomer Staaten unter einer Bundesregierung (Föderation) entstand aufgrund von Defiziten des zuvor getesteten Konföderationsmodells, nahm aber auch intensiv ideengeschichtliche Argumente zur Gewaltenteilung auf. Trotz einer ‚Evolution' des US-Föderalismus von einem dualen, gewaltentrennenden Modell hin zu einem kooperativen Mischsystem europäischer Prägung sind die institutionellen Grundlagen weitestgehend stabil geblieben (Ausnahme: Direktwahl der Senatoren seit 1913).

7.6 Zusammenfassung und Wiederholungsfragen

Tab. 7.9 Beschäftigte und Lohnsummen im öffentlichen Dienst nach Ebenen und Funktionen 2011. (Quelle: http://www.census.gov/govs/apes/index.html (Abruf 10.08.2013). Eigene Hervorhebung)

	Federal government		States government		Local government	
	Total employees	Payroll total (March, $m)	Total	Payroll total (March, $m)	Total	Payroll total (March $m)
Total (%)	2.854.251 (12,81)	16.118,6 (18,6)	5.313.525 (23,86)	19.971,8 (23,08)	14.099.429 (63,31)	50.405,7 (58,27)
Financial administration	128.116	773,8	166.401	717,9	251.661	979,4
Other government admin.	25.479	158,2	58.342	243,6	344.439	949,3
Judicial and legal	64.348	437,4	176.820	903,3	265.377	1.135,9
Police	188.642	1.179,1	105.880	568,5	889.243	4.308,5
Fire protection	–	–	–	–	417.084	1.950,6
Correction	38.311	222,5	466.124	1.921,4	262.861	1.085,1
Highways	2973	23,2	229.763	986,3	304.107	1.148,1
Air transportation	48.348	438	3133	16,3	45.187	210,3
Water transport & terminals	5041	13,4	4706	24,1	8729	47,8
Public welfare	9296	76	236.454	880,3	287.197	1.051,8
Health	163.096	1.202,8	203.159	831,6	275.677	1.035,4
Hospitals	208.763	1.431,4	426.323	1.862,7	627.499	2.657
Social insurance admin.	70.754	425,8	90.801	362,7	311	1,7
Solid waste management	–	–	2055	11,2	113.636	399,1
Sewerage	–	–	1743	10,1	128.455	557,6
Parks and recreation	27.339	145,5	41.318	116,6	357.807	752,4
Housing & community Develop.	15.269	111,9	0	0	116.540	465,8

Tab. 7.9 (Fortsetzung)

	Federal government		States government		Local government	
	Total employees	Payroll total (March, $m)	Total	Payroll total (March, $m)	Total	Payroll total (March $m)
Total (%)	2.854.251 (12,81)	16.118,6 (18,6)	5.313.525 (23,86)	19.971,8 (23,08)	14.099.429 (63,31)	50.405,7 (58,27)
Natural resources	188.233	1.127,4	151.817	579,6	46.434	152,9
Nat. defense/ Internat. relations	*805.709*	3.019,8	–	–	–	–
Postal service	632.471	*3.628,4*	–	–	–	–
Space research & technology	18.727	176,6	–	–	–	–
Water supply	–	–	744	3,9	178.691	757,4
Electric power	–	–	4.101	27,4	74.656	477,6
Gas supply	–	–	0	0	11.759	48,8
Transit	–	–	33.537	189,5	205.108	1.010,5
Elem & Sec instructional Empl.	–	–	43.007	180,9	*5.269.338*	*20.560,8*
Elem & Sec other employees	–	–	17.938	41,8	2.515.054	5.534,6
Higher Ed instructional Empl.	–	–	834.867	3.708,4	299.608	880,7
Higher Ed other employees	–	–	*1.714.991*	*4.506,6*	315.233	775,6
Other education	10.519	74,8	93.235	375,3	–	–
Libraries	3871	23,4	686	1,8	186.440	420.6
State liquor stores	–	–	11.810	30,2	–	–
Other and unallocable	198.946	1.428,1	193.770	868	301.300	1.048,6

7.6 Zusammenfassung und Wiederholungsfragen

Im Unterschied zu den europäischen Föderationen ist das Verhältnis Gliedstaaten-Bundesstaat stärker politisiert. Föderalismuspolitik in den USA hat eine stärker mehrheitsdemokratische Note als die konsensuellen Föderalismusreformen in Europa. Dem steht allerdings eine starke „Politikverflechtung" gegenüber, die zum einen aus der symmetrischen Stellung des Senats, zum anderen aus dem Präsidentialismus resultiert. Im Unterschied zu den älteren europäischen Föderationen ist die horizontale Zusammenarbeit zwischen den Staaten schwach ausgebaut. Die Regierungen der Staaten haben keinen direkten, institutionalisierten Einfluss auf die Bundespolitik und die Parlamente der Staaten sind durch die zweite Kammer anfälliger für parteipolitische Blockaden als ihre europäischen Einkammer-Pendants. Dass trotzdem politischer Stillstand eher eine Ausnahme ist, liegt nicht zuletzt an einem pragmatischen Politikverständnis und der Angst der Parteien vor einer Abstrafung durch die Wählerschaft bei dauerhafter Blockade.

Fragen

Welche Phasen der Machtverschiebung zugunsten des Bundes oder der Staaten fallen Ihnen ein?

Wie hat sich das Verhältnis von Staaten und Bund langfristig verändert? In welchen Verfassungsänderungen kam dies zum Ausdruck?

Wie würden die Gründerväter der US-Verfassung die gegenwärtigen Beziehungen zwischen Washington und den Staaten beurteilen?

Nennen Sie Vor- und Nachteile des US-Föderalismus im Vergleich zu a) einem Einheitsstaat wie z. B. Großbritannien, b) einem anderen Bundesstaat wie z. B. Deutschland.

Deutschland: kooperativer Föderalismus

8.1 Grundlagen

Die Wiederherstellung einer föderalen Staatsorganisation nach dem Zweiten Weltkrieg in Deutschland durch die Alliierten schloss nicht nur an eine entsprechende Staatstradition an, sondern war auch eine Maßnahme zur Demokratiesicherung nach den Erfahrungen der nationalsozialistischen Diktatur. Teilweise wurden alte Ländergrenzen wieder hergestellt, teilweise wurden die Grenzen neu gezogen. Entscheidend war aber, dass bei der Wiederherstellung an bekannte Strukturen angeknüpft werden konnte. Ähnlich wurde auch 1990 bei der Wiedereinrichtung der fünf neuen Bundesländer verfahren. Nach dem Zweiten Weltkrieg gab es unterschiedlich weit reichende Vorstellungen über den angemessenen Grad der Föderalisierung. Die Rechts- und Politikwissenschaft hat mit einigen griffigen Beschreibungen wie „verkappter Einheitsstaat" (Abromeit 1992) und „unitarischer Bundesstaat" (Hesse 1962; Lehmbruch 2002) dazu beigetragen, ein relativ zentralistisches Bild des Bundesstaates zu zeichnen. Demgegenüber nimmt Deutschland auf dem Föderalismus-Index von Lijphart (2012) (zusammen mit Australien, Kanada, der Schweiz und den USA) mit 5.0 den höchstmöglichen Wert ein, ebenso auf dem Bikameralismus-Index (4.0). Dies spricht für eine vergleichsweise starke Institutionalisierung föderaler Strukturen im politischen System der Bundesrepublik Deutschland. Wie kann dieser widersprüchliche Befund erklärt werden?

Nicht zufällig wurde das Erklärungsschema der „Politikverflechtung" (vgl. Kap. 4.4.2) am Beispiel des bundesdeutschen Föderalismus entwickelt. Ein schneller Politikwechsel und ein „Durchregieren" von oben sind vor diesem Hintergrund wenig wahrscheinlich (Ausnahmen bei gleichen Mehrheitsverhältnissen in Bundestag und Bundesrat, vgl. Kap. 8.2.2). Vielmehr muss im Kontext der Politikverflechtung auf die Interessen und Positionen der verschiedenen Ebenen und institutionellen Akteure Rücksicht genommen werden. So ist der deutsche Bundesstaat als „Musterbeispiel einer stark durch Blockaden gefährdeten Konfiguration eines Mehrebenensystems" bezeichnet worden. „Seine Verfassung weist zwei Merkmale auf, die das Regieren maßgeblich prägen und erschweren", nämlich eigene parlamentarische Regierungssysteme auf Bundes- und Länderebene, verbunden mit der Notwendigkeit der Entscheidungsfindung nach Regeln des „joint decision-making" (Benz 2009, S. 103).

Dadurch entstehen trotz eines wettbewerbsdemokratischen Rahmens Verhandlungszwänge zwischen Bund und Ländern, etwa weil Bundesgesetze, die eine Regelung über den Vollzug durch die Landesverwaltungen enthalten, die Zustimmung des Bundesrats benötigen. „Auch der Steuerverbund macht die Zusammenarbeit von Bund und Ländern in weiten Teilen der Finanzpolitik erforderlich" (Benz 2009, S. 103). Sind bei einer Änderung der Steuerkompetenzen etwa Ländersteuern betroffen, z. B. Regelungen zur Grunderwerbssteuer, dann betrifft dies die Interessen der Bundesländer ebenso wie die Änderung der Grundsteuer (als Gemeindesteuer) und macht eine Zustimmung des Bundesrates erforderlich.

Die Kompetenzverteilung zwischen Bund und Ländern wird in Art. 70-74 GG geregelt. Nach Artikel 70 Abs. 1 haben die Länder „das Recht der Gesetzgebung, soweit dieses Grundgesetz nicht dem Bunde Gesetzgebungsbefugnisse verleiht." Die Hauptunterscheidung für die Abgrenzung der Zuständigkeit zwischen Bund und Ländern geschieht dann nach Abs. 2 durch die ausschließliche und die konkurrierende Gesetzgebung. In den Bereichen der ausschließlichen Gesetzgebung des Bundes nach Art. 71 haben die Länder nur eine Gesetzgebungskompetenz, „wenn und soweit sie hierzu in einem Bundesgesetze ausdrücklich ermächtigt werden" (Art. 71). Und in den Bereichen der „konkurrierenden Gesetzgebung haben die Länder die Befugnis zur Gesetzgebung, solange und soweit der Bund von seiner Gesetzgebungszuständigkeit nicht durch Gesetz Gebrauch gemacht hat" (Art. 72 Abs. 1).

Das ‚optimale' Maß an Wettbewerb zwischen den Ländern als ordnungspolitische Aufgabe und damit zusammen hängend die Regelungen des Länderfinanzausgleichs sind Dauerthema in der politischen Debatte, aber auch Gegenstand verfassungsrechtlicher Auseinandersetzungen. In solchen Debatten geht es nicht nur

8.1 Grundlagen

um konkrete Streitfragen wie den Länderfinanzausgleich, sondern auch um die Kompetenzverteilung zwischen Bund und Ländern generell. So wurde die 1969 eingeführte Gesetzgebungs-Rahmenkompetenz des Bundes im Zuge der Föderalismusreform I wieder abgeschafft (Kap. 8.4) und die Materien weitgehend der konkurrierenden Gesetzgebung zugeordnet. Eines der Ziele der Reform war, die Zustimmungserfordernisse des Bundesrates zu reduzieren und dadurch zur ‚Politikentflechtung' zwischen den Ebenen beizutragen. Tatsächlich konnte der Anteil der zustimmungspflichtigen Gesetze dadurch von durchschnittlich über 50 auf 39 % (2009–2013) abgesenkt werden. Meist sind jedoch solche Entflechtungsbemühungen nur mäßig erfolgreich, da sie nur mit Zustimmung der Länder möglich sind, die ihre Zustimmung dann von Koppel- oder Tauschgeschäften abhängig machen können, um ihren Einflussverlust zu kompensieren.

Wie diese Beispiele illustrieren, sind Details der föderalen Ordnung immer wieder in der Diskussion. Dies darf aber nicht darüber hinweg täuschen, dass die Grundlagen der föderalen Ordnung langfristig stabil und allgemein anerkannt sind. Dazu gehören im Grundgesetz das Bundesstaatsprinzip (Art. 20), das Subsidiaritätsgebot (Art. 30), weite Teile der Kompetenzverteilung (Art. 70 bis 72), die Kompetenzen des Bundesverfassungsgerichts und die Zustimmungserfordernisse des Bundesrates bei einer Verfassungsänderung (Art. 79 Abs. 2). Tabelle 8.1 gibt einen Überblick über diese und weitere verfassungsrechtliche Grundlagen des Föderalismus in Deutschland.

Ein Alleinstellungsmerkmal in Deutschland ist die starke Stellung des Bundesverfassungsgerichts, das immer wieder auch bei föderalismuspolitischen Kontroversen angerufen wird. Nach dem Grundgesetz (Art. 93 Abs. 1) entscheidet das Gericht u. a. bei Meinungsverschiedenheiten „über die förmliche und sachliche Vereinbarkeit von Bundesrecht oder Landesrecht mit diesem Grundgesetze oder die Vereinbarkeit von Landesrecht mit sonstigem Bundesrechte auf Antrag der Bundesregierung, einer Landesregierung oder eines Viertels der Mitglieder des Bundestages; [...] bei Meinungsverschiedenheiten, ob ein Gesetz den Voraussetzungen des Artikels 72 Abs. 2 entspricht, auf Antrag des Bundesrates, einer Landesregierung oder der Volksvertretung eines Landes; [...] bei Meinungsverschiedenheiten über Rechte und Pflichten des Bundes und der Länder, insbesondere bei der Ausführung von Bundesrecht durch die Länder und bei der Ausübung der Bundesaufsicht". Den Ländern steht also ein vergleichsweise breites Spektrum an Klagemöglichkeiten zur Verfügung, die auch häufig genutzt werden. Nicht selten fallen die Entscheidungen zugunsten der klagenden Länder aus. Dies soll an einem aktuellen Fall illustriert werden.

Tab. 8.1 Föderale Grundlagen nach dem Grundgesetz. (Quelle: Eigene Zusammenstellung)

Bundesstaatsprinzip	Artikel 20 (1) Die Bundesrepublik Deutschland ist ein demokratischer und sozialer Bundesstaat
Homogenitätsgebot	Artikel 28 (1), S. 1 Die verfassungsmäßige Ordnung in den Ländern muss den Grundsätzen des republikanischen, demokratischen und sozialen Rechtsstaates im Sinne dieses Grundgesetzes entsprechen
Neugliederung	Artikel 29 (1) Das Bundesgebiet kann neu gegliedert werden, um zu gewährleisten, dass die Länder nach Größe und Leistungsfähigkeit die ihnen obliegenden Aufgaben wirksam erfüllen können. [...] (2) Maßnahmen zur Neugliederung des Bundesgebietes ergehen durch Bundesgesetz, das der Bestätigung durch Volksentscheid bedarf. Die betroffenen Länder sind zu hören. (3) Der Volksentscheid findet in den Ländern statt, aus deren Gebieten oder Gebietsteilen ein neues oder neu umgrenztes Land gebildet werden soll [...]. Siehe auch Art. 118 und 118a
Subsidiarität	Artikel 30: Die Ausübung der staatlichen Befugnisse und die Erfüllung der staatlichen Aufgaben ist Sache der Länder, soweit dieses Grundgesetz keine andere Regelung trifft oder zulässt
Kompetenzverteilung	Art. 70 bis 74
Herstellung gleichwertiger Lebensverhältnisse	Art. 72 (2): Auf den Gebieten des Artikels 74 Abs. 1 Nr. 4, 7, 11, 13, 15, 19a, 20, 22, 25 und 26 hat der Bund das Gesetzgebungsrecht, wenn und soweit die Herstellung gleichwertiger Lebensverhältnisse im Bundesgebiet oder die Wahrung der Rechts- oder Wirtschaftseinheit im gesamtstaatlichen Interesse eine bundesgesetzliche Regelung erforderlich macht
Abweichungsgesetzgebung	Art. 72 (3) Hat der Bund von seiner Gesetzgebungszuständigkeit Gebrauch gemacht, können die Länder durch Gesetz hiervon abweichende Regelungen treffen über: 1) das Jagdwesen (ohne das Recht der Jagdscheine); 2) den Naturschutz und die Landschaftspflege (ohne die allgemeinen Grundsätze des Naturschutzes, das Recht des Artenschutzes oder des Meeresnaturschutzes); 3) die Bodenverteilung; 4) die Raumordnung; 5) den Wasserhaushalt (ohne stoff- oder anlagenbezogene Regelungen); 6) die Hochschulzulassung und die Hochschulabschlüsse [...]
Vollzugsföderalismus	Art. 83 und 84, vgl. Kap. 8.3.2
Bundesverfassungsgericht	Artikel 93
Finanzföderalismus	Art. 104 a und b, vgl. Kap. 5.2 und 8.4
Zustimmung des BR bei Verfassungsänderung	Artikel 79 (2): Ein solches Gesetz bedarf der Zustimmung von zwei Dritteln der Mitglieder des Bundestages und zwei Dritteln der Stimmen des Bundesrates
Ewigkeitsgarantie des Bundesstaatsprinzips	Artikel 79 (3): Eine Änderung dieses Grundgesetzes, durch welche die Gliederung des Bundes in Länder, die grundsätzliche Mitwirkung der Länder bei der Gesetzgebung oder die in den Artikeln 1 und 20 niedergelegten Grundsätze berührt werden, ist unzulässig

Ein originärer Kompetenzbereich der Länder ist das Rundfunkwesen. Naturgemäß hat aber auch die (Bundes)Politik ein großes Interesse an den Rundfunkmedien und den Inhalten und der politischen Ausrichtung ihrer Berichterstattung. Die „Arbeitsgemeinschaft der öffentlich-rechtlichen Rundfunkanstalten der Bundesrepublik Deutschland" (ARD) ist ein ausschließlich horizontal durch die Länder per Staatsvertrag etablierte Anstalt des öffentlichen Rechts. Bereits Ende der 1950 Jahre gab es Pläne der Bundesregierung, eine zweite Anstalt zu errichten, getragen primär vom Bund („Deutschland-Fernsehen GmbH"). Diese Pläne scheiterten letztlich am sog. ersten Rundfunkurteil des Bundesverfassungsgerichts vom Februar 1961. Da es für die Errichtung einer solchen Anstalt des Bundes keine Kompetenzgrundlage im Grundgesetz gab, waren nach Art. 30 GG die Länder für Rundfunkfragen zuständig.

Gegen das 1961 nunmehr verfassungskonform per Staatsvertrag durch die Länder errichteten „Zweite Deutsche Fernsehen" klagten 2009 die Bundesländer Rheinland-Pfalz und Hamburg. Zuvor hatte der ZDF-Verwaltungsrat mit einer „den Christlich-Demokraten wohlgesinnte[n] Mehrheit [...] den Vertrag des dezidiert unabhängigen und in Fachkreisen geschätzten Chefredakteurs Nikolaus Brender nicht mehr verlängert" (Schmid 2014, S. 5). Die Kläger sahen nach dem Affront gegenüber Brender die freie Berichterstattung als gefährdet an. Dieser Auffassung schloss sich das Gericht in seiner Entscheidung Ende März 2014 weitgehend an; die Regelungen zur Zusammensetzung des Fernsehrates und des Verwaltungsrates verstoßen gegen die Rundfunkfreiheit nach dem Grundgesetz. Bis Mitte 2015 ist demnach „der Anteil von Politikern und ‚staatsnahen Personen' im Verwaltungs- und im Fernsehrat des ZDF auf ein Drittel zu reduzieren" (Schmid 2014, S. 5), während die restlichen Positionen mit Vertretern gesellschaftlicher Gruppen besetzt werden sollen, bei deren Auswahl die Politik wiederum weniger Einfluss haben soll. Bislang bestand der 14-köpfige Verwaltungsrat aus sechs Staatsvertretern und weiteren Mitgliedern aus dem partei- und staatsnahen Bereich. Im 77-köpfigen Fernsehrat, der u. a. die Mitglieder des Verwaltungsrates nominiert, gab es 2014 einen Mitgliederanteil von 44 % aus der Politik oder dem staatsnahen Bereich. Mit dieser Mehrheit konnten sie „bisher mühelos die Wahl ihnen nicht genehmer Intendanten verhindern" (Schmid 2014, S. 5). Das diese Praxis politisch motivierter Einflussnahmen nun stärker beschränkt werden muss, stößt in den Parteien natürlich auf wenig Gegenliebe.

8.2 Asymmetrischer Bikameralismus (vertikaler Föderalismus)

8.2.1 Bundesrat: Zusammensetzung, Aufgaben und Arbeitsweise

Bei der Entstehung der Bundesrepublik waren in vielen Bereichen Kompromisse erforderlich, so auch bei der Gestaltung der Arbeitsweise und Kompetenzen des Bundesrates. Da die Länder bei den Verhandlungen zum Grundgesetz bereits existierten, Bundesgesetze von den Landesverwaltungen vollzogen werden sollten und die Ministerpräsidenten sich um ihren Einfluss im Bund sorgten, fand ein Senatsmodell in den Verhandlungen keine Mehrheit. Gelegentlich wird das Senatsmodell immer noch als Lösungsmöglichkeit für Reformblockaden des deutschen Föderalismus erörtert (Wagschal und Grasl 2004), obgleich durch die Weichenstellung für das exekutivdominierte Bundesratsmodell früh Fakten geschaffen wurden.

> [N]icht nur das institutionelle Eigeninteresse der Landesregierungen, sondern auch pragmatische Gründe [sprachen] für einen Bundesrat, der den Sachverstand der Landesverwaltungen in die Gesetzgebung des Bundes einbringen würde. Nach dem schließlich erreichten Kompromiss sollte dieser allerdings grundsätzlich auf ein Einspruchsrecht beschränkt bleiben, das (anders als in Weimar) normalerweise durch die absolute Mehrheit im Bundestag überstimmt werden kann. Diese Zustimmung des Bundesrates war nur in den von der Verfassung explizit genannten Fällen erforderlich. (Scharpf 2009, S. 22)

Die für viele Bundesstaaten fast unvermeidliche Tendenz zur Zentralisierung führte dann im Fall der Bundesrepublik zu einer kompensatorischen Aufwertung der Mitbestimmung des Bundesrates und in der Folge auch zu einem höheren Anteil der zustimmungspflichtigen Gesetze. Bei einer Senatslösung mit i. d. R. symmetrischem Bikameralismus wie in den USA und der Schweiz läge dieser Anteil allerdings bei 100 %. Die institutionelle Besonderheit des Bundesrates ist also nicht der Anteil zustimmungspflichtiger Gesetze, der in Österreich niedriger, in den USA und der Schweiz dagegen höher ist, sondern die Beteiligung der Landesregierungen in dieser Kammer. Formal ist der Bundesrat sogar nur ein oberstes Bundesorgan und keine Parlamentskammer. Das Parlament der Bundesrepublik ist ausschließlich der Bundestag. Diese rechtliche Einordnung im Grundgesetz darf aber nicht darüber hinweg täuschen, dass der Bundesrat aus funktionaler Perspektive alle Funktionen einer zweiten Kammer hat. Er ist beteiligt an der Gesetzgebung und Verwaltung des Bundes sowie im Rat der Europäischen Union (Art. 50 GG).

8.2 Asymmetrischer Bikameralismus (vertikaler Föderalismus)

Die entscheidende Einschränkung ist, dass er kein direkt gewähltes Organ der föderalen (vertikalen) Willensbildung ist. Seine Mitglieder werden weder direkt durch das Volk gewählt wie in den USA und der Schweiz noch durch die Länderparlamente wie in Österreich. Vielmehr ist eine bestimmte Anzahl von Mitgliedern der Landesregierungen bzw. der Senate (Stadtstaaten) „ex officio" auch Mitglied im Bundesrat. Diese Variante wird auch als „Exekutivföderalismus" charakterisiert. Die Mitglieder sowie deren Vertreter werden nach Art. 51 Abs. 1 GG von den Landesregierungen ernannt. Auch stimmberechtigte Staatssekretäre in einem Landeskabinett dürfen in den Bundesrat entsandt werden.

Sinn und Zweck dieser Doppelmitgliedschaft ist, dass die Bundesratsmitglieder „bei ihren landespolitischen Aktivitäten die bundespolitischen Auswirkungen nicht übergehen, und [...] die Folgen ihrer Bundespolitik unmittelbar in ihrem Landesministerium" spüren sollen (www.bundesrat.de). Allerdings wird diese in der Theorie gute Idee durch den Grundsatz der einheitlichen Stimmabgabe wieder unterlaufen. Diese soll gewährleisten, dass nicht die Parteipolitik, sondern die Länderinteressen im Vordergrund stehen. Entsprechend ist die Grundlage für das Abstimmungsverhalten im Bundesrat nicht ein Parteiprogramm, sondern die Beschlussfassung einer Koalition in einem Landeskabinett. Insofern besteht für die Mitglieder des Bundesrates auch kein freies Mandat wie für die Mitglieder des Bundestags (www.bundesrat.de). Wer neben dem Ministerpräsidenten (bzw. Bürgermeister) für das Bundesland im Bundesrat sitzt, wird durch die (neue) Landesregierung als Kabinettsbeschluss entschieden. Die Landesregierung kann Mitglieder durch einfachen Beschluss auch abberufen bzw. ersetzen (www.bundesrat.de). Bei dringendem Entscheidungsbedarf in europäischen Angelegenheiten „kann die Europakammer stellvertretend für das Bundesratsplenum Beschlüsse herbeiführen" (www.bundesrat.de). Bei der Routinearbeit im Bundesrat spielen die 16 Ausschüsse, in denen in der Regel die zuständigen Landesminister vertreten sind, eine wichtige Rolle, da sie jede in den Bundesrat eingebrachte Vorlage zuerst beraten (www.bundesrat.de). Der Bundesratspräsident wird für ein Jahr gewählt und beruft die (öffentlichen) Sitzungen ein (Art. 52 GG). Er ist auch für die Unterrichtung und Anhörung von Mitgliedern der Bundesregierung verantwortlich (Art. 53 GG) und vertritt den Bundespräsidenten, z. B. im Fall eines vorzeitigen Rücktritts.

Im Unterschied zum Senatsmodell werden beim Bundesratsmodell die Einwohnerzahlen bei der Gewichtung der Stimmenanzahl der Länder in der zweiten Kammer teilweise berücksichtigt. Dies führt je nach Umfang zu deutlichen Verzerrungen bei der Repräsentation der Länder in der zweiten Kammer. Im Bundesrat werden jedem Land mindestens drei Stimmen garantiert; allerdings ist auch die Höchstzahl auf sechs Stimmen (ab 7 Mio. Einwohner) gedeckelt. Mitte 2013 hatten vier von 16 Ländern mit je drei Stimmen zusammen 17,4 % der 69 Stimmen

Tab. 8.2 Mitgliederanteil je Bundesland nach Bevölkerung (Art. 51 Abs. 2 GG). (Quelle: Eigene Zusammenstellung (Stand Mitte 2013))

Stimmen	Länder	Anzahl Länder (Prozent)	Anteil Stimmen (Prozent von 69)
Mindestens 3 Stimmen garantiert	Bremen, Hamburg, Mecklenburg-Vorpommern, Saarland	4 (25)	17,4
2–6 Mio. Einwohner: 4 Stimmen	Berlin, Brandenburg, Rheinland-Pfalz, Sachsen, Sachsen-Anhalt, Schleswig-Holstein, Thüringen	7 (43,75)	40,56
6–7 Mio. Einwohner: 5 Stimmen	Hessen	1 (6,25)	7,24
Über 7 Mio. Einwohner: 6 Stimmen	Baden-Württemberg, Bayern, Niedersachsen, Nordrhein-Westfalen	4 (25)	34,78

des Bundesrates. Die sieben Länder mit vier Stimmen kommen zusammen auf 40,5 % der 69 Bundesratsstimmen, Hessen als einziges Land mit fünf Stimmen kommt auf einen Stimmenanteil von 7,2 % und die vier Länder mit der höchsten Stimmzahl von sechs kommen zusammen auf 34,78 % der Stimmen (Tab. 8.2). Die Länder mit vier Stimmen (zwei bis sechs Millionen Einwohner) stellen mit 40 % der Stimmen des Bundesrates die größte Gruppe. Während die vier kleinsten Länder zusammen auf 17,4 % der Stimmen kommen, bringen die vier größten Länder zusammen nur etwa das Doppelte an Stimmgewicht ein.

Im nächsten Schritt kann man die Repräsentation der Landesbevölkerung noch weiter für die einzelnen Länder berechnen (Tab. 8.3). Dabei zeigt sich, dass elf Länder im Vergleich zu den durchschnittlich knapp 1,2 Mio. Einwohnern pro Stimme überrepräsentiert sind, während fünf Länder unterrepräsentiert sind. Die Grenze zwischen bevölkerungsmäßiger Über- und Unterrepräsentation verläuft zwischen Sachsen (noch überrepräsentiert) und Hessen (schon unterrepräsentiert). Die größte Überrepräsentation hat Bremen, die größte Unterrepräsentation Nordrhein-Westfalen.

An der Gesetzgebung sind die Länder durch den Bundesrat mit unterschiedlichem Gewicht beteiligt. Bei zustimmungsbedürftigen Gesetzen ist für ein Zustandekommen das Einverständnis des Bundesrates zwingend erforderlich, bei Einspruchsgesetzen (alle übrigen) dagegen nicht. Der asymmetrische Bikameralismus zeigt sich auch deutlich im Gesetzgebungsverfahren, das weitgehend vom Bundes-

8.2 Asymmetrischer Bikameralismus (vertikaler Föderalismus)

Tab. 8.3 Repräsentation der Bevölkerung der Bundesländer im Bundesrat. (Quelle: Bevölkerungszahlen Statistisches Bundesamt, Rest eigene Ergänzung (Stand: 30.06.2012))

Bundesland	Stimmen	Bevölkerung 2012	Prozentanteil der Gesamtbevölkerung	Einwohner je Stimme	Rang
Bremen	3	660.969	0,80	220.323	1
Saarland	3	1.011.021	1,23	337.007	2
Mecklenburg-Vorpom.	3	1.630.598	1,99	543.533	3
Thüringen	4	2.214.415	2,70	553.604	4
Sachsen-Anhalt	4	2.302.862	2,81	575.716	5
Hamburg	3	1.804.729	2,20	601.576	6
Brandenburg	4	2.492.503	3,04	623.126	7
Schleswig-Holstein	4	2.838.954	3,46	709.739	8
Berlin	4	3.517.389	4,29	879.347	9
Rheinland-Pfalz	4	3.997.857	4,88	999.464	10
Sachsen	4	4.128.473	5,04	1.032.118	11
Hessen	5	6.101.252	7,45	1.220.250	12
Niedersachsen	6	7.923.060	9,67	1.320.510	13
Baden-Württemberg	6	10.813.603	13,20	1.802.267	14
Bayern	6	12.627.352	15,41	2.104.559	15
Nordrhein-Westfalen	6	17.837.706	21,78	2.972.951	16
Gesamt/Durchschnitt	69	81.902.743	6,25	1.186.996,2	

tag bestimmt wird. Der Bundesrat hat zwar ein eigenes Initiativrecht und kann auch zu Beginn eines Gesetzgebungsverfahrens auf Initiative der Bundesregierung eine Stellungnahme zum Entwurf abgeben. Bei Initiativen aus einer Fraktion oder der Mitte des Bundestags hat er diese Option jedoch nicht; solche Entwürfe werden unmittelbar im Bundestag eingebracht. Des Weiteren hat er gegen Ende des Verfahrens, wenn ihm das vom Bundestag angenommene Gesetz zugeleitet wird, die Möglichkeit eines Einspruchs oder – bei zustimmungspflichtigen Gesetzen – der Anrufung des Vermittlungsausschusses. Dagegen durchläuft ein Gesetzentwurf im symmetrischen Bikameralismus (USA, Schweiz) in der zweiten Kammer das gleiche Verfahren wie in der ersten Kammer (Tab. 3.4).

Tab. 8.4 Gang der Gesetzgebung im Überblick. (Quelle: www.bundestag.de/bundestag/aufgaben/gesetzgebung_neu/gesetzgebung/weg.html)

Entwurf	Entwürfe können von Bundestagsabgeordneten, der Bundesregierung und dem Bundesrat erstellt und in den Bundestag eingebracht werden
Initiativen von Bundesregierung oder Bundesrat	Ein Entwurf der *Bundesregierung* muss zunächst dem Bundesrat zugeleitet werden, der innerhalb von sechs Wochen eine Stellungnahme abgeben kann, zu der sich die Regierung wiederum schriftlich äußern kann. Dann erfolgen die Weiterleitung des Entwurfs und der ggf. Stellungsnahmen an den BT. Haushaltsgesetze werde gleichzeitig in BT und BR eingebracht
	Entwürfe des *Bundesrates* müssen dort zunächst mehrheitlich angenommen werden und dann der Bundesregierung zugeleitet werden, die innerhalb von sechs Wochen dazu eine Stellungnahme abgeben kann und den Entwurf dem BT zukommen lässt
Initiativen aus der Mitte des Parlaments	Diese können von (mind.) einer *Fraktion* oder von (mind.) *fünf Prozent* der Mitglieder des Bundestages eingebracht werden. Eine vorherige Vorlage beim Bundesrat ist nicht notwendig. Initiativen über die (Regierungs)Fraktion(en) sind daher anfangs etwas ‚schneller'
Verteilung der Drucksache	Der Entwurf wird von der Bundestagsverwaltung registriert, gedruckt und als Bundestags-Drucksache an die Bundestags- und Bundesratsmitglieder sowie an die Bundesministerien verteilt und anschließend auf die Tagesordnung des Plenums gesetzt
Drei Beratungen (Lesungen) im Plenum	Ziel der ersten Lesung ist es, auf Basis der Empfehlungen des Ältestenrates einen oder mehrere Ausschüsse zu bestimmen, die sich mit dem Gesetzentwurf fachlich auseinandersetzen und ihn für die zweite Lesung vorbereiten. Eine Aussprache findet in der ersten Lesung nur statt, wenn sie im Ältestenrat vereinbart oder von fünf Prozent der Abgeordneten verlangt wird. Werden mehrere Ausschüsse bestimmt, so erhält ein Ausschuss die Federführung. Er ist somit verantwortlich für den Fortgang des Verfahrens
Arbeit in den Ausschüssen	Diese können auch Interessenvertreter und Experten zu öffentlichen Anhörungen einladen
	Parallel zur Ausschussarbeit bilden die Fraktionen Arbeitsgruppen und Arbeitskreise, in denen sie ihre eigenen Positionen fachlich erarbeiten und definieren
	In den Ausschüssen werden auch Brücken zwischen den Fraktionen gebaut. Im Zusammenspiel von Regierungs- und Oppositionsfraktionen werden die meisten Gesetzentwürfe mehr oder weniger stark überarbeitet
	Nach Abschluss der Beratungen legt der federführende Ausschuss dem Plenum einen Bericht über die Beratungen vor. Seine Empfehlungen sind Grundlage der folgende zweite Lesung im Plenum

8.2 Asymmetrischer Bikameralismus (vertikaler Föderalismus)

Tab. 8.4 (Fortsetzung)

Aussprache in der zweiten Lesung	Vor der zweiten Lesung haben alle Abgeordneten die veröffentlichte Beschlussempfehlung in gedruckter Form erhalten
	In der öffentlichen zweiten Sitzung wird oft Wert auf Fraktionsgeschlossenheit gelegt
	Nach der allgemeinen Aussprache können alle Bestimmungen des Gesetzentwurfs einzeln aufgerufen werden. Meist wird aber direkt über den gesamten Gesetzentwurf abgestimmt
	Jedes Mitglied kann Änderungsanträge stellen, die direkt im Plenum behandelt werden. Kommt es zu einem Änderungsbeschluss, muss die neue Fassung zunächst gedruckt und verteilt werden. Mit Zustimmung von zwei Dritteln der anwesenden Mitglieder kann dies jedoch abgekürzt werden und die dritte Lesung unmittelbar beginnen
Abstimmung in der dritten Lesung	Auf Antrag einer Fraktion oder von fünf Prozent der Abgeordneten kann eine weitere Aussprache erfolgen. Änderungen können nur noch von Fraktionen oder fünf Prozent der Mitglieder des BT und auch nur zu Änderungen aus der zweiten Lesung erfolgen
	Es folgt die Schlussabstimmung und bei Annahme bei Annahme die Weiterleitung an den Bundesrat
Zustimmung des Bundesrates	Der BR kann keine Änderungen mehr an dem vom BT beschlossenen Gesetz vornehmen. Er kann aber den Vermittlungsausschuss anrufen, der zu gleichen Teilen durch Mitglieder des BT und des BR besetzt wird
	Bei Zustimmungsgesetzen ist die Zustimmung des Bundesrates zwingend erforderlich, bei Einspruchsgesetzen kann der Bundestag ein Gesetz (mit absoluter Mehrheit) auch dann in Kraft treten lassen, wenn es im Vermittlungsausschuss zu keiner Einigung gekommen ist
Inkrafttreten des Gesetzes	Nach Unterzeichnung durch den Bundeskanzler und den zuständigen Fachminister wird es dem Bundespräsident zugeleitet. Dieser prüft, ob es verfassungsgemäß zustande gekommen ist und inhaltlich nicht offenkundig gegen das Grundgesetz verstößt. Nach Unterzeichnung wird es im Bundesgesetzblatt veröffentlicht

8.2.2 Bundesrat: Politische Funktion

Durch den Bundesrat wirken die Landesregierungen an der politischen Willensbildung und Entscheidungsfindung auf Bundesebene mit. Dabei entsteht eine politikwissenschaftlich interessante Gemengelage aus Länderinteressen, parteipolitischen Interessen und Interessen des Bundes (in Regierung und Parlament). Da der Bundesrat für die ca. 40 % der zustimmungspflichtigen Gesetzentwürfe eine Vetomöglichkeit hat, kommt dem quantitativen Anteil und der politischen Strategie der Oppositionsparteien auf Bundesebene im Bundesrat eine wichtige Rolle zu. Für eine quantitative Auswertung der Mehrheitsverhältnisse im Bundesrat wird zwischen Regierungs-, Oppositions- und Mischländern (R-, O- und M-Ländern) unterschieden (Leunig 2006), deren Anteile zwischen 1990 und 2011 in Tab. 8.5 zusammengefasst sind.

In der 12. Wahlperiode (1990–1994) sank der Stimmenanteil der R-Länder von 35 auf 17, also um über 50 % und pendelte sich bis Ende der 13. Wahlperiode bei 16 Stimmen ein. Während der beiden rot-grünen Legislaturen (1998–2005) sank der Anteil der R-Länderstimmen von 35 auf null. Während der Großen Koalition lang der R-Länderstimmenanteil meist bei 15; dafür gab es keine O-Länder im Bundesrat und einen Rekordwert von 54 Stimmen bei den M-Ländern. Der Stimmenanteil der O-Länder erreichte während der zweiten rot-grünen Koalition in 2003/2004 den Höchstwert von 41 Stimmen.

Überraschenderweise spiegeln sich diese Werte nicht in der Erfolgsquote des Vermittlungsausschusses. Während der zweiten rot-grünen Koalition (15. WP) lag diese mit 88 % genau im Durchschnitt des gesamten Zeitraums und sogar noch leicht höher als in den beiden vorangegangenen Wahlperioden (Tab. 8.7). Die Arbeit des Vermittlungsausschusses folgt also eigenen Logiken und hängt nicht (direkt) mit dem Stimmenanteil der R- oder O-Länder im Bundesrat zusammen. Der heuristische Wert der Unterscheidung von R-, O- und M-Ländern liegt also weniger in ihrer Vorhersagekraft für das „Blockadepotenzial" des Bundesrates, als in einer Indikator-Funktion für die Popularität der Koalition im Bund auf Länderebene.

Scharpf (2006, S. 7) unterscheidet für die Oppositionsparteien im Bundesrat drei mögliche Handlungsstrategien: Sie können sich an den Länderinteressen orientieren, an den Policy-Interessen ihrer Partei oder den positionalen Interessen ihrer Partei. Am stärksten wird der Bundesrat bei entsprechenden Mehrheiten bei einer Orientierung an den positionalen Interessen einer Partei zum Vetospieler bzw. zum Blockadeinstrument. Dies ist etwa gegen Ende einer Legislaturperiode zu erwarten, wenn die Unzufriedenheit mit der Regierung im Bund zum Erstarken der Opposition in den Ländern geführt hat. Die Opposition im Bund kann dann versuchen, durch eine kompromisslose Blockadepolitik im Bundesrat die Bundes-

8.2 Asymmetrischer Bikameralismus (vertikaler Föderalismus)

Tab. 8.5 Bundesratsmehrheiten nach den ROM-Schema 1990–2011. (Quelle: www.bundestag.de/dokumente/datenhandbuch/10/ (Abruf 17.04.2014) und eigene Ergänzung)

Wahlperiode	Regierungskoalition im Bundestag	Stand	Stimmenzahl BR insgesamt	R-Länder	O-Länder	M-Länder
12. WP 1990–1994	CDU/CSU und FDP	Jan. 1991	68	35	22	11
		April 1991	68	31	26	11
		Mai 1991	68	27	26	16
		Juni 1991	68	27	29	12
		Dez. 1991	68	27	26	15
		April 1992	68	21	26	21
		Juli 1994	68	17	30	21
		Okt. 1994	68	17	34	17
13. WP 1994–1998	CDU/CSU und FDP	Nov. 1994	68	13	34	21
		Dez. 1994	68	10	34	24
		Jan. 1996	69	10	35	24
		Juni 1996	69	16	35	18
14. WP 1998–2002	SPD und BÜNDNIS 90/ GRÜNE	Nov. 1998	69	35	16	18
		April 1999	69	30	21	18
		Sept. 1999	69	27	24	18
		Okt. 1999	69	23	28	18
		Juni 2001	69	27	28	14
		Okt. 2001	69	24	31	14
		Jan. 2002	69	20	31	18
		Mai 2002	69	16	35	18
15. WP 2002–2005	SPD und BÜNDNIS 90/ GRÜNE	März 2003	69	10	41	18
		Nov. 2004	69	10	37	22
		April 2005	69	6	37	26
		Juni 2005	69	–	43	26
16. WP 2005–2009	CDU/CSU und SPD	April 2006	69	15	–	54
		Nov. 2006	69	18	–	51
		Juli 2007	69	15	–	54
17. WP 2009– [2011]	CDU/CSU und FDP	Okt. 2009	69	37	11	21
		Nov. 2009	69	37	15	17
		Juli 2010	69	31	21	17
		Nov. 2010	69	34	21	14
		März 2011	69	31	24	14
		Mai 2011	69	25	30	14
		Dez. 2011	69	25	26	18

regierung zu lähmen und die Unzufriedenheit mit ihr weiter zu steigern. Allerdings sind (im Unterschied zu den USA) solche Konstellationen in Deutschland selten, wie z. B. die hohe Erfolgsquote des Vermittlungsausschusses zeigt (vgl. Tab. 8.6). Alternativ kann sie eine Strategie der gezielten Kompromisse verfolgen, um die Bereitschaft zur Verantwortungsübernahme zu signalisieren.

Für beide Oppositionsstrategien ist ein relativ hoher Anteil zustimmungspflichtiger Gesetze hilfreich. Dieser sollte aber durch die Föderalismusreform I auf unter 50 % reduziert werden. Tatsächlich konnte der Anteil zustimmungsbedürftiger Gesetze durch die Reform deutlich gesenkt werden. Lag er in der 14. Legislaturperiode (1998–2002) noch bei 54,6 % und in der 15. LP bei 50,8 %, so sank er in der 16. LP auf 41,8 und in der 17. LP (2009–2013) gar auf 38,3 %. Komplementär dazu ist der Anteil der Einspruchsgesetze auf zuletzt über 60 % gestiegen (Statistik Bundesrat). Damit ist nun eine deutliche Mehrheit der Gesetze nicht mehr zustimmungsbedürftig. Allerdings ist der Arbeitsaufwand im Vermittlungsausschuss nur vorübergehend gesunken, wie aus Tab. 8.5 hervor geht. Faktisch war aber auch bereits vor der Föderalismusreform I der Anteil der Vorlagen, die endgültig am Bundesrat gescheitert sind, sehr gering.

Tabelle 8.6 weist für alle Gesetzgebungsverfahren zwischen 1949 und 2013, für die der Vermittlungsausschuss angerufen wurde, eine Erfolgsquote von 88 % auf. Das heißt umgekehrt, dass lediglich 12 % der im Vermittlungsausschuss verhandelten Vorlagen endgültig gescheitert sind. Wenig überraschend konnte während der Großen Koalition im Vermittlungsausschuss eine Erfolgsquote von 100 % erreicht werden. Dafür sank die Erfolgsquote während der folgenden kleinen Koalition (2009–2013) auf unter 80 %, obwohl der Anteil der R-Länder im Bundesrat deutlich höher war als während der schwarz-gelben Koalitionen in der 12. und 13. Wahlperiode.

Neben der Funktion als ein „Vetospieler" bei der Gesetzgebung kann der Bundesrat auch selbst Gesetzgebung initiieren und hat von diesem Recht auch Gebrauch macht. Im Zeitraum von 1949 bis 2013 wurden 11 % aller Gesetzentwürfe vom Bundesrat initiiert, gegenüber einem Anteil von 16 % aus dem Bundestag und von 73 % von der Bundesregierung. Erwartungsgemäß nehmen die Entwürfe der Bundesregierung nicht nur den größten Anteil ein, sondern haben auch die größte Erfolgschance. Zwischen 1949 und 2013 wurden 88,3 % der Regierungsvorlagen auch vom Bundespräsident ausgefertigt und verkündet. Die Erfolgsquote für Initiativen aus der Mitte des Bundestags liegt dagegen im gleichen Zeitraum nur bei 33,7 %, die des Bundesrates bei 26,6 %. Dabei zeigt sich in den letzten Wahlperioden eine sinkende Tendenz. Trotzdem wurden in der 17. Wahlperiode (2009–2013) 84 Gesetzentwürfe vom Bundesrat zur Einbringung beschlossen, wovon 17 (20,2 %) auch eine Mehrheit im Bundestag fanden und ausgefertigt wurden.

8.2 Asymmetrischer Bikameralismus (vertikaler Föderalismus)

Tab. 8.6 Gesetzesvorlagen des Bundesrates und Erfolgsquote. (Quelle: www.bundesrat.de (Abruf Mai 2014) und eigene Berechnung)

Wahlperiode des Bundestages	1.–12. 1949–1994	13. 1994–1998	14. 1998–2002	15. 2002–2005	16. 2005–2009	17. 2009–2013	Summe
Anträge auf Einbringung eines Gesetzentwurfs	823	196	205	178	155	137	1694
Vom Bundesrat als Gesetzentwurf beschlossen und der Bundesregierung zugeleitet	485	147	95	116	100	84	1027
Von der Bundesregierung dem Bundestag zugeleitet	447	151	93	112	104	82	989
Vom Bundestag beschlossen, dem Bundesrat zugeleitet und von ihm beraten	164	38	22	17	19	17	277
Vom Bundespräsidenten ausgefertigt und verkündet	163	37	22	16	19	17	274
Erfolg Anträge [Zeile 2] (%)	19,8	18,8	10,7	9	12,2	12,4	16,1
Erfolg Gesetzentwürfe [Zeile 3] (%)	33,6	25,17	23,1	13,8	19	20,2	26,6

Folglich waren zuletzt noch ein Fünftel der Gesetzgebungsinitiativen des Bundesrates erfolgreich.

Bei der Anrufung des Vermittlungsausschusses zeigt sich ein umgekehrtes Bild (Tab. 8.7). In 89 % der Fälle wurde der Vermittlungsausschuss vom Bundesrat angerufen, lediglich in 9 % der Fälle von der Bundesregierung und in 2 % vom Bundestag. Insgesamt ist die Tätigkeit des Vermittlungsausschusses sehr erfolgreich. Im Durchschnitt kommen 88 % der dort verhandelten Vorlagen auch zu einem erfolgreichen Abschluss. Mit 100 % ist die Erfolgsquote während der großen Koalition besonders hoch gewesen. Allerdings fällt sie mit 77 % für die 17. Legislaturperiode auf ein unterdurchschnittliches Niveau ab.

König und Bräuninger (2005) haben für die 8. bis 14 Legislaturperiode nach Faktoren für den Erfolg von Gesetzesinitiativen im parlamentarischen Verfahren gesucht. Danach geht der größte Effekt auf den Erfolg vom Status des Initiators und dem Politikfeld der Regelungsmaterie aus. Die größte Erfolgswahrscheinlichkeit hatten in diesem Zeitraum Initiativen aus dem Regierungslager und solche, die sich auf das Feld der Außenpolitik bezogen (König und Bräuninger 2005, S. 61). Hinsichtlich der ‚Überlebenswahrscheinlichkeit' von Gesetzesinitiativen (Ereignisdatenanalyse) wurde festgestellt, dass nach etwa einem Jahr (350 Tage) die Hälfte aller Vorlagen verabschiedet war. Je länger eine Initiative ‚überlebt', umso geringer wird die Wahrscheinlichkeit ihrer Verabschiedung. Differenziert nach der Herkunft der Initiativen haben solche der Bundesregierung langfristig die größte Erfolgschance. Nach einem Jahr sind etwa 80 % aller Regierungsinitiativen verabschiedet (König und Bräuninger 2005, S. 63). Kurzfristig, bis etwa 200 Tage nach Einbringung, sind allerdings die Initiativen aus der Mitte des Bundestages erfolgreicher. Des Weiteren wirkt sich die Anrufung des Vermittlungsausschusses erst langfristig, ab etwa 400 Tagen nach der Initiierung, auf den Erfolg aus. Ein langfristiger Unterschied zwischen Zustimmungs- und Einspruchsgesetzen blieb marginal (König und Bräuninger 2005, S. 72).

8.3 Kooperativer Föderalismus

8.3.1 Horizontaler Föderalismus

In Deutschland findet die intergouvernementale Zusammenarbeit der Bundesländer in Form der Fachministerkonferenzen statt. An der Spitze dieses Systems stehen die regelmäßigen Treffen der Ministerpräsidenten bzw. regierenden Bürgermeister in Form der Ministerpräsidentenkonferenz (MPK). Dies sind ständige

Tab. 8.7 Anrufung des Vermittlungsausschusses und Erfolgsquote. (Quelle: www.bundesrat.de (Abruf Mai 2014) und eigene Berechnung)

Wahlperiode des Bundestages	1.–12. 1949–1994	13. 1994–1998	14. 1998–2002	15. 2002–2005	16. 2005–2009	17. 2009–2013	Summe
Gesetzgebungsverfahren, in denen der Vermittlungsausschuss angerufen wurde	575	83	75	100	18	43	894
Zweifache Anrufung	21	7	2	2	0	1	33
Dreifache Anrufung	4	1	0	0	0	0	5
Gesamtzahl der Anrufungen des Vermittlungsausschusses	605	92	77	102	18	44	938
Durch den Bundesrat	546	74	66	90	17	34	827
Durch die Bundesregierung	49	10	10	11	1	10	91
Durch den Bundestag	10	8	1	1	0	0	20
Verkündete Gesetze nach Anrufung des Vermittlungsausschusses	513	73	65	88	18	34	791
Erfolgsquote [Zeile 2] (%)	89,2	87,9	86,6	88	100	79	88,4
Erfolgsquote [Zeile 5] (%)	84,8	79,3	84,4	86,2	100	77,2	84,3

Einrichtungen mit in der Regel jährlich wechselndem Vorsitz eines Bundeslandes, in denen die Länder unabhängig vom Bund in dem jeweiligen Politikbereich zusammenarbeiten bzw. ihre Positionen koordinieren. Die Ministerpräsidenten- und die Fachministerkonferenzen sind keine Einrichtungen des Bundes und bestehen unabhängig vom Bundesrat, zu dem allerdings eine enge organisatorische Verbindung besteht, da die handelnden Personen weitgehend identisch sind. Für einige der Fachministerkonferenzen wurden Geschäftsstellen beim Bundesratssekretariat eingerichtet (www.bundesrat.de). Die Treffen finden meist in der Landeshauptstadt oder in der Berliner Landesvertretung des präsidierenden Bundeslandes statt. Die Tagesordnung der viermal jährlich stattfindenden MPK umfasst meist 10 bis 15 Punkte mit aktuellem Beratungsbedarf. Einzelne Themen können über mehrere Treffen beraten werden, bis eine Entscheidung fällt. Eventuell kann in sog. „Kamingesprächen" vorab in vertraulicher Runde der Regierungschefs ohne Mitarbeiter der Konsensspielraum ausgelotet werden. „Klassische Aufgabe der MPK ist auch der Abschluss von Staatsverträgen und Abkommen unter den Ländern oder mit dem Bund. Besonderer Schwerpunkt ist hierbei der Medienbereich mit den Rundfunkstaatsverträgen bzw. Rundfunkgebührenstaatsverträgen."[1] Aber auch Europapolitik, Finanzbeziehungen und Bildungspolitik sind häufig Thema auf einer MPK (www.bundesrat.de). Die Treffen der MPK werden von den Chefs der Staats- bzw. Senatskanzleien (CdS) vorbereitet, für die Arbeitsweise gibt es eine Geschäftsordnung. In dieser wurde etwa seit 2004 auf Einstimmigkeit bei Entscheidungen zugunsten einer qualifizierten Mehrheit (mindestens 13 Länder) verzichtet. Im Unterschied zum Bundesrat hat jedes Land bei Abstimmungen auch nur eine Stimme. „Das Konsensprinzip ist heute nur noch bei Entscheidungen über die Geschäftsordnung der MPK, bei haushaltswirksamen Angelegenheiten und der Schaffung von Gemeinschaftseinrichtungen erforderlich." (www.bundesrat.de). Vertreter des Bundes können auf den Konferenzen der Länder als Beobachter teilnehmen.

Von den regelmäßigen Länderminister-Konferenzen zu unterscheiden sind außerordentliche Treffen der Ministerpräsidenten mit der Bundeskanzlerin auf deren Einladung (Kropp 2010, S. 128). Diese Treffen sind eine Mischung aus horizontaler und vertikaler Koordination und sind meist anlass- bzw. themenbezogen. So standen bei den Treffen 2013/2014 Fragen der Energiepolitik bzw. der Energiewende (z. B. Novellierung des Erneuerbare-Energien-Gesetzes) im Zentrum der Gespräche. Eine Koordinationsfunktion zwischen der Bundeskanzlerin und den Ländern kommt dabei auch dem Bundeskanzleramtsminister zu.

---

[1] http://www.thueringen.de/th1/mpk/konferenz/struktur/.

8.3 Kooperativer Föderalismus

Auf operativer Ebene findet die Selbstkoordination der Länder durch die Fachministerkonferenzen und auf Ebene von Verwaltungskontakten statt. Die Fachministerkonferenzen haben eigene kleine Bürokratien, die teilweise an den Bundesrat angegliedert sind, teilweise von den gastgebenden Bundesländern eingerichtet werden. Für Beschlüsse ist meist Einstimmigkeit erforderlich. Da eine Verfassungsgrundlage für die Konferenzen und ihre Beschlüsse nicht besteht, haben die Entscheidungen zunächst nur politische Bindungswirkung, solange sie nicht in exekutive oder legislative Maßnahmen der Länder überführt werden. In der Regel sind die Länder für die Umsetzung der gemeinsamen Beschlüsse auf solchen Konferenzen in ihrem Verantwortungsbereich selbst zuständig. Das Aushandeln und der Abschluss von Verwaltungsabkommen oder Staatsverträgen auf den Fachministerkonferenzen ist eher die Ausnahme (Vedder 1996, S. 53). Eine Reihe von horizontalen Kooperationsformen auf Länderebene ist auch im Grundgesetz normiert. Dazu gehören u. a.:

- die Rechts-, Amtshilfe sowie Katastrophenhilfe zwischen den Ländern nach Art. 35,
- die Polizeihilfe nach Art. 91,
- die Gemeinschaftsaufgaben nach Art. 91 a und 91 b,
- der horizontale Finanzausgleich nach Art. 107 Abs. 2,
- der vertikale Finanzausgleich nach Art. 106 Abs. 3 und 4.

Unterhalb der Ebene von Staatsverträgen sind die rechtlich gleichfalls verbindlichen Verwaltungsabkommen angesiedelt, durch die die Länder Verpflichtungen eingehen, „die sie mit Mitteln der Exekutive durchführen können. Daher bedürfen Verwaltungsabkommen nicht der Zustimmung der Landtage und werden nicht in den Gesetz- und Verordnungsblättern der Länder veröffentlicht" (Vedder 1996, S. 54 f.). In Deutschland gibt es neben der Ministerpräsidentenkonferenz und der bekannteren Kultusministerkonferenz (KMK) sowie der Innenministerkonferenz (IMK) weitere Konferenzen für die Portfolios Agrar, Arbeit und Sozialpolitik, Bau, Europa, Finanzen, Gesundheit, Gleichstellung, Integration, Jugend und Familien, Justiz, Raumordnung, Sport, Umwelt, Verbraucherschutz, Verkehr, Wirtschaft und Wissenschaft.[2] Des Weiteren gibt es die weniger bekannte Konferenz der Landtagspräsidenten, die sich mit Fragen der parlamentarischen Praxis und der Arbeitsorganisation der Landtage befasst.

---

[2] http://www.bundesrat.de/cln_179/nn_8778/DE/gremien-konf/fachministerkonf/fachministerkonf-node.html?__nnn=true.

8.3.2 Vollzugsföderalismus

Eine Form des kooperativen Föderalismus ist der Vollzugsföderalismus, bei dem die Bundesebene für den Vollzug ihrer Gesetze und Maßnahmen auf die Behörden der Gliedstaaten angewiesen ist. Vollzugsföderalismus ist keine Besonderheit des bundesdeutschen Föderalismus, sondern ein in föderalen Staaten relativ weit verbreitetes Phänomen. Empirisches Kennzeichen dafür ist meist ein niedriger Anteil von Beamten bzw. Personal auf Bundesebene, der sich i. d. R. in den Ministerien konzentriert, sowie komplementär eine hohe Personalquote auf Ebene der Gliedstaaten und Kommunen. Neben Deutschland ist dies z. B. in den USA (trotz des Leitbildes dualer Föderalismus) und in der Schweiz der Fall.

Der Vollzug von Bundespolitik durch die Gliedstaaten wirft einige Probleme auf, da diese formell selbstständige Staaten sind, deren Verwaltungen sich der Bund bei der Ausführung seiner Gesetze und Maßnahmen quasi bedienen muss. Dies wirft staatsrechtliche, administrative und auch finanzielle Fragen auf, die durch die bundesstaatliche Ordnung geregelt werden müssen. Da sich das Konzept des Vollzugsföderalismus aber primär auf die Verwaltungsorganisation (Struktur und Verfahren) bezieht, ist es – im Unterschied etwa zur Idee des Wettbewerbsföderalismus – relativ ‚unpolitisch'.

Tabelle 8.8 fasst die staatsrechtliche Dimension nach dem Grundgesetz der Bundesrepublik Deutschland zusammen. Grundlegend für den Vollzugsföderalismus ist Art. 83 GG, nach dem die Länder die Bundesgesetze als „eigene Angelegenheiten" ausführen. Die dafür notwendige Verwaltungsorganisation können sie nach Art. 84 selbst bestimmen. Von der Ausführung von Bundesgesetzen als eigene Angelegenheiten wird in Art. 85 die Bundesauftragsverwaltung unterschieden. Hierbei kann der Bund mit Zustimmung des Bundesrates auch Vorgaben für die Einrichtung der ausführenden Landesbehörden machen.

Wie z. B. aus der Formulierung des Art. 85 Abs. 1 hervorgeht, haben die Länder selbst bei der Bundesauftragsverwaltung Gestaltungsfreiheit hinsichtlich der Behördenorganisation und können gegebenenfalls auf bundeseinheitliche Regelungen durch den Bundesrat Einfluss nehmen. Abbildung 8.1 fasst die Struktur des Vollzugsföderalismus nach dem Grundgesetz noch einmal zusammen.

8.4 Föderalismusreform I und II

Föderalismuspolitik ist ein relativ träges, schwer zu veränderndes Politikfeld. Dies lässt sich an den Ergebnissen der beiden Föderalismusreformen von 2006 und 2009 illustrieren. Nach langen Vorbereitungen, z. B. durch die Bund-Länder-Kommis-

8.4 Föderalismusreform I und II

Tab. 8.8 Vollzugsföderalismus nach dem Grundgesetz. (Quelle: nach www.verfassungen. de, Stand 2013)

Artikel	Inhalt
83	Die Länder führen die Bundesgesetze als eigene Angelegenheit aus, soweit dieses Grundgesetz nichts anderes bestimmt oder zulässt
84	(1) Führen die Länder die Bundesgesetze als eigene Angelegenheit aus, so regeln sie die Einrichtung der Behörden und das Verwaltungsverfahren. Wenn Bundesgesetze etwas anderes bestimmen, können die Länder davon abweichende Regelungen treffen. Hat ein Land eine abweichende Regelung nach Satz 2 getroffen, treten in diesem Land hierauf bezogene spätere bundesgesetzliche Regelungen der Einrichtung der Behörden und des Verwaltungsverfahrens frühestens sechs Monate nach ihrer Verkündung in Kraft, soweit nicht mit Zustimmung des Bundesrates anderes bestimmt ist. […] [Abweichungsgesetzgebung]
	(2) Die Bundesregierung kann mit Zustimmung des Bundesrates allgemeine Verwaltungsvorschriften erlassen
	(3) Die Bundesregierung übt die Aufsicht darüber aus, dass die Länder die Bundesgesetze dem geltenden Rechte gemäß ausführen. Die Bundesregierung kann zu diesem Zwecke Beauftragte zu den obersten Landesbehörden entsenden […]
85	(1): Führen die Länder die Bundesgesetze im Auftrage des Bundes aus, so bleibt die Einrichtung der Behörden Angelegenheit der Länder, soweit nicht Bundesgesetze mit Zustimmung des Bundesrates etwas anderes bestimmen. […]
	(3) Die Landesbehörden unterstehen den Weisungen der zuständigen obersten Bundesbehörden. Die Weisungen sind, außer wenn die Bundesregierung es für dringlich erachtet, an die obersten Landesbehörden zu richten. Der Vollzug der Weisung ist durch die obersten Landesbehörden sicherzustellen
	(4) Die Bundesaufsicht erstreckt sich auf Gesetzmäßigkeit und Zweckmäßigkeit der Ausführung. Die Bundesregierung kann zu diesem Zwecke Bericht und Vorlage der Akten verlangen und Beauftragte zu allen Behörden entsenden

sion von 2003 bis 2004 (Vorsitzende Müntefering und Stoiber) unter dem Auftrag „Modernisierung der bundesstaatlichen Ordnung", sollte u. a. die legislative Zuständigkeit von Bund und Ländern entflochten werden. Die Ergebnisse wurden im März 2006 in den Bundestag eingebracht und im Juni und Juli 2006 von Bundestag und Bundesrat mit Zweidrittelmehrheit beschlossen; die Föderalismusreform I trat am 1. September 2006 in Kraft. Sie sieht eine Neuregelung der Kompetenzverteilung zwischen Bund und Länder vor mit dem Ziel, die Verantwortlichkeiten des

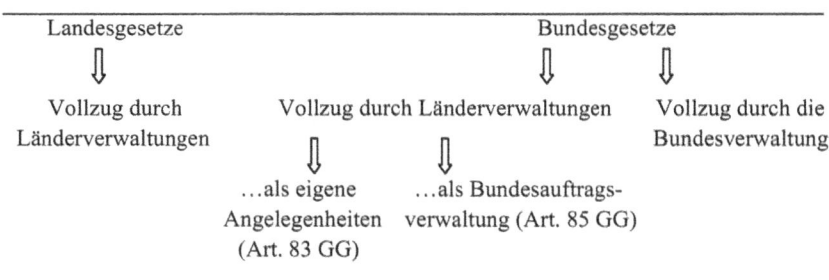

Abb. 8.1 Struktur des Vollzugsföderalismus in Deutschland (Art. 83-85 GG). (Quelle: Eigene Zusammenstellung nach Tab. 8.8)

Bundes und der Länder klarer zu regeln und deren Gestaltungsmöglichkeiten ausbauen. Wichtige Änderungen sind:

- Die Rahmengesetzgebung (Art. 75 GG) wurde abgeschafft und die Materien der konkurrierenden Gesetzgebung zugeordnet. Die Zustimmungserfordernisse wurden reduziert und als Kompensation für die Länder eine Abweichungsgesetzgebung in einigen Gebieten wie Hochschulzulassung und -abschlüsse, Raumordnung und Naturschutz eingeführt (Art. 72).
- Die Zustimmungsbedürftigkeit von Bundesgesetzen nach Artikel 84 (landeseigene Verwaltung, Bundesaufsicht) wurde reduziert und kompensatorisch für die Länder die Möglichkeit abweichender Regelungen im Verwaltungsverfahren eingeführt.
- Die Übertragung von Aufgaben durch den Bund auf die Gemeinden wurde eingeschränkt (Art. 104).
- Änderungen im Beamtenrecht (Art. 33 öffentlicher Dienst und 74a Besoldung und Versorgung im öffentlichen Dienst (aF) in Artikel 74 eingefügt.
- Durch Wegfall der Rahmengesetzgebung verlor der Bund die Kompetenz für die „allgemeinen Grundsätze des Hochschulwesens". Bei Hochschulzulassung und Hochschulabschlüssen wurden Abweichungsmöglichkeiten aufgenommen (Artikel 72.3)
- Artikel 91b (gemeinsame Förderung von wissenschaftlicher Forschung durch Bund und Länder „in Fällen überregionaler Bedeutung") wurde neu geregelt.
- Die Abwehr länderübergreifender Gefahren des internationalen Terrorismus wurde in die ausschließliche Gesetzgebung des Bundes (Art. 73) gelegt.
- In der Europapolitik (Artikel 23) wurden die Mitwirkungsrechte des BR leicht reduziert und auf die Felder Bildung, Kultur und Rundfunks fokussiert.
- Strafen nach EU-Recht (Stabilitätskriterien des Maastrichter Vertrages) sollen nach Artikel 109 zu 65 % vom Bund und zu 35 % von den Länder getragen werden (F.A.Z., 07.03.2006, S. 2).

8.4 Föderalismusreform I und II

Tab. 8.9 Die Neuordnung der Kompetenzen nach der Föderalismusreform I. (Quelle: Nach Frankfurter Allgemeine Zeitung, 07.03.2006, S. 2)

Verlagerung auf die Länder	Strafvollzug, Versammlungsrecht, Heimrecht, Ladenschlussrecht, – Gaststättenrecht, Spielhallen/Schaustellung von Personen, Messen/Ausstellungen/Märkte, Teile des Wohnungswesens, landwirtschaftlicher Grundstücksverkehr und Pachtwesen, Flurbereinigung, Siedlungs- und Heimstättenwesen, Sport-, Freizeit- und scg. sozialer Lärm, Besoldung, Versorgung u. Laufbahnrecht der Landesbeamten und Richter, Großteil des Hochschulrechts mit Ausnahme der Hochschulzulassung und Abschlüsse, allgemeine Rechtsverhältnisse der Presse
Verlagerung auf den Bund	Abwehr von Gefahren des internationalen Terrorismus durch das BKA be. länderübergreifender Gefahrenlage, Waffen- und Sprengstoffrecht, Versorgung der Kriegsbeschädigten, Erzeugung und Nutzung der Kernenergie, Errichtung und Betrieb von Anlagen, Schutz gegen Gefahren, Beseitigung radioaktiver Stoffe, Melde- und Ausweiswesen, Schutz deutschen Kulturgutes gegen Abwanderung ins Ausland
Konkurrierende Gesetzgebung	Umweltbezogene Materien wie Naturschutz. Landschaftspflege, Wasserhaushalt, Dienstrecht im Hinblick auf die Personalhoheit der Lander: Statusrechte und -pflichten der Landesbeamten und Landesrichter, aus dem Hochschulwesen im Hinblick auf die Kulturhoheit der Länder: Hochschulzulassung und –abschlüsse, die kunkurrierende Gesetzgebung zu Hochschulzulassung und -abschlüssen und umweltbezognenen Materien wird mit Abweichungsbefugnissen der Lander versehen: hat der Bund von seiner Zuständigkeit Gebrauch gemacht, können die Länder durch Gesetz hiervon abweichen
Finanzverfassung	Verschärfung der Voraussetzungen für Finanzhilfen, Stärkung regionaler Steuerautonomie, Lastenteilung von Bund und Ländern bei Verletzung von EU-Recht und internationalen Verpflichtungen nach dem GG

In Tab. 8.9 werden die Ergebnisse der Föderalismusreform I noch einmal systematisch zusammengefasst. Die politikwissenschaftliche Diskussion nahm die Ergebnisse der ersten Reformrunde eher skeptisch auf. Weitgehend herrschte Enttäuschung über die geringe Reichweite der Ergebnisse vor. Scharpf (2006, S. 6) hat die Gründe für diese Enttäuschung zu drei Faktoren zusammengefasst:

> Zum einen kollidieren Versuche einer Entflechtung mit der grundlegenden Architektur des deutschen Bundesstaates, in der dem Bund und den Ländern nicht bestimmte Staatsaufgaben im Ganzen, sondern einzelne Staatsfunktionen zugeordnet werden. Zum zweiten ignorierte der von der Kommission verfolgte Ansatz einer ‚klaren Tren-

nung' der Aufgaben von Bund und Ländern sowohl den in der Sache begründeten Mehrebenencharakter der Staatsaufgaben als auch die gravierenden Unterschiede in der Leistungsfähigkeit der Länder. Drittens schließlich bestimmten die Vetospieler jeder Verfassungsreform – die Ministerpräsidenten und die Sprecher der Bundestagsfraktionen – nicht nur das parlamentarische Verfahren, sondern bereits die Kommissionsberatungen.

Der in der ersten Runde ausgelagerte Aspekt bundesstaatlicher Finanzbeziehungen wurde dann in der zweiten Reformrunde gezielt angegangen. Die zum 1. August 2009 in Kraft getretene Föderalismusreform II wurde Mitte 2009 von Bundestag und Bundesrat mit der nach dem Grundgesetz erforderlichen Zweidrittelmehrheit beschlossen. Die von Bundestag und Bundesrat mit jeweils 16 Mitgliedern besetzte „Föderalismuskommission II" erarbeitete zwischen März 2007 und März 2009 eine Reihe von Empfehlungen zur Modernisierung der föderalen Finanzbeziehungen, in deren Zentrum aber eine neue Schuldenregel für Bund und Länder stand. Diese auch „Schuldenbremse" bekannt gewordene Regelung sieht eine Begrenzung der Nettokreditaufnahme von Bund und Ländern vor. Des Weiteren wurde in der Föderalismusreform II aber auch im neu erstellten Art. 91c GG die Möglichkeit gegeben, dass Bund und Länder „bei der Planung, der Errichtung und dem Betrieb der für ihre Aufgabenerfüllung benötigten informationstechnischen Systeme zusammenwirken" können.

Innerhalb der Finanzverfassung (Art. 104a-115 GG) nimmt die Haushaltsordnung einen eigenen Bereich ein (Art. 109-115). Nach Art. 104a muss zunächst jede Ebene für die ihr zugewiesenen Aufgaben auch die Ausgaben tragen. Art. 109 Abs. 1 nimmt darauf Bezug und betont, dass Bund und Länder „in ihrer Haushaltswirtschaft selbständig und voneinander unabhängig" sind. Allerdings müssen sie „die Verpflichtungen der Bundesrepublik Deutschland aus Rechtsakten der Europäischen Gemeinschaft" gemeinsam erfüllen (Abs. 2). Die Aufteilung von Strafen nach EU-Recht zwischen Bund und Ländern, etwa aufgrund von Verletzungen der Maastricht Stabilitätskriterien, wurde bereits in der Föderalismusreform I beschlossen.

Ziel der Schuldenbremse ist es, die chronisch defizitären Haushalte des Bundes und der Länder vor dem Hintergrund der europäischen Euro- bzw. Staatsschuldenkrise bis zum Jahr 2016 (Bund) und 2020 (Länder) auf eine Finanzierung ohne Kredite (Art. 109 Abs. 3 i. V. m. Art. 143d GG) festzulegen. Allerdings wurde für den Bund dann doch wieder eine ‚Hintertür' eingebaut, indem eine konjunkturbedingte strukturelle Verschuldung von bis zu 0,35 % des BIP zulässig ist. Für die Schuldenbremse wurden Art. 109 Abs. 3 und 115 Abs. 2 GG neu formuliert.

Bereits vor der Einführung der Schuldenbremse gab es in Art. 115 GG und in vielen Landesverfassungen eine Begrenzung der Nettokreditaufnahme auf die

8.4 Föderalismusreform I und II

Höhe der geplanten Investitionen eines Haushalts („golden rule"). Diese verbreitete goldene Regel ist jedoch ein ‚zahnloser Tiger', da zum einen Sanktionsmöglichkeiten fehlen, sie zum anderen aber auch an ‚normale' wirtschaftliche Rahmenbedingungen geknüpft ist, über deren Auslegung man sich streiten kann. Der kontinuierliche Anstieg der Schuldenquote auch in Deutschland ist ein deutliches Indiz für die Wirkungslosigkeit der Regel. Andererseits muss aber auch konstatiert werden, dass die im Vergleich zu Frankreich, Spanien oder Italien niedrige Schuldenquote in Deutschland auch auf die ‚golden rule' zurückzuführen sein kann. Es wäre also unangemessen, auf eine völlige Wirkungslosigkeit zu schließen (vgl. Jochimsen 2008, S. 543). Mit der Schuldenbremse seit der Föderalismusreform II ist ein wirksames Instrument implementiert, das jedoch einige Hintertüren offen lässt.

Des Weiteren wurde bei der Föderalismusreform II ein Stabilitätsrat als Aufsichtsgremium von Bund und Ländern eingerichtet, bestehend aus dem Bundesfinanz- und Bundeswirtschaftsminister sowie den Finanzministern der Länder (Art. 109a GG). Kontrollierte und Kontrollierende sind in diesem Gremium somit identisch. Politikexterner Sachverstand wurde nicht hinzu gezogen. Den Vorsitz teilen sich der Bundesfinanzminister und der Vorsitzende der Finanzministerkonferenz der Länder. Das Ausführungsgesetz zum Stabilitätsrat (StabiRatG) regelt u. a. Voraussetzungen und Verfahren zur Feststellung drohender Haushaltsnotlagen sowie Grundsätze zur Aufstellung und Durchführung von Sanierungsprogrammen, um (zukünftige) Haushaltsnotlagen zu verhindern.

Formelles Ziel des Stabilitätsrates ist es, mittels eines Indikatorensystems drohende Haushaltsnotlagen im Bund oder einem Land frühzeitig zu erkennen und über Gegenmaßnahmen zu beraten. Zwar müssen Bund und Länder nun jährlich Stabilitätsberichte vorlegen, jedoch bleibt der Beschluss des Stabilitätsrates darüber, ob eine Haushaltsnotlage tatsächlich droht, weiterhin eine politische Entscheidung. Die betroffene Gebietskörperschaft ist bei der Entscheidung zwar nicht stimmberechtigt, jedoch ist für eine solche Entscheidung eine Zweidrittelmehrheit notwendig. Auch hat der Bund bei einer Abstimmung über ein Land ein Vetorecht. Kommt trotz dieser Hürden eine positive Entscheidung zustande, muss als Konsequenz mit der betroffenen Gebietskörperschaft ein Sanierungsprogramm vereinbart werden (Brügelmann und Schaefer 2012, S. 10 f.). Zum Spielraum des Bundes gehört etwa die Berechnung des strukturellen Defizits, das dann schrittweise bis 2016 auf null zurück geführt werden soll. Da sich der Stabilitätsrat aus den Finanzministern des Bundes und der Länder zusammen setzt, sind in Verbindung mit der erforderlichen Zweidrittelmehrheit und dem Vetorecht des Bundes keine strengen Entscheidungen dieses Gremiums zu erwarten. „A ‚stability council', composed of federal and state ministers, has little power to sanction prodigals. Apparently, it is as toothless as the enforcers of European financial discipline" (The Economist 2011, S. 33).

8.5 Die Bundesländer im Vergleich

8.5.1 Sozioökonomische Merkmale

Trotz des Gebots zur Herstellung gleichwertiger Lebensverhältnisse nach Art. 72 II GG zeigt sich eine erhebliche Varianz sozioökonomischer Merkmale zwischen den Ländern. Politische Debatten hierzu setzen meist bei einer Reform des Länderfinanzausgleichs, bei einem stärkeren Engagement des Bundes in der Regional- und Strukturpolitik und bei Verwaltungs- und Strukturreformen innerhalb der Länder an. Die Debatte um eine Reduzierung der Länderzahl durch Fusionen (z. B. Laufer und Münch 2010, S. 86) ist dagegen seit der gescheiterten Fusion von Berlin und Brandenburg 1996 eher akademischer Natur. Hintergrund solcher Überlegungen ist neben der Kostenreduktion auch eine weitere Angleichung sozioökonomischer Merkmale und Leistungsfähigkeiten durch die Zusammenlegung kleinerer Bundesländer. In diesen Vorschlägen kommt aber auch eine Tendenz zur Zentralisierung zum Ausdruck, die in einer kleinteiligen föderalen Struktur ein Hindernis bei der Herstellung gleichwertiger Lebensverhältnisse nach Art. 72 II GG sieht.

Die Herausforderung des Angleichens der Lebensverhältnisse kommt insbesondere in der Nord-Süd- und der Ost-West-Dimension zum Ausdruck. In der Ost-West-Dimension betrifft dies bis vor einigen Jahren einen stetigen Bevölkerungsrückgang in den neuen Bundesländern und die damit verbundenen sozioökonomischen und politischen Probleme. An der Ost-West-Migration leiden insb. ostdeutsche Flächenländer wie Mecklenburg-Vorpommern, während in Großstädten wie Leipzig, Dresden und auch Chemnitz inzwischen eine Trendwende eingesetzt hat. Dadurch wurde 2014 auch für das Land Sachsen insgesamt zum dritten Mal in Folge ein Bevölkerungswachstum verzeichnet, das jedoch nur durch die Großstädte gespeist wird.

Die Folgen des Bevölkerungsrückgangs sind vielfältig und reichen vom geringeren Steueraufkommen und Leistungen aus dem Finanzausgleich über notwendige Gebiets- und Verwaltungsreformen (Zusammenlegung von territorialen und funktionalen Einheiten) bis zum Verschwinden industrieller Kerne etwa in der Chemieindustrie, die z. B. durch Tourismus oder Landwirtschaft bei weitem nicht kompensiert werden können. Die Migration zwischen den Bundesländern ist auch eine Folge unterschiedlich hoher Arbeitslosenquoten und entsprechender ökonomischer Entwicklungsaussichten.

Auch wenn in Mecklenburg-Vorpommern unter der Großen Koalition in Schwerin eine nachhaltige Haushaltskonsolidierung gelungen ist (2019 läuft der zweite Solidarpakt aus), bündeln sich dort doch die Probleme des Nord-Süd- und des Ost-West-Gefälles – was wiederum die Politik zu besonderen Lösungen herausfordert

8.5 Die Bundesländer im Vergleich

Tab. 8.10 Eckdaten der Bundesländer 2010. (Quelle: Destatis, Eurostat (Bevölkerungsdichte), eigene Hervorhebung)

	Bevölkerung (in tsd.)	Bevölkerungsdichte (2011)	Ausländeranteil	Arbeitslosenquote	Jugendarbeitslosigkeit (<25) Jahre
BW	10.748,5	301,2	11,86	4,90	3,80
Bayern	12.522,7	178,1	9,50	4,50	3,80
Berlin	3.447,0	*3.921,7*	*13,65*	*13,60*	*14,40*
Brandenburg	2.507,6	84,8	2,67	11,10	11,30
Bremen	660,4	1.576,7	12,46	12,00	10,60
Hamburg	1.780,1	2.373,9	13,55	8,20	7,40
Hessen	6.064,2	287,9	11,15	6,40	6,10
MV	1.646,3	70,7	2,38	12,70	11,50
Niedersachsen	7.925,4	166,3	6,68	7,50	7,00
NRW	*17.853,7*	523,4	10,52	8,70	7,90
Rheinland-Pfalz	4.007,5	201,5	7,71	5,70	5,60
Saarland	1.020,0	395,3	8,42	7,50	6,80
Sachsen	4.155,8	224,9	2,75	11,80	10,90
Sachsen-Anh	2.344,9	113,7	1,87	12,50	11,10
SchHol	2.832,2	179,5	5,12	7,50	7,80
Thüringen	2.241,6		2,20	9,80	8,30

wie etwa eine Gebietsreform zur Straffung und Kostenreduzierung regionaler Verwaltungsstrukturen. Brandenburg und Mecklenburg-Vorpommern haben im Vergleich die niedrigste Bevölkerungsdichte, die Stadtstaaten Berlin und Hamburg die höchste (Tab. 8.10). Auch der Ausländeranteil ist in Berlin und Hamburg am höchsten und in den neuen Bundesländern, speziell in Thüringen und Sachsen-Anhalt, am niedrigsten. Berlin hat die höchste (Jugend-)Arbeitslosigkeit und Baden-Württemberg und Bayern die niedrigste (Stand 2010).

Im Vergleich von Wirtschaftsindikatoren ist das Bruttoinlandsprodukt pro Kopf immer noch der aussagekräftigste Wert. Tabelle 8.11 fasst einige Indikatoren der Bundesländer für 2010 zusammen. Das BIP pro Kopf ist in Hamburg am höchsten und in Mecklenburg-Vorpommern am niedrigsten; dort ist der Anteil des Primärsektors (Land- und Forstwirtschaft, Fischerei) an der Bruttowertschöpfung am höchsten. Auch in Sachsen-Anhalt und Brandenburg ist der Anteil des Primärsektors an der Bruttowertschöpfung mit etwa zwei Prozent vergleichsweise groß. Mecklenburg-Vorpommern hat nach Berlin auch den zweitniedrigsten Anteil der Bruttowertschöpfung im Bereich produzierendes Gewerbe (Industrie), was von Berlin (zweiter Platz nach Hamburg) aber durch einen starken Dienstleistungs-

Tab. 8.11 Wirtschaftsindikatoren der Bundesländer 2010. (Quelle: Destatis, Eurostat; eigene Hervorhebung)

	BIP pro Kopf (€)	BIP-Anteil (in %)	Reales BIP (p.K.) in % des EU-Durchschnitts	Anteil Primärsektor an BWS (in %)	Anteil produzierendes Gewerbe an BWS (in %)	Anteil Dienstleistungen an BWS (in %)
BW	33.871	14,6	138	0,5	*37,6*	*61,9*
Bayern	34.624	17,4	*142*	0,9	32,6	66,4
Berlin	28.715	4,0	118	0,0	17,1	82,9
Brandenburg	21.810	2,2	87	1,9	27,0	71,1
Bremen	39.920	1,1	167	0,0	26,5	73,4
Hamburg	*51.705*	3,7	213	0,1	*15,5*	*84,4*
Hessen	36.003	8,7	150	0,4	24,1	75,5
Meckl.-Vorp.	21.066	1,4	85	*3,1*	19,9	76,9
Niedersachsen	27.196	8,6	112	1,5	31,1	67,2
NRW	31.088	*22,2*	127	0,4	28,8	70,8
Rheinl.-Pfalz	27.626	4,4	112	1,4	33,7	64,9
Saarland	29.196	1,2	118	0,2	33,5	66,3
Sachsen	22.238	3,7	91	1,0	30,9	68,1
Sachsen-Anh.	21.617	2,0	87	2,0	32,7	65,3
SchHol	25.621	2,9	104	1,5	22,9	75,6
Thüringen	20.849	1,9	85	1,4	33,3	65,2
Deutschland	30.532	100	125	0,8	29,7	69,5

sektor kompensiert werden kann. Das hohe BIP pro Kopf und die Dienstleistungsstärke Hamburgs ist insbesondere auf den Hafen zurückzuführen. Die alten Bundesländer ohne Berlin erwirtschafteten 2010 zusammen 84,8 % des BIP, die neuen Bundesländer ohne Berlin zusammen 11,2 % (Destatis, VGR).

Hinsichtlich der Abweichung des BIP vom EU-Durchschnitt in den Gliedstaaten liegt Deutschland zwischen Belgien und Österreich. Während in Belgien durch die Hauptstadt Brüssel ein positiver ‚Ausreißer' gegeben ist, sind die Abweichungen in Österreich deutlich niedriger als in Deutschland oder Belgien. Die höchsten

Abweichungen in Deutschland erreichen die Hansestädte Hamburg und Bremen (Hafen!) mit 213 und 167 % des EU-Durchschnitts (2010). Erst dann folgen die Flächenländer Hessen und Bayern (150 und 142 %). Am anderen Ende stehen Brandenburg und Sachsen-Anhalt (87 %) sowie Thüringen und Mecklenburg-Vorpommern mit 85 % des EU-Durchschnitts (2010; Eurostat nama_r_e2gdp, BIP zu laufenden Marktpreisen).

8.5.2 Politisch-institutionelle Merkmale

Im Unterschied zur deutlichen föderalen Varianz bei den sozioökonomischen Merkmalen unterscheiden sich die Bundesländer bei politischen und institutionellen Merkmalen weniger stark. Dies liegt auch am Homogenitätsgebot nach Art. 28 Abs. 1 GG, nach dem die Landesverfassungen „den Grundsätzen des republikanischen, demokratischen und sozialen Rechtsstaates im Sinne dieses Grundgesetzes entsprechen" müssen. Aber auch die Entstehungsgeschichte der Bundesrepublik Deutschland, in der den Ländern nur ein begrenzter Spielraum für Variationen zur Verfügung stand und faktisch auch schnell ein breiter Konsens über die Grundzüge der institutionellen Ausgestaltung gefunden wurde, spielt dabei eine große Rolle. Zwar wurde bei der Neugründung der Länder auch auf bereits bestehende Strukturen zurückgegriffen, jedoch spielten die faktischen Zoneneinteilungen und Erwägungen der Besatzungsmächte auch eine große Rolle. So wurden im Südwesten auf dem Gebiet des heutigen Baden-Württemberg zunächst die Länder Württemberg-Baden, Württemberg-Hohenzollern und Baden gegründet, die im April 1952 fusioniert wurden. Auch in der sowjetischen Besatzungszone kam es zunächst zur Gründung von Ländern, die aber 1952 in 15 Bezirke aufgelöst wurden. Die Gründung der „neuen Länder" 1990 geschah zeitgleich mit der Wiedervereinigung durch ein noch von der Volkskammer der DDR beschlossenes Ländereinführungsgesetz. Auch dabei wurde einerseits zwar auf die alten Ländergrenzen Bezug genommen, jedoch wurden im Detail auch erhebliche Anpassungen vorgenommen. Aufgrund des Vier-Mächte-Status zählte (Ost-)Berlin nicht zu den fünf neuen Ländern, war aber gleichwohl Teil des Beitrittsgebiets.

Nach Art. 29 GG ist für eine Zusammenlegung eine Volksabstimmung in den betreffenden Ländern erforderlich. Während 1951 in allen drei Südwestländern eine Abstimmungsmehrheit erreicht wurde, scheiterte eine geplante Fusion von Berlin und Brandenburg 1996 an der fehlenden Mehrheit in Brandenburg. Eine historisch zu erklärende Ausnahme in Deutschland sind auch die „Stadtstaaten" Bremen, Hamburg und Berlin, die es im internationalen Vergleich meist nur für Hauptstädte gibt (z. B. Brüssel, Wien, Madrid, Washington D.C.). Die Schweiz hat zwar einige bevölkerungsmäßig sehr kleine Kantone, jedoch keine Stadtkantone (Sonderfall Genf). Die Hauptstadt Bern ist in den größten Flächenkanton der Schweiz eingebettet. In den USA hat die Hauptstadt Washington D.C. den Status eines Bundesdistrikts, ist also kein eigener Gliedstaat.

Im Folgenden werden einige Aspekte der Parteien- und Wahlsysteme der Länder miteinander verglichen (vgl. Kap. 5.2). Das Wahlrecht ist meist eine Schlüsselvariable für das Format des Parteiensystems und die konkrete Verteilung politischer Macht. Meist sind die Wahlsysteme auf Gliedstaatenebene dem auf Bundesebene ähnlich, ohne ihm allerdings direkt zu entsprechen. So wird in 12 Ländern das auch auf Bundesebene geltende System der „personalisierten Verhältniswahl" mit einer Kandidaten- und einer Listenstimme angewendet, während vier Länder davon abweichen (Tab. 8.12). In Baden-Württemberg kann jeder Wähler nur eine Stimme für einen Direktkandidaten abgeben, die aber (wie bei der ersten Bundestagswahl 1949) zugleich als Parteistimme auf Landesebene gezählt wird. Die nach Vergabe der Direktmandate einer Partei noch zusätzlich zustehenden Mandate werden dann aber nicht von einer Liste ergänzt, sondern nach dem Stimmenanteil der Direktkandidaten in den jeweiligen Regierungsbezirken. Dadurch erhält des Wahlsystem insgesamt stärker persönlichkeitsorientierte, ‚majoritäre' Züge. Auch in Bremen, Hamburg und dem Saarland kann nur eine (Listen)Stimme abgegeben werden, allerdings werden dort offene Listen angeboten. Auch in Bayern sind offene Listen vorgeschrieben, jedoch wird dort nach dem personalisierten Verhältniswahlrecht mit zwei Stimmen gewählt. Bei offenen Listen können die Wähler direkt auf die Reihenfolge der Kandidaten Einfluss nehmen. Die vom Bundesverfassungsgericht 2008 für die kommunale Ebene und 2011/2014 für die Europawahl aufgehobene Fünf-Prozent-Hürde (Krumm 2013a) ist auf Länderebene noch durchgängig vorhanden, allerdings in vier Bundesländern durch Grundmandatsklauseln geöffnet. Brandenburg, Bremen, Hamburg und Schleswig-Holstein haben das Wahlalter inzwischen auf 16 Jahre gesenkt.

Die Parteiensysteme der Länder unterscheiden sich meist deutlich vom Parteiensystem auf zentraler Ebene. Dies betrifft weniger die institutionelle Ausgestaltung auf wahlrechtlicher und parlamentarischer Ebene als die parteipolitische Dimension. Die föderale Dimension des Parteiensystems kommt z. B. bei den Landesergebnissen von Bundestagswahlen, aber auch bei den Ergebnissen der Landtagswahlen zum Ausdruck. Zwischen 1999 und 2012 erzielte die Union (CSU) ihr bestes Ergebnis 2003 in Bayern, die FDP 2009 in Hessen, die SPD 2011 in Hamburg, Bündnis'90/Grüne 2011 in Baden-Württemberg, die rechten Parteien 1999 in Sachsen-Anhalt und die Linke 2004 in Brandenburg. Landtagswahlergebnisse bzw. die Wettbewerbssituation der Parteien auf Länderebene können durch bundespolitische Ereignisse und Entwicklungen mitbestimmt werden, ohne diese

8.5 Die Bundesländer im Vergleich

Tab. 8.12 Wahlrechtliche Bestimmungen in den Bundesländern. (Quelle: Völkl 2009, S. 128; www.wahlrecht.de/landtage/index.htm, eigene Ergänzung)

	Periode	System	Stimmen	Listentyp	Sperrklausel (5 %)	Grundmandatsklausel	Ergänzungsmandate	Verrechnungsmethode	Parlamentsgröße [direkt/Liste][a]	Wahlalter
BW	5	pPR	1	Nur Direktmandate	Ja	Nein	Ja, getrennt nach Distrikten	Sainte-Laguë	120 [70/50]	18
BY	5	pPR	2	Offen	Ja	Nein	Ja, getrennt nach Distrikten	Hare/Niemeyer	180 [92/88]	18
BE	5	pPR	2	Geschl.	Ja, einschl. ungültige Stimmen	1 Sitz	Ja	Hare/Niemeyer	130 [78/52]	18
HB	4	PR	1	Offen	Ja, getr. für Br. und Bremerhaven	–	–	Sainte-Laguë	83 [Bremen 67, Bremerhaven 16]	16
HH	4	PR	1	Offen	Ja	–	–	Sainte-Laguë	120	16
HE	5	pPR	2	Geschl.	Ja	Nein	Ja	Hare/Niemeyer	110 [55/55]	18
NI	5	pPR	2	Geschl.	Ja	Nein	Ja	d'Hondt	135 [87/48]	18
NW	5	pPR	2	Geschl.	Ja	Nein	Ja	Sainte-Laguë	181 [126/55]	18
RP	5	pPR	2	Geschl.	Ja	Nein	Ja	Sainte-Laguë	101 [51/50]	18
SL	5	PR	1	Geschl.	Ja	–	–	d'Hondt	51	18
SH	5	pPR	2	Geschl.	Ja, ohne SSW	1 Sitz	Ja	Sainte-Laguë	69 [35/34]	16
BB	5	pPR	2	Geschl.	Ja	1 Sitz	Ja	Hare/Niemeyer	88 [44/44]	16
MV	5	pPR	2	Geschl.	Ja	Nein	Ja	Hare/Niemeyer	71 [36/35]	18
SN	5	pPR	2	Geschl.	Ja	2 Sitze	Ja	d'Hondt	120 [60/60]	18

Tab. 8.12 (Fortsetzung)

Periode	System	Stimmen	Listentyp	Sperrklausel (5%)	Grundmandatenklausel	Ergänzungsmandate	Verrechnungsmethode	Parlamentsgröße [direkt/Liste][a]	Wahlalter
ST	5	pPR	2	Geschl.	Ja	Nein	Ja	Hare/Niemeyer	91 [45/46]	18
TH	5	pPR	2	Geschl.	Ja	Nein	Ja	Hare/Niemeyer	88 [44/44]	18

pPR personalisiertes Verhältniswahlrecht

[a] Mindestgröße des Parlaments; die tatsächliche Größe kann aufgrund von Überhangs- und Ausgleichsmandaten oft größer ausfallen (vgl. Leunig 2007, S. 79 ff.)

8.5 Die Bundesländer im Vergleich

jedoch zu determinieren. Für die inhaltliche Positionierung der Landesverbände der Parteien spielt dabei insbesondere die jeweilige Wettbewerbssituation eine wichtige Rolle, also die Entwicklung und Struktur des Landesparteiensystems und auch Präferenzen und sozialstrukturelle Merkmale der Wählerschaft ‚vor Ort'. „Die Unterschiede in den programmatischen Zielvorstellungen der Parteien sowie die institutionellen Eigenschaften des deutschen Mehrebenensystems scheinen zudem – neben generellen Faktoren, die sich aus koalitionstheoretischen Ansätzen ergeben – auf die Regierungsbildung in den Bundesländern einzuwirken" (Bräuninger und Debus 2012, S. 11).

Im Unterschied zum Bund kommen Einparteien-Regierungen auf Länderebene recht häufig vor. Dies muss nicht zwangsläufig mit einer langfristigen ‚Dominanz' einer Partei in einem Bundesland einher gehen. Die CSU in Bayern (1966 bis 2008 unter Goppel, Strauß, Streibl, Stoiber, Beckstein), die CDU in Baden-Württemberg von Juni 1972 bis Juni 1992 (Filbinger, Späth und Teufel) und in Sachsen von November 1990 bis November 2004 (Biedenkopf und Milbradt), die SPD in Bremen (Dez. 1971 bis Dez. 1991, Koschnick und Wedemeier) und in Nordrhein-Westfalen (1980–1995, Rau) sind Beispiele für längere Phasen von Einparteienregierungen. Gelegentlich kommt es auch zu einem Wechsel der dominanten Partei in einem Bundesland. So hat in Rheinland-Pfalz zunächst die CDU (1979 bis 1987, Vogel) eine Alleinregierung gestellt, später die SPD (2006 bis 2011, Beck). Im Saarland gab es in der zweiten Hälfte der 1970er Jahre zunächst eine Alleinregierung der CDU (Röder), von 1985 bis 1999 der SPD (Lafontaine, Klimmt) und im Anschluss daran bis 2009 wieder der CDU (Müller). Auch in Schleswig-Holstein gab es nach einer längeren Phase der Alleinregierung der CDU von 1971 bis 1987 (Stoltenberg, Barschel) einen Wechsel zu einer SPD-Alleinregierung (1988 bis 1996, Engholm, Simonis). Ebenso gab es in Niedersachsen und Hessen Phasen der Alleinregierung von CDU- sowie von SPD-Kabinetten. Wesentlich seltener sind dagegen Dreiparteien-Kabinette anzutreffen (z. B. Rot-Gelb-Grün 1991 in Bremen, Schwarz-Gelb-Grün 2009 im Saarland). Aber auch neue ‚Farbenspiele' bei Zweiparteien-Koalitionen (z. B. Rot-Grün 1985 und Schwarz-Grün 2014 in Hessen sowie 2008 in Hamburg) sind auf Länderebene leichter möglich als im Bund.

Leichter möglich als im Bund ist auf Länderebene auch eine Selbstauflösung des Landtags bei politischen Blockaden, die teilweise an den negativen Ausgang einer Vertrauensfrage gekoppelt ist (Leunig 2007, S. 129). Notwendig für eine Selbstauflösung ist nach vielen Landesverfassungen eine Zweidrittelmehrheit, mindestens aber eine absolute Mehrheit der Parlamentarier (Leunig 2007, S. 128). Zur institutionellen Ausstattung der Länder gehören auch eigene Verfassungsgerichte bzw. Staatsgerichtshöfe (Ausnahme Schleswig-Holstein), die u. a. für die Wahlprüfung zuständig sind (Leunig 2007, S. 201). Die Föderalisierung der Parteiensysteme der Länder ist weit komplexer, als es in solchen Daten zum Ausdruck kommt. Eine detailliertere Analyse müsste die in Kap. 5.2.1 genannten Kriterien für die einzelnen Länder systematisch erheben und vergleichen, was den Rahmen dieser Einführung übersteigen würde.

Neben Wahlen und Parteien spielt auf kommunaler und Landesebene auch die direkte Demokratie eine zunehmend wichtige Rolle. Das Grundgesetz selbst hält nur das obligatorische Referendum für die Neugliederung von Bundesländern bereit (Artikel 29 GG). Dagegen sind auf Länderebene inzwischen umfangreiche Volksrechte institutionalisiert (Eder 2010, S. 104). Tabelle 8.13 fasst die dabei erforderlichen Unterschriftenquoren, die Sammelfristen und den daraus gebildeten Mobilisierungskoeffizienten zusammen. Die Reihenfolge der Länder ist nach der Anzahl der Verfahren zwischen 1990 und 2006 geordnet (Spalte 5). Der Mobilisierungskoeffizient ist der Quotient aus Unterschriftenquorum und Sammelfrist (Eder 2010, S. 108) und gibt an, wie groß der Anteil der Unterschriften ist, der pro Tag gesammelt werden muss, um das Unterschriftenquorum zu erreichen. Je niedriger die Ziffer, umso mehr Zeit haben die Initiatoren zur Überwindung des Quorums.

Tab. 8.13 Merkmale der Volksgesetzgebung in den Bundesländern 1990–2005. (Quelle: Eder 2010, S. 106, 109)

Land	Unterschriftenquorum (%)	Sammelfrist (Tage)	Mobilisierungskoeffizient	Anzahl Verfahren absolut
Bayern	10,0	14	0,71	16
Brandenburg	3,8	120	0,03	16
Hamburg	7,5	22	0,44	13
Mecklenburg-Vorpommern	10,0	–	0,00	12
Schleswig-Holstein	5,0	180	0,03	11
Sachsen	12,7	240	0,05	10
Bremen	12,5	71	0,44	8
Niedersachsen	10,0	180	0,06	7
Nordrhein-Westfalen	17,0	24,5	1,11	5
Berlin	10,0	60	0,17	4
Sachsen-Anhalt	11,1	180	0,06	4
Thüringen	10,0	120	0,08	4
Saarland	20,0	14	1,43	2
Baden-Württemberg	16,7	14	1,19	1
Rheinland-Pfalz	16,2	31,3	0,95	1
Hessen	20,0	14	1,43	0
Durchschnitt	12,03	85,65	0,51	7,12

Im Unterschied zu den Schweizer Kantonen gibt es für die deutschen Bundesländer einen hochsignifikanten Zusammenhang zwischen der durchschnittlichen Anzahl der Verfahren pro Bundesland und Jahr sowie dem Mobilisierungskoeffizienten (trotz eines relativ hohen Koeffizienten für Bayern und Hamburg, Eder 2010, S. 110).

8.6 Zusammenfassung und Wiederholungsfragen

Der föderale Wiederaufbau des politischen Systems war nach dem Zweiten Weltkrieg zunächst als Demokratiesicherung gedacht, führte später aber auch zu Klagen über Reformblockaden und Politikverflechtung. Bereits früh setzte sich auch eine Charakterisierung als unitarischer Bundesstaat durch. Im Sample dieses Buches ist lediglich der Bundesstaat in Österreich noch stärker unitarisiert. Entsprechende Kritiken gehen oft implizit von einem Ideal des Einheitsstaates aus. In parteipolitischer Hinsicht bieten die Länder etwa ein Testfeld für neue Koalitionsformate und Zusammensetzungen. Auf empirischer Ebene lässt sich etwa die Tätigkeit des Vermittlungsausschusses von Bundestag und Bundesrat als Erfolgsmodell bezeichnen. Im Unterschied zum Senatsmodell wird bei der Stimmengewichtung im Deutschen Bundesrat die Bevölkerungszahl eines Landes berücksichtigt, jedoch nicht proportional. Die Mitentscheidungsrechte des Bundesrats sind im Vergleich zu den USA und der Schweiz stark asymmetrisch gestaltet; im Zuge der Föderalismusreform I wurde der Anteil der zustimmungspflichtigen Gesetze auf deutlich unter 50 % gesenkt. Eine Besonderheit in Deutschland ist auch ein'starkes Bundesverfassungsgericht, das den Ländern als oberste Instanz für Klagen über eine (mögliche) Beeinträchtigung ihrer Rechte offen steht.

Fragen

Wie hat sich der Anteil der Zustimmungsgesetze durch die Föderalismusreform verändert?
Vergleichen Sie Vor- und Nachteile von Bundesrats- und Senatsmodell.
Welche Möglichkeiten der Politikgestaltung (oder Blockade) hat der Bundesrat?
Skizzieren Sie Funktion und Erfolgsquote des Vermittlungsausschusses.
Erläutern Sie das Konzept des Vollzugsföderalismus.
Erläutern Sie die Unterschiede zwischen der Föderalismusreform I und II.
Skizzieren Sie die Herausforderungen für unterschiedliche Länder in der Folge der Wiedervereinigung.
Welche horizontalen Koordinationsformen zwischen den Ländern gibt es?

Österreich: unitarischer Föderalismus 9

9.1 Grundlagen

Die gegenwärtige Verfassung Österreichs, die 1920 aus einem historischen Kompromiss entstand und nach dem Zweiten Weltkrieg in der Fassung von 1929 wieder in Kraft gesetzt wurde, ist stark unitarisch geprägt. Dies zeigt sich etwa an der Kompetenzverteilung zwischen Bund und Ländern, der schwachen Stellung des Bundesrates, aber auch an dem unitarisierten Wahlrecht (vgl. Kap. 5.2) und der Direktwahl des Bundespräsidenten (ohne dadurch ein präsidentielles System zu sein). Zu den Grundlagen der Verfassung gehört ein zentralistischer Bundesstaat mit neun Ländern, eine parlamentarische Regierung und ein auf sechs Jahre direkt gewählter Bundespräsident, der trotz einer starken Legitimation in der Regel politisch zurückhaltend agiert und auf eine Entlassung der Regierung gegen den Willen des Nationalrats und auf eine Auflösung des Nationalrats verzichtet („Rollenverzicht").

Die Institutionalisierung von Länderrechten im Bundes-Verfassungsgesetz (B-VG) ist vergleichsweise schwach. So gibt es keinen Artikel, der die Staatlichkeit der Länder explizit erwähnt; stattdessen ist lediglich von den „selbständigen Ländern" bzw. dem Wirkungsbereich der Länder die Rede (Storr 2012, S. 676). Grundlage des Föderalismus ist das bundesstaatliche Prinzip nach Art. 2 B-VG („Österreich ist ein Bundesstaat"). Art. 3 befasst sich ausführlich mit der Möglichkeit von Grenzveränderungen innerhalb des Bundesgebietes, die nur mit Zustimmung des Bundes und der betroffenen Länder durchgeführt werden dürfen. Im Unterschied zum deutschen Grundgesetz und der eidgenössischen Bundesverfassung enthält das B-VG in den Art. 95 bis 100 detaillierte Vorgaben zur Staatsorganisation der

Länder, etwa zum Landtags- und Gemeindewahlrecht, zur Gesetzgebung und der Rechtsstellung der Abgeordneten in den Ländern, zum Antragsrecht der Bundesregierung, Landtage aufzulösen[1] und zur Änderung von Landesverfassungen. Eine Vorlagepflicht für Gesetzesbeschlüsse der Landtage beim Bundeskanzleramt sowie die Einspruchsmöglichkeit der Bundesregierung (Storr 2012, S. 677) wurde erst 2012 aufgehoben. Die Landesverfassungen wurden anfänglich auch als Ausführungsgesetze der Bundesverfassung interpretiert; entsprechend existieren keine Landesverfassungsgerichte. „Erst Ende der siebziger Jahre haben auch die Länder begonnen, ihre Landesverfassungen zu reformieren und stärker eigene Akzepte zu setzten, etwa durch Einführung von Grundrechten, Staatszielen, direkter Demokratie oder eigener Landesrechnungshöfe" (Storr 2012, S. 677).

Die Gewaltenteilung zwischen Bund und Ländern ist insgesamt relativ schwach ausgeprägt; trotz einer beachtlichen Gesetzgebungsaktivität der Länder haben diese aber nur geringe Kompetenzen. Der Schwerpunkt ihrer Aktivität liegt auf der Ausführung von Bundesgesetzen. Der geringe eigene Handlungsspielraum liegt neben den geringen legislativen Kompetenzen auch in den sehr begrenzten finanziellen Möglichkeiten der Länder begründet (Falland 2010, S. 165, vgl. a. Kap. 6.4). In parteipolitischer Hinsicht dominieren auf Bundesebene trotz Erosion der Volksparteien Große Koalitionen (SPÖ-ÖVP) und auf Länderebene Proporzregierungen. Außerdem findet (wie in der Schweiz) in der Regierungsarbeit meist das Kollegialprinzip Anwendung. Eine Richtlinienkompetenz des Kanzlers (wie für den deutschen Bundeskanzler) existiert nicht. In den wöchentlichen Sitzungen des Ministerrats (Kabinetts) gilt das Prinzip der Einstimmigkeit. Das Kollegialprinzip wird dadurch gestärkt, ohne allerdings ein Ausmaß wie im schweizerischen Bundesrat zu erreichen.

Bei den föderalen Einflussbeziehungen sind insbesondere die erfolgreichen Landeshauptleute (Kap. 9.4.2) zu nennen, die ihren Einfluss auf die Bundespolitik eher über informelle Kommunikationskanäle der Parteien als über teilformelle Einrichtungen wie die Landeshauptleutekonferenz oder gar den Bundesrat ausüben. Der Bundesrat ist machtpolitisch bedeutungslos und hat ähnlich dem Belgischen Senat oder dem Britischen Oberhauses seine Hauptaufgabe als eine Art allgemeine Reflektionskammer. Folglich ist die Regierung im Grunde ausschließlich vom Vertrauen des Nationalrates abhängig.

---

[1] Nach Artikel 100 Abs. 1 kann jeder Landtag „auf Antrag der Bundesregierung mit Zustimmung des Bundesrates vom Bundespräsidenten aufgelöst werden […]. Die Zustimmung des Bundesrates muss bei Anwesenheit der Hälfte der Mitglieder und mit einer Mehrheit von zwei Dritteln der abgegebenen Stimmen beschlossen werden. An der Abstimmung dürfen die Vertreter des Landes, dessen Landtag aufgelöst werden soll, nicht teilnehmen."

Der Bundesrat wird von den einzelnen Landtagen je nach Bevölkerungsgröße mit drei bis zwölf Mitgliedern beschickt. Er wird stärker von parteipolitischen als von Länderinteressen dominiert. Auch hat er in den meisten Politikfeldern nur ein suspensives Vetorecht, das durch einen Beharrungsbeschluss des Nationalrates mit einfacher Mehrheit überstimmt werden kann (Kap. 9.2.3). Nur wenn in Länderrechte unmittelbar eingegriffen wird, hat er seit dem Versuch einer Aufwertung Anfang der 1980er Jahre ein absolutes Vetorecht. Die schwache Stellung des Bundesrates als Vetospieler wird allerdings durch eine Reihe sozioökonomischer Vetospieler und die häufig anzutreffende Große Koalition wieder ‚kompensiert'. Dem ausgeprägten Korporatismus im sozioökonomischen Bereich entspricht eine ähnliche Konkordanzorientierung im politisch-institutionellen Bereich (Lehmbruch 1967), ohne allerdings einen Institutionalisierungsgrad wie in der Schweiz zu erreichen. Neben dem ausgeprägten Korporatismus spielt auch der hohe Anteil Großer Koalitionen eine möglicherweise dämpfende Rolle für schnelle bzw. starke Politikwechsel. Vom Mai 1983 bis Januar 1997 regierten SPÖ-ÖVP-Koalitionen, dann bis September 1999 eine ÖVP-SPÖ-Koalition (Klima). Lediglich von Februar 2000 bis September 2006 gab es eine ÖVP-geführte Kleine Koalitionen mit der FPÖ bzw. BZÖ (Schüssel I & II). Seit 2007 regieren SPÖ und ÖVP wieder zusammen in einer Großen Koalition.

Bei der Gesetzgebung muss ähnlich wie bei der schweizerischen Vernehmlassung ein Entwurf obligatorisch in ein Begutachtungsverfahren, bevor er ins Parlament eingebracht wird. In der Begutachtung erhalten neben den Landesregierungen und den übrigen Bundesministerien auch die sozialpartnerschaftlichen Wirtschaftsverbände und andere, von dem Entwurf betroffene Interessengruppen die Möglichkeit der Stellungnahme (Pelinka 2009). Die starke unitarische Tradition des österreichischen Bundesstaates lässt sich bis in die sog. Kelsen-Verfassung von 1920 zurück verfolgen, die nach dem Zweiten Weltkrieg wieder in Kraft gesetzt wurde (Pelinka und Rosenberger 2007). Ein Versuch zur Reform der Bundesverfassung („Österreich-Konvent") wurde im Jahre 2004 ergebnislos beendet (Grotz und Poier 2010).

9.2 Asymmetrischer Bikameralismus

9.2.1 Kompetenzverteilung zwischen Bund und Ländern

Zunächst ist zu unterscheiden zwischen dem Bereich der Gesetzgebung und dem des Vollzugs. Bei der Gesetzgebung ist der Nationalrat im Zweikammerparlament die eindeutig überlegene Kammer. Sie kann z. B. im Gesetzgebungsprozess ein suspensives Veto des Bundesrates durch einen „Beharrungsbeschluss" mit einfacher

Mehrheit überstimmen. Lijphart (2012) hat den österreichischen Bundesrat als faktisch bedeutungslos charakterisiert. Darin unterscheidet sich der österreichische Bikameralismus von der Kompetenzverteilung in Deutschland, insbesondere aber vom symmetrischen Kongressmodell in den USA und der Schweiz. Bei den Gesetzgebungskompetenzen gibt es einen weiteren Unterschied zur Bundesrepublik Deutschland, da die Kompetenzen des Bundes in der Verfassung sehr ausführlich und umfangreich normiert sind. Der Kompetenzkatalog der Artikel 10 bis 15 B-VG beginnt mit den Gesetzgebungs- und Vollzugskompetenzen des Bundes. Art. 11 enthält die Materien, in denen dem Bund die Gesetzgebung zukommt und den Länder der Vollzug. Art. 12 führt die Grundsatzgesetzgebung ein, die etwa der inzwischen gestrichenen Rahmengesetzgebung des Grundgesetzes entspricht. Danach hat der Bund die Kompetenz, die Grundsätze der dort genannten Materien zu regeln (den Rahmen), während die Länder für Ausführungsgesetze und Vollzug zuständig sind. Art. 14 weist dem Bund die Kompetenz im Schul- und Erziehungswesen zu, die in anderen föderalen Staaten oft zu den Kernkompetenzen der Gliedstaaten zählen („Kultushoheit"). Das Subsidiaritätsprinzip ist in Art. 15 normiert und Art. 15a ermöglicht Vereinbarungen der Länder untereinander (horizontaler Föderalismus, vgl. Kap. 9.4).

In der Gegenüberstellung von Kompetenztrennungs- und konkurrierenden Kompetenzmodellen (Kap. 4.1.2) tendiert der österreichische Kompetenzkatalog leicht zum Trennmodell, verkörpert aber auch Elemente des Konkurrenzmodells. So gibt es in der Bundesverfassung an einigen Stellen die Regelung, dass der Bund aktiv werden kann, wenn die Länder in bestimmten Bereichen ihrer Pflicht zur Regelung nicht nachkommen („Devolution", Storr 2012, S. 689). Das sowohl mit einem Trenn- wie mit einem Konkurrenzsystem kompatible Subsidiaritätsprinzip ist in Österreich als „Generalkompetenz" zugunsten der Länder institutionalisiert, während die Kompetenzzuweisungen an den Bund als „Enumeration" fungieren (Art. 15 B-VG). Trotz dieses Systems von Generalkompetenz und Enumeration (Regel und Ausnahme) hat der Bund in der Praxis durch die umfangreiche Enumeration eigener Kompetenztitel in der Verfassung die Gesetzgebung weitgehend dominiert. Die Dominanz des Bundes und die Stellung der Länder als Quasi-Verwaltungsorgane des Bundes wird auch in der Legislativaufsicht des Bundes deutlich. So kann die Bundesregierung gegen Gesetzesbeschlüsse der Länder wegen Gefährdung von Bundesinteressen Einspruch einlegen und für Landesgesetze, „die die bestehende Organisation der Behörden der allgemeinen staatlichen Verwaltung in den Ländern" ändern oder neu regeln, besteht nach Art. 15 Abs. 10 sogar eine Zustimmungspflicht der Bundesregierung (Storr 2012, S. 689; Tab. 9.1).

Im Bereich der Vollziehung wird unterschieden zwischen dem unmittelbaren Vollzug durch Bundesbehörden, der wie in Deutschland eher die Ausnahme ist, und

9.2 Asymmetrischer Bikameralismus

Tab. 9.1 Gesetzgebungskompetenzen des Bundes und der Länder. (Quelle: Bundes-Verfassungsgesetz, Stand 2012)

Artikel	Auszug
10	(1) Bundessache ist die Gesetzgebung und die Vollziehung in folgenden Angelegenheiten: 1.) Bundesverfassung [...]; 1a. Wahlen zum Europäischen Parlament; Europäische Bürgerinitiativen; 2.) äußere Angelegenheiten mit Einschluss der politischen und wirtschaftlichen Vertretung gegenüber dem Ausland [...] Grenzvermarkung; Waren- und Viehverkehr mit dem Ausland; Zollwesen; [....]
11	(1) Bundessache ist die Gesetzgebung, Landessache die Vollziehung in folgenden Angelegenheiten: 1.) Staatsbürgerschaft; 2.) berufliche Vertretungen [...] 3.) Volkswohnungswesen [...] 4.) Straßenpolizei; [...] Angelegenheiten des Gewerbes und der Industrie, Verkehrswesen, Bergwesen, Arbeitsrecht, Gesundheitswesen, militärische Angelegenheiten, Einrichtung der Bundesbehörden, Bevölkerungspolitik
12	(1) Bundessache ist die Gesetzgebung über die Grundsätze, Landessache die Erlassung von Ausführungsgesetzen und die Vollziehung in folgenden Angelegenheiten: 1.) Armenwesen; Bevölkerungspolitik [...], 2.) öffentliche Einrichtungen zur außergerichtlichen Vermittlung von Streitigkeiten; 3.) Bodenreform, insbesondere agrarische Operationen und Wiederbesiedelung; [...]
14	(1) Bundessache ist die Gesetzgebung und die Vollziehung auf dem Gebiet des Schulwesens sowie auf dem Gebiet des Erziehungswesens in den Angelegenheiten der Schüler- und Studentenheime [...]
15	(1) Soweit eine Angelegenheit nicht ausdrücklich durch die Bundesverfassung der Gesetzgebung oder auch der Vollziehung des Bundes übertragen ist, verbleibt sie im selbständigen Wirkungsbereich der Länder. [...]
16	(1) Die Länder können in Angelegenheiten, die in ihren selbständigen Wirkungsbereich fallen, Staatsverträge mit an Österreich angrenzenden Staaten oder deren Teilstaaten abschließen. (2) Der Landeshauptmann hat die Bundesregierung vor der Aufnahme von Verhandlungen über einen solchen Staatsvertrag zu unterrichten. Vor dessen Abschluss ist vom Landeshauptmann die Zustimmung der Bundesregierung einzuholen. Die Zustimmung gilt als erteilt, wenn die Bundesregierung nicht binnen acht Wochen von dem Tage, an dem das Ersuchen um Zustimmung beim Bundeskanzleramt eingelangt ist, dem Landeshauptmann mitgeteilt hat, dass die Zustimmung verweigert wird. Die Bevollmächtigung zur Aufnahme von Verhandlungen und der Abschluss des Staatsvertrages obliegen dem Bundespräsidenten auf Vorschlag der Landesregierung und mit Gegenzeichnung des Landeshauptmannes. (3) Auf Verlangen der Bundesregierung sind Staatsverträge nach Abs. 1 vom Land zu kündigen. Kommt ein Land dieser Verpflichtung nicht rechtzeitig nach, so geht die Zuständigkeit dazu auf den Bund über

der mittelbaren Bundesverwaltung, die sowohl Bundes- wie auch Landesbehörden umfasst (Störr 2012, S. 688). „Grundsätzlich sind Bundesgesetze im Bereich der Länder durch den Landeshauptmann und den ihm unterstellten Landesbehörden zu vollziehen. Der Landeshauptmann, der funktional als Bundesbehörde tätig wird, ist an die Weisungen der Bundesregierung und der zuständigen Bundesminister gebunden" und hat für die Weiterleitung solcher Weisungen an die ihm unterstellten Behörden zu sorgen (Störr 2012, S. 688).

9.2.2 Funktion und Zusammensetzung des Bundesrats

Der Österreichische Bundesrat ist das Organ des vertikalen Föderalismus auf Bundesebene. In ihm wirken die Länder an der Willensbildung und Gesetzgebung des Bundes mit, allerdings nur in einem sehr begrenzten Umfang. Neben dieser Asymmetrie im Vergleich zum Nationalrat bei der Gesetzgebung sind die Mitglieder des Bundesrates auch nicht direkt durch Volkswahl legitimiert. Sie werden vielmehr nach Proporz von den Landtagen gewählt, wobei den Ländern je nach Bevölkerungszahl zwischen drei und 12 Sitzen zustehen. Die konkrete Sitzzahl wird alle 10 Jahre vom Bundespräsident überprüft und ggf. angepasst. Dadurch kann auch die Gesamtzahl der Mitglieder leicht variieren. Gegenwärtig umfasst der Bundesrat 61 Mitglieder. Da die Vertreter eines Landes im Bundesrat nach jeder Landtagswahl neu gewählt werden müssen, gibt es keine einheitliche Wahlperiode für den Gesamtbundesrat; vielmehr tagt er permanent und wird nach jeder Landtagswahl teilweise erneuert (www.parlament.gv.at/PERK/NRBRBV/BR).

Die wichtigste Funktion des Bundesrates ist seine Beteiligung an der Gesetzgebung. Er ist an der Beratung und Verabschiedung aller Gesetze beteiligt und genießt dabei ein Einspruchsrecht gegenüber Gesetzentwürfen des Nationalrates. Allerdings hat ein solcher Einspruch des Bundesrates gegenüber einem Gesetzesbeschluss des Nationalrates nur aufschiebende Wirkung (suspensives Veto). Der Nationalrat kann sich mit einfacher Mehrheit über einen solchen Einspruch hinweg setzen (sog. Beharrungsbeschluss) und das Gesetz dennoch verabschieden. Nur für einen sehr kleinen Teil der Regelungsmaterien wird die Zustimmung des Bundesrats definitiv gebraucht (absolutes Veto), dies sind u. a.:

- Verfassungsgesetze oder andere verfassungsrechtliche Bestimmungen, die die Kompetenzen der Länder in Gesetzgebung und Vollzug einschränken. Für die Annahme einer solchen Änderung gilt ein Anwesenheitsquorum von 50 % der Bundesratsmitglieder und eine qualifizierte Mehrheit von zwei Dritteln der abgegebenen Stimmen (Art. 44 Abs. 2).
- Gesetze, die die Rechte des Bundesrates betreffen und
- Staatsverträge, die Angelegenheiten aus dem selbständigen Wirkungsbereiches der Länder betreffen.[2]

---

[2] www.parlament.gv.at/PERK/NRBRBV/BR/AUFGBR/index.shtml.

9.2 Asymmetrischer Bikameralismus

Der asymmetrische Bikameralismus des Parlaments zeigt sich sehr deutlich aber auch im Bereich der Haushaltspolitik. Die Beratung und Verabschiedung des Budgetentwurfs des Bundes ist ausschließliche Angelegenheit des Nationalrates, ebenso alle weiteren Fragen der Finanzen des Bundes (Art. 44 Abs. 2).[3] Allerdings hat der Bundesrat ein Initiativrecht bei der Gesetzgebung, wofür mindestens ein Drittel seiner Mitglieder erforderlich ist. Eine weitere Möglichkeit für Agenda Setting sind Entschließungen, mit denen Anliegen an die Bundesregierung gerichtet werden können. Im Rahmen der parlamentarischen Kontrollfunktion (Kap. 9.2.3) können Mitglieder des Bundesrates schriftliche, mündliche und dringliche Anfragen an die Bundesregierung richten und in EU-Angelegenheiten haben sie ein Informationsrecht, ein Stellungnahmerecht und ein Teilnahmerecht am parlamentarischen Subsidiaritätskontrollverfahren (Art. 44 Abs. 2).

Trotz seiner eingeschränkten Kompetenzen hat der Bundesrat ein umfassendes Ausschusswesen für die Beratung parlamentarischer Vorgänge entwickelt, in denen „die auf bestimmte Materien spezialisierten Mitglieder des Bundesrates in einem kleineren Kreis offene Sachfragen beraten und verhandeln können".[4] Meist findet in den Ausschussberatungen bereits die Weichenstellung für die Annahme oder Ablehnung eines Vorganges später im Plenum des Bundesrates statt, „da die Zusammensetzung der Ausschüsse nach Fraktionen die Mehrheitsverhältnisse des Plenums verkleinert widerspiegelt" (Art. 44 Abs. 2). Neben den Fachausschüssen (z. B. Justiz und Auswärtiges) gibt es auch solche für spezifische parlamentarische Aufgaben wie den Unvereinbarkeitsausschuss und den EU-Ausschuss, „der die Mitwirkungsrechte des Bundesrates in Angelegenheiten der Europäischen Union wahrnimmt" (Art. 44 Abs. 2). Des Weiteren entscheidet ein Ständiger Gemeinsamer Ausschuss aus Mitgliedern des National- und Bundesrates „bei Meinungsverschiedenheiten zwischen der Bundesregierung und einem Landtag über die Zulässigkeit einer neuen Landes- bzw. Gemeindeabgabe" (Art. 44 Abs. 2). Dieses Beispiel illustriert noch einmal die geringe Selbständigkeit der Länder in wichtigen Bereichen wie etwa der Fiskalpolitik.

---

[3] Nach Art. 42 Abs. 5 steht dem Bundesrat keine Mitwirkung zu, „[i]nsoweit Gesetzesbeschlüsse des Nationalrates die Geschäftsordnung des Nationalrates, die Auflösung des Nationalrates, ein Bundesgesetz, mit dem nähere Bestimmungen über die Erstellung des Bundesfinanzrahmengesetzes, des Bundesfinanzgesetzes und über die sonstige Haushaltsführung des Bundes getroffen werden, ein Bundesfinanzrahmengesetz, ein Bundesfinanzgesetz, eine vorläufige Vorsorge [...] oder eine Verfügung über Bundesvermögen, die Übernahme oder Umwandlung einer Haftung des Bundes, das Eingehen oder die Umwandlung einer Finanzschuld des Bundes oder die Genehmigung eines Bundesrechnungsabschlusses betreffen".

[4] www.parlament.gv.at/PERK/NRBRBV/BR/ABR/index.shtml.

Tab. 9.2 Zusammensetzung des Bundesrats nach Ländern und Parteien. (Quelle: nach www.parlament.gv.at/WWER/BR/AKT/index.shtml, Stand Juni 2014)

Bundesland	Sitze	Parteien	Fragmentierung
Burgenland	3	1 ÖVP, 2 SPÖ	1,80
Kärnten	4	1 ÖVP, 2 SPÖ, 1 FPÖ	2,67
Niederösterreich	12	7 ÖVP, 3 SPÖ, 1 FPÖ, 1 Stronach	2,40
Oberösterreich	10	5 ÖVP, 3 SPÖ, 1 FPÖ, 1 Grüne	2,78
Salzburg	4	1 ÖVP, 1 SPÖ, 1 FPÖ, 1 Grüne	4
Steiermark	9	4 ÖVP, 4 SPÖ, 1 FPÖ	2,45
Tirol	5	3 ÖVP, 1 SPÖ, 1 Grüne	2,27
Vorarlberg	3	2 ÖVP, 1 FPÖ	1,80
Wien	11	1 ÖVP, 6 SPÖ, 3 FPÖ, 1 Grüne	2,57
Total	61	25 ÖVP, 22 SPÖ, 9 FPÖ, 4 Grüne, 1 Stronach	3,08

Die Zusammensetzung des Bundesrats wird in Art. 34 und 35 B-VG ausführlich geregelt. So sind die Länder im Bundesrat „im Verhältnis zur Bürgerzahl im Land" vertreten, wobei das Land mit der größten Bürgerzahl zwölf, „jedes andere Land so viele Mitglieder [hat], als dem Verhältnis seiner Bürgerzahl zur erstangeführten Bürgerzahl entspricht, wobei Reste über die Hälfte der Verhältniszahl als voll gelten. Jedem Land gebührt jedoch eine Vertretung von wenigstens drei Mitgliedern" (Art. 34 Abs. 2). Im Unterschied zum Deutschen Bundesrat mit maximal sechs Mitgliedern für die einwohnerstarken Bundesländer wird im Österreichischen Bundesrat die Einwohnerzahl der Länder viel genauer berücksichtigt. Nach Art. 35 Abs. 1 werden die Mitglieder des Bundesrates und ihre Ersatzmitglieder von den Landtagen nach dem Prinzip der Verhältniswahl für die Dauer einer Legislaturperiode bestimmt. Dabei muss der zweitstärksten Partei in einem Landtag mindestens ein Mandat zufallen; bei gleicher Sitzzahl entscheidet die Anzahl der Wählerstimmen.

Die Mitglieder des Bundesrates müssen nicht dem entsendenden Landtag angehören; sie müssen lediglich in diesen wählbar sein (Abs. 2). Wird ein Landtag aufgelöst, behalten die Mitglieder für dieses Land solange ihr Bundesratsmandat, bis durch den neuen Landtag eine Wahl der (neuen) Bundesräte stattgefunden hat (Abs. 3). Für Änderungen der Art. 34 und 35 bedarf es neben der ohnehin erforderlichen Stimmenmehrheit auch einer Mehrheit aus mindestens vier Ländern (Abs. 4). Dies ist eine relativ schwache „doppelte Mehrheit". Des Weiteren gilt für Nationalrats- wie für Bundesratsmitglieder das freie Mandat (Art. 5). Die aktuelle Anzahl der Sitze je Bundesland und die parteipolitischen Anteile werden in Tab. 9.2 zusammen gefasst (Stand Juni 2014).

Bei einer Längsschnittbetrachtung der Parteienanteile fällt auf, dass im Bundesrat meist die ÖVP die stärkste Fraktion war, während im Nationalrat auch die SPÖ öfters stärkste Kraft geworden ist und den Bundeskanzler stellt(e), meist in einer Großen Koalition. Auffällig ist auch die zunehmende parteipolitische Fragmentierung des Bundesrats seit den späten 1980er Jahren. Als dritte Kraft zog 1987 erstmals die FPÖ in den Bundesrat ein, während die Grünen erst 2001 nachfolgen konnten. 2005 bis 2010 folgte dann das „Bündnis Zukunft Österreich" (BZÖ) und von 2008 bis 2013 „Fritz" (Liste Fritz Dinkhauser), seit April 2013 ist ein Mitglied des „Teams Stronach" für Niederösterreich im Bundesrat vertreten.[5]

Mitte 2014 war eine Gesamtzahl von fünf Parteien im Bundesrat vertreten; nach der Formel von Laakso und Tagepera (1979) ergibt sich ein „effektiver" Wert von 3,08 Parteien. Die höchste Fragmentierung der effektiven Parteienzahl der Länderkontingente (effective number of parliamentary parties) liegt für Salzburg vor, die niedrigste für die kleinsten Sitzkontingente aus dem Burgenland und Vorarlberg (Tab. 9.2). Wie das Beispiel Salzburgs mit vier Bundesratssitzen illustriert, müssen kleine Kontingente aber nicht automatisch zu niedriger Fragmentierung führen.

9.2.3 Gesetzgebung und parlamentarische Kontrolle im Bund

Neben der Wahl- und Kontrollfunktion gehört die Gesetzgebung zu den wichtigsten Aufgaben eines Parlaments. In der Schweiz etwa wählt die Vereinigte Bundesversammlung die einzelnen Regierungsmitglieder mit absoluter Mehrheit. In Österreich hat die Bundesversammlung (National- und Bundesrat) lediglich einige Funktionen in Bezug auf den (direkt gewählten) Bundespräsidenten wie seine Vereidigung, die Einleitung einer Volksabstimmung über seine Amtsenthebung oder seine Anklage vor dem Verfassungsgerichtshof. Weder für die Bundesversammlung noch für den Nationalrat besteht eine Wahlfunktion im Hinblick auf die Regierung. Vielmehr wird der Bundeskanzler vom Bundespräsidenten formal frei ernannt (ähnlich wie der britische Premierminister durch die Königin). Faktisch werden dabei jedoch die Präferenzen und Mehrheitsverhältnisse im Nationalrat berücksichtigt.

Der Bundeskanzler schlägt dann dem Präsidenten die Mitglieder seines Kabinetts zur Ernennung vor. Auch ohne eine förmliche Wahl ist die Regierung aber vom Vertrauen des Nationalrates abhängig; zum einen aufgrund der notwendigen Mehrheiten für die Gesetzgebung, zum anderen aufgrund der Möglichkeit eines Misstrauensvotums des Nationalrates gegenüber einzelnen Ministern oder der

---

[5] www.parlament.gv.at/WWER/BR/Mandate1945.

Regierung insgesamt. Aufgrund dieser Rückholmöglichkeit durch den Nationalrat überwiegt die Logik parlamentarischer Demokratie gegenüber den gleichfalls vorhandenen präsidentiellen Elementen. Unter dem Aspekt parlamentarischer Verantwortlichkeit hat die Regierung aber eine maximale Unabhängigkeit gegenüber dem Bundesrat. Dies ergibt sich auch aus der Gesetzgebung, bei der der Bundesrat mit wenigen Ausnahmen nur ein suspensives Veto hat.

Initiativberechtigt bei der Gesetzgebung sind die Bundesregierung, Abgeordnete und Ausschüsse des Nationalrates, der Bundesrat mit Mehrheitsbeschluss bzw. mindestens einem Drittel seiner Mitglieder (Art. 41 B-VG) sowie die Bürgerinnen und Bürger im Rahmen eines Volksbegehrens.[6] Gesetzentwürfe des Bundesrates werden nach ihrer erfolgreichen Initiierung an den Nationalrat übermittelt, der sie dann wie gewöhnliche Entwürfe weiter verhandelt. Dazu gehört, dass er im Erfolgsfall vom Nationalrat wieder an den Bundesrat übermittelt wird, der dann über einen Einspruch entscheiden muss. Eine Ausnahme von diesem regulären Verfahren bilden lediglich Beschlüsse zur Geschäftsordnung des Nationalrates, zum Bundeshaushalt, einige Finanzgesetze und der Bundesrechnungsabschluss, die nach Art. 42 Abs. 5 B-VG nicht dem Bundesrat zugeleitet werden müssen.[7]

Im Falle der Zuleitung eines Nationalratsbeschlusses an den Bundesrat durchläuft dieser zwar ähnlich wie im Nationalrat eine Reihe von Ausschuss- und Plenarsitzungen, ohne dass der Bundesrat allerdings Änderungen am Entwurf vornehmen kann. Er hat nur die Wahl, den Entwurf innerhalb von acht Wochen durch einen begründeten Einspruch abzulehnen und ihn somit wieder in den Nationalrat zurück zu schicken (Art. 42). Bleibt dieser nach erneuter Beratung bei seiner Auffassung, kann er den ursprünglichen Entscheid durch einen sog. „Beharrungsbeschluss" bestätigen, gegen den der Bundesrat dann keine weiteren Schritte mehr

---

[6] Nach Art. 41 Abs. 2 muss ein „von 100.000 Stimmberechtigten oder von je einem Sechstel der Stimmberechtigten dreier Länder gestellte Antrag (Volksbegehren)" dem Nationalrat „zur Behandlung" vorgelegt werden. „Stimmberechtigt bei Volksbegehren ist, wer am letzten Tag des Eintragungszeitraums das Wahlrecht zum Nationalrat besitzt und in einer Gemeinde des Bundesgebietes den Hauptwohnsitz hat. Das Volksbegehren muss eine durch Bundesgesetz zu regelnde Angelegenheit betreffen und kann in Form eines Gesetzesantrages gestellt werden."

[7] Nach Art. 42 Abs. 5 hat der Bundesrat keine Mitwirkung bei Beschlüsse zur Geschäftsordnung des Nationalrates, zur Auflösung des Nationalrates, bei Bundesgesetzen mit näheren Bestimmungen zur Erstellung des Bundesfinanzrahmengesetzes und Bundesfinanzgesetzes und zur sonstigen Haushaltsführung des Bundes, zum Bundesfinanzrahmengesetz und Bundesfinanzgesetz, bei einer vorläufigen Vorsorge im Sinne von Art. 51a Abs. 4 oder einer Verfügung über Bundesvermögen, die Übernahme oder Umwandlung einer Haftung des Bundes, das Eingehen oder die Umwandlung einer Finanzschuld des Bundes oder der Genehmigung eines Bundesrechnungsabschlusses (Art. 42 Abs. 5).

9.2 Asymmetrischer Bikameralismus

unternehmen kann. Dafür gilt ein Anwesenheitsquorum von 50 % der Nationalratsmitglieder (Abs. 4). Geht der Nationalrat auf die Einwände des Bundesrates ein und verändert den Entwurf, muss anschließend auch der Bundesrat noch einmal ein neues Verfahren eröffnen, an dessen Ende wieder ein Einspruch stehen kann.

Zustimmungsbedürftige Gesetzentwürfe des Nationalrates werden nicht (nur) dem Bundesrat, sondern auch den (betreffenden) Landesregierungen zugeleitet, die dann acht Wochen Zeit für einen Widerspruch haben. „Vor Ablauf dieser Frist darf die Kundmachung des Gesetzesbeschlusses nur erfolgen, wenn die Landeshauptmänner der beteiligten Länder die ausdrückliche Zustimmung des Landes mitgeteilt haben" (Art. 42a).

Für die Zustimmung des Bundesrates bei Bundesgesetzen sind zwei Regelungen einschlägig. Nach Art 44 Abs 2 B-VG ist die Zustimmung erforderlich, wenn das Verfassungsgesetz oder einfache Gesetze Verfassungsbestimmungen enthält, die die Zuständigkeit der Länder in Gesetzgebung und Vollzug einschränken. Bei dieser selteneren Variante von Zustimmungsgesetzen schwankt die Anzahl der Zustimmungen des Bundesrates zwischen einem (2003) und 11 (2011) Gesetzen. Der prozentuale Anteil der Zustimmungsgesetze (62) an den Bundesgesetzen (1309) im Zeitraum 2002 bis 2011 liegt bei 4,7 %. Im Jahr 2011 waren es 11 von 116 Bundesgesetzen (9,5 %) (Institut für Föderalismus 2012).

Die zweite Variante ist die Zustimmungen des Bundesrates nach Art 50 Abs. 1 und 2 B-VG. Nach Abs. 1 gilt seit 2008, dass nun bei Staatsverträgen bezüglich des selbständigen Wirkungsbereich der Länder keine Zustimmung des Bundesrates mehr erforderlich ist. „Allerdings ergibt sich das Zustimmungsrecht des Bundesrates nunmehr aus Art 50 Abs. 2 B-VG." (Institut für Föderalismus 2012, S. 20). Zwischen 2002 und 2011 gab es insgesamt 175 Zustimmungsgesetze nach Art. 50. Das entspricht einem Anteil von 13,3 %. Im Jahr mit dem höchsten Anteil (29 in 2009) waren es 20,8 % der verkündeten Bundesgesetze. Des Weiteren sind nach den Daten des Instituts für Föderalismus (2012) seit 2002 lediglich für die Jahre 2005 (5) und 2006 (19) Einsprüche des Bundesrates verzeichnet, die alle durch einen Beharrungsbeschluss des Nationalrates überstimmt wurden (Institut für Föderalismus 2012, S. 21). Tabelle 9.3 fasst den Gang der Gesetzgebung noch einmal schematisch zusammen.

Neben der Gesetzgebungsfunktion ist die Kontrolle der Exekutive eine der parlamentarischen Hauptaufgaben, insb. der Oppositionsparteien. Interpellations- und Resolutionsrechte stehen beiden Kammern des Parlaments zu, kennzeichnend für den asymmetrischen Bikameralismus ist aber, dass die beiden wichtigsten Instrumente, die Einberufung eines Untersuchungsausschusses und das Aussprechen eines Misstrauensvotums gegenüber der Regierung, nur durch den Nationalrat initiiert werden können. Des Weiteren hat nur der Nationalrat das Recht, „Mitglieder

Tab. 9.3 Der Weg der Bundesgesetzgebung. (Quelle: Nach Pelinka 2009, S. 617)

Initiativrecht (Art. 41)	Bundesregierung
	Abgeordnete des Nationalrats
	Abgeordnete des Bundesrates
	Bürgerinnen und Bürger (Volksbegehren)
Vorparlamentarischer Bereich	Interessenartikulation durch Parteien und Verbände
	Gesetzentwurf durch die Verwaltung im Auftrag eines Ministers oder der Regierung
	Vernehmlassung
	Beschuss des Ministerrats
Parlamentarischer Bereich	Beratung in den Fraktionen und Ausschüssen des Nationalrates
	Entscheidung des Nationalrates
	Beratung in den Fraktionen und Ausschüssen des Bundesrats
	Entscheidung des Bundesrates
	Ggf. Beharrungsbeschluss des Nationalrates
	Ausfertigung des Gesetzes durch den Bundespräsident

der Bundesregierung wegen schuldhafter Gesetzesverletzung in ihrer Amtsführung beim Verfassungsgerichtshof an[zu]klagen (staatsrechtliche Verantwortlichkeit)" und auch ausschließlich der Nationalrat kann den Bundeshaushalt genehmigen und die „begleitende Budgetkontrolle" ausüben.[8] Ein weiteres Instrument der Finanzkontrolle, der Rechnungshofs, ist ausschließlich auf den Nationalrat ausgerichtet, dem er Bericht erstattet. Der Bundesrechnungsabschluss des Rechnungshofes wird lediglich dem Nationalrat vorgelegt und muss von diesem genehmigt werden (Institut für Föderalismus 2012).

9.2.4 Landesgesetzgebung

Wie eingangs erwähnt, enthält die Bundesverfassung vergleichsweise detaillierte Vorgaben für die Organisation der Bundesländer. Erst 2012 wurde die Vorlagepflicht für neue Landesgesetze beim Bundeskanzleramt sowie eine Einspruchsmöglichkeit der Bundesregierung abgeschafft. Bundesrechtliche Grundlage der Landesgesetzgebung ist das Subsidiaritätsgebot in Art. 15 Abs. 1 B-VG. Die Länder haben die Gesetzgebungs- und Vollzugshoheit in allen Bereichen, die nicht

---

[8] www.parlament.gv.at/PERK/KONTR/.

ausdrücklich dem Bund zugewiesen sind. Über die Landesgesetzgebung bestimmen die einzelnen Landesverfassungen in dem von der Bundesverfassung gesetzten Rahmen. Dieser gewährt den Ländern in Art. 99 Abs. 1 B-VG eine „relative Verfassungsautonomie". Für den Erlass von Landesverfassungsgesetzen ist ein Anwesenheitsquorum von 50 % und eine Zustimmung von zwei Dritteln der abgegebenen Stimmen vorgeschrieben (Abs. 2). Eigene Verfassungsgerichte (wie in Deutschland) existieren in den Ländern nicht.

Die Anzahl der jährlich von einem Landtag verabschiedeten Landesgesetze schwankt teilweise erheblich. Sie ist in Vorarlberg mit durchschnittlich 20,8 Gesetzen pro Jahr am niedrigsten und in Niederösterreich mit 37,8 zwischen 2002 und 2011 am höchsten (Tab. 9.4). Im Unterschied zu den Ländern bewegt sich die Anzahl der Bundesgesetze im gleichen Zeitraum pro Jahr zwischen 107 und 141 (Institut für Föderalismus 2012, S. 17).

Die Bundesverfassung kannte bis 2012 zwei Formen der Mitwirkung der Bundesregierung an der Landesgesetzgebung. Eine in Deutschland und der Schweiz nicht vorhandene Variante der Politikverflechtung war das Einspruchsrecht der Bundesregierung bei der Landesgesetzgebung nach Art. 98 Abs. 2 B-VG gewesen. Danach konnte die Bundesregierung bei einer „Gefährdung von Bundesinteressen gegen den Gesetzesbeschluss eines Landtages unter Einhaltung einer 8-wöchigen Frist einen mit Gründen versehenen Einspruch erheben" (Institut für Föderalismus 2012, S. 22). Allerdings hat diese Form der Mitwirkung des Bundes in der Praxis fast keine Rolle gespielt und sie wurde 2011 auch abgeschafft (Institut für Föderalismus 2012, S. 22). Ein förmlicher Einspruch des Bundes wurde zuletzt jeweils einmal in 2003, 2004 und 2007 eingelegt, bei einer Gesamtzahl von 2827 Landesgesetzen zwischen 2002 und 2011 (Institut für Föderalismus 2012, S. 22). Eine zweite Mitwirkungsmöglichkeit des Bundes ist bei der Vollziehung von Landesgesetzen unter Mitwirkung von Bundesorganen gegeben (Art. 97 Abs. 2 B-VG). Danach muss die „Zustimmung der Bundesregierung [...] eingeholt werden, wenn und soweit ein Landesgesetz bei der Vollziehung die Mitwirkung von Bundesorganen vorsieht" (Institut für Föderalismus 2012, S. 23). Wie aus Tab. 9.5 hervorgeht, ist auch in diesem Bereich die Verweigerung der Zustimmung durch den Bund zwar selten, kommt aber doch gelegentlich vor

9.3 Horizontaler Föderalismus

Aufgrund des unitarischen Charakters des österreichischen Föderalismus ist sowohl die vertikale (vgl. Kap. 9.2.1) wie auch die horizontale Dimension vergleichsweise schwach ausgebaut. Sofern die Länder eigene Interessen jenseits der

Tab. 9.4 Gesetzgebungsaktivität in den österreichischen Ländern. (Quelle: Institut für Föderalismus 2012, S. 18, eigene Berechnung)

	Burgenland	Kärnten	Oberösterreich	Niederösterreich	Salzburg	Steiermark	Tirol	Vorarlberg	Wien	Total
2002	41	26	53	40	33	47	36	30	21	327
2003	18	37	33	20	24	31	52	16	22	253
2004	17	21	45	9	19	24	25	18	25	203
2005	48	53	55	30	42	41	37	10	27	343
2006	24	28	43	25	42	35	33	27	29	286
2007	26	27	34	17	37	30	31	26	22	250
2008	35	33	21	44	32	43	29	19	24	280
2009	34	25	35	59	42	26	29	27	30	307
2010	30	41	14	57	24	37	37	15	33	288
2011	27	29	25	77	27	34	44	20	12	295
Durchschnitt	30	32	35,8	37,8	32,2	34,8	35,3	20,8	24,5	

9.3 Horizontaler Föderalismus

Tab. 9.5 Mitwirkung des Bundes beim Vollzug von Landesgesetzen (Art. 97 Abs. 2). (Quelle: Institut für Föderalismus 2012, S. 23)

	2002	2003	2004	2005	2006	2007	2008	2009	2010	2011
Zustimmung	26	11	9	42	30	24	24	20	19	16
Verweigerung	1	0	0	0	2	1	1	0	0	0

weigenen Landesgrenzen verfolgen, sind sie dabei primär auf Wien ausgerichtet, weniger auf eine Kooperation mit anderen Bundesländern. Dennoch finden solche Kooperationen gelegentlich statt. Verfassungsgrundlage dafür ist die Regelung des Art. 15a B-VG, nach der Bund und Länder

> untereinander Vereinbarungen über Angelegenheiten ihres jeweiligen Wirkungsbereiches schließen [können]. Der Abschluss solcher Vereinbarungen namens des Bundes obliegt je nach dem Gegenstand der Bundesregierung oder den Bundesministern. Vereinbarungen, die auch die Organe der Bundesgesetzgebung binden sollen, dürfen nur von der Bundesregierung mit Genehmigung des Nationalrates abgeschlossen werden [...] (2) Vereinbarungen der Länder untereinander können nur über Angelegenheiten ihres selbständigen Wirkungsbereiches getroffen werden und sind der Bundesregierung unverzüglich zur Kenntnis zu bringen.[...].

Tabelle 9.6 gibt einen Überblick über entsprechende Vereinbarungen der Bundesländer. Wie daraus ersichtlich wird, haben die Steiermark und Vorarlberg im Zeitraum 2004 bis 2011 mit 21 Vereinbarungen die niedrigste Aktivität entfaltet. Dies kann für Vorarlberg durch die Randlage des Bundeslandes erklärt werden, nicht

Tab. 9.6 Vereinbarungen der österreichischen Länder nach Art. 15a B-VG. (Quelle: Institut für Föderalismus 2012, S. 26, eigene Ergänzung)

	Burgenland	Kärnten	Oberösterreich	Niederösterreich	Salzburg	Steiermark	Tirol	Vorarlberg	Wien	Total
2004	1	1	1	0	1	1	1	1	3	10
2005	4	3	3	3	4	3	6	4	6	36
2006	3	5	7	2	6	1	3	3	3	33
2007	0	0	1	1	1	0	0	0	1	4
2008	3	3	5	4	6	5	3	3	3	35
2009	6	8	5	6	0	5	5	4	5	44
2010	3	3	4	2	0	2	2	2	3	21
2011	5	2	4	4	5	4	5	4	4	37
Total	25	25	30	22	23	21	25	21	28	220

aber für die Steiermark mit einer noch zentraleren Lage als das hoch aktive Oberösterreich. Das schweizerische Pendant zu den Art. 15a B-VG-Vereinbarungen sind die interkantonalen Verträge bzw. Konkordate, die dort einen viel größeren Umfang einnehmen.

Schwach ausgebaut ist in Österreich auch eine weitere Einrichtung des horizontalen Föderalismus, die Landeshauptleutekonferenz. Sie hat keine gesetzliche Grundlage (weder verfassungsrechtlich noch einfachgesetzlich), sondern entstand in der politischen Praxis. Wie die Konferenz der Kantonsregierungen (KdK) in der Schweiz und die Ministerpräsidentenkonferenz in Deutschland ist sie dem Exekutivföderalismus zuzuordnen, der in Deutschland durch die Mitgliedschaft der Ministerpräsidenten bzw. Landesregierungen im Bundesrat zusätzliches Gewicht erhält. Die Landeshauptleutekonferenz in Österreich dient der Interessensabstimmung der Länder gegenüber dem Bund. Jährlich finden mindestens zwei Treffen statt; dabei rotiert der Vorsitz in der Konferenz halbjährlich in alphabetischer Reihenfolge zwischen den Ländern. Auch die Konferenz der Landtagspräsidenten finden zwei bis vier Mal jährlich statt (Institut für Föderalismus 2012, S. 27).

Aufgrund der nicht vorhandenen Verfassungsgrundlage ist die Landeshauptleutekonferenz ein informelles Gremium, das „auch nur selten an das Licht der Öffentlichkeit tritt. In der medialen Wahrnehmung scheint die Landeshauptleutekonferenz in den letzen Jahren dessen ungeachtet eine immer bedeutsamere Rolle zu spielen, was sich vor allem im Umfang der Berichterstattung über die jeweiligen Treffen der Landeshauptleute äußert" (Bußjäger 2012, S. 310). Die Entscheidungen der Landeshauptleutekonferenz haben keine rechtlich bindende Wirkung. Der dennoch festgestellte informelle Einflussgewinn in den letzten Jahren wird aus der Schwäche des Bundesrates in der Wahrnehmung von Länderinteressen erklärt. Er wirft Folgeprobleme auf wie Transparenz- und Kontrollfragen sowie eine (zusätzliche) Schwächung des Einflusses der Landtage auf Bundesebene (Bußjäger 2012, S. 311).

Aufgrund der informellen Vetomacht der Landeshauptleutekonferenz ist es dieser möglich, bei geschlossenem Auftreten unbeliebte Projekte der Bundesregierung zu verhindern „und sich auch über ‚Machtworte' eines Bundeskanzlers hinweg[zu]setzen [...] Sie ist andererseits aber auch nicht in der Lage, der Bundesregierung ihre Modelle aufzuzwingen" (Bußjäger 2012, S. 313). So ist etwa das Scheitern des Österreich-Konvents 2005 zu einem wesentlichen Teil auf den Einfluss der Landeshauptleutekonferenz zurückgeführt worden, die dadurch für die Länder unerwünschte Ergebnisse abwenden wollten (Bußjäger 2012, S. 313). Obgleich nicht verfassungsrechtlich legitimiert, hat die Landeshauptleutekonferenz dennoch einen gewissen politischen Einfluss auch auf die Bundespolitik gewonnen, der sich aber hauptsächlich in der Form informeller Vetomacht bei geschlossenem Auftre-

Tab. 9.7 Öffentlicher Schuldenstand nach Teilsektoren des Staates (in % des BIP). (Quelle: Institut für Föderalismus 2012, S. 28)

	2004	2005	2006	2007	2008	2009	2010	2011
Sozialversicherungsträger	0,6	0,7	0,7	0,5	0,6	0,9	0,7	0,6
Gemeindeebene	2,1	2,0	1,9	1,8	1,9	2,2	2,8	2,9
Landesebene (ohne Wien)	2,6	3,0	3,3	3,4	3,8	4,9	5,8	5,9
Bundessektor	59,5	58,5	56,4	54,5	57,6	61,5	62,6	63,1
Total	64,8	64,2	62,3	60,2	63,9	69,5	71,9	72,5

ten äußert. Einen vergleichbaren Einfluss auf die Bundespolitik als Agenda-Setter hat sie dagegen nicht entwickeln können (Bußjäger 2012, S. 310).

Der Gesamteindruck eines stark zentralisierten Systems wird auch durch die Verteilung der Schulden zwischen den Ebenen bestärkt. 2011 entfielen lediglich knapp sechs Prozent der öffentlichen Schulden des Gesamtstaates auf die Ebene der Länder (ohne Wien). Der Anteil der Gemeinden ist mit knapp drei Prozent im Jahr 2011 noch geringer (Tab. 9.7).

9.4 Die Bundesländer im Vergleich

9.4.1 Soziökonomische Merkmale

Vergleicht man zunächst einige soziökonomische Indikatoren Österreichs mit denen anderer EU-Staaten, fällt meist eine gute Platzierung auf. Das Wirtschaftswachstum und das BIP pro Kopf liegen meist deutlich über dem EU-Durchschnitt und auch über dem Deutschlands, das Haushaltsdefizit und die Schuldenquote deutlich unter dem EU-Durchschnitt. Diese meist gute allgemeine wirtschaftliche Entwicklung in Österreich spiegelt sich auch auf Ebene der Bundesländer wieder. Im Unterschied zu großen Flächenstaaten wie Großbritannien, Frankreich und Deutschland sind die regionalen Unterschiede weniger groß. Zunächst soll aber ein Überblick über Strukturdaten der Bundesländer gegeben werden (Tab. 9.8). Das größte Flächenland mit der zweitgrößten Bevölkerungszahl ist Niederösterreich, die höchste Bevölkerungsdichte und die höchste Arbeitslosigkeit gibt es in der Hauptstadt Wien. Salzburg, Tirol und Vorarlberg haben die höchste Erwerbstätigenquote unter den 15- bis 64-jährigen. Mit einer Arbeitslosigkeit von unter vier Prozent in den meisten Bundesländern herrschte 2010 fast Vollbeschäftigung. Lediglich die Hauptstadt Wien ist mit über sieben Prozent Arbeitslosigkeit ein Ausreißer.

Tab. 9.8 Eckdaten der Bundesländer 2010. (Quelle: Bevölkerungsdichte: Eurostat, Rest: Statistik Austria (Erwerbstätigen- und Arbeitslosenquote nach ILO))

	Fläche (km^2)	Bevölkerung	Bevölkerungsdichte (2011)	Erwerbstätigenquote (15–64 J.)	Arbeitslosenquote
Burgenland	3.962	284.363	77,8	71,3	3,9
Kärnten	9.538	558.955	59,6	69,5	3,9
Niederösterreich	19.186	1.609.772	85,3	72,3	3,6
Oberösterreich	11.980	1.412.252	120,7	74,1	3,7
Salzburg	7.156	530.610	75,6	74,2	2,9
Steiermark	16.401	1.209.229	74,6	71,7	4,2
Tirol	12.640	707.485	56,9	74,2	2,8
Vorarlberg	2.601	369.453	146,4	74,2	3,9
Wien	415	1.705.623	4.355,7	67,8	7,3
Österreich	83.879	8.387.742	102,2	71,7	4,4

Die Wirtschaftskraft eines Landes wird meist mit den BIP gemessen. Das regionale BIP ist in Wien mit knapp 44.000 € pro Kopf (2008) am höchsten und im Burgenland am niedrigsten (Tab. 9.9). Im Vergleich des BIP pro Kopf zu laufenden Marktpreisen nach NUTS-2-Regionen in Prozent des EU-Durchschnitts fällt auf, dass 2010 alle Bundesländer mit Ausnahme des Burgenlands über den EU-Durchschnitt lagen. Wie oben für Deutschland aufgezeigt wurde, war 2010 nicht nur das BIP mit 125 % des EU-Durschnitts niedriger, auch lagen alle fünf neuen Bundesländer (teilweise deutlich) unterhalb des EU-Durchschnitts. In Deutschland ist hinsichtlich der Wirtschaftskraft eine stärkere regionale Asymmetrie vorhanden als in Österreich.

Die Land- und Forstwirtschaft hat traditionell eine wichtige Rolle in der österreichischen Volkswirtschaft gespielt. Der Anteil der Bruttowertschöpfung dieses Sektors ist in Niederösterreich am höchsten und in Vorarlberg und Wien am geringsten. Die Spalten fünf bis sieben der Tab. 9.9 geben einen Überblick über die Betriebsdichte in den Sektoren Industrie, Bau und Handel in den Bundesländern. Die mit Abstand höchste Dichte an Industriebetrieben (je 1000 Einw.) ist in Vorarlberg gegeben, die niedrigste in Wien. Tirol und Salzburg haben die höchste Dichte an Baubetrieben und Salzburg die meisten Handelsbetriebe. Als letzter Indikator wird in Tab. 9.9 die Tourismusintensität vorgestellt, die durch die Anzahl der Gastübernachtungen je Einwohner ermittelt wird. In diesem Bereich ist Tirol führend, gefolgt von Salzburg. Aus diesen Daten lassen sich für einige Länder wirtschaftliche Profile ablesen. In Salzburg mit dem zweithöchsten BIP-Anteil und einer hohen Dichte von Handelsbetrieben liegt ein Handelsschwerpunkt vor, aber auch die Sektoren Bau, Industrie sowie Tourismus sind dort gut vertreten. In Vorarlberg

9.4 Die Bundesländer im Vergleich

Tab. 9.9 Wirtschaftliche Indikatoren der österreichischen Bundesländer. (Quelle: Statistik Austria)

	BRP je Einw. (in EUR) 2008	BIP p.K. zu laufenden Marktpreisen in Prozent des EU-Durchschnitts	BWS Land- und Forstwirtschaft (Mio. EUR) 2008	IB je 1000 Einw. 2010	BB je 1000 Einw. 2010	HB je 1000 Einw. 2010	TI (Übernach-tungen) je Einw. 2010
Burgenland	22.400	95	238	3,8	4,6	8,4	10
Kärnten	28.800	117	294	4,2	4,2	8,2	22
Niederösterreich	28.000	115	1.240	3,5	3,4	8,9	4
Oberösterreich	33.900	138	863	4,3	3,5	8,5	5
Salzburg	38.800	160	202	4,6	4,7	*11,1*	46
Steiermark	29.600	121	843	3,8	3,6	8,1	9
Tirol	35.100	145	224	4,1	4,7	9,3	*64*
Vorarlberg	35.900	148	79	5,5	4,5	9,1	23
Wien	*43.900*	*181*	68	*1,8*	*3,2*	9,2	7
Österreich	33.900	140	4.050	3,6	3,7	8,9	16

Hervorhebungen: höchster Wert fett, niedrigster Wert kursiv

BRP Bruttoregionalprodukt nominell, *BWS* Bruttowertschöpfung, *IB* Industriebetriebe, *BB* Baubetriebe, *HB* Handelsbetriebe, *TI* Tourismusintensität

dagegen ist die Bruttowertschöpfung aus land- und forstwirtschaftlicher Produktion marginal, dafür die Dichte an Industriebetrieben am höchsten. Von den föderalen EU-Mitgliedern ist Österreich nach dem Durchschnitt des BIP je Einwohner das produktivste Land. 2010 wurden pro Kopf 140 % des EU-Durchschnitts erwirtschaftet. Auf Länderebene liegt lediglich das Burgenland unterhalb des EU-Durchschnitts. Die produktivsten Bundesländer sind Wien und Salzburg. Diese relative Homogenität auf hohem Niveau hat mit dazu beigetragen, dass die Idee des Wettbewerbsföderalismus in Österreich nie richtig Fuß fassen konnte. Mit etwa 90 % ist die allgemeine Ablehnung eines stärkeren Wettbewerbs zwischen den Bundesländern in der Bevölkerung sehr hoch (Bußjäger und Seeber 2011, S. 278). Trotz dieser hohen Ablehnung eines allgemeinen Wettbewerbsföderalismus ergab sich bei der Frage nach mehr Länder-Wettbewerb für bestimmte Politikbereiche eine bemerkenswerte Varianz. Am größten ist der Wunsch nach mehr Wettbewerb bei der Frage nach Betriebsansiedlungen mit 41,1 % Zustimmung, gefolgt von den Bereichen Verwaltungsreform und Bildungspolitik. Am niedrigsten ist der Wunsch nach mehr Länderwettbewerb im Bereich Steuerpolitik. Bildet man für die Bundesländer über alle sechs Kategorien hinweg Durchschnittswerte, dann ist der Wunsch nach mehr Wettbewerb in Tirol am stärksten und in der Steiermark am schwächsten ausgeprägt.

9.4.2 Politisch-institutionelle Merkmale

Im Zentrum der Regierungssysteme der Bundesländer stehen die Landtage und die Landesregierungen. Die Landtage werden nach dem Verhältniswahlrecht direkt von der Bevölkerung gewählt, die Landesregierungen dann von den Landtagen. Der Regierungschef ist der Landeshauptmann bzw. -frau, die weiteren Regierungsmitglieder sind die Landesräte (Wien: Stadträte). Der Landeshauptmann wird nach seiner Wahl vom Bundespräsidenten auf die Bundesverfassung vereidigt, was die besondere Stellung des Landeshauptmannes für die mittelbare Bundesverwaltung verdeutlicht. Er vertritt das Land und „trägt in den Angelegenheiten der mittelbaren Bundesverwaltung die Verantwortung gegenüber der Bundesregierung" (Art. 105 B-VG). Er führt nicht nur „den Vorsitz in der Landesregierung, sondern ist funktionell das oberste Verwaltungsorgan des Bundes im Bereich der Länder. Damit hat er erhebliche politische Macht inne" (Storr 2012, S. 678).[9]

---

[9] Der Landeshauptmann ist in den Angelegenheiten der mittelbaren Bundesverwaltung „an die Weisungen der Bundesregierung sowie der einzelnen Bundesminister gebunden (Art. 20) und verpflichtet, um die Durchführung solcher Weisungen zu bewirken, auch die ihm in seiner Eigenschaft als Organ des selbständigen Wirkungsbereiches des Landes zu

9.4 Die Bundesländer im Vergleich

Die Mitgliederzahl und die konkrete Aufteilung der Zuständigkeitsbereiche der einzelnen Landesräte erfolgt durch die Geschäftsordnungen der Landesregierungen auf Grundlage des Bundesverfassungsgesetzes über die Einrichtung und Geschäftsführung der Landesregierungen (Unkart 1992, S. 704). Ob sich die Landesregierungen nach dem Proporzprinzip organisieren, bleibt ihnen selbst überlassen.

In Wien ist eine Mischung aus Proporz- und Mehrheitsprinzip realisiert worden. Die gegenwärtig zwölf Mitglieder der Landesregierung werden zwar nach dem Proporzprinzip gewählt, jedoch wird zwischen amtsführenden und nichtamtsführenden Mitgliedern unterschieden. Die amtsführenden Stadträte sind für die Organisation bestimmter „Geschäftsgruppen" zuständig und gehören alle der Mehrheitspartei bzw. -koalition an. Auf diese Weise gelingt es der Mehrheitspartei (traditionell die SPÖ), die Opposition trotz Regierungsbeteiligung „von der realen Ausübung des politischen Einflusses in der Vollziehung" auszuschließen (Unkart 1992, S. 703). In Wien hat der 100-köpfige Gemeinderat auch die Funktion eines Landtages, der Stadtsenat die Funktion der Landesregierung und der Bürgermeister die des Landeshauptmanns(-frau) (Art. 108). Auf diese Weise findet eine Fusion von Gemeinderat und Landtag statt.

2010 hatte die SPÖ 49 Sitze im Gemeinderat (bzw. Landtag), die FPÖ 27, die ÖVP 13 und die Grünen 11 Sitze. In der 12-köpfigen Landesregierung stellte die SPÖ acht Stadträte und die Grünen einen (alle amtsführend), die FPÖ drei und die ÖVP einen Stadtrat (nicht amtsführend, vgl. www.wien.gv.at). Da die Verteilung der Aufgaben in einer neuen Landesregierung mit einfacher Mehrheit im Kollegium beschlossen werden kann, ist eine politisch motivierte Referatsaufteilung bei entsprechenden Mehrheiten formal kein Problem. Meist wird jedoch in vorausgehenden Verhandlungen zwischen den Parteien versucht, Einvernehmen herzustellen, etwa durch Absprachen über die Referatseinteilung, die Wahl des Landeshauptmanns „oder einem koordinierten Arbeitsprogramm für die nächste Landtagsperiode" (Unkart 1992, S. 707). Für die Vollziehung der Landesregierungen gilt zwar grundsätzlich das Kollegialprinzip (Art. 101 Abs. 1); dem steht jedoch das Ressortprinzip gegenüber, nach dem einzelnen Stadt- bzw. Landesräten Kompetenzen zur „Vorbereitung und Antragstellung im Kollegium, aber auch die

---

Gebote stehenden Mittel anzuwenden.(2) Die Landesregierung kann bei Aufstellung ihrer Geschäftsordnung beschließen, dass einzelne Gruppen von Angelegenheiten der mittelbaren Bundesverwaltung wegen ihres sachlichen Zusammenhanges mit Angelegenheiten des selbständigen Wirkungsbereiches des Landes im Namen des Landeshauptmannes von Mitgliedern der Landesregierung zu führen sind. In diesen Angelegenheiten sind die betreffenden Mitglieder der Landesregierung an die Weisungen des Landeshauptmannes ebenso gebunden (Art. 20) wie dieser an die Weisungen der Bundesregierung oder der einzelnen Bundesminister" (Art. 103 Abs. 1).

selbständige Leitung bestimmter Geschäfte der Landesverwaltung" zusteht (Unkart 1992, S. 703).

Hinsichtlich des Proporzprinzips unterscheiden sich die Regierungssysteme der österreichischen Bundesländer stärker von dem des Bundes. In fünf (einschließlich Wien sechs) der neun Länder gilt noch das Proporzprinzip, nach dem die parteipolitische Zusammensetzung der Regierung der in den Landtagen entsprechen muss. 1998 haben Salzburg und Tirol das Proporzprinzip abgeschafft, das auch in Vorarlberg keine Anwendung findet und in Wien kreativ umgangen wird (siehe oben). In den restlichen fünf Bundesländern werden Konkordanzregierungen gebildet, die teilweise alle im Landtag vertretenen Parteien umfassen (Pelinka 2009, S. 635). Dies hat natürlich Auswirkungen darauf, wie in diesen Ländern Politik gemacht wird und wie man sich zur Politik auf Bundesebene positioniert. Auch wenn es wie im Fall Wiens eindeutige Mehrheitsverhältnisse in Landesregierungen gibt, herrscht dennoch oft das Bemühen um Konsens und Einstimmigkeit vor. Insbesondere die kleineren Regierungsparteien versuchen aber auch, sich als Oppositionsparteien zu profilieren, nämlich im Hinblick auf jene Politikbereiche, die von Regierungsmitgliedern anderer, konkurrierender Parteien zu verantworten sind. „Durch diese ‚Bereichsopposition' wird also trotz Konzentrationsregierung die wechselseitige (parlamentarische und außerparlamentarische) Kontrolle der Regierungspartner sichergestellt" (Unkart 1992, S. 705).

Konkordanzregierungen haben auch deutliche Auswirkungen auf die Fähigkeit eines politischen Systems zum Politikwechsel. Die parlamentarische Gegenüberstellung von Regierungs- und Oppositionsparteien ist suspendiert, Lösungen werden im Konsens gesucht. Durch die Konkordanzregierungen kann die parlamentarische Kontrolle der Regierung sowie der Wille bzw. die Fähigkeit zum politischen Wandel in diesen Ländern abgeschwächt werden. Allerdings gilt innerhalb der Landesregierung das Mehrheitsprinzip. Da der Landeshauptmann i. d. R. von der stärksten Partei gestellt wird, hat er meist einen starken Einfluss auf die Regierungspolitik des Landes (Pelinka 2009, S. 635).

Die höchste Wahlbeteiligung bei Nationalratswahlen (2013) liegt mit 82,8 % im Burgenland vor. Dort hat die SPÖ mit 37,2 % ihr landesweit bestes Ergebnis erzielt. Die ÖVP hat ihr bestes Ergebnis in Tirol erzielt (2008: Niederösterreich) und die Grünen im Vorarlberg. Die FPÖ schnitt mit 24 % in der Steiermark (2008: Wien) am besten ab und die BZÖ mit 10,8 % in Kärnten (Tab. 9.10). Die beiden liberal-konservativen Neugründungen FRANK (Team Stronach) und NEOS (Das Neue Österreich) konnten 2013 mit 5,7 bzw. 4,9 % auf Anhieb die Vier-Prozent-Hüde überspringen. Ihre Gewinne gingen v. a. zu Lasten des BZÖ, aber auch von SPÖ und ÖVP. „Team Stronach" konnte in der Steiermark mit knapp 10 % das beste Ergebnis erzielen, NEOS in Vorarlberg mit 13 %.

9.4 Die Bundesländer im Vergleich

Die Ergebnisse der Landtagswahlen weichen von der Bundesebene teilweise deutlich ab. Dennoch lässt sich über die Ebenen hinweg das Wahlverhalten im Burgenland, Kärnten und Wien als SPÖ-freundlicher charakterisieren und in Nieder- und Oberösterreich, Tirol und Vorarlberg als ÖVP-freundlicher. In Salzburg und Tirol finden sich auf beiden Ebenen oft gute Ergebnisse für die Grünen und in Oberösterreich und Wien für die FPÖ. Tabelle 9.10 gibt die Ergebnisse der beiden letzten Nationalratswahlen auf Länderebene wieder. Das jeweils beste Ergebnis eine Partei im Vergleich der Bundesländer ist hervorgehoben.

Die Legislaturperiode der Landtage dauert mit Ausnahme von Oberösterreich (6 Jahre) überall fünf Jahre. Die Anzahl der Sitze in den Länderparlamenten liegt zwischen 36 (Burgenland, Kärnten, Salzburg, Tirol, Vorarlberg) und 100 (Wien). Der Landtag in Wien hat zugleich die Funktion des Wiener Gemeinderats. Setzt man die Einwohnerzahl (2010) ins Verhältnis zur Anzahl der Sitze der Länderparlamente, kommen im Burgenland 7.899 Einwohner auf einen Landtagsabgeordneten, in Wien 17.056 und in Niederösterreich 28.746 auf einen Abgeordneten. Im Verhältnis zur Bevölkerung hat das Burgenland also das vergleichsweise ‚größte' Parlament, Niederösterreich das ‚kleinste' (Tab. 9.11). Des Weiteren gibt es auf Länderebene eine breite Varianz direktdemokratischer Instrumente, etwa ein obligatorisches Referendum bei Verfassungsänderungen in Salzburg und Vorarlberg und ein „Vetoreferendum" in Nieder- und Oberösterreich, Burgenland, Tirol und Vorarlberg. Des Weiteren kann z. B. in einigen Ländern eine bestimmte Anzahl von Gemeinden sowie „eine bestimmte Zahl von Stimmberechtigten eine Volksabstimmung über einen vom Landtag gefassten Gesetzesbeschluss herbeiführen" (Bußjäger 2013, S. 179). Die direktdemokratische Vielfalt auf Länderebene hat jedoch nur selten auch größere Relevanz entfaltet, da ohne die Unterstützung der etablierten Parteien eine direktdemokratische Interessendurchsetzung auch auf Landesebene eher unwahrscheinlich ist (Bußjäger 2013, S. 179).

Die Anzahl der Gemeinden war im Zeitraum 2000 bis 2011 stabil. Österreich partizipierte also nicht an dem europaweiten Trend zu größeren (und vermutlich leistungsfähigeren) Gemeinden durch Gemeindefusionen.[10] Das Bundesland mit der höchsten Gemeindezahl ist Niederösterreich (573), das auch die meisten Einwohner hat. Bei der Einwohnerdichte, der durchschnittlichen Anzahl der Einwohner je Gemeinde in einem Bundesland, ergibt sich jedoch eine andere Reihenfolge. Die niedrigste Gemeindedichte von den Flächenländern hat Salzburg mit durchschnittlich 4.458 Einwohnern, die höchste Gemeindedichte hat das Burgenland mit

---

[10] Dies hat sich allerdings später geändert. 2013/2014 wurde in der Steiermark von der Landesregierung eine Strukturreform mit Gemeindefusionen eingeleitet. Bis 2015 sollte die Anzahl der Gemeinden von 542 auf 288 reduziert werden, bevorzugt durch freiwillige Zusammenschlüsse, notfalls aber auch durch Gesetz.

Tab. 9.10 Ergebnisse der Nationalratswahl 2008 und 2013 nach Bundesländern (in %). (Quelle: www.bmi.gv.at/cms/BMI_wahlen/nationalrat/ (Abruf 18.03.2014))

	Wahlbeteiligung		SPÖ		ÖVP		GRÜNE		FPÖ		BZÖ	
	2008	2013	2008	2013	2008	2013	2008	2013	2008	2013	2008	2013
Burgenland	86,39	82,79	40,06	37,28	29,06	26,77	5,69	6,75	16,17	17,36	5,30	1,96
Kärnten	78,54	72,49	28,07	32,37	14,57	15,23	6,90	11,80	7,57	17,88	38,52	10,80
Niederösterr.	84,45	81,04	30,37	27,61	32,24	30,61	8,07	9,61	18,08	18,80	6,35	2,66
Oberösterr.	81,99	78,33	30,46	27,20	26,75	25,36	9,91	12,15	19,03	21,45	9,09	3,54
Salzburg	78,58	74,49	23,82	23,01	29,06	26,68	11,78	14,79	17,66	21,24	12,23	3,21
Steiermark	79,00	75,38	29,29	23,83	26,18	20,94	8,47	10,59	17,31	24,05	13,22	3,90
Tirol	70,57	67,00	18,04	18,29	31,11	32,33	11,07	15,19	16,99	19,37	9,70	3,00
Vorarlberg	71,42	65,94	14,13	13,14	31,34	26,34	17,18	17,01	16,11	20,21	12,76	2,39
Wien	73,61	69,73	34,79	31,64	16,72	14,50	15,96	16,41	20,43	20,56	4,74	2,38
Österreich	78,81	74,91	29,26	26,82	25,98	23,99	10,43	12,42	17,54	20,51	10,70	3,53

Eigene Hervorhebung jeweils bestes Ergebnis

Tab. 9.11 Bevölkerung und Anzahl Gemeinden 2010 je Bundesland. (Quelle: Eurostat, Statistik Austria, eigene Berechnung)

	Wohnbevölkerung 2010	Sitze Länderparlament	Einwohner je Sitz	Gemeinden 2010	MW Einwohner je Gemeinde
Burgenland	284.363	36	7.899	171	1.663
Kärnten	558.955	36	15.527	132	4.234
Niederösterreich	1.609.772	56	28.746	573	2.809
Oberösterreich	1.412.252	56	25.219	444	3.180
Salzburg	530.610	36	14.739	119	4.458
Steiermark	1.209.229	56	21.593	542	2.231
Tirol	707.485	36	19.652	279	2.535
Vorarlberg	369.453	36	10.263	96	3.848
Wien	1.705.623	100	17.056	1	1.705.623
Österreich	8.387.742	448	18.723	2.357	3.558

1.663 Einwohnern je Gemeinde. Auf Ebene des Bundes gibt es durchschnittlich 3.558 Einwohner je Gemeinde (ohne Wien: 2.836,2). Legt man den Quotienten ohne Wien zugrunde, liegen jeweils vier Bundesländer unterhalb und vier oberhalb dieses Durchschnitts. Einen durch Kosten- und Leistungsanforderungen erzeugter Fusionsdruck wäre demnach am ehesten im Burgenland zu erwarten, das sich die vergleichsweise kleinsten Gemeinden leistet, gefolgt von der Steiermark, wo eine solche Reform 2013 auch eingeleitet wurde.

9.5 Zusammenfassung und Wiederholungsfragen

Der österreichische Föderalismus ist stark unitarisch geprägt. Dies kommt etwa in der schwachen Stellung des Bundesrates zum Ausdruck, der bei der Gesetzgebung deutlich im Schatten des Nationalrates steht. Die Einspruchsfrist des Bundesrats auf Gesetze des Nationalrates ist auf acht Wochen begrenzt und der Einspruch kann meist mit einfacher Mehrheit des Nationalrates überstimmt werden. Der Anteil der zustimmungspflichtigen Gesetze ist weitgehend auf solche mit Einschränkungen von Länderkompetenzen begrenzt und faktisch sehr niedrig.

Auch der horizontale Föderalismus ist relativ schwach ausgeprägt. Einziges und wichtigstes Organ ist die Landeshauptleutekonferenz, die aber verfassungsrechtlich nicht abgesichert ist. Fachministerkonferenzen auf Länderebene bestehen nicht und die politische Wirksamkeit der Landeshauptleute zur Durchsetzung von Länderinteressen gegenüber dem Bund hängt stark von ihrem geschlossenen Auftreten ab und vollzieht sich eher über Parteikanäle als durch direkte Konfrontation.

Einem solchen Kurs steht auch die verbreitete Zusammensetzung der Landesregierungen nach Proporz entgegen. Bei den wirtschaftlichen Indikatoren wie dem BIP fällt ein durchgängig hohes Leistungsniveau der Wirtschaft in den Bundesländern auf. Im Unterschied zu einem europaweiten Trend zu Gemeindefusionen ist die Zahl der Gemeinden in Österreich langfristig stabil. Trotz der Zentralisierung in vielen Bereichen übt der Bund kaum Druck zu Gemeindefusionen aus.

Fragen

Skizzieren Sie das Modell der Kompetenzverteilung zwischen den Ebenen in Österreich.

Nennen Sie Beispiele für Gesetzgebungskompetenzen des Bundes.

Was versteht man unter der fortlaufenden Erneuerung des Bundesrates?

Was ist ein „Beharrungsbeschluss" und welche Mehrheiten sind dafür erforderlich?

Vergleichen Sie die Einrichtungen des horizontalen Föderalismus in Österreich mit denen in der Schweiz und in Deutschland. Wo gibt es Unterschiede, wo Gemeinsamkeiten?

Welche Besonderheit gibt es bei der Regierungsbildung auf Länderebene? Wie wirkt sich dies auf den politischen Prozess insgesamt aus?

Schweiz: wettbewerblicher Föderalismus 10

10.1 Grundlagen

Ähnlich wie in den USA gibt es in der Schweiz einen ‚Gründungsmythos' des Bundesstaates. Am ‚Bundestag' (1. August) wird der Gründung der ‚alten Eidgenossenschaft' 1291 durch den Bundesschwur auf dem Rütli gedacht. Weitere historische Wegmarken waren die Abspaltung der Eidgenossen vom Heiligen Römischen Reich Deutscher Nation 1648 und die Gründung der modernen Schweiz durch die Verfassungsgebung am 12. September 1848. Diese Verfassung war ein Kompromiss zwischen den zuvor im Sonderbundskrieg unterlegenen katholisch-konservativen Kantonen der Innerschweiz und den protestantisch-laizistisch geprägten Kantone der ‚Peripherie', zugleich aber auch zwischen konföderalen und stärker föderalistisch geprägten Vorstellungen der zukünftigen Eidgenossenschaft. Auch wenn die Grundzüge der Verfassung seither relativ stabil sind, müssen doch zumindest die Einführung des Gesetzesreferendums (1874) und der Volksinitiative auf Teilrevision der Bundesverfassung (1891) als weitere Wegmarken genannten werden. Der Ausbau des Wohlfahrtsstaates fand vergleichsweise spät und langsam statt; zu einer Ausweitung sozial- und wirtschaftspolitischer Kompetenzen des Bundes kam es erst in der zweiten Hälfte des 20. Jahrhunderts, z. B. durch die Verabschiedung der Wirtschaftsartikel 1947 (Vatter 2014, S. 431). Die Totalrevision der Bundesverfassung 1999 hatte dagegen eher technischen Charakter, da wichtige inhaltliche Reformen (wie die des Föderalismus) separat durchgeführt wurden. Mit der Ausweitung der Bundesaufgaben verstärkte sich auch die ‚Politikverflechtung', da die Kantone zum einen bei der Politikformulierung des Bundes mitreden wollen (und dürfen), zum anderen aber auch primär für den Vollzug zuständig sind. Auf diese zunehmende Verflechtung wurde u. a. mit der Neugestaltung des Finanzausgleichs und der Aufgabenteilung zwischen Bund und Kantone (NFA) reagiert (Kap. 10.4).

Neben den Instrumenten der direkten Demokratie prägt der Föderalismus den politischen Prozess bzw. die politische Kultur generell. Praktiken wie die Konkordanzdemokratie und die schweizerische Neutralität haben dagegen in den letzten Jahren an Bedeutung eingebüßt und sind auch nicht in der Verfassung verankert. Dagegen ist bereits in der Präamble und in Art. 1 der Bundesverfassung (BV) vom „Schweizervolk und den Kantonen" die Rede, die gemeinsam die Eidgenossenschaft bilden. Die Souveränität der Kantone ist in Art. 3 BV garantiert, soweit die Bundesverfassung keine Beschränkungen formuliert; „sie üben alle Rechte aus, die nicht dem Bund übertragen sind". Der Subsidiaritätsgedanke wird in Art. 5a betont und muss bei „der Zuweisung und Erfüllung staatlicher Aufgaben" beachtet werden. Dadurch soll gewährleistet werden, dass die staatlichen Aufgaben im Mehrebenensystem des Föderalismus möglichst nah bei den Betroffenen erledigt werden. Durch diese Nähe zu den Betroffenen sollen sowohl die Praktikabilität wie auch die Akzeptanz von Entscheidungen in der Bevölkerung erhöht werden.

Eine weitere Begründung ist der durch die Vielzahl der Kantone ermöglichte innerstaatliche Wettbewerb, der sich wiederum positiv auf Faktoren wie Innovation auswirken soll und in der Form des Steuerwettbewerbs für eine relativ niedrige Belastung durch kantonale Steuern sorgt. Im Unterschied zu Deutschland können die Gemeinden und Kantone in der Schweiz einen erheblichen Anteil ihrer Einnahmen durch eigene Steuern selbst bestimmen. Mit 8 Mio. Einwohnern und 26 Gliedstaaten hat sie die größte föderale Aufgliederung sowie mit einer kompetenzmäßig völlig gleichberechtigten zweiten Kammer (Ständerat) die stärkstmögliche Vertretung der Gliedstaaten auf Bundesebene. Durch die Direktwahl der Ständeräte in den Kantonen haben diese zugleich eine deutlich stärkere Legitimation als ihre Pendants im Bundesratsmodell.

Dieser starke Föderalismus erklärt sich aus historischer Perspektive durch die frühe Staatsgründung der modernen Schweiz und die dabei vollzogene Anlehnung bei der Ausgestaltung der vertikalen Institutionen an das Beispiel der USA. Die beiden Kammern der Bundesversammlung sind in Zusammensetzung und Arbeitsweise jenen des US-Kongresses nachgebildet, ohne die Zuständigkeit der ersten Kammer in Haushaltsfragen und der zweiten bei der Bestätigung von Personalnominierungen (z. B. oberste Richter) übernommen zu haben. Die Kantone senden unabhängig von ihrer Größe je zwei Vertreter in den Ständerat, mit Ausnahme der Kantone, die sich einmal geteilt haben und deswegen nur einen Vertreter entsenden. Wie in den USA ist diese Zahl unabhängig von der Einwohnerzahl in einem

10.1 Grundlagen

Kanton. Die Regelungen zur Wahl der Ständeräte fallen in die Kompetenz der Kantone, meist wird jedoch die absolute Mehrheitswahl angewendet, so dass ggf. ein zweiter Wahlgang erforderlich ist.

Im internationalen Vergleich hat der schweizerische Föderalismus weitere Alleinstellungsmerkmale. So hat sich das oberste Gericht der Schweiz, das Bundesgericht, nie in der Rolle eines Verfassungsgerichts befunden. Weder ist es von den Verfassungsgebern bzw. dem Volk mit einem solchen Auftrag betraut worden, noch hat es sich entsprechend selbst ermächtigt wie der Supreme Court in den USA. Das Bundesgericht in Lausanne darf zwar die Vereinbarkeit von kantonalem Recht und der Kantonsverfassungen mit der Bundesverfassung überprüfen, jedoch nicht die der Bundesgesetze. Über die Einführung einer konkreten Normenkontrolle durch das Bundesgericht wird zwar gelegentlich diskutiert, jedoch fand sich dafür bislang keine Mehrheit.

Im Unterschied zu Deutschland und Österreich haben sich in der Schweiz die zentralistischen Tendenzen im Laufe der Zeit weniger stark durchgesetzt. Zwar wird auch in der Schweiz über einen Druck zur weiteren Zentralisierung öffentlicher Aufgaben geklagt, jedoch stehen diesen Tendenzen auch starke Kräfte gegenüber, die sich für eine Beibehaltung möglichst dezentraler Strukturen einsetzen. Für weitere Zentralisierung spricht etwa die höhere Effizienz größerer Einheiten (Skaleneffekte) und die höhere Mobilität der Bevölkerung und ein damit verbundenes Interesse an einheitlichen Standards und Normen. Viele personal- und kostenintensive Aufgaben (z. B. Forschung und Entwicklung, Spezialmedizin) können von den kleinen Kantonen ohnehin gar nicht mehr (alleine) wahrgenommen werden. Auf der anderen Seite sprechen föderaler Wettbewerb und die damit verbundene Innovationsfunktion sowie der Druck zu mehr Aufgaben- und Steuereffizienz für eine Stärkung dezentraler Strukturen. In der politischen Dimension stellt der schweizerische Föderalismus eine zusätzliche Form der Gewaltenteilung (power sharing) dar, der sich nicht nur über den Ständerat auf die Bundespolitik auswirkt, sondern auch über einige Einrichtungen des horizontalen Föderalismus (kantonale Konferenzen) und die Erfordernis einer doppelten Mehrheit (Volksmehr und Ständemehr) bei Volksinitiative auf Teilrevision der Verfassung und obligatorischem Referendum.

Der kleinräumige Föderalismus ist auch hilfreich bei der Integration der Sprachgruppen. Während die politischen Gliederungen in Belgien die territorialen Grenzen der Sprachgruppen genau abbilden (mit Ausnahme Brüssels), haben die Sprachgruppen in der Schweiz keinen eigenen organisatorischen Unterbau. Die Mehrheit der Kantone ist zwar primär deutschsprachig, jedoch gibt es auch drei (offiziell) zweisprachige Kantone und mit Graubünden sogar einen trilingualen Kanton. Da sich auch die ca. 40 % der frankophonen Bevölkerung im Südwesten

(Romandie) auf sieben Kantone verteilt, gibt es auch keine einheitliche Interessenlage für die Romands. Vielmehr ist das Sprachencleavage weitgehend föderalistisch neutralisiert. Gleichwohl spielt es etwa bei der Auswahl der Bundesräte eine Rolle, bei der nach Art. 175, Abs. 4 BV die Landesgegenden und Sprachregionen angemessen vertreten sein sollen.

Fragen des Sprachunterrichts in den Schulen werden dagegen auf Ebene der Kantone entschieden. Jedoch gibt es einen Beschluss der Erziehungsdirektorenkonferenz (EDK) von 2004, nach dem in der Volksschulzeit eine zweite Landessprache (deutsch, französisch, italienisch) und Englisch als Fremdsprachen zu unterrichten ist. Nach dem „Modell 3/5" beginnt die erste Fremdsprache im 3. Schuljahr, die zweite im 5. Schuljahr. Welche dieser Sprachen wann begonnen wird, entscheiden allein die Kantone. Eine weitere interkantonale Vereinheitlichung der obligatorischen Schulzeit durch die EDK wird z. B. durch das Konkordat ‚HarmoS' angestrebt. Generell ist die Selbstkoordination der Kantone durch Konferenzen und Konkordate als sehr hoch bzw. intensiv einzustufen. Neben der Ebene der Fachdirektoren ist hier auch die 1993 gegründete Konferenz der Kantonsregierungen (KdK) zu nennen. In Deutschland ist diese Funktion in den Bundesrat integriert, während im Senatsmodell der Schweiz (und der USA) die Mitglieder der zweiten Kammer direkt gewählt werden.

10.2 Symmetrischer Bikameralismus

10.2.1 National- und Ständerat im Überblick

National- und Ständerat bilden zusammen die Bundesversammlung, deren ‚institutional design' den Grundzügen des US- Kongresses entspricht. Die 200 Mitglieder des Nationalrates repräsentieren die Bevölkerung, die 46 Mitglieder des Ständerates die Kantone. Jeder Kanton ist ein eigener Wahlkreis, allerdings werden für die Wahl der National- und Ständeräte unterschiedliche Wahlverfahren angewendet. Jeder Kanton ist mindestens mit je einem Sitz im National- und im Ständerat vertreten. Für die ‚große' Kammer (Nationalrat) wird die Verhältniswahl mit Stimmenverrechnung nach Hagenbach-Bischoff (d'Hondt-Variante) auf Kantonsebene angewendet, für die ‚kleine' Kammer (Ständerat) meist die absolute Mehrheitswahl, die oft nach 14 Tagen einen zweiten Wahlgang erforderlich macht (Vatter 2014, S. 71). Die Kantone Jura und Neuenburg wählen ihre Ständeräte nach Proporz und in Genf ist bereits im ersten Wahlgang eine einfache Mehrheit für die Wahl in den Ständerat ausreichend. Der Wahltermin und das Wahlverfahren für den Ständerat werden von den Kantonen bestimmt. Einzige Vorgabe des Bundes

10.2 Symmetrischer Bikameralismus

ist eine Amtszeit von vier Jahren. Inzwischen haben aber (fast) alle Kantone den Wahltermin an den Termin der Nationalratswahl angepasst, zuletzt Zug im Jahr 2011. Lediglich in Appenzell Innerrhoden wird der Ständerat durch die Landsgemeinde bereits im April vor der Nationalratswahl gewählt.

In der Gesetzgebung sind beide Kammern völlig gleichberechtigt (Kap. 10.2.3). Die Koordination der Geschäftsabläufe wird folglich von den Büros der beiden Räte gemeinsam organisiert. Die Büros bestehen aus dem Präsidium und den Stimmenzählern jedes Rates sowie den Fraktionspräsidenten im Fall des Nationalrates. Ihre Aufgabe ist es, die Sessionsprogramme zusammenzustellen, die Ernennung der Kommissions- und Delegationsmitglieder zu begleiten und den Kommissionen und Delegationen Aufgabenbereiche und Geschäfte zuzuweisen.[1]

Während die Redezeit im Nationalrat für die einzelnen Abgeordneten beschränkt ist, liegt im Ständerat (analog zum US-Senat und auch zum Dt. Bundesrat) keine Beschränkung der Redezeit vor. Allerdings ist im Ständerat das Filibustern, also das Dauerreden von Mitgliedern einer Minderheitspartei zur Verhinderung oder Verzögerung eines Mehrheitsbeschlusses nicht üblich (Tab. 10.1).

Aufgrund des Verhältniswahlrechts ist die parteipolitische Zusammensetzung des Nationalrats ‚offener' für aktuelle Entwicklungen im Parteiensystem als der meist mit absoluter Mehrheit gewählte Ständerat. Neue Parteien ziehen in Fraktionsstärke deutlich schneller in den Nationalrat als in den Ständerat ein. Auch der elektorale Aufstieg der SVP seit den 1990er Jahren hat sich auf den Nationalrat beschränkt, was primär auf das Wahlverfahren (Verhältniswahl) und das damit verbundene Wahlverhalten zurückzuführen ist. Da die Fraktionen aber die Mitglieder einer oder mehrerer Parteien in beiden Räten umfassen, macht sich ein Erfolg im Nationalrat auch in der Größe einer Fraktion insgesamt bemerkbar. Tabelle 10.2 gibt einen Überblick über die Fraktionsbildung in der 49. Legislatur. Insgesamt gibt es sieben Fraktionen in National- und Ständerat; die größte wird von der Schweizerischen Volkspartei gestellt und die kleinste von der BDP. Allerdings hat die SVP in ihrer Fraktion den kleinsten Anteil an Ständeräten: Fünf von 62 entspricht einem Anteil von acht Prozent. Den größten Anteil an Ständeräten hat die CVP/EVP-Fraktion in ihren Reihen, nämlich 13 von 44 bzw. 29,5 %, gefolgt von der FDP-Liberale Fraktion mit 11 aus 41 bzw. einem Anteil von 26,8 %. Aufgrund des symmetrischen Bikameralismus in der Bundesversammlung kann für diese Fraktionen also von einem vergleichsweise starken Einfluss der Ständeräte auf das Policymaking der Partei ausgegangen werden.

Für eine Fraktionsbildung sind mindestens fünf Mitglieder eines Rates notwendig. Für Kleinparteien stellt sich dabei die Frage, ob sie sich der Fraktion einer anderen, größeren Parteien anschließen wollen und dadurch ihren parlamentarischen

---

[1] www.parlament.ch/d/organe-mitglieder/nationalrat/buero.

Tab. 10.1 Kompetenzen der Bundesversammlung im Überblick. (Quelle: Nach www.parlament.ch/d/wissen/taetigkeiten/aufgabenundtaetigkeiten/seiten/default.aspx)

Gesetzgebungskompetenz (Legislativfunktion)	Die Gesetzgebung ist die zentrale Aufgabe des Staates. Da das Parlament die höchste demokratische Legitimation aller staatlichen Organe aufweist, ist ihm diese Aufgabe vorbehalten. Sie umfasst auch den Erlass verfassungsändernder Gesetze. Das letzte Wort hat allerdings das Volk in Form des obligatorischen oder fakultativen Referendums
Finanzkompetenz	Während die Steuererhebung noch als Gesetzgebungskompetenz gilt, bildet die Ausgabenkompetenz einen eigenen Bereich, in dessen Rahmen sich das Parlament zu den Ausgaben des Bundes äußert. Es gewährt oder verweigert Kredite. Subventionen, Verpflichtungskredite und Zahlungsrahmen für neue einmalige Ausgaben über 20 Mio. Franken und neue regelmäßige Ausgaben von mehr als 2 Mio. Franken (Ausgabenbremse)
Internationale Kompetenz	Im Rahmen dieser Kompetenz beaufsichtigt die Bundesversammlung die Beziehungen zum Ausland und genehmigt völkerrechtliche Verträge, sofern nicht der Bundesrat exklusiv zuständig ist
Wahlkompetenz	National- und Ständerat wählen in gemeinsamer Sitzung unter Leitung des Nationalratspräsidenten die Mitglieder des Bundesrats und den Bundeskanzler. Außerdem werden auch die Mitglieder der Bundesgerichte, des Militärkassationsgerichts und bei Kriegsgefahr auch der General der Schweizer Armee gewählt
Aufsichtskompetenz	Oberaufsicht über den Bundesrat und die Bundesverwaltung: erfüllen diese ihre Aufgaben gesetzmäßig, zweckmäßig und wirksam?
	Oberaufsicht über die Gerichte: erfüllen diese ihre Aufgaben richtig, in angemessener Frist und mit angemessener Organisation und Ausstattung?
	Oberaufsicht über andere Träger von Aufgaben des Bundes (z. B. Post, SBB)
Beziehungen zwischen Bund und Kantonen	Pflege der Beziehungen zwischen Bund und Kantonen. Genehmigung von Verträgen zwischen den Kantonen und mit dem Ausland, wenn der Bundesrat oder ein Kanton Einspruch erhebt
Verwaltungskompetenz	Entscheidung über Gesuche für Eisenbahnkonzessionen und den Verlauf von Nationalstraßen
Weitere Kompetenzen	Die Bundesversammlung prüft die Wirksamkeit von Maßnahmen des Bundes (Evaluationsfunktion), erteilt Aufträge an den Bundesrat, trifft Maßnahmen zur Wahrung der inneren und äußeren Sicherheit, der Unabhängigkeit und der Neutralität der Schweiz etc.

10.2 Symmetrischer Bikameralismus

Tab. 10.2 Fraktionen der 49. Legislaturperiode 2011–2015. (Quelle: Nach www.parlament.ch/d/organe-mitglieder/bundesversammlung/fraktionen/franktionen-49-legislatur/Seiten/default.aspx)

Abk.	Fraktion	Parteien	Nationalrat	Ständerat (%)	Total
V	Fraktion der Schweizerischen Volkspartei	SVP (58), Lega (2), MCR (2), parteilos (1)	57	5 (8)	62
S	Sozialdemokratische Fraktion	SP (57)	46	11 (19, 3)	57
CE	CVP/EVP Fraktion	CVP (40), EVP (2), CSP Oberwallis (1), CSP Obwalden (1)	31	13 (29, 5)	44
RL	FDP-Liberale Fraktion	FDP.Die Liberalen (40)	30	11 (26, 8)	41
G	Grüne Fraktion	GPS (17)	15	2 (11, 7)	17
GL	Grünliberale Fraktion	GLP (14)	12	2 (14, 8)	14
BD	BDP Fraktion	BDP (10)	9	1 (10)	10

Einfluss steigern wollen oder nicht. Ohne Fraktion kann eine Partei keine Mitglieder in die Kommissionen entsenden und erhält auch keine Fraktionsentschädigung. Meist bildet eine Kleinpartei, sobald sie in einer Kammer (Nationalrat) mit fünf Räten vertreten ist, eine eigene Fraktion. So schlossen sich etwa die Grünliberalen, die nach 2007 mit nur drei Mitgliedern im Nationalrat vertreten waren, der CVP/EVP-Fraktion an und verließen diese 2012 wieder, als eine eigene Fraktion möglich war. Das Zugehen der Kleinparteien auf bestehende Fraktionen signalisiert immer auch politische Nähe. So ist bezeichnend, dass die Grünliberalen sich 2007 nicht den Grünen oder der FDP anschlossen, sondern der noch mittig verorteten CVP-Fraktion.

10.2.2 Ständerat

Wie im US-Senat und im Unterschied zum Bundesrat in Österreich und Deutschland ist die Anzahl der Kantonsvertreter in der zweiten Kammer unabhängig von der Einwohnerzahl des Gliedstaates. Diese gleiche bzw. symmetrische Repräsentation ist typisch für ‚frühe' Föderationen, die aus einem Staatenbund hervorgegangen sind (Beyme 2007, S. 65). Dagegen wurde in ‚späteren' föderalen Designs wie in Deutschland, Österreich oder den Sitzen der Autonomen Gemeinschaften im Spanischen Senat (vgl. Kap. 12.3), die Einwohnerzahl mehr oder weniger stark berücksichtigt. In den Ständerat entsendet jeder Kanton zwei direkt vom Volk gewählte Mitglieder – mit Ausnahme der (ehemaligen) Halbkantone Obwalden,

Nidwalden, Basel-Stadt, Basel-Landschaft, Appenzell Außerrhoden und Appenzell Innerrhoden, die nur einen Vertreter in den Ständerat entsenden. Die halbierte Anzahl hat nichts mit der Größe der Kantone zu tun, sondern resultiert aus einer früheren Aufspaltung eines Kantons. Um zu verhindern, dass durch Mandatsverdopplung Anreize für Kantonsspaltungen gesetzt werden, erhielten die Halbkantone nur je einen Sitz im Ständerat. Auf diese Regel wurde aber 1979 bei der Abspaltung des Jura von Bern verzichtet, da ansonsten der Hauptstadtkanton nur noch mit einem Sitz im Ständerat vertreten gewesen wäre. Die Bezeichnung Halbkanton wurde zwar 1999 aus der Verfassung gestrichen, ist aber nach wie vor gebräuchlich zur Kennzeichnung der Kantone mit nur einem Ständerat.

Die 46 Ständeräte vertreten die Interessen der Kantone, ohne an Instruktionen aus den Kantonen gebunden zu sein (freies Mandat). Wie in den USA bis 1913 wurden auch in der Schweiz die Ständeräte ursprünglich vom Kantonsparlament gewählt. Der Wahlmodus wie auch das Datum der Wahl liegt im Ermessen der Kantone, jedoch haben inzwischen alle Kantone auf direkte Volkswahl umgestellt; meist mit qualifizierter Mehrheit, und den Wahltermin an den des Nationalrates Ende Oktober angepasst. Zuletzt hat Bern 1979 auf die Direktwahl der Ständeräte umgestellt. Durch die Volkswahl sind die Ständeräte deutlich stärker legitimiert, allerdings findet dadurch auch eine „Entkopplung" von kantonaler und eidgenössischer Legislative statt.

Wie im Nationalrat gibt es einen Präsidenten und zwei Vizepräsidenten, die in der Regel in den Folgejahren als Ständeratspräsident gewählt werden. Im Unterschied zum Nationalrat gibt es aber keine Simultanübersetzung der Redebeiträge und Debattenleitung. In der parteipolitischen Dimension sind die Mitte-Parteien im Ständerat noch relativ stark vertreten. Im Unterschied zum Nationalrat hat hier die Erosion der politischen Mitte weniger stark eingesetzt. Die stärksten Parteien sind CVP, FDP und SP. CVP und FDP können sich trotz Verlusten gegenüber ihren Spitzenwerten Ende der 1980er bzw. Anfang der 1990er Jahren noch gut behaupten, während die Sozialdemokraten in diesem Zeitraum von einem niedrigen Ausgangsniveau kontinuierlich zugelegt haben. Dagegen kann die SVP ihren Erfolg bei den Nationalratswahlen im Ständerat nicht wiederholen. Bemerkenswert ist der kontinuierliche Sitzverlust bei den letzten drei Wahlen. Mit zuletzt fünf Sitzen bewegt sie sich auf dem Niveau der 1970er und 1980er Jahren. Grüne und Grünliberale zogen erstmals 2007 in die zweite Kammer ein, obwohl die Grünen bereits seit den 1980er Jahren aktiv sind und die Grünliberalen sich erst kurz vor der Wahl 2007 von ihnen abgespalten hatten. Am schnellsten zog die BDP in den Ständerat ein, nämlich 2008 durch einen Übertritt von der SVP und 2011, drei Jahre nach ihrer Gründung, mit dem ersten auch als BDP-Ständerat gewählten Vertreter (Tab. 10.3).

10.2 Symmetrischer Bikameralismus

Tab. 10.3 Zusammensetzung des Ständerates nach den Wahlen. (Quelle: www.parlament.ch/d/dokumentation/statistiken/Seiten/zusammensetzung-sr-nach-wahlen.aspx)

	1971	1975	1979	1983	1987	1991	1995	1999	2003	2007	2011
FDP	15	15	11	14	14	18	17	17	14	12	11
CVP	17	17	18	18	19	16	16	15	15	15	13
SP	4	5	9	6	5	3	5	6	9	9	11
SVP	5	5	5	5	4	4	5	7	8	7	5
GPS										2	2
glp										1	2
BDP										[a]	1
LPS	2	1	3	3	3	3	2	0	0	0	
LdU	1	1	0	0	1	1	1	0	0	0	
Lega	0	0	0	0	0	1	0	0	0	0	
Parteilos											1
Übrige	0	0	0	0	0	0	0	1	0	0	
Total	44	44	46	46	46	46	46	46	46	46	46

[a] 2008 traten ein Ständerat (und vier Nationalräte) von der SVP zur BDP über

Aufgrund der Wahl mit qualifizierter Mehrheit in den meisten Kantonen ist es für die Parteien rational, sich auf ihre Hochburgen und umkämpfte Kantone zu konzentrieren. Der Wahlkampf für den Ständerat wird also nicht mit gleicher Intensität in der Fläche geführt, sondern auf umkämpfte Kantone fokussiert. Spätestens bei einem erforderlichen zweiten Wahlgang spielen zwischenparteiliche Absprachen und Wahlempfehlungen eine wichtige Rolle.

10.2.3 Gesetzgebung

Die Gesetzgebung in der Schweiz ist durch die völlige Gleichwertigkeit der beiden Kammern des Parlaments gekennzeichnet. Im Unterschied zum Kongress in den USA gibt es keine Ausnahmen und Sonderrechte für die eine oder andere Kammer, etwa im Bereich des Haushalts oder bei Personalnominierungen. Die Gesetzgebung, deren Grundzüge in der Tab. 10.4 zusammengefasst sind, ist in mehreren Phasen auch durch den starken schweizerischen Föderalismus geprägt. Dies betrifft in der vorparlamentarischen Phase das Initiativrecht der Kantone in Form der (kaum genutzten) Standesinitiative und die explizite Erwähnung der Kantone in der Verfassung bei der Vernehmlassung. In der nachparlamentarischen Phase haben die Kantone (Stände) noch einmal ein besonderes Gewicht bei der sog. „doppelten Mehrheit" des obligatorischen Referendums, bei der neben einer Bevölkerungsmehrheit insgesamt auch eine Stimmenmehrheit in der Mehrheit der Kantone gegeben sein muss. Damit es am Ende aber nicht (zu oft) zum Scheitern eines „Geschäftes" kommt, steht am Anfang der Gesetzgebung die ausführliche Berücksichtigung der Akteurspositionen in der Vernehmlassung. Dabei wird der Gesetzentwurf den Kantonen, Parteien und interessierten Kreisen zugeleitet und ihnen eine Möglichkeit der Stellungnahme gegeben (Art. 2 Vernehmlassungsgesetz, VlG). Zu den üblichen Adressaten in der Vernehmlassung gehören die in der Bundesversammlung vertretenen Parteien, die Kantone, die Dachverbände der Wirtschaft sowie die der Gemeinden, Städte und der Berggebiete. Je nach Sachgebiet der Vorlage können weitere interessierte Kreise einbezogen werden. Auch wer nicht zur Stellungnahme aufgefordert worden ist, kann sich dennoch innerhalb der Frist von 30 Tagen zur Vorlage äußern.

In der Regel wird die Vernehmlassung vom Bundesrat angeordnet und vom zuständigen Departement durchgeführt. Aber auch das Parlament kann Vorlagen in die Vernehmlassung schicken. Das Verfahren kann dann entweder vom zuständigen Departement oder durch die zuständige Parlamentskommission durchgeführt werden. Bei Verfassungsänderungen, völkerrechtlichen Verträgen mit Referendumsvorbehalt und wenn wesentliche Interessen der Kantone betroffen sind, muss

10.2 Symmetrischer Bikameralismus

Tab. 10.4 Die Gesetzgebung im Überblick. (Quelle Krumm 2013b, S. 171 nach www.parlament.ch)

Initiativrecht	Bundesrat, parlamentarische (Ratsmitglied, Fraktion, Kommission) oder Standesinitiative (Kantone). Indirekt: Motion (Ratsmitglieder), Volk (Initiative)
Vernehmlassung	Stellungnahme der Kantone, Parteien und interessierten Kreise
Entwurf/Botschaft	Erläuterung von Sinn und Zweck des Entwurfs, „Auslegungshilfe"
Einbringung	Präsidenten des National- und des Ständerats beschließen gemeinsam, welcher Rat die Vorlage als Erstrat behandeln soll
Vorberatende Kommission Erstrat	Berät über den Entwurf und unterbreitet dem Rat Anträge. Dieser entscheidet zunächst über das Eintreten. Bei Nichteintreten geht der Entwurf zunächst an den Zweitrat. Entscheidet der Zweitrat ebenfalls für Nichteintreten, ist der Erlassentwurf endgültig gescheitert
Erstrat	Entscheidet der Erstrat, auf den Erlassentwurf einzutreten, kann er ihn an den Bundesrat oder an die vorberatende Kommission (zur weiteren Beratung) zurückweisen
	Berät den Entwurf artikelweise und entscheidet dabei über die Änderungsanträge, anschließend folgt die Gesamtabstimmung. Dann wird der Entwurf der vorbereitenden Kommission des Zweitrats zugeleitet
Vorberatende Kommission Zweitrat	Wie Erstrat
Zweitrat	Entscheidet der Zweitrat, nicht auf den Erlassentwurf einzutreten, geht dieser wieder an den Erstrat. Falls dieser dennoch am Eintreten festhält, ist der Erlassentwurf definitiv gescheitert, wenn der Zweitrat zum zweiten Mal Nichteintreten beschließt
Differenzbereinigung	Die abweichenden Beschlüsse des einen Rates gehen zur Beratung an den anderen Rat zurück, bis eine Einigung erreicht ist. Die Beratungen in jedem Rat beschränken sich dabei auf die Fragen, über welche keine Einigung zustande gekommen ist. Die umstrittenen Fragen werden jeweils in der vorberatenden Kommission und dann im Plenum behandelt
Einigungskonferenz	Bestehen nach drei Detailberatungen in jedem Rat noch Differenzen, so wird eine Einigungskonferenz eingesetzt. Diese besteht aus je 13 Mitgliedern der vorberatenden Kommissionen beider Räte
Schlussabstimmung	Bei Einigkeit beider Räte wird über den gesamten Erlassentwurf abgestimmt, nachdem der entsprechende Text von der Redaktionskommission des Parlaments bereinigt worden ist. Beiden Räte stimmen am gleichen Tag getrennt über den Erlassentwurf ab. Lehnt einer der beiden Räte den Erlassentwurf ab, so ist dieser endgültig gescheitert
Referendumsphase	Evtl. Abstimmung von Volk und Ständen notwendig

in jedem Fall eine Vernehmlassung nach Art. 3 VlG durchgeführt werden. Zu allen anderen Vorhaben muss eine Vernehmlassung durchgeführt werden, „wenn sie von grosser politischer, finanzieller, wirtschaftlicher, ökologischer, sozialer oder kultureller Tragweite sind oder wenn sie in erheblichem Mass ausserhalb der Bundesverwaltung vollzogen werden" (Art. 2 Vernehmlassungsgesetz, VlG).

Neben der Suche nach inhaltlichen Fehlern geht es bei diesem umfassenden „Interessenscreening" der relevanten politischen Akteure auch darum, den Entwurf „referendumssicher" zu machen (Neidhart 1970). In der Vernehmlassung können die Kantone signalisieren, ob und gegen welche Punkte einer Vorlage sie in der Referendumsphase ggf. mobil machen würden. Dadurch bekommen die Initiaten die Möglichkeit, den Entwurf entsprechend zu ändern und das Risiko des Scheiterns in der Referendumsphase zu reduzieren.

Mit der Differenzbereinigung nach dem „navette"- bzw. „shuttle"-Verfahren und der Einigungskonferenz sind die zwei verbreitetsten Vermittlungsverfahren zwischen erster und zweiter Kammer (Marschall 2005, S. 162) in der Gesetzgebung der Schweiz unmittelbar hintereinander geschaltet. In der ersten Stufe wird wie bei einem „Ping Pong" der Entwurf bis zu dreimal zwischen beiden Räten hin und her gespielt (Krumm 2013b, S. 169). Der Entwurf geht jeweils zuerst an die vorberatende Kommission, die ihrem Rat dann Vorschläge hinsichtlich möglicher Kompromisse macht. In bis zu drei Beratungsdurchgängen in jedem Rat kann dann nach einer Einigung gesucht werden. Die abweichenden Beschlüsse des einen Rates gehen zur Beratung an den anderen Rat zurück, bis eine Einigung erreicht ist. Die Beratungen in jedem Rat beschränken sich dabei auf die Fragen, über welche keine Einigung zustande gekommen ist (Art. 89 ParlG). Die umstrittenen Fragen werden jeweils in der vorberatenden Kommission und dann im Plenum behandelt. Gibt es danach noch Differenzen zwischen National- und Ständerat, wird eine Einigungskonferenz einberufen, die aus je 13 Mitgliedern der vorberatenden Kommissionen beider Räte besteht (Art. 91 ff. ParlG). Die Einigungskonferenz unterbreitet ihre Vorschläge den Räten. Bei einer Einigung wird die Vorlage anschließend zur Schlussabstimmung an die Räte zurück geleitet. Kommt kein Einigungsvorschlag zustande oder wird der Vorschlag der Einigungskonferenz in einem der Räte abgelehnt, so ist das Geschäft endgültig gescheitert (Art. 93 Abs. 2 ParlG).

Die Kantone (bzw. die stimmberechtigte Kantonsbevölkerung) kommen dann wieder in der Referendumsphase bei dem Kriterium der doppelten Mehrheit zum Zuge. Diese besagt, dass bei einer Volksinitiative auf Partialrevision der Verfassung und bei allen Formen des obligatorischen Referendums eine Mehrheit sowohl auf Ebene der Eidgenossenschaft (Volksmehr) wie auch eine Mehrheit in der Mehrheit der Kantone (Ständemehr) für die Annahme einer Initiative oder eines Bundesbeschlusses qua Referendum erforderlich ist. Abschließend erfolgt die Umsetzung des Bundesbeschlusses durch die Bundes- und Kantonsverwaltungen sowie die Wirkungskontrolle (Krumm 2013b, S. 170).

10.3 Konkordanz und direkte Demokratie

Konkordanz und direkte Demokratie sind Alleinstellungsmerkmale der schweizerischen Demokratie. Beide stehen in einem engen Zusammenhang, in dem auch das Strukturmerkmal Föderalismus zu berücksichtigen ist. Aus Perspektive des historischen Institutionalismus hat die Entwicklung der direkten Demokratie wesentlich zur Etablierung konkordanzdemokratischer Politikformen beigetragen. Direkte Demokratie ist eine der Hauptursachen der Konkordanz im politischen System der Schweiz.

Historisch haben sich Initiative und Referendum als Oppositionsinstrumente gegen die Dominanz der FDP auf Parlaments-, insbesondere aber auf Regierungsebene entwickelt. Da eine parteipolitische Opposition lange Zeit nicht mehrheitsfähig war, standen mit der Initiative und dem Referendum Instrumente bereit, die für ‚fallweise' Opposition auch von den Unterstützern der FDP genutzt werden konnten, ohne gleich die Regierung zu stürzen. Umgekehrt hieß das für die Regierung (den siebenköpfigen Bundesrat), dass sie bei ihren Vorhaben frühzeitig darauf achten musste, mögliche Widerstände gegen ein ‚Geschäft' zu erkennen und auf die entsprechenden Gruppen zuzugehen. Auf Regierungsebene führte dies dazu, dass die FDP erstmals 1891 auf einen ihrer sieben Bundesratssitze zugunsten eines Katholisch-Konservativen verzichtete. Dieses Politikmuster des ‚freiwilligen' Verzichts auf Ämter und Mandate durch die Mehrheitspartei(en) wiederholte sich später beim Aufstieg weiterer politischer Kräfte wie z. B. den Sozialdemokraten. Diese wurden erst 1943 mit einem Sitz in den Bundesrat aufgenommen, obgleich sie auf elektoraler Ebene bereits vorher deutliche Erfolge vorweisen konnten und 1943 auch stärkste Partei im Nationalrat wurden.

Ein dauerhafter und stabiler Ausgleich zwischen den vier größeren Parteien erfolgte aber erst 1959 durch die sog. „Zauberformel", die auf Regierungsebene in etwa die Stärken der Parteien im Parlament widerspiegelte (FDP, CVP und SP je zwei Sitze, SVP ein Sitz). Damit war zugleich auch eine Entscheidung für die Konkordanzdemokratie und gegen eine ‚Wettbewerbsdemokratie' gefallen. Historisch lässt sich die föderale Dimension der Konkordanz mit den unterschiedlichen konfessionellen, politischen und sprachlichen Ausrichtungen der Kantone und Regionen erklären. Während die Großstädte eher liberal und protestantisch geprägt waren und die FDP unterstützten, tendierten die katholischen Kantone der Innerschweiz zu konservativen Ansichten bzw. Parteien. Nach dem Sonderbundskrieg von 1847 ging es für die siegreichen Kantone bzw. den politischen Freisinn auch darum, einen Ausgleich mit der katholisch-konservativen Innerschweiz zu finden und diese Kantone nicht dauerhaft zu marginalisieren. Daneben spielt aber auch die Mehrsprachigkeit der Schweiz eine wichtige Rolle bei der Entwicklung der Konkordanz. Die Kantone der (frankophonen) Romandie (mit ca. 23 % der Bevölkerung) und der italienischen Schweiz haben nach Art. 175 BV ein Recht auf „angemessene Vertretung" im Bundesrat. In der Praxis kommen mindestens zwei Bundesräte aus den frankophonen Kantonen Genf, Jura, Neuenburg oder Waadt. Dagegen bleibt der Anspruch des Tessin auf einen italienischsprachigen Bundesrat mangels geeigneter Kandidaten oft ungenutzt.

Im Unterschied zu Belgien wirkt sich in der Schweiz günstig aus, dass die Sprachgrenzen und die Kantonsgrenzen nicht kongruent verlaufen. Dadurch können innerhalb der Sprachgruppen unterschiedliche Kantonsinteressen verhandelt werden; auch durch die bilingualen (Bern, Freiburg und Wallis) und trilingualen Kantone (Graubünden: deutsch, italienisch, rätoromanisch) bleibt das Sprachencleavage eher latent. Auch wenn die Konkordanz in der Schweiz zunehmend unter Druck geraten ist, hat sich doch insgesamt bewährt, um ein Auseinanderstreben der Regionen (wie im Fall Belgiens) zu verhindern. Dabei ist Konkordanz bis auf die bereits erwähnte Ausnahme der Landesgegenden und Sprachregionen (Art. 175) noch nicht einmal in der Bundesverfassung erwähnt, sondern hat sich in der Praxis entwickelt.

Dabei ist v. a. die 1959 eingeführte Zauberformel zu erwähnen, die in der Anfangszeit die parteipolitischen Gewichtungen der vier größten Parteien im Parlament relativ genau auf Ebene des Bundesrates (der siebenköpfigen Kollegialregierung) abbildete. Nach dieser Formel, die bis 2003 bestand hatte, durften FDP, CVP und SP je zwei Bundesräte vorschlagen und die SVP einen Bundesrat. Nach dem Aufstieg der SVP zur stärksten Partei im Nationalrat seit Mitte der 1990er Jahre beanspruchte diese nun einen zweiten Sitz auf Regierungsebene. 2003 kam es zur nicht abgesprochenen Abwahl einer CVP-Bundesrätin, an deren Stelle der umstrittene SVP-Vorsitzende Christoph Blocher gewählt wurde. Damit war die ‚alte' Zauberformel erledigt; 2007 kam es aber zur ‚Revanche' der Mitte-Links-Parteien, indem diese anstatt Blocher ein anderes Mitglied (Eveline Widmer-Schlumpf) der SVP in den Bundesrat wählten. Da Widmer-Schlumpf die Wahl entgegen den Forderungen aus ihrer eigenen Partei annahm, und da individuelle Parteiausschlüsse durch die Bundespartei nicht zulässig waren, kam es anschließend zum Ausschluss der ganzen Graubündner Sektion der SVP – die dann zur Keimzelle der Bürgerlich-Demokratischen Partei (BDP) wurde (Krumm 2008).

Eine stärkere Institutionalisierung in der BV liegt für die föderale Dimension der direkten Demokratie vor. Wie beim symmetrischen Bikameralismus (Ständerat) haben die Kantone durch die „doppelte Mehrheit" bei der Initiative auf Teilrevision der BV und beim obligatorischen Referendum eine starke Stellung (Tab. 10.5). Das

10.3 Konkordanz und direkte Demokratie

Tab. 10.5 Doppelte Mehrheit bei den Instrumenten der Direktdemokratie. (Quelle: Krumm 2013b, S. 47)

	Verfassung	Quorum	Mehrheit Volk	Mehrheit Stände
Volksinitiative auf Totalrevision der BV	Art. 138	100.000 in 18 Monaten	Ja	Nein
Volksinitiative auf Teilrevision der BV				
Formulierte Initiative	Art. 139 (neu)	100.000 in 18 Monaten	Ja	Ja
Allgemeine Anregung (2003–2009)	Art. 139 (alt)	100.000	Ja	Ja
Obligatorisches Referendum	Art. 140	Nein		
Änderungen der Bundesverfassung;			Ja	Ja
Beitritt zu internationalen Organisationen kollektiver Sicherheit und supranat. Gemeinschaften	Art. 165		Ja	Ja
Dringliche Bundesgesetze ohne Verfassungsgrundlage			Ja	Ja
Fakultatives Referendum	Art. 141,	50.000 Stimmen oder acht Kantone in 100 Tagen[a]	Ja	Nein
Dringliche Bundesgesetze (resolutives Referendum)	Art. 165			
Kantonsreferendum	Art. 141		Ja	Nein

[a] Fakultatives und Kantonsreferendum sind das gleiche Instrument, das lediglich anders aktiviert wird

Kriterium der doppelten Mehrheit verlangt, dass neben einer Mehrheit der Abstimmenden insgesamt (Volksmehr) auch eine Mehrheit in der Mehrheit der Kantone (Ständemehr) einer Vorlage zustimmen muss. ‚Halbkantone' werden dabei nur mit einer halben Stimme gezählt. Für ein Ständemehr ist also eine Abstimmungsmehrheit in mindestens 12 von insgesamt 23 (rechnerischen) Kantonen erforderlich.

Insgesamt liegt mit der doppelten Mehrheit für die beiden am häufigsten angewendeten Verfahren der direkten Demokratie ein elaboriertes und anspruchsvolles Instrument vor, das einerseits hohe Hürden für die Annahme einer Vorlage mitbringt, andererseits aber auch die Akzeptanz bzw. Legitimität der Entscheidungen erhöhen soll. Erstmals eingeführt wurde das Doppelmehr bereits in der BV von 1848, um die neue Verfassung den im Sonderbundskrieg unterlegenen Kantone der Zentral- und Ostschweiz schmackhaft zu machen und um sie zugleich von einer dauerhaften Benachteiligung durch die urbanen und liberalen Kantone zu schützen. Allerdings hat die zunehmende Verstädterung das Ungleichgewicht zwischen den Kantonen weiter verstärkt, so dass – theoretisch – sogar ca. neun Prozent der Bevölkerung in den einwohnerschwächsten Kantonen ausreichen, um eine Vorlage scheitern zu lassen. In der Praxis gab es bis 2013 allerdings nur neun Fälle, in denen eine Vorlage, die von der Mehrheit der Bevölkerung angenommen wurde, schließlich am Ständemehr gescheitert ist. Ursprünglich zum Schutz der katholisch-konservativen vor Majorisierung durch die liberalen Kantone gedacht, trage das Doppelmehr inzwischen zu einer Majorisierung der bevölkerungsschwachen Kantone bei (Sager und Vatter 2013, S. 28). Allgemein sollen qualifizierte Mehrheiten die Chancen auf Akzeptanz gerade auch bei möglicherweise dauerhaft (strukturell) unterlegenen Gruppen erhöhen.

10.4 NFA und Entflechtung von Verbundaufgaben

Aufgrund des symmetrischen Bikameralismus und der umfassenden Möglichkeiten der Kantone im vor- und nachparlamentarischen Prozess, aber auch der personell starken Stellung von Kantonen und Gemeinden beim Vollzug von Erlassen des Bundes, stellt sich das Thema der Politikverflechtung in der Schweiz in besonderer Weise. Die Wahrnehmung eines Politikstillstandes oder von „Unregierbarkeit" ist jedoch kaum anzutreffen. Dennoch wurde mit der Neugestaltung des Finanzausgleichs und der Aufgabenteilung zwischen Bund und Kantone (NFA) ein erfolgreicher Versuch der Entflechtung von Verbundaufgaben und damit verbunden eine Stärkung klarer Verantwortlichkeiten unternommen. Allgemein hat der Bund vor allem in den Bereichen der Außen- und Verteidigungspolitik sowie der Wirtschaftspolitik und der Verkehrs- und Sozialpolitik ein (wenn nicht das)

10.4 NFA und Entflechtung von Verbundaufgaben

entscheidende Wort, die Kantone eher im Polizei- und Justizwesen sowie in der Finanz- und Steuerpolitik und im Gesundheits- und Bildungswesen. Im Bereich der Gesundheitspolitik hat der Bund durch seine finanziellen Beiträge in der Sozialversicherung auch einen eigenen Gestaltungsanspruch entwickelt. Schlusslicht sind die Gemeinden „vor allem im Fürsorgewesen, in der örtlichen Sicherheit, in den lokalen Versorgungs- und Entsorgungsaufgaben (Wasser, Gas, Elektrizität, Abfall), im Bau- und Planungsrecht, in der Bildung sowie in den Bereichen Kultur, Freizeit und Sport aktiv" (Vatter 2014, S. 432).

Dass umfassende Föderalismusreformen trotz der damit verbundenen vielen Vetospieler auch ‚in einem Stück' gelingen können, zeigt das Beispiel der NFA. Die Neuordnung des Finanzausgleichs und der Aufgabenteilung wurde inhaltlich von der eher technischen Totalrevision der Bundesverfassung (1999) abgetrennt und passierte 2003 das Parlament und wurde 2004 von Volk und Stande akzeptiert. In Kraft trat sie aber erst 2008. Da die Details der NFA bereits im Kapitel Finanzföderalismus (Kap. 6.5) vorgestellt wurden, liegt der Schwerpunkt dieses Kapitels auf der Entflechtung von Verbundaufgaben. Inhaltlich ging es in der Reform nicht nur eine Neugestaltung des Finanzausgleichs, sondern auch um eine Entflechtung der Aufgaben und eine Stärkung der Eigenverantwortung der einzelnen Ebenen. Das Ziel lässt sich also durchaus als eine Stärkung von ‚dual federalism' beschreiben. Allerdings ist umstritten, ob die Schweiz eher dem Typus des kooperativen oder des dualen Föderalismus zuzuordnen ist. Während das institutionelle Vorbild USA und die starke Betonung der Subsidiarität einen dualen Modus nahe legen, sehen Kriesi und Trechsel (2008, S. 40) einen kooperativen Modus dominieren: „Generally speaking, European federal states, as well as the EU, belong to this type of federalism, which stresses a ‚division of labour' and the functional relationship between the levels of government".

Von den insgesamt 33 Kompetenztiteln, für die Bund und Kantone bis 2007 gemeinsam zuständig waren, wurden mit dem NFA sieben zugunsten der alleinigen Zuständigkeit des Bundes und 10 zugunsten der Zuständigkeit der Kantone verlagert. Neu eingeführt wurde auch die Möglichkeit einer verpflichtenden Zusammenarbeit zwischen den Kantonen. Insgesamt wurde die Zahl der Verbundaufgaben von 33 auf 16 Bereiche gesenkt. Bei den verbliebenen Verbundaufgaben trägt der Bund die übergeordnete strategische Verantwortung und die Kantone die operative Verantwortung für die Aufgabenerfüllung (NZZ 13.08.2011) (Tab. 10.6).

Eine Besonderheit des NFA ist die Regelung, dass bei neun in der BV abschließend genannten Aufgabenbereichen ein kantonsübergreifender Leistungsbezug vorgesehen ist. Dies betrifft etwa Einrichtungen zur Betreuung und Eingliederung von Menschen mit einer Behinderung, der Spitzenmedizin und Spezialkliniken, von kantonalen Universitäten und Fachhochschulen, den Agglomerationsverkehr,

Tab. 10.6 Entflechtung ehemaliger Verbundaufgaben. (Quelle: Krumm 2013b, S. 33 nach EDF und KdK 2007)

Alleinige Zuständigkeit des Bundes	Alleinige Zuständigkeit der Kantone	Verbliebene Verbundaufgaben
Individuelle Leistungen der AHV	Bau- und Betriebsbeiträge an Wohnheime, Werkstätten und Tagesstätten	Prämienverbilligungen Krankenversicherung
Individuelle Leistungen der IV	Sonderschulung	Soziale Ergänzungsleistungen
Unterstützung der Betagten- und Behindertenorganisationen	Beiträge an Ausbildungsstätten für Fachpersonal der Sozialberufe	Ausbildungsbeihilfen im Tertiärbereich
Bau, Betrieb und Unterhalt der Nationalstraßen	Ausbildungsbeihilfen bis und mit Sekundarstufe II	Agglomerationsverkehr[a]
Landesverteidigung: Armeematerial und persönliche Ausrüstung sowie kantonale Formationen	Turnen und Sport: Freiwilliger Schulsport und Lehrmittelherausgabe	Regionalverkehr; Hauptstraßen
Landwirtschaftliche Beratungszentralen	Verkehrstrennung und Niveauübergänge außerhalb von Agglomerationen	Lärmschutz mit Mineralölsteuermitteln (ohne National- und Hauptstraßen)
Tierzucht	Verbesserung der Wohnverhältnisse in den Berggebieten	Straf- und Maßnahmenvollzug
	Landwirtschaftliche Beratungsdienste	Amtliche Vermessung
		Natur- und Landschaftsschutz, Heimatschutz und Denkmalpflege
		Hochwasserschutz
		Gewässerschutz
		Landwirtschaftliche Strukturverbesserungen
		Wald; Jagd und Fischerei

[a] neue Verbundaufgabe

Strafvollzug, Kultureinrichtungen mit überregionaler Bedeutung wie Theater, Opernhäuser, Bibliotheken und Museen, sowie Abfall- und Abwasseranlagen (EDF und KdK 2007, S. 27 f.).

Da es sich hierbei sowohl um Verbundaufgaben wie auch um kantonale Aufgaben handelt, wird die durch die NFA beabsichtigte Politikentflechtung partiell wieder zurück genommen. Nach Ansicht der KdK soll, wer solche Leistungen in Anspruch nimmt, dafür auch bezahlen. „Umgekehrt erhält der Leistungsempfänger Mitsprache- und Mitwirkungsrechte. Die Modalitäten werden in einer interkantonalen Rahmenvereinbarung und in Einzelverträgen geregelt", die von der Bundesversammlung für allgemeinverbindlich erklärt werden können (EDF und KdK 2007, S. 26). Der NFA wird insgesamt als ein Erfolg bewertet, auch wenn es am neuen Finanzausgleichssystem Kritik gibt. Wie in Deutschland kommt diese primär von den Regierungen der finanzstarken Gliedstaaten, hier also den Geberkantonen, „die in regelmässigen Abständen den Ausgleichsmechanismus in Frage stellen und die Solidarität unter den Kantonen neu definieren möchten. Da jedoch die zahlreichen Empfängerkantone über eine deutliche Mehrheit im National- und Ständerat verfügen, sind grundlegende Änderungen an der NFA in den nächsten Jahren nicht zu erwarten" (Vatter 2014, S. 436).

Die Geberkantone haben bereits 2005 eine eigene ständige Konferenz eingerichtet (www.fairer-nfa.ch) um die Interessen der finanzstarken Kantone zu koordinieren und besser in den politischen Prozess einbringen zu können. Dies betrifft nicht nur die institutionelle Ausgestaltung des Finanzausgleichs, sondern auch die regelmäßige Überprüfung bzw. Neudotierung der verschiedenen Ausgleichsgefäße. „Dies ist umso wichtiger als die zahlenden Kantone in der Minderheit sind. Nicht zuletzt aufgrund ihrer stimmenmässigen Unterlegenheit fanden ihre Anliegen bisher wenig Beachtung", klagen die Geberkantone (www.fairer-nfa.ch/de/ueber-uns).

10.5 Horizontaler Föderalismus

Aufgrund des Kompromisscharakters der BV von 1848 hat die Idee des horizontalen Föderalismus in der Schweiz immer noch eine starke Stellung. Im Unterschied zu den Einrichtungen des vertikalen Föderalismus wie dem Ständerat, der Standesstimme für Verfassungsrevisionen (Ständemehr), der Standesinitiative, dem Kantonsreferendum, der Möglichkeit der außerordentlichen Einberufung der Bundesversammlung durch die Kantone, die Beteiligung der Kantone im Rahmen der Vernehmlassung, der doppelten Mehrheit in der Referendumsphase wie auch des Vollzugs von Bundesgesetzen durch die Kantone sind die Einrichtungen des horizontalen Föderalismus in der breiten Öffentlichkeit aber relativ unbekannt.

Einrichtungen des horizontalen Föderalismus sind interkantonale Vereinbarungen bzw. Konkordate, kantonale Direktoren- bzw. Fachbeamtenkonferenzen, die Konferenz der Kantonsregierungen (KdK) sowie regionale Regierungskonferenzen. Der horizontale Föderalismus hat primär drei Aufgaben: die freiwillige Selbstkoordination der Kantone in ihren Kompetenzbereichen, die Ermöglichung von Informations- und Erfahrungsaustausch zwischen den Kantonen und die Interessenwahrnehmung gegenüber dem Bund (Vatter 2013, S. 453).

Die Koordination der Kantonsregierungen untereinander ist vergleichsweise stark ausgeprägt. Solche Formen der freiwilligen Selbstkoordination der Kantone sind die interkantonalen Konferenzen und Konkordate. Ein Impuls zur verstärkten interkantonalen Kooperation ging auch vom gescheiterten EWR-Beitritt und der Europäisierungsdebatte Anfang der 1990er Jahre aus. Die Gründung der Konferenz der Kantonsregierungen (KdK) 1993 ist in diesem Kontext zu sehen. Sie ist nicht mit eigenen Rechtsetzungskompetenzen ausgestattet, bietet aber einen effektiven institutionellen Rahmen für die Koordination der kantonalen Politiken etwa im Hinblick auf die Vernehmlassung von Bundesgesetzen oder von Staatsverträgen. In der institutionellen Entwicklung des horizontalen Föderalismus ist die KdK ein ‚latecomer'. Ihre Planung und Einrichtung wurde Anfang der 1990er Jahre vom Bundesrat wie auch aus Teilen der Bundesverwaltung zunächst mit großer Skepsis begegnet; „so wurde etwa vorgebracht, die KdK sei bundesverfassungswidrig oder es brauche sie nicht, weil schließlich der Ständerat dazu berufen sei, die Interessen der Kantone auf der Bundesebene wahrzunehmen" (Niedermann und NZZ 2007, S. 35).

Über das Ausmaß interkantonaler Verträge gibt etwa die Datenbank des BADAC Auskunft. 2003 gab es insgesamt 2522 Konkordate; der größte Teil davon betraf den Bereich Bildung, Wissenschaft und Kultur (712 bzw. 28,3 %) sowie Staatsorganisation und Sicherheit (513 bzw. 20,3 %), gefolgt von öffentliche Finanzen und Steuern (387), Wirtschaft und Landwirtschaft (333), Infrastruktur, Verkehr, Umwelt (297) sowie Gesundheit und soziale Sicherheit (280). Am aktivsten war dabei St. Gallen mit 218 und am wenigsten aktiv Tessin mit 44 Konkordaten (www.badac.ch).

Ziele der Selbstkoordination der Kantone sind der Informationsaustausch und die Koordination der Interessen bis hin zur Entwicklung einheitlicher Standards, ohne Kompetenzen an den Bund übertragen zu müssen. Aber auch externe Effekte kleinräumiger Jurisdiktionen sollen auf diese Weise stärker in die Entscheidungsfindung der Kantone einbezogen werden. Vor allem in Querschnittsbereichen wie Schulen und Bildung, Gesundheit und auch Raumplanung kommen Konkordate zunehmend zur Anwendung. Horizontaler Föderalismus ist meist auch „Exekutivföderalismus", da die Verträge durch die Kantonsregierungen ausgehandelt und unterzeichnet werden und die Parlamente in der Regel nicht unmittelbar beteiligt

Tab. 10.7 Einrichtungen des horizontalen Föderalismus im Vergleich. (Quelle: Krumm 2013b, S. 29)

Schweiz	Österreich	Deutschland
17 Interkantonale Konferenzen	–	20 Konferenzen der Fachminister
Konferenz der Kantonsregierungen (KdK)	Landeshauptleutekonferenz	Ministerpräsidentenkonferenz (MPK)
Art. 48 BV	Keine Verfassungsrechtliche Normierung	Keine verfassungsrechtliche Normierung
http://www.konferenzen.ch/	–	www.bundesrat.de/

sind (Strebel 2014). Der intergouvernmentale Charakter steht somit deutlich im Vordergrund. In Österreich etwa sind sogar nur die Regierungschefs der Bundesländer, die Landeshauptleute, an den interkantonalen Verhandlungen beteiligt. Dagegen gibt es in Deutschland ein ähnlich differenziertes System von Fachministerkonferenzen wie in der Schweiz, allerdings ich die Intensität des Abschlusses von Verträgen deutlich niedriger (vgl. Kap. 8.3.1) (Tab. 10.7).

10.6 Die Kantone im Vergleich

10.6.1 Sozioökonomische Merkmale

Ein hervorstechendes Merkmal des schweizerischen Föderalismus ist die stark unterschiedliche Größe der Kantone. Damit ist weniger deren Fläche als die unterschiedlichen Einwohnerzahlen der Kantone gemeint. Der größte Kanton (Zürich) ist mit ca. 1,4 Mio. Einwohnern etwa 88 mal größer als der kleinste Kanton (Appenzell Innerrhoden) ist mit ca. 16.000 Einwohnern. Trotz der Kleinräumigkeit durch die 26 Kantone schneidet die Schweiz in internationalen Vergleichen bei den meisten Wirtschaftsindikatoren sehr gut ab. Dies betrifft etwa einfache Indikatoren wie Arbeitslosigkeit und Inflation, BIP und Wachstum, aber auch komplexere wie Innovations- und Wettbewerbsfähigkeit oder ökonomische Offenheit der Volkswirtschaft.

Für statistische Zwecke wird neben der föderalen und der kantonalen Ebene oft auch noch die der Großregionen berechnet. So wird über 60 % des BIP (2008–2010) in den drei Großregionen Zürich, Genferseeregion und Espace Mittelland erzeugt. Auf kantonaler Ebene hat der Kanton Zürich mit etwa 22 % des landesweiten BIP zwischen 2008 und 2010 den größten Anteil, gefolgt vom Kanton Bern mit ca. 11 % und Genf und Waadt mit ca. 8 %. Zusammen mit den Kantonen Aargau,

St. Gallen und Basel-Stadt erwirtschaften diese Kantone über zwei Drittel des nationalen BIP zwischen 2008 und 2010 (BfS 2013, S. 15).

Aussagekräftiger als der Anteil eines Kantons oder einer Großregion am nationalen BIP ist das BIP pro Kopf, das einen Vergleich des Lebensstandards ermöglicht. Im Vergleich zum absoluten Anteil nimmt der Kanton Zürich nun nicht mehr die Spitzenposition ein. Vielmehr nimmt im Jahr 2010, in dem sich die Schweizer Wirtschaft nach der globalen Kredit- und Finanzkrise 2008/2009 erstmals wieder auf Wachstumskurs befand, der Kanton Basel-Stadt den Spitzenplatz ein, gefolgt von den Kantonen Zug und Genf. Das geringste BIP pro Kopf wurde 2010 in den Kantonen Freiburg, den beiden Appenzells und Uri erwirtschaftet. Das größte Wachstum wurde in den Kantonen der Zentral- und Ostschweiz erreicht (Tab. 10.8). Insgesamt hat sich die Schweiz damit relativ schnell von der globalen Finanzkrise der Jahre 2008/2009 erholt. Lediglich für den Kanton Zürich gab es 2010 noch eine negative Entwicklung des BIP pro Kopf, was auf den Bankensektor zurückgeführt werden kann. Das höchste BIP pro Kopf in absoluten Zahlen wird im Kanton Basel-Stadt erwirtschaftet, gefolgt von den Kantonen Zug und Genf. Die Wertschöpfungszentren sind regional also recht breit verteilt.

Die kleinräumige politische Betrachtungsebene der 26 Kantone wird dabei aber der nationalen und internationalen Vernetzung der Wirtschaft und der gestiegenen Mobilität nicht mehr ausreichend gerecht. Dennoch ist das BIP ein gängiger Indikator für die in einer Gebietskörperschaft geleistete Wertschöpfung, unabhängig von der Staatsangehörigkeit der beteiligten Personen. Entscheidend ist der Anteil der Bevölkerung, der in einem bestimmten Gebiet ansässig ist. Aufgrund der Kleinräumigkeit gibt es einen hohen Anteil von Person, die in einem Kanton wohnen und in einem anderen arbeiten. Wohnsitz und Wertschöpfung einer Person werden in der Statistik unterschiedlicher Kantone berücksichtigt. „Idealerweise müsste die Analyse deshalb die Einkünfte aus interkantonalen Produktionsfaktoren (Arbeit und Kapital) von gebietsfremden Wirtschaftsakteuren berücksichtigen, um das kantonale Bruttoeinkommen zu bestimmen" (BfS 2013, S. 19). Durch die Kleinräumigkeit vieler der 26 Kantone können solche Pendlerbewegungen zu deutlichen Verzerrungen beitragen. Daher sollten die Zahlen des kantonalen BIP je Einwohner zwar nicht überinterpretiert werden, sie geben aber dennoch eine gewisse Orientierung über interkantonale Differenzen (BfS 2013, S. 19).

10.6.2 Politische Merkmale

Wie eingangs bereits erwähnt, haben die Sprachregionen keine eigenen Organisationen, jedoch spielt der sprachliche „Röstigraben" für die politische Kultur

10.6 Die Kantone im Vergleich

Tab. 10.8 Einwohner und BIP je Einwohner zu laufenden Preisen 2010. (Quelle: BfS, T 4.6.1 und su-d-1.2.1.2.50. sowie eigene Ergänzung)

	Ständige Wohnbevölkerung	BIP in CHF	Diff. zum Vorjahr
Schweiz	*7.870.134*	*72.696*	*2,3*
Genferseeregion	*1.483.680*	*75.361*	*2,7*
Waadt	713.281	65.564	2,6
Wallis	312.684	54.763	2,0
Genf	457.715	104.520	3,2
Espace Mittelland	*1.755.696*	*62.383*	*3,0*
Bern	979.802	66.509	3,3
Freiburg	278.493	49.755	1,5
Solothurn	255.284	59.458	3,2
Neuenburg	172.085	66.183	3,0
Jura	70.032	55.784	3,3
Nordwestschweiz	*1.070.820*	*80.811*	*1,8*
Basel-Stadt	184.950	147.229	2,2
Basel-Landschaft	274.404	69.563	3,5
Aargau	611.466	64.602	0,7
Zürich	*1.373.068*	*90.160*	*−0,8*
Ostschweiz	*1.103.641*	*60.694*	*4,4*
Glarus	38.608	57.702	2,6
Schaffhausen	76.356	76.087	6,8
Appenzell A. Rh.	53.017	48.557	5,4
Appenzell I. Rh.	15.688	49.231	5,9
St. Gallen	478.907	64.190	4,4
Graubünden	192.621	58.027	3,1
Thurgau	248.444	55.089	4,5
Zentralschweiz	*749.476*	*68.725*	*5,6*
Luzern	377.610	60.383	6,2
Uri	35.422	47.643	1,2
Schwyz	146.730	54.605	1,2
Obwalden	35.585	58.276	6,3
Nidwalden	41.024	58.940	9,5
Zug	113.105	128.356	7,2
Tessin	*333.753*	*65.230*	*2,1*

und das Wahl- und Abstimmungsverhalten eine gewisse Rolle. Ansonsten werden Konflikte zwischen den Sprachregionen weitestgehend in der horizontalen bzw. kantonalen Dimension ausgetragen. Zu den politischen Indikatoren der regiona-

Tab. 10.9 Nationalratswahlen 2011 Parteistärken in Prozent nach Sprachregionen. (Quelle: BfS/Statistik der Nationalratswahlen. Sprachregionen aufgrund der Ergebnisse nach Bezirken. 2009: Fusion von FDP und LPS auf nationaler Ebene unter der Bezeichnung „FDP. Die Liberalen". In den Kantonen Basel-Stadt und Waadt haben FDP und LP noch nicht fusioniert. 2011: Wegen der Fusion von FDP und LPS auf nationaler Ebene wird die Parteistärke der FDP inkl. die LP-VD und LP-BS berechnet. Eigene Hervorhebung der jeweils stärksten Partei)

Partei	Deutschsprachige Schweiz	Französischsprachige Schweiz	Italienischsprachige Schweiz
FDP	13,1	20,3	*24,3*
CVP	11,5	13,4	20,3
SP	17,6	*23,2*	16,8
SVP	*29,3*	20,2	10,2
EVP	2,5	0,7	–
CSP	0,1	0,7	–
GLP	6,4	2,7	0,1
BDP	7,0	0,8	0,2
PdA	0,1	2,0	1,2
GPS	8,0	10,3	6,6
Sol.	–	1,7	–
SD	0,3	0,0	–
EDU	1,6	0,5	0,0
Lega	–	–	17,0
MCR	–	2,2	–
Übrige	2,4	1,3	3,3

len Ebene gehört die Parteienstärke in den Sprachgebieten und Kantonen, die im Folgenden genauer vorgestellt wird. Cum grano salis lässt sich sagen, dass die Romandie und das Tessin stärker zu Mitte-links Parteien tendieren, was sich an überdurchschnittlichen Ergebnissen von Sozialdemokraten und Grünen ablesen lässt. Aber auch die FDP hat in der Romandie einen guten Stand. Davon können die 2007 in der Region Zürich gegründeten Grünliberalen bislang allerdings nicht profitieren. Auch die SVP und die 2008 von ihr abgespaltene BDP haben ihren Schwerpunkt in der Deutschschweiz. Bei einer Auswertung der Ergebnisse der Nationalratswahl 2011 fällt auf, dass FDP und CVP in der italienischen Schweiz am stärksten sind, die SP und Grüne in der Romandie, und SVP, BDP und Grünliberale in der deutschsprachigen Schweiz (Tab. 10.9).

Auf kantonaler Ebene ist die FDP in Tessin und Neuenburg stärkste Partei geworden, die CVP in Luzern, Wallis und Jura, die SP in Freiburg, Basel-Stadt, Waadt und Genf, und die SVP neben einer Reihe anderer Kantone in Zürich und Bern.

10.7 Zusammenfassung und Wiederholungsfragen

Das politische System der Schweiz ist in Europa am stärksten föderalisiert. Viele prägende Eigenschaften sind dabei bereits in der Phase des Frühkonstitutionalismus entstanden und haben 1848 in die Bundesverfassung Einzug gehalten. Bei der ‚Architektur' des Parlaments stand dabei der US-Kongress Pate. Dabei ist die Kompetenzausstattung der Bundesversammlung sogar noch symmetrischer als die des US-Kongresses. Von diesem wurde das Senatsprinzip für den Ständerat übernommen, dass den kleinen Kantonen einen überproportionalen Einfluss auf die Bundespolitik gibt.

Im Unterschied zu den USA gibt es in der Schweiz einen ausgeprägten horizontalen Föderalismus. Verträge zwischen den Kantonen (Konkordate) können bei Bedarf sogar für allgemeinverbindlich erklärt werden. Wichtigstes Instrument der Selbstkoordination der Kantone sind die kantonalen Konferenzen wie z. B. die kantonale Konferenz der Kantonsregierungen.

Der Einfluss der Kantone auf die Bundespolitik vollzieht sich aber auch durch die „Vernehmlassung" in der vorparlamentatrischen Phase der Gesetzgebung. Dass trotz einer starken Politikverflechtung auch umfassende Reformen des Föderalismus möglich sind, zeigt das Beispiel der „Neugestaltung des Finanzausgleichs und der Aufgabenteilung zwischen Bund und Kantonen" (NFA).

> **Fragen**
> Bei der Entstehung des Bundesstaates in der Schweiz und den USA gab es Ähnlichkeiten; welche?
> Erläutern Sie die Regierungsbildung auf nationaler Ebene.
> Wie erklären Sie die starke Stellung der Kantone im Ständerat?
> Welche Wahlverfahren werden für die Mitglieder von National- und Ständerat angewendet?
> Auf welchen Wegen sind die Kantone an der Gesetzgebung des Bundes beteiligt?
> Warum kommt es trotz vieler Vetospieler und hoher Politikverflechtung nicht zu einem Politikstillstand oder zu Unregierbarkeit?
> Durch welche Einrichtungen ist der horizontale Föderalismus institutionalisiert?
> Was ist in der direkten Demokratie ein „Ständemehr"?

Belgien: zentrifugaler Föderalismus 11

11.1 Grundlagen

Die Entstehung des belgischen Bundesstaates ist ein seltenes Beispiel für die Föderalisierung eines Einheitsstates und hat daher viel politikwissenschaftliches Interesse auf sich gezogen. Aus dieser Entstehungsgeschichte seit den 1970er Jahren sind eine Reihe von Alleinstellungsmerkmalen des belgischen Föderalismus zu erklären wie der Sonderstatus für die Hauptstadtregion Brüssel, die Wahl und Stellung des Senats, die kompetenzförmige und administrative Trennung der Ebenen und die Abwesenheit einer Gesetzeshierarchie von föderaler und Gliedstaatenebene (föderales Recht ‚bricht' Gliedstaatenrecht nicht). Da sich inzwischen mit fast jeder Wahl und den anschließend meist vertrackten Koalitionsverhandlungen auch die föderalen Institutionen verändern, stellt dies auch besondere Herausforderungen an politikwissenschaftliche Deskription und Analyse.

Mit der Aufteilung der Gliedstaatenebene auf zwei ‚Gliedstaatenformationen' liegt in Belgien eine einmalige Konstruktion vor: die Aufteilung der Gliedstaatenebene in Regionen und Gemeinschaften. Dabei ging die Initiative zur Gründung der Gemeinschaften zunächst stärker vom flämischen Streben nach mehr kultureller Autonomie aus und die Gründung der Regionen vom wallonischen Streben nach mehr wirtschaftlicher Unabhängigkeit (Mörsdorf 1996, S. 75), auch wenn sich diese Interessen inzwischen verschoben haben. Als eine dritte regionale Ebene kommen die Sprachgebiete hinzu, die in der Verfassung zwar erwähnt werden, aber keine eigenen Organe und Kompetenzen besitzen (Mörsdorf 1996, S. 74). Die Sonderstellung Brüssels erklärt sich durch die Zweisprachigkeit, wodurch zwar eine territoriale Basis für einen Regionalrat gegeben ist, aber nicht für eine eigene Gemeinschaft.

Nachdem in den 1970er Jahren im französischen Sprachgebiet einige Kompetenzen von der Gemeinschaft auf die Region übertragen wurden, hatte sich eine institutionelle Asymmetrie herausgebildet, bei der die flämische Seite ihren Interessenschwerpunkt auf die Gemeinschaften legte und die wallonische Seite auf die Regionen (Mörsdorf 1996, S. 82). Diese Asymmetrie in der Präferenz für Region bzw. Gemeinschaft spiegelt sich auch im Wahlmodus der Parlamente wieder (Kap. 11.3). In Flandern wird mit den Stimmen der Bevölkerung das Parlament der Flämischen Gemeinschaft gewählt, das abzüglich sechs Mitglieder auch die Aufgaben der Region übernimmt. Dagegen wird das Parlament der Frankophonen Gemeinschaft aus den 75 direkt gewählten Vertretern der Wallonischen Region und von 19 frankophonen Mitgliedern im Parlament der Brüsseler Region gebildet. Das Parlament der Französischen Gemeinschaft wird also nicht direkt gewählt, sondern aus ex officio-Mitgliedschaften in anderen Regionalparlamenten rekrutiert.

Die daraus resultierende Struktur der Vertretungskörperschaften sowie die Verfassungsgrundlagen werden in den Tab. 11.1 und 11.2 verdeutlicht. Die in den Artikeln 1 bis 4 der Belgischen Verfassung erwähnten Gliederungen bringen auch eine Werteordnung zum Ausdruck: Art. 1 definiert Belgien als Föderalstaat. Auch sprachlich unterscheidet man sich dadurch von der Bezeichnung Bundesstaat. Die zentrale Ebene wird folglich nicht als ‚Bund', sondern als föderale Ebene bezeichnet. Art. 2 und 3 führen die Gemeinschaften und Regionen ein und Art. 4 die Sprachgebiete, die keine eigene politische Repräsentation haben. Jedoch muss jede Gemeinde einem dieser Sprachgebiete angehören. Die ‚Sprachgrenzen' zwischen den vier Sprachgebieten können nach Art. 4 nur mit qualifizierter Mehrheit in beiden Kammern, nämlich „durch ein mit Stimmenmehrheit in jeder Sprachgruppe einer jeden Kammer angenommenes Gesetz abgeändert oder berichtigt werden, vorausgesetzt, daß die Mehrheit der Mitglieder jeder Gruppe versammelt ist, und insofern die Gesamtzahl der Jastimmen aus beiden Sprachgruppen zwei Drittel der abgegebenen Stimmen erreicht."

Tab. 11.1 Sprachgebiete, Regionen und Gemeinschaften in Belgien. (Quelle: Eigene Zusammenstellung)

Sprachgebiet	Niederländisches Sprachgebiet	Französisches Sprachgebiet	Zweisprachiges Gebiet Brüssel-Hauptstadt	Deutsches Sprachgebiet
Gemeinschaft	Das Flämische Parlament als Parlament der Flämischen Gemeinschaft und der Flämischen Region	Parlament der Französischen Gemeinschaft		Parlament der Deutschsprachigen Gemeinschaft (DG)
Region		Parlament der Wallonischen Region	Parlament der Region Brüssel	Teil der Wallonischen Region

11.1 Grundlagen

Tab. 11.2 Die Verfassungsgrundlagen der föderalen Ordnung Belgiens. (Quelle: http://www.senate.be/deutsch/const_de.html [Stand Juni 2013])

Artikel	Inhalt
1	Belgien ist ein Föderalstaat, der sich aus den Gemeinschaften und den Regionen zusammensetzt
2	Belgien umfasst drei Gemeinschaften: die Deutschsprachige Gemeinschaft, die Flämische Gemeinschaft und die Französische Gemeinschaft
3	Belgien umfasst drei Regionen: die Wallonische Region, die Flämische Region und die Brüsseler Region
4	Belgien umfasst vier Sprachgebiete: das deutsche Sprachgebiet, das französische Sprachgebiet, das niederländische Sprachgebiet und das zweisprachige Gebiet Brüssel-Hauptstadt. [...]

Am 7. Februar 1831 als eine parlamentarische Monarchie nach französischem Vorbild gegründet, war Belgien bis 1970 ein dezentralisierter Einheitsstaat mit anfangs relativ homogenen Strukturen und einer überwiegend französischsprachigen Bürgerschaft (Alen 1990, S. 504). Ähnlich wie in der Schweiz wurde das Parteienspektrum von drei politischen Strömungen geprägt. Nach der Staatsgründung 1830 dominierte lange Zeit das Cleavgte von Liberalen und Katholiken, dass später durch eine sozialdemokratische Strömung ergänzt wurde. Sprachliche und wirtschaftliche Unterschiede zwischen den heutigen Regionen waren lange Zeit kein politisches Problem, da die Vorherrschaft der französischen Sprache und Kultur im öffentlichen Leben allgemein akzeptiert war. Das änderte sich erst mit einer Verschiebung der wirtschaftlichen Kräfte und des regionalen Selbstbewusstseins seit den 1960er Jahren, die 1963 zu einer Einteilung von Sprachregionen in allen die Verwaltung betreffenden Angelegenheiten führte. Zu einem grundlegenden Staatsumbau kam es ab 1968, als in einer Reihe von fünf aufeinander folgenden Staatsreformen sich ein zentrifugaler Föderalismus von drei Regionen und zwei Sprachgemeinschaften durchsetzte (Tab. 11.3).

Die Verfassungsentwicklung hatte auch Auswirkungen auf das Parteiensystem, als sich Anfang der 1970er Jahre die meisten belgischen Parteien in eine frankophone und eine flämische Partei aufspalteten. Dadurch hat sich die Anzahl der Parteien in Belgien stark erhöht und die Regierungsbildung nicht einfacher gemacht. 1970 wurden die Flämische, Französische und Deutschsprachige Kulturgemeinschaft gegründet (seit 1980 Gemeinschaften). Die Gemeinschaften sind für personenbezogene Angelegenheiten wie Gesundheit und Sozialwesen, Bildung und Kultur zuständig und die 1980 (bzw. Brüssel 1988) gegründeten Regionen für territoriale Angelegenheiten wie Wohnungsbau und Regionalplanung, Natur- und Umweltschutz, Wirtschafts- und Beschäftigungspolitik sowie öffentliche Aufgaben und Transport. Im Fall der Deutschsprachigen Gemeinschaft (DG), die Teil der

Tab. 11.3 Verfassungsreformen zur Förderalisierung Belgiens. (Quelle: Nach www.dgparlament.be/desktopdefault.aspx/tabid-586/1116_read-20394/ [17.08.2013])

1963	Schaffung von vier Sprachgebieten durch ein Gesetz über den Sprachgebrauch in der Verwaltung
1970	Erste Staatsreform: Gründung einer niederländischen, einer französischen und einer deutschen Kulturgemeinschaft mit eigenen, direkt gewählten Kulturräten (Parlamenten) und Kompetenzen u. a. in der Bildungspolitik
1980	Zweite Staatsreform: Gründung der Flämischen und der Wallonischen Region mit Kompetenzen u. a in der Wirtschaftspolitik. Die Gemeinschaften erhalten Dekretbefugnisse in kulturellen und personenbezogenen Angelegenheiten und dürfen ihre Exekutive durch ihren Rat selbst wählen
1988	Dritte Staatsreform: Gründung der Region Brüssel Hauptstadt und Übertragung von Zuständigkeiten für das Unterrichtswesen. Erhöhung der Finanzzuweisungen an die Gemeinschaften
1993	Vierte Staatsreform: Belgien bezeichnet sich in der Verfassung als „ein aus den Gemeinschaften und den Regionen bestehender Föderalstaat". Die Gleichwertigkeit von Kammer und Senat wird zugunsten der Kammer verändert. Der Senat wird zum „Denkforum" und zum „Begegnungsort der Gliedstaaten". DG erhält Regionalbefugnisse (Denkmal- und Landschaftsschutz. Im Jahr 2000 kommen Beschäftigungspolitik und 2005 Aufsicht und Finanzierung der Gemeinden hinzu
2001	Fünfte Staatsreform: Verbesserung der Refinazierung der Gemeinschaften durch den Föderalstaat
2012	Sechste Staatsreform mit Aufteilung des Wahlkreises Brüssel-Halle-Vilvoorde in die Wahlkreise Brüssel und Flämisch-Brabant und Senatsreform

Wallonischen Region ist, wurden einige regionale Kompetenzen an die DG devoluiert. Für die Region Brüssel wurde ein komplexes System von Gemeinschaftskommissionen für die Gemeinschaftsaufgaben institutionalisiert.

In der Verfassung werden die Befugnisse der Gliedstaaten aufgelistet, die Residualbefugnisse bleiben auf der föderalen Ebene. Bei ‚klassischer' Entstehung von Föderationen ist dies meist umgekehrt. Dort hat der Bund nur die enumerativ ausgelisteten Kompetenzen und die Gliedstaaten die Residualkompetenz. Durch die Einführung von föderalen Strukturen mit Gemeinschaften und Regionen wurde der dezentralisierte belgische Einheitsstaat allmählich in einen Bundesstaat umgewandelt. So führte die Verfassungsänderung von 1980 etwa zur Anerkennung der Flämischen, Wallonischen und Brüsseler Region als autonome Rechtspersonen, die über eigene gesetzgebende Befugnisse, ausführende Organe und finanzielle Autonomie verfügen (Alen 1990, S. 530).

11.1 Grundlagen

Die Föderalisierung führte aber auch zu einer starken Fragmentierung des Parteiensystems. Dennoch sind die Parteien im politischen Prozess relativ stark bzw. einflussreich geblieben. Dies ist u. a. darauf zurückzuführen, dass die Parteivorsitzenden nicht Mitglied in der Regierung werden. Die Trennung von Parteivorsitz und Regierungsmandat ist eine Sicherungsmaßnahme, um auf Ebene des Parteiensystems eine größere Kontinuität im Fall von Regierungswechseln zu ermöglichen, aber auch, um durch diese zusätzliche Delegationsstufe Distanz zur föderalen Ebene zu signalisieren.

Unter den flämisch-nationalistischen Parteien hat zuletzt die N-VA (Neue Flämische Allianz) eine besondere Erfolgsgeschichte vorzuweisen. Ihr ist eine erfolgreiche Mischung von Fragen der Sprache und nationaler Identität mit solchen von finanzieller bzw. ökonomischer Solidarität gelungen. Der von der N-VA instrumentalisierte flämische Nationalismus ist auch ein Resultat der Unzufriedenheit vieler Flamen, den südlichen Landesteil finanziell unterstützen zu müssen, „obwohl das bislang zu keinen sichtbar positiven Ergebnissen geführt hat. So verbindet sich die Sorge um den eigenen Wohlstand mit einer starken Tradition der politischen Kultur in Flandern – dem flämischen Nationalismus" (Chardon 2012, S. 291).

Auf föderaler Ebene regierte von 1999 bis 2008 der VLD (Flämische Liberale und Demokraten), zunächst bis 2003 zusammen mit den frankophonen Liberalen und den Sozialdemokraten und Grünen beider Gemeinschaften, dann bis 2008 in einer sozialliberalen Koalition. Im Mai 2008 trat der VLD in eine Koalition u. a. mit der CD&V (Christdemokraten, Yves Leterme und Herman Van Rompuy). Im April 2010 zerbrach das zweite Kabinett Leterme nach nur fünf Monaten Amtszeit. Nach den Neuwahlen Mitte Juni 2010 kam lediglich eine nicht gewählte Übergangsregierung zustande. Zuletzt hat Anfang Januar 2011 der vom König ernannte Vermittler zwischen den Parteien („Formateur") mit dem Ziel der Regierungsbildung, um Entbindung von seinen Aufgaben gebeten. Angesichts der Fragmentierung des Parteiensystems und der damit verbundenen Polarisierung sowie der Vielzahl von Parteien, die für eine Regierungsbildung benötigt werden, war die Dauer von 541 Tagen bis zur Regierungsbildung im Dezember 2011 nicht wirklich überraschend.

Auch das flämische Parteiensystem ist stark fragmentiert. Zu den stärkeren Parteien zählen die Liberalen (open VLD) und die Sozialdemokraten (SPA), des Weiteren die Christdemokraten (CD&V), die Grünen (Groen), die Neue Flämische Allianz (N-VA) und die Rechts-Nationalisten des Vlaams Belang. Von 1992 bis Juli 1999 regierte Luc Van den Brande (CVP), von 1999 bis Juni 2003 Patrick Dewael (VLD), von Juni 2003 bis Juli 2004 Bart Somers (VLD), von Juli 2004 bis Juni 2007 Yves Leterme (CD&V). Seit Ende Juni 2007 amtiert der christdemokratischer Ministerpräsident Kris Peeters (CD&V), der im Juni 2009 für weitere fünf Jahre bestätigt wurde.

11.2 Asymmetrischer Bikameralismus

11.2.1 Die Abgeordnetenkammer

Die 150 Abgeordneten der ersten Kammer werden alle vier Jahre nach reiner Verhältniswahl in Mehrpersonenwahlkreisen ohne Sperrklauseln gewählt, wobei die Anzahl der in einem Wahlkreis zu vergebenden Mandate regelmäßig an die Bevölkerungsentwicklung angepasst wird. Durch die allgemeine Wahlpflicht ist die Wahlbeteiligung meist sehr hoch (2014: 89,5 %), jedoch auch der Anteil der ungültigen bzw. weißen Stimmzettel. In Verbindung mit dem Sprachencleavage führt das Verhältniswahlrecht zu einer starken Fragmentierung des Parteiensystems auf elektoraler wie auf parlamentarischer Ebene. Neben den drei klassischen Parteien der Christdemokraten, Liberalen und Sozialisten haben in den letzten Jahren u. a.. ökologische und nationalistische Parteien für eine weitere Fragmentierung gesorgt. Ursprünglich waren Kammer und Senat in Belgien gleichberechtigt. Nach der Degradierung des Senats zum „Denkforum" im Zuge der Föderalisierung ist die Abgeordnetenkammer zum wichtigsten föderalen Verfassungsorgan avanciert. Die Kammer hat die entscheidende Rolle im Einkammerverfahren nach Art. 74 der Verfassung und sie hat das letzte Wort im nicht-verpflichtenden Zweikammerverfahren, das einen Großteil der Gesetzentwürfe ausmacht (Kap. 11.2.3). Wie üblich in parlamentarischen Systemen ist jede Regierung also entscheidend von der Mehrheit in der ersten Kammer abhängig.

So kam es nach dem Verlust der parlamentarischen Mehrheit des zweiten Kabinetts von Ministerpräsident Yves Leterme im April 2010 am 13. Juni 2010 zu vorgezogenen Neuwahlen. Bei den anschließenden Koalitionsverhandlungen kam es erst nach 541 Tagen, am 6. Dezember 2011, zur Bildung einer neuen Koalitionsregierung unter dem frankophonen Elio Di Rupo (PS), die sich auf die Sozialist (PS, sp.a), die Christdemokraten (CD&V, cdH) und die Liberalen (Open VLD, MR) beider großen Sprachgruppen stützte. Da die Wahlkreise für die Wahl zur Abgeordnetenkammer die 10 Provinzen sowie die Hauptstadt Brüssel sind, spielen die Sprachgrenzen keine direkte Rolle. Dennoch lässt sich eine spezifische Verteilung der Unterstützung beobachten.

Zur stärksten Partei mit 17,4 % wurde der flämisch-nationalistische N-VA, zur zweitstärksten Partei mit 13,7 % die frankophone PS. N-VA und CD&V waren 2007 noch in einem Wahlbündnis angetreten und konnten sich nach dessen Auflösung jeweils noch einmal verbessern. 2014 ging zwar die Neue Flämische Allianz (N-VA) mit landesweit 20,3 % (32,6 % in Flandern) und mit 33 Sitzen als stärkste Kraft aus der Wahl hervor, jedoch konnten sich auch die Parteien der bislang regierenden Sechs-Parteien-Koalition aus Sozialisten, Liberalen und Christdemokraten

11.2 Asymmetrischer Bikameralismus

Tab. 11.4 Wahl zur Abgeordnetenkammer 2010 und 2014. (Quellen: http://polling2014.belgium.be/en/ und http://polling2010.belgium.be/en/)

	Region	Stimmenanteil 2014 in %	Sitze 2014	Stimmenanteil 2010 in %	Sitze 2010	Stimmenanteil 2007 (in %)
Vlaams Belang	F, B	3,67	3	7,76 (−4,23)	12(−5)	11,99
VIVANT				0,10 (+0,01)	0(0)	0,09
Lijst Dedecker		0,42	–	2,31 (−1,72)	1(−4)	4,03
Open Vld (Flemish Liberals and Democrats)	F, B	9,78	14	8,64 (−3,19)	13(−5)	11,83
PS (Socialist Party)	W, B	11,67	23	13,70 (+2,84)	26(6)	10,86
MR (Reform Movement)	W, B	9,64	20	9,28 (−3,24)	18(−5)	12,52
FN		–	–	0,51 (−1,45)	0(−1)	1,97
CDH (Humanist Democratic Center)		–	–	5,52 (−0,53)	9(−1)	6,06
CD&V (Christian Democratic & Flemish)	F, B	11,61	18	10,85	17(−)	–
sp.a (Socialist Party. Different)	F, B	8,83	13	9,24	13(−)	–
N-VA (New Flemish Alliance)	F, B	20,26	33	17,40	27(−)	–
Ecolo	W, B	3,30	6	4,80 (−0,31)	8(0)	5,10
Groen	F	5,32	6	4,38 (0,40)	5(1)	3,98
cdH	W, B	4,98	9	5,52		
PTB-GO!/ PVDA+	F, W, B	1,97 + 1,75	2	–	–	–
FDF[a]	F, W, B	1,80	2	–	–	–

Abk.: *F* Flandern, *W* Wallonie, *B* Brüssel
Anm.: [a] Von 1991 bis 2010 in den französischsprachigen Liberalen integriert

beider Sprachgruppen auf insgesamt 97 Sitze leicht verbessern. Anfang Oktober 2014 einigten sich die flämischen Liberalen (Open VLD, 14 Sitze), die flämischen Christdemokraten (CD&V, 18 Sitze), die wallonischen Liberalen (MR, 20 Size) mit den Wahlgewinnern von der „separatistischen" N-VA (33 Sitze) auf eine Vierparteien-Koalition unter dem wallonischen Premierminister Charles Michel (MR). Ob der N-VA tatsächlich eine Umwandlung Belgiens in eine Konföderation gelingt (wie vor der Wahl gefordert), bleibt abzuwarten.

Wie eingangs erwähnt, ist mit jeder Regierungsbildung in Belgien auch eine kleine Staatsreform verbunden. Das führt dazu, dass die Verfassungsordnung mehr oder weniger permanent in Bewegung ist. Die Bildung der Regierung di Rupo Ende 2011 hatte eine weitere Entwicklung des Institutionengefüges mit sich gebracht, die auch die Abgeordnetenkammer und den Senat betreffen. „Die Regierungsbildung 2011 hat nun auf erste Sicht eine Lösung für zahlreiche Probleme gebracht, die die Politik jahrelang beherrscht haben. Noch einmal hat der ‚compromis à la belge' funktioniert [...]" (Chardon 2012, S. 290).

Für die Wahl zur Abgeordnetenkammer bildeten von 2003 bis 2012 die Provinzen und die Hauptstadt Brüssel die 11 Wahlkreise. Der Wahlkreis Brüssel-Halle-Vilvoorde ist seit langem ein Streitpunkt zwischen den Sprachgruppen gewesen. Unter der Regierung di Rupo kam es schließlich zu einer Einigung auf eine Aufteilung in die neuen Wahlkreise Brüssel und Flämisch-Brabant, die im Juli 2012 vom Parlament beschlossen wurde und erstmals 2014 zur Anwendung kommt. Für sechs Gemeinden gelten Sonderregelungen. Die Wahlperiode für die Abgeordnetenkammer wurde auf fünf Jahre herauf gesetzt und es wurde eine Regelung beschlossen, dass die Kammer „beim Rücktritt der Regierung auch nicht mehr aufgelöst wird" (Chardon 2012, S. 285). Seit 2014 finden die Wahlen zur Abgeordnetenkammer am gleichen Tag wie die zum Europäischen Parlament statt. Bislang dauerte eine Legislaturperiode des föderalen Parlaments vier Jahre, der regionalen und gemeinschaftlichen Parlamente fünf Jahre. Es hat also eine Angleichung in Richtung der Regelung auf Gliedstaatenebene stattgefunden.

Der bilinguale Wahlkreis Brüssel-Halle-Vilvoorde (BHV) wurde für die Wahl zur Abgeordnetenkammer und zum Europäischen Parlament aufgeteilt. „Den Bewohnern der sechs Gemeinden mit Spracherleichterungen soll die Möglichkeit gegeben werden, für die Kandidaten des Wahlkreises Brüssel-Hauptstadt zu stimmen (also für frankophone Listen), obwohl sie zum Wahlkreis Flämisch-Brabant gehören, in dem es nur niederländischsprachige Listen gibt" (Chardon 2012, S. 286 f.). Für diese Sonderregelungen zu den sechs Gemeinden gelten die in Art. 4 der Verfassung geforderten qualifizierten Mehrheiten. Die von der Koalition unter di Rupo beschlossenen Änderungen traten Anfang 2014 in Kraft. Dazu gehört auch,

11.2 Asymmetrischer Bikameralismus

Tab. 11.5 Anzahl der Abgeordnetensitze nach Wahlkreisen (2014). (Quelle: Eigene Zusammenstellung)

Flandern (total)	87	Wallonie (total)	48	Brüssel Hauptstadt	15
Provinz Westflandern	16	Provinz Hennegau	18	–	–
Provinz Ostflandern	20	Provinz Namur	6		
Provinz Antwerpen	24	Provinz Luxemburg	4		
Provinz Limburg	12	Provinz Lüttich	15		
Provinz Flämisch-Brabant	15	Provinz Wallonisch-Brabant	5		

dass der Senat keine direkt gewählten Mitglieder mehr hat, es also keine Volkswahl eines Kontingentes von Senatoren mehr gibt.

Für die Auszählung der Stimmen wurde die Ebene der Provinzen weiter gestärkt, die nach Auflösung des Wahlkreises BHV sowie nach Beendigung der Ausnahmeregelung für die ehemalige Provinz Brabant nun überall mit der Wahlkreisebene identisch ist (einschließlich der Hauptstadt Brüssel). Die Stimmenverrechnung erfolgt nach d'Hondt mit einer Fünf-Prozent-Hürde auf Wahlkreisebene. Die Anzahl der in jedem Wahlkreis gewählten Abgeordneten richtet sich nach den Bevölkerungsanteilen und wird alle 10 Jahre überprüft. Die Verteilung der Abgeordnetenzahlen auf die Regionen und Provinzen ab 2014 ist in Tab. 11.5 zusammen gefasst.

11.2.2 Der Senat

Der früher mit der Abgeordnetenkammer gleichgestellte Senat ist der große Verlierer der Föderalisierung Belgiens. Eine finale Vetomöglichkeit hat er nur beim verpflichtenden Zweikammerverfahren. Ansonsten beschränken sich seine Kompetenzen auf die Beratung und Verbesserung von Entwürfen und als Kommunikationsforum für das Zusammenspiel von Gemeinschaften, Regionen und Föderalstaat. Die Befugnisse des Senats werden in Tab. 11.6 zusammen gefasst. Neben der Mitwirkung an den beiden Varianten des Zweikammerverfahrens sind dies die Kontrollfunktion und die Erarbeitung von Lösungsvorschlägen bei Interessenkonflikten zwischen den verschiedenen Teilen der Föderation (www.senat.de/deutsch/index.html).

Tab. 11.6 Die Zuständigkeiten des Belgischen Senats. (Quelle: Nach www.senat.be/deutsch/index.html [17.08.2013])

Das integrale Zweikammersystem	Die föderale Basisgesetzgebung umfasst die Verfassung, Sprachengesetze, Wahlgesetze, internationale Vereinbarungen und die Organisation der Gerichte und Gerichtshöfe. Bei diesen Materien sind Kammer und Senat gleichberechtigt. Für die Annahme eines Entwurfs ist die Zustimmung beider Organe notwendig
Die „übliche Gesetzgebung" unterliegt dem begrenzten Zweikammersystem	Die „übliche Gesetzgebung" umfasst alle Entwürfe exklusive derjenigen des Einkammerverfahrens und des integralen Zweikammerverfahrens
	Mit Unterstützung von mindestens 15 Senatoren kann ein von der Kammer bereits angenommener Entwurf innerhalb von 60 Tagen überprüft und geändert werden. Die Abgeordnetenkammer jedoch das letzte Wort
Das Kontrollrecht	Es stehen ihm schriftliche Fragen, mündliche Fragen und Bitten um Erläuterung als Kontrollmöglichkeiten zur Verfügung. Des Weiteren kann er Untersuchungsausschüsse einberufen
Interessenkonflikte	Der Senat regelt (neben dem Schiedsgericht) Interessenkonflikte zwischen den verschiedenen Parlamenten durch eigene Lösungsvorschläge. Bei Interessenkonflikten zwischen anderen Bestandteilen des Föderalstaates kann er sogar verbindlich entscheiden

Zur institutionellen Schwäche des Senats trugen bis zur Staatsreform 2011 auch die unterschiedlichen Modi der Bestellung der Senatoren bei. Von den 71 Senatoren wurden nur 40 direkt gewählt, weitere 21 wurden durch die Parlamente der verschiedenen Gemeinschaften aus ihren Reihen ausgewählt und 10 wurden von den amtierenden Senatoren kooptiert. Für alle drei Gruppen gab es genaue Quoten für die sprachliche Zugehörigkeit der Senatsmitglieder. Schließlich gab es als vierte, faktisch irrelevante Gruppe die Senatoren von Rechts wegen: die volljährigen Kinder des Königs. Die direkt gewählten Senatoren wurden zeitgleich mit der Wahl zur Abgeordnetenkammer gewählt. Für die Direktwahl der Senatoren war das belgische Elektorat in ein niederländisches und ein französisches Wahlkollegium aufgeteilt,.

Nach der Staatsreform von 2011 setzt sich der Senat ab 2014 aus sechzig Senatoren zusammen. Davon werden 29 Senatoren vom Flämischen Parlament oder der niederländischen Sprachgruppe des Parlaments der Region Brüssel bestimmt,

10 vom Parlament der Französischen Gemeinschaft, 8 vom Parlament der Wallonischen Region, 2 von der französischen Sprachgruppe des Brüsseler Parlaments und einer vom Parlament der DG. Weiterhin werden 10 Senatoren kooptiert, davon sechs von den flämischen und vier von den frankophonen Senatoren (Art. 67, § 1). Mit anderen Worten ist die Gesamtzahl der Senatoren von 71 auf 60 reduziert worden, die nun alle indirekt gewählt (bzw. bestimmt) werden. Die Senatoren bekommen kein Gehalt, sondern lediglich eine Unkostenentschädigung.

Das seit 2014 angewandte Modell entspricht in den Grundzügen dem Bundesratsmodell in Österreich, bei dem die Mitglieder der zweiten Kammer durch die Parlamente der Gliedstaaten gewählt werden. Durch die Abschaffung der drei zuvor angewandten Wahlmodi ist mehr Klarheit bei der Bestimmung der Senatoren geschaffen worden, jedoch bleibt das demokratische Profil der Kammer weiterhin diffus. Zum Reformprogramm der Regierung Elio di Rupo Ende 2011 gehörte auch, dem Bedeutungsverlust des Senats (etwa durch den gestiegenen Einfluss der Regionen und Gemeinschaften) entgegen zu wirken. Der Belgische Senat krankt aber ähnlich wie das Britische Oberhaus daran, dass er durch Machtverlagerungen auf andere Teilbereiche bzw. Ebenen des politischen Systems stetig an Einfluss verloren hat.

Auch die von der Regierung di Rupo 2011 eingeleiteten Reformen haben etwa den Mechanismus der Kooptation von Senatoren nicht angerührt (Chardon 2012). Ziel der Senatsreform war, die Repräsentation der Gliedstaaten in der zweiten Kammer zu stärken. Neben der bereits genannten Aufteilung von Kontingenten auf die Sprachgruppen soll auch die parteipolitische Zusammensetzung mit den Wahlergebnissen auf Regionalebene korrespondieren. „Die Aufgaben des reformierten Senats sind eng begrenzt, sie umfassen u. a. die Mitwirkung bei der Änderung der belgischen Verfassung und den so genannten besonderen Gesetzen, die Involvierung der Teilstaaten bei Benennungen etwa für den Staatsrat und den Verfassungsgerichtshof und die Mitwirkung bei der Behandlung der so genannten Interessenkonflikte zwischen den Sprachgruppen" (Chardon 2012, S. 285). Der geplanten Stärkung der Gliedstaaten im Senat entsprach eine weitere Kompetenzverlagerungen zu Gunsten der Regionen und Gemeinschaften in den Bereichen Familie und Gesundheit, Justiz und Verkehr sowie für den Arbeitsmarkt (Chardon 2012, S. 287 f.).

11.2.3 Die Gesetzgebung

Das Initiativrecht zur Gesetzgebung hat jeder föderale Abgeordnete und Senator sowie die föderale Regierung. Erst durch die Annahme (zweite Phase) wird aus einem Vorschlag ein Gesetzentwurf. Wie in anderen Ländern (z. B. USA, Schweiz) kann das Belgische Parlament also anfangs entscheiden, ob es auf einen Gesetzesvorschlag eingehen will oder nicht. Im Fall des Nichteintretens auf einen Vorschlag besteht für den Initianden z. B. die Möglichkeit, sein Anliegen noch einmal zu überdenken und den Vorschlag ggf. zu verändern, um einen zweiten Anlauf zu starten. In der Regel folgt dann die Ausschussphase, die aber bei besonders einfachen Entwürfen auch übersprungen werden kann. In der anschließenden Plenarsitzung kann über die Änderungen durch den Ausschuss oder sonstige Änderungen abgestimmt werden. Nach Art. 76 kann ein Gesetzentwurf „von einer Kammer erst angenommen werden, nachdem über jeden einzelnen Artikel abgestimmt worden ist. Die Kammern haben das Recht, die Artikel und die eingebrachten Abänderungsanträge zu ändern und aufzuteilen". Im Fall einer Annahme durch die Kammer und ggf. den Senat wird die Vorlage anschließend vom König „sanktioniert" (unterzeichnet) und ausgefertigt. Die Inkraftsetzung erfolgt meist am dritten Tag nach der Veröffentlichung des neuen Gesetzes im Belgischen Staatsblatt (Tab. 11.7).

Dieses Phasenmodell muss aber noch an die jeweilige Gesetzesart angepasst werden. Grundsätzlich unterscheidet man vier Arten von Gesetzen: Solche nach dem Einkammerverfahren, nach dem verpflichtenden Zweikammerverfahren, nach dem nicht-verpflichtenden Zweikammerverfahren sowie gemischte Gesetze (vgl. Tab. 11.8). Den Großteil der Gesetzesarten macht dabei das nicht-verpflichtende Zweikammerverfahren aus, bei dem der Senat auf Antrag von mindestens 15 Mitgliedern auf einen Entwurf eintreten kann. Danach kann der Senat innerhalb von sechzig Tagen den Gesetzentwurf abändern. Nach Rückübersendung des geänderten Entwurfs vom Senat an die Abgeordnetenkammer kann diese einen definitiven Beschluss fassen, „indem sie alle oder einige der vom Senat angenommenen Abänderungsanträge entweder annimmt oder ablehnt" (Art. 78). Nimmt anschließend die Abgeordnetenkammer eine neue Abänderung vor, geht der Entwurf noch einmal zurück an den Senat, der innerhalb von fünfzehn Tagen entweder den vorliegenden Entwurf annehmen kann oder noch einmal Änderungen beschließen kann. Bei erneuten Änderungen des Senats geht der Entwurf wieder an die Abgeordnetenkammer, „die einen definitiven Beschluß faßt, indem sie den Gesetzentwurf entweder annimmt oder abändert" (Art. 79). Bis auf das verpflichtende Zweikammerverfahren hat die Abgeordnetenkammer also immer die Möglichkeit auf das letzte Wort bei der Gesetzgebung. Das nicht-verpflichtende Verfahren macht einen Großteil der Entwürfe aus und wird häufig bei wirtschafts- und sozialpolitischen Gesetzen angewendet (www.senat.be/deutsch/index.html).

11.2 Asymmetrischer Bikameralismus

Tab. 11.7 Phasen des Gesetzgebungsverfahrens in Belgien. (Quelle: Nach www.senat.be/deutsch/index.html (Abruf 17.08.2013))

Einreichung und Beginn	Die Einreichung und damit der Beginn des Verfahrens richtet sich nach der Art des Verfahrens. Gesetzesentwürfe im Einkammerverfahren und im nicht verpflichtendem Zweikammerverfahren sowie Gesetzesvorschläge von Abgeordneten beginnen in der Kammer, Gesetzesentwürfe zur Zustimmung zu internationalen Verträgen und Gesetzesvorschläge eines Senators beginnen im Senat, Entwürfe im verpflichtenden Zweikammerverfahren können in Kammer oder Senat beginnen
Annahme	Bei Gesetzesvorschlägen ist die erste Entscheidung, ob die Kammer oder der Senat überhaupt darauf eingehen wollen (Annahme). [Ähnlich in der Schweiz]
Ausschüsse	Wie in anderen Parlamenten kann man die Annahme bereits als erste Lesung interpretieren. Folglich ist der nächste Schritt die Ausschussberatung in Kammer oder Senat
	Bei der Zusammensetzung der Ausschüsse ist die proportionale Gewichtung der Parteien und Sprachen zu beachten. Der Entwurf kann mit oder ohne Änderungsvorschläge oder zur Ablehnung an das Plenum weitergeleitet werden
Plenarsitzung	Der Berichterstatter berichtet über die Ergebnisse der Ausschusssitzung. Im Plenum kann der Entwurf verändert, angenommen oder abgelehnt werden
Ausfertigung	Zum Inkrafttreten muss ein verabschiedeter Entwurf vom König unterzeichnet (sanktioniert) werden. Der König gilt als Teil der Legislative und ist zugleich Oberhaupt der Exekutive
Veröffentlichung	Wird im Gesetz kein anderes Datum genannt, tritt es drei Tage nach seiner Veröffentlichung im Belgischen Staatsblatt in Kraft

Die Gesetze nach dem verpflichtenden Zweikammerverfahren entsprechen weitgehend der sog. Grund- oder Basisgesetzgebung, durch die die konstitutionellen Grundlagen des Föderalstaates sowie der Gemeinschaften und Regionen gelegt bzw. geändert werden. Für die sog. Basisgesetzgebung gilt eine qualifizierte Mehrheit. Solche Gesetze benötigen nach Art. 4 eine Stimmenmehrheit in jeder Sprachgruppe sowie eine Zweidrittelmehrheit insgesamt (vgl. oben). Das Pendant zum Vermittlungsausschuss in Deutschland ist in Belgien der Konzertierungsausschuss mit Mitgliedern aus Kammer und Senat (www.senat.be/deutsch/index.html).

Tab. 11.8 Gesetzgebungsverfahren in Belgien. (Quelle: Nach www.senat.be/deutsch/index.html (Abruf 17.08.2013))

Einkammerverfahren (Kammer und König)	Nach Artikel 74 der Belgischen Verfassung ist das Einkammerverfahren anzuwenden auf die Haushaltspläne und Rechnungen des Staates, auf Einbürgerungen, auf Gesetze über die zivil- und strafrechtliche Verantwortlichkeiten föderaler Minister und Staatssekretäre und auf die Festlegung des Armeekontingentes
Verpflichtendes Zweikammerverfahren (Kammer, Senat und König)	Nach Artikel 77 ist dieses Verfahren anzuwenden auf die Revision der Verfassung, auf Staatsreformen, die mit einer Mehrheit jeder Sprachgruppe und einer Zweidrittelmehrheit aller abgegebenen Stimmen angenommen werden müssen, sowie auf Gesetze zu Kooperationsabkommen zwischen dem Föderalstaat, den Gemeinschaften und den Regionen, auf die Zustimmung zu internationalen Verträgen und Gesetze, die Befugnisse an internationale Einrichtungen übergeben können, auf Änderungen des föderalen Wahlrechts, sowie auf Gesetze über den Staatsrat, den Schiedshof, die Organisation der Gerichtshöfe und Gerichte
Gesetze mit nicht verpflichtendem Zweikammerverfahren (Abgeordnetenkammer und König, ggf. Senat)	Nach Artikel 78 ist das nicht verpflichtende Zweikammerverfahren anzuwenden auf Entwürfe, die weder dem Einkammerverfahren noch dem verpflichtenden Zweikammerverfahren unterliegen. Das Eintreten auf einen solchen Entwurf erfordert, dass 15 oder mehr Senatoren innerhalb von 15 Tagen einen entsprechenden Antrag stellen. Tritt der Senat auf einen Entwurf ein („Evokation"), hat er anschließend 60 Tagen Zeit zur Verhandlung von Änderungswünschen. Nimmt nach einer Änderung des Senats die Kammer weitere Änderungen vor, kann der Senat binnen 15 Tagen dazu Stellung nehmen. „Die Kammer hat dennoch das letzte Wort. Der parlamentarische Konzertierungsausschuss (Beratungsgremium zwischen Kammer und Senat) kann diese Fristen verlängern oder abkürzen"
Gemischte Gesetze	Meistens wird ein gemischtes Gesetz in zwei verschiedenen Entwürfen eingereicht, da es Artikel enthält, die dem Zweikammerverfahren unterliegen und andere, die dem Einkammerverfahren unterliegen. In seltenen Fällen kommt es aber auch vor, das diese beiden Arten von Artikeln in einem Entwurf eingereicht werden

11.3 Die Gemeinschaften und die Regionen

11.3.1 Dualer und horizontaler Föderalismus

Im Hinblick auf die Kompetenz- und Vollzugsordnung zwischen den Ebenen kommt der belgische Föderalismus am ehesten dem Idealtypus des dualen Föderalismus entgegen. Die Kompetenzen wie auch der administrative Vollzug sind weitestgehend nach Ebenen getrennt, um die Autonomie der Gemeinschaften bzw. Regionen zu betonen. Dadurch unterscheidet sich der belgische Föderalismus auch vom Typus des Vollzugsföderalismus in Deutschland oder der Schweiz. Bei der Kompetenzordnung ist ein weiterer Unterschied zu klassischen Bundesstaaten gegeben, der aus der Entstehung des Föderalstaates aus einem Einheitsstaat resultiert. Das Prinzip der Subsidiarität ist umgekehrt worden, so dass nicht explizit zugewiesene Kompetenzen nicht bei den Gliedstaaten verbleiben, sondern beim Föderalstaat. Dennoch gibt es auch für den Föderalstaat eine Reihe von direkt zugewiesenen Kompetenzen, die in Tab. 11.9 zusammengefasst werden.

Eine konkurrierende Gesetzgebung existiert nicht. Vielmehr gilt bei der Gesetzgebung wie im Vollzug im Grundsatz das Ausschließlichkeitsprinzip, nach dem eine Zuständigkeit entweder auf der einen oder der anderen Ebene angesiedelt ist (Mörsdorf 1996, S. 101). Diese strenge Aufteilung gilt aber nur im Prinzip, im Detail ist der Föderalstaat weiterhin auch für einige Fragen in weitgehend an die Gemeinschaften oder Regionen „devoluierten" Bereichen zuständig. Bei den Gemeinschaftskompetenzen hat sich der Föderalstaat vorbehalten:

Tab. 11.9 Zuständigkeiten des Föderalstaates. (Quelle: http://www.dglive.be/desktopdefault.aspx/tabid-1078/1543_read-19585/ (Abruf 30.10.2014))

Kommunikationswesen (Postwesen, Telekommunikation...)
Außenpolitik und Landesverteidigung
Soziale Sicherheit
Justizwesen und bürgerliches Recht
Sprachengebrauch im Gerichtswesen und in der Föderalverwaltung sowie in Brüssel und den Gemeinden mit sprachlichem Sonderstatus („Fazilitätengemeinden",u. a. die Gemeinden des deutschen Sprachgebiets)
Anerkennung der Religionsgemeinschaften und der laizistischen Organisationen
Gesetzgebung über Staatsbürgerschaft und Zivilstand
Ausländerpolitik (Einreise, Aufenthalt und Einrichtungen für Ausländer)
nationale und internationale Forschungsnetze, föderale wissenschaftliche Einrichtungen sowie die Forschungspolitik in föderalen Angelegenheiten
Grundgesetzgebung und Finanzierung der Inneren Sicherheit

„Sozialhilfe: ein Teil der Grundgesetzgebung über die Öffentlichen Sozialhilfezentren (ÖSHZ) und die Gewährung des Lebenslohns (früher Minimex), die Behindertenzulagen, das Mindesteinkommen für ältere Menschen, Aspekte der Maßnahmen für straffällig gewordene Jugendliche.
Gesundheitsangelegenheiten: nationale Gesundheitsvorsorgemaßnahmen, die Grundgesetzgebung und verschiedene Anwendungsnormen für Pflegeeinrichtungen (Krankenhäuser, Altenheime…).
Kulturangelegenheiten: die föderalen Kultureinrichtungen.
Unterrichtswesen: die Festlegung der Schulpflichtdauer, die Festlegung der Minimalbedingungen für die Ausstellung der Schuldiplome und die Festlegung der Pensionen der Lehrkräfte"[1]
Und bei den Regionalkompetenzen „eine Reihe von Regeln, die sich auf die Wirtschaftspolitik beziehen: allgemeine Regeln für öffentliche Ausschreibungen, Verbraucherschutzregeln, Kontrolle der Finanzinstitute und Versicherungsgesellschaften, die Einkommenspolitik, Handelsrecht und Gesellschaftsrecht, Zugangsbedingungen für die Ausübung bestimmter Berufe, Urheberrecht usw.,
die Teile der Beschäftigungspolitik, für die Steuer- oder Sozialsicherheitsmaßnahmen notwendig sind,
die föderalen Aspekte der Energiepolitik,
die öffentlichen Transportunternehmen: Eisenbahn, BIAC, Belgocontrol." (Mörsdorf 1996, S. 101)

Dem Ideal der Trennung von Kompetenzen und Ausführung zwischen den Ebenen stehen auf der anderen Seite aber gewichtige Aspekte der „Politikverflechtung" zwischen den Ebenen entgegen. So zeigt sich die einheitsstaatliche Herkunft des belgischen Föderalismus (wie auch in Spanien) noch daran, dass die Gliedstaaten keine eigene Verfassung haben und über eine Änderung der sie betreffenden Basisgesetze nicht autonom entscheiden können. Vielmehr hat der Föderalstaat das letzte Wort bei der Änderung der institutionellen bzw. rechtlichen Grundlagen der Gemeinschaften und Regionen.

Diese Einschränkung der Autonomie im ‚institutionellen Design' der Gliedstaaten kontrastiert deutlich zur Regelung in anderen Bundesstaaten, in denen lediglich die grundlegenden Merkmale der Demokratie (und der Kompetenzverteilung) durch die Bundesverfassung für die Gliedstaaten vorgegeben sind, diese ansonsten aber weitgehend autonom bei der Gestaltung ihrer eigenen Institutionen und Verwaltungen sind. Im Fall Belgiens (und Spaniens) fungiert die zentrale, qualifizierte Entscheidung über das institutionelle Design der Gliedstaaten als eine Sicherungsstruktur, die aus der zentrifugalen Entwicklungstendenz des belgischen Bundesstaatsmodells folgt. Während bei einer klassischen Entstehung von Bundesstaaten die Gliedstaaten mit eigener Verfassung und Institutionen bei der Staatsgründung bereits vorhanden sind, müssen diese bei föderalisierenden Einheitsstaaten erst

---

[1] http://www.dglive.be/desktopdefault.aspx/tabid-1078/1543_read-19585/.

sukzessive geschaffen werden. „Insofern kommt dem Föderalstaat denn hier auch eine entscheidende Einflußmöglichkeit auf die Gliedstaaten zu, die ihm aber auch die Position einräumt, diesen Prozeß, der mit einem Verlust eigener Kompetenzen an die Gliedstaaten einhergeht, zu bremsen" (Mörsdorf 1996, S. 123).

Die Entstehung aus einem Einheitsstaat hat auch Konsequenzen für die Ebene des horizontalen Föderalismus. Dieser ist in Belgien nicht vorhanden. Dadurch unterscheidet sich Belgien nicht nur von klassischen Bundesstaaten, sondern auch von föderalisierenden Einheitsstaaten wie Spanien, wo eine horizontale Ebene der Politik-Koordination durch die Sektorkonferenzen seit den 1990er Jahren existieren und durch die anlassbezogenen Konferenzen der Präsidenten der Autonomen Gemeinschaften seit 2004 weiter gestärkt worden ist.

Dass sich in Belgien bislang kein horizontaler Föderalismus entwickelt hat, kann zum einen auf die starken zentrifugalen Tendenzen und zum anderen auf die Größe der Gliedstaaten zurückgeführt werden. Die zentrifugale Entwicklungstendenz wird durch das Streben der beiden großen Sprachgruppen nach mehr Autonomie gestärkt, die durch horizontale Koordination wieder zurückgenommen würde. Des Weiteren sind die Gliedstaaten mit Ausnahme der DG so groß, dass die Politikkoordination entweder innerhalb einer Gemeinschaft oder Region stattfinden kann oder direkt auf föderaler Ebene. Anders formuliert übernimmt die föderale Ebene (z. B. durch den Senat) ggf. vorhandenen horizontalen Koordinationsbedarf gleich mit. Sprachgruppen übergreifende Fachministerkonferenzen würden als eine Verdopplung der föderalen Strukturen wahrgenommen werden. Innerhalb der Sprachgruppen wurde ein potentielles Koordinationsproblem auf flämischer Seite durch die Fusion von Gemeinschaft und Rat gelöst. Ein Koordinationsproblem wäre also eher auf französischer Seite zu erwarten. Dem steht aber die Doppelmitgliedschaft der wallonischen Regionalparlamentarier und der französischen Sprachgruppe im Brüsseler Regionalparlament im französischen Gemeinschaftsparlament entgegen. Durch die in beiden Sprachgruppen mehr oder weniger direkt gegebenen parlamentarischen Doppelmitgliedschaften wird somit auch ein horizontales Koordinationsproblem innerhalb der Sprachgruppen unwahrscheinlich.

11.3.2 Institutionen und Kompetenzverteilung

Durch die Direktwahl der regionalen bzw. Gemeinschaftsparlamente haben diese einerseits eine starke direkte Legitimation. Andererseits haben Regionen und Gemeinschaften keine eigene Verfassung oder Statuten, die sie selbstständig ändern könnten. Vielmehr werden die Basisgesetze der Regionen und Gemeinschaften mit qualifizierter Mehrheit auf der föderalen Ebene erlassen und geändert. Dadurch ist

Tab. 11.10 Institutionelle Merkmale der Gliedstaaten im Vergleich. (Quelle: Eigene Zusammenstellung nach www.dgparlament.be/)

	Wallonische Region	Französische Gemeinschaft	Fläm. Gemeinschaft und Region	Region Brüssel	Deutschsprachige Gemeinschaft
Mitglieder Parlament	75 direkt gewählte Mitglieder	94 (75+19)[a]	118 direkt gewählte Mitglieder[b]	89 direkt gewählte Mitglieder (72 f., 17 n.)	25 direkt gewählte Mitglieder
Mitglieder Regierung	9	Max. 8, davon mind. eines aus Brüssel	Max. 11, davon mindestens eines aus Brüssel	5 Minister (2 f.+2 n.+1 Ministerpräs. (f.) sowie 3 Staatssekretäre (1 n.)	3–5
Hauptstadt	Namur	Brüssel	Brüssel	Brüssel	Eupen
Anzahl Gemeinden	262 (davon 9 aus der DG)	–	308	19	9

Abk.: *f.* französischsprachig, *n.* niederländischsprachig
Anm.: [a] 75 Mitglieder des Wallonischen Regionalparlaments plus 19 Mitglieder der französischen Sprachgruppe im Brüsseler Regionalparlament
[b] plus sechs Mitglieder, die nur für Gemeinschaftsangelegenheiten zuständig sind (Stand 01/2014)

eine ähnliche Situation wie in Spanien gegeben, wo die Statuten der Autonomen Gemeinschaften auf der zentralen Ebene verhandelt und beschlossen werden – eine für „klassische" Bundesstaaten unvorstellbare Regelung. Die einzelnen Regierungen werden von den jeweiligen Parlamenten direkt gewählt. Tabelle 11.10 fasst die wichtigsten institutionellen Merkmale der Gemeinschaften und Regionen zusammen. So fällt z. B. auf, dass die Anzahl der Regierungsmitglieder entweder genau bestimmt oder durch eine Obergrenze limitiert ist.

Zu den Besonderheiten der Flämischen Regierung gehört eine Begrenzung der Ministerzahl auf max. 11 Mitglieder. Ferner muss mindestens ein Minister in der Hauptstadtregion Brüssel leben. Die Minister werden vom Parlament gewählt, müssen diesem aber nicht angehören. Eine neue Regierung muss gegenüber dem Parlament zunächst ihre allgemeinen Politikziele (policy statement) und innerhalb eines halben Jahres nach Regierungsbildung ihre jährlichen Politikmaßnahmen (policy formulations) zusammen mit den Haushalt vorstellen (Flemish Parliament 2011, S. 20). Dem steht auf Seiten des Parlaments der rückblickende Jahresbericht und der Legislaturbericht gegenüber.[2] Das Flämische Parlament kann nicht vor

---

[2] www.vlaamsparlement.be/vp/contact/bestellen/jaarverslagen_boeken.html.

11.3 Die Gemeinschaften und die Regionen

Ablauf einer Legislaturperiode von fünf Jahren aufgelöst werden. „The Flemish Parliament is therefore known as a ‚legislature parliament'" (Flemish Parliament 2011, S. 12). Die Gesetze des Flämischen Parlaments heißen Dekrete. Da die Brüsseler Mitglieder des Parlaments nur die Gemeinschaft, nicht aber die Region vertreten, dürfen diese sechs Mitglieder bei regionsbezogenen Angelegenheiten nicht mit abstimmen.

Die Grundlagen der gliedstaatlichen Parlamente sind in Art. 115–119 der Verfassung niedergelegt. Während in Art. 115 für Gesetze bezüglich des Flämischen und des Französischen Gemeinschaftsparlaments der Vorbehalt eines qualifizierten Gesetzes gilt, können die Grundlagen des Parlaments der DG durch ein einfaches Gesetz geändert werden. Art. 116 schreibt die Direktwahl der Parlamentarier vor, jedoch ist bei einer institutionellen Doppelmitgliedschaft in beiden Parlamenten auch eine indirekte Legitimation in einem Parlament durch Direktwahl in das Andere möglich. Art. 117 koppelt die Legislaturperiode an die des Europäischen Parlaments (fünf Jahre). Art. 119 legt die Unvereinbarkeit von gliedstaatlichem und föderalem Mandat (Kammer und Senat) fest, mit Ausnahme der ehemals 21 Gemeinschaftssenatoren.

Neben dem Erlass von Dekreten (Gesetzen) ist die wichtigste Aufgabe der gliedstaatlichen Parlamente die Wahl einer Exekutive (Art. 122). Für die gesetzlichen Grundlagen der Zusammensetzung und Arbeitsweise der Gemeinschaftsregierungen gilt wieder die bereits in Art. 115 für die Gemeinschaftsparlamente aufgezeigte Asymmetrie. Änderungen der Grundlagen der Flämischen und Französischen Gemeinschaftsregierungen erfordern eine qualifizierte Mehrheit, die Änderung von Grundlagen der Regierung der DG sind bereits mit einfacher Mehrheit möglich (Tab. 11.11).

Die Trennung zwischen den Ebenen wurde durch die Wahl der Senatoren durch die gliedstaatlichen Parlamente (seit 2014) etwas gelockert. Bis zur Einführung der Direktwahl der Parlamentarier auf Gliedstaatenebene nahmen die föderalen Abgeordneten und Senatoren auch die Aufgaben im Flämischen Parlament und im Parlament der Französischen Gemeinschaft und der Wallonischen Region wahr. Es galt also eine ex officio-Mitgliedschaft der föderalen Parlamentarier in den Räten auf gliedstaatlicher Ebene. Nach der Einführung der Direktwahl behielt man lediglich eine Doppelmitgliedschaft von 21 Senatoren bei; diesmal allerdings unter umgekehrten Vorzeichen mit Direktwahl auf Gliedstaatenebene. Mit der sechsten Staatsreform 2011 und der Wahl der Senatoren durch die gliedstaatlichen Parlamente hat sich die vertikale personelle Politikverflechtung wieder erhöht.

Als nächstes wenden wir uns den Kompetenzen der Gemeinschaften und Regionen zu. Als Faustregel gilt, dass die Gemeinschaften mit den personen- und gemeinschaftsbezogenen Kompetenzen ausgestattet worden sind und die Regionen mit den gebietsbezogenen Kompetenzen. Die Gemeinschaftsparlamente und

Tab. 11.11 Die Gemeinschafts- und Regionalregierungen. (Quelle: http://www.senate.be/deutsch/const_de.html (Abruf 30.01.2014))

Artikel	Auszüge
121	1 Es gibt eine Regierung der Flämischen Gemeinschaft und eine Regierung der Französischen Gemeinschaft, deren Zusammensetzung und Arbeitsweise durch ein mit der in Artikel 4 letzter Absatz bestimmten Mehrheit angenommenes Gesetz bestimmt werden. Es gibt eine Regierung der Deutschsprachigen Gemeinschaft, deren Zusammensetzung und Arbeitsweise durch Gesetz bestimmt werden. [...]
122	Die Mitglieder jeder Gemeinschafts- oder Regionalregierung werden von ihrem Parlament gewählt
123	1 Das Gesetz regelt die Zusammensetzung und die Arbeitsweise der Gemeinschafts- und Regionalregierungen. Außer für die Regierung der Deutschsprachigen Gemeinschaft wird dieses Gesetz mit der in Artikel 4 letzter Absatz bestimmten Mehrheit angenommen. [...]
125	Über Mitglieder einer Gemeinschafts- oder Regionalregierung wird für Straftaten, die sie in der Ausübung ihres Amtes begangen haben sollten, ausschließlich durch den Appellationshof gerichtet

Regierungen sind demzufolge zuständig für kulturelle Angelegenheiten, für Familie, Gesundheit und Soziales („personenbezogene Angelegenheiten", Art. 128), für das Unterrichtswesen, sowie die Zusammenarbeit der Gemeinschaften in den Sprachen (Tab. 11.12).

Art. 127 bis 129 regeln die Kompetenzen für die Flämische und die Französische Gemeinschaft symmetrisch, für die Deutschsprachige Gemeinschaft erfolgt ein eigener kleiner Kompetenzkatalog in Art. 130. Darin drückt sich eine Asymmetrie zwischen den beiden großen Gemeinschaften einerseits und der kleinen DG mit ca. 76.000 Einwohnern andererseits aus. So ist etwa die DG auch nur für den Sprachengebrauch im Unterrichtswesen zuständig, kann dafür aber auch Regionalkompetenzen ausüben.[3] Allerdings muss man auch berücksichtigen, dass die DG zu den Gewinnern des Sprachenstreits von Flamen und Wallonen gehört. Ohne den Sprachenstreit und die daraus resultierende Föderalisierung Belgiens wäre die Anerkennung eines deutschsprachigen Sprachgebiets und eigener Gemeinschaftsbefugnisse viel unwahrscheinlicher gewesen.[4] Die Zuständigkeiten der Regionen beziehen sich auf die territorialen Angelegenheiten. Sie sind u. a. zuständig für Fragen der Raumordnung, das Wohnungswesen, für Umwelt, Wirtschaft und Beschäftigung, die Gemeinden sowie für öffentliche Arbeiten und Verkehr (vgl.

---

[3] www.dgparlament.be/desktopdefault.aspx/tabid-636/1175_read-21162/.

[4] www.dgparlament.be/desktopdefault.aspx/tabid-586/1116_read-20394/.

11.3 Die Gemeinschaften und die Regionen

Tab. 11.12 Die Gemeinschaftsbefugnisse. (Quelle: www.senate.be/deutsch/const_de.html (Abruf 30.01.2014))

Artikel	Auszüge
127	§ 1 – Die Parlamente der Französischen und der Flämischen Gemeinschaft regeln durch Dekret, jedes für seinen Bereich:
	1. die kulturellen Angelegenheiten;
	2. das Unterrichtswesen mit Ausnahme
	a) der Festlegung von Beginn und Ende der Schulpflicht;
	b) der Mindestbedingungen für die Ausstellung der Diplome;
	c) der Pensionsregelungen;
	3. die Zusammenarbeit zwischen den Gemeinschaften sowie die internationale Zusammenarbeit, einschließlich des Abschlusses von Verträgen, in den unter den Nummern 1 und 2 erwähnten Angelegenheiten. […]
128	§ 1 Die Parlamente der Französischen und der Flämischen Gemeinschaft regeln durch Dekret, jedes für seinen Bereich, die personenbezogenen Angelegenheiten sowie in diesen Angelegenheiten die Zusammenarbeit zwischen den Gemeinschaften und die internationale Zusammenarbeit, einschließlich des Abschlusses von Verträgen. […]
129	§ 1 – Die Parlamente der Französischen und der Flämischen Gemeinschaft regeln, jedes für seinen Bereich, durch Dekret und unter Ausschluss des föderalen Gesetzgebers den Gebrauch der Sprachen für:
	1. die Verwaltungsangelegenheiten;
	2. den Unterricht in den von den öffentlichen Behörden geschaffenen, bezuschussten oder anerkannten Einrichtungen;
	3. die sozialen Beziehungen zwischen den Arbeitgebern und ihrem Personal sowie die durch Gesetz und Verordnungen vorgeschriebenen Handlungen und Dokumente der Unternehmen. […]
130	§ 1 Das Parlament der Deutschsprachigen Gemeinschaft regelt durch Dekret:
	1. die kulturellen Angelegenheiten;
	2. die personenbezogenen Angelegenheiten;
	3. das Unterrichtswesen in den in Artikel 127 § 1 Absatz 1 Nr. 2 bestimmten Grenzen;
	4. die Zusammenarbeit zwischen den Gemeinschaften sowie die internationale Zusammenarbeit, einschließlich des Abschlusses von Verträgen, in den unter den Nummern 1, 2 und 3 erwähnten Angelegenheiten.
	5. den Gebrauch der Sprachen für den Unterricht in den von den öffentlichen Behörden geschaffenen, bezuschussten oder anerkannten Einrichtungen. […]

Tab. 11.13 Gebietsbezogene Zuständigkeitsbereiche der Regionen. (Quelle: Nach www.dgparlament.be/desktopdefault.aspx/tabid-635/1050_read-19744/ (Abruf 17.08.2013))

Die Raumordnung	Regionalpläne, Bau- und Parzellierungsgenehmigungen, Städtische Erneuerung, Denkmal – und Landschaftsschutz, Industrie- und Grüngebiete
Das Wohnungswesen	Sozialer Wohnungsbau, Bekämpfung von gesundheitsgefährdenden Wohnverhältnissen
Landschaftsgestaltung und Naturschutz	Naturschutzpolitik, Forstpolitik, Jagd, Fischfang und Fischzucht
Umwelt	Bekämpfung der Luft-, Boden und Wasserverschmutzung, Lärmbelästigung, Abfallpolitik, Verschmutzung durch gefährliche, ungesunde und störende Unternehmen
Landwirtschaft und Hochseefischerei	Landwirtschaftspolitik, die Landwirtschaftsproduktion, Forschung und Entwicklung, Absatz und Export von Landwirtschaftsprodukten, Gartenbau und Fischfang
Wasserpolitik	Reinigung von Abwässern, die Produktion und Verteilung von Trinkwasser
Wirtschaft	Allgemeine Wirtschaftspolitik, Unterstützung von Unternehmen
Beschäftigung	Stellenvermittlung
Energiepolitik	Verteilung von Strom und Erdgas
Gemeinden, Provinz und Interkommunale Zweckverbände	Seit 2002 sind die Regionen zuständig für Grundgesetzgebung für die Gemeinden und Provinzen, Zusammensetzung, Organisation und das Funktionieren der Provinz- und Gemeindeverwaltungen, Wahl der Provinz- und Gemeindekörperschaften, Finanzierung der Gemeinden und Provinzen
Öffentliche Arbeiten und Verkehr	Wege, Häfen, regionale Flughäfen, städtischer und regionaler Verkehr
Internationale Angelegenheiten und Wissenschaftspolitik	In Angelegenheiten, für die die Regionen Zuständigkeit besitzen, können sie mit anderen Staaten internationale Abkommen abschließen. Sie sind ebenfalls für die wissenschaftliche Forschung zuständig

Tab. 11.13). Außerdem ernennen die Regionalregierungen auch die Provinzgouverneure und die Bürgermeister (auf Vorschlag der Gemeinden).

Für das mehrheitlich französisch-, aber auch flämischsprachige Brüssel musste in Bezug auf die Gemeinschaftskompetenzen eine Sonderlösung gefunden werden. Die Sonderstellung Brüssels betrifft aber auch die Regionalkompetenzen. Das vom

11.3 Die Gemeinschaften und die Regionen

Tab. 11.14 Gemeinschaftskommissionen in der Region Brüssel. (Quelle: Nach www.dgparlament.be/desktopdefault.aspx/tabid-733/1053_read-19772/ (Abruf 17.08.2013))

Französische Gemeinschaftskommission	Setzt sich aus den frankophonen Mitgliedern des Brüsseler Regionalrats zusammen und übt Dekretgewalt für jene Befugnisse aus, die im wallonischen Landesteil von der Französischen Gemeinschaft auf die Wallonische Region übertragen wurden. Zuständig für die französischsprachigen Institutionen in Brüssel (Schulen, Rundfunk, Bibliotheken, Gesundheitsversorgung etc.). Auf Regierungsebene entspricht ihr das französische Gemeinschaftskollegium
Flämische Gemeinschaftskommission	Setzt sich aus den direkt gewählten Mitgliedern des Brüsseler Regionalparlaments zusammen und übt im Rahmen der Dekrete, die von der Flämischen Gemeinschaft beschlossen wurden, Befugnisse für die flämischen Institutionen in Brüssel aus (Schulen, Rundfunk, Bibliotheken, Gesundheit etc.). Auf Regierungsebene entspricht ihr das flämische Gemeinschaftskollegium
Gemeinsame Gemeinschaftskommission	Setzt sich aus den Abgeordneten beider Sprachgruppen der Region Brüssel zusammen (= Brüsseler Regionalparlament) und übt Befugnisse für jene Einrichtungen aus, die sich nicht eindeutig einer Gemeinschaft zuordnen lassen (z. B. Krankenhäuser). Auf Regierungsebene entspricht ihr das Gemeinsame Kollegium aus den Mitgliedern der Brüsseler Regionalregierung (ohne Staatssekretäre)
Besondere Schutzmechanismen	Sollen Benachteiligungen der Mitglieder einer Sprachgruppe verhindern; z. B.:
	– Entscheidungen der Gemeinsamen Gemeinschaftskommission müssen mit einer Mehrheit in beiden Sprachgruppen verabschiedet werden (doppelte Mehrheit)
	– Im Regionalparlament können drei Viertel der Vertreter einer Sprachgruppe eine sog. „Alarmglocke" aktivieren, wenn sie der Ansicht sind, dass ein Beschluss eine Benachteiligung der Sprachgruppe enthält (vgl. Hecking 2003, S. 143). Dies führt dann zu obligatorischen Konzertierungsverhandlungen

Brüsseler Regionalparlament gesetzte Recht kann von föderalen Gerichten bzw. Verwaltungsgerichten auf seine Verfassungsmäßigkeit und seine Vereinbarkeit mit den Sondergesetzen über den Status von Brüssel überprüft werden. „Darüber hinaus übt die Föderalregierung eine beschränkte Kontrolle aus, um die hauptstädtische Funktion und die internationale Rolle von Brüssel abzusichern".[5]

Für die (personenbezogenen) Gemeinschaftsangelegenheit in der Hauptstadt wurden drei Kommissionen sowie besondere Schutzmechanismen eingerichtet, die in Tab. 11.14 zusammengefasst werden. Ähnlich wie in Wallonien ist die Region zum Träger von Gemeinschaftsaufgaben geworden, während im Kontrast dazu die

---

[5] www.dgparlament.be/desktopdefault.aspx/tabid-733/1053_read-19772/.

einsprachige DG zum Träger von (sekundären) Regionalbefugnissen geworden ist. Die „Gemeinsame Gemeinschaftskommission" ist sogar mit den Mitgliedern des Brüsseler Regionalparlaments kongruent. Typisch für Konkordanzdemokratien, wurden insb. bei der „Gemeinsamen Gemeinschaftskommission" Schutzmechanismen wie die „doppelte Mehrheit" und die „Alarmglocke" eingebaut (Tab. 11.14).

11.4 Die Regionen im Vergleich

11.4.1 Sozioökonomische Merkmale

Im Unterschied zur Schweiz ist der belgische Föderalismus durch eine weitgehende territoriale Überlappung der Grenzen der Gliedstaatenformationen und der Sprachgruppen gekennzeichnet. Die relativ starke Segmentierung der Sprachgruppen in eigenen Gemeinschaften und Regionen (und nicht in einer Vielzahl von Ländern oder Kantonen) hat u. a. zur Folge, dass sich die ökonomische Entwicklung der Regionen deutlich sichtbar voneinander abgekoppelt hat. Das sozioökonomische ‚Zugpferd' zwischen Flandern und der Wallonie ist Brüssel, was sich auch deutlich in der Bevölkerungsentwicklung widerspiegelt. Zwischen 2002 und 2012 wuchs die Bevölkerung in Brüssel um 18,5 %, in den Flächenregionen dagegen nur um ca. 6 % (Tab. 11.15). Dabei stellt die Hauptstadtregion mit ihren 1,6 Mio. Einwohnern immerhin etwa 10,5 % der Gesamtbevölkerung Belgiens. Der Großteil (57 %) der ca. 11 Mill. Belgier wohnte 2012 in der Region Flandern und 32 % in der Wallonie. Die höchste Bevölkerungsdichte hat die Region Brüssel.

Betrachtet man die Bevölkerungsbewegungen im Querschnitt eines Jahres (zum Beispiel 2011) genauer (Tab. 11.16), werden die zuvor aufgezeigten Trends bestätigt. Die Hauptstadtregion hat im Jahresverlauf 2011 mit 1,8 % den höchsten

Tab. 11.15 Bevölkerung in den Regionen. (Quelle: Eurostat und eigene Berechnung)

	2002	2012	Anteil an Gesamtbev. (%)	Differenz 2002/2012	Diff. in Prozent	Bevölkerungsdichte 2011
Region Brüssel Hauptstadt	978.384	1.159.448	10,45	181064	+18,50	7.131,1
Region Flandern	5.972.781	6.372.575	57,43	399794	+6,27	475,2
Region Wallonie	3.358.560	3.562.827	32,11	204267	+5,73	211,3
Belgien	10.309.725	11.094.850	100	785125	+7,61	364,3

11.4 Die Regionen im Vergleich

Tab. 11.16 Bevölkerungsbewegungen 2011. (Quelle: http://statbel.fgov.be/)

	Bev. am 01.01.2011	Natürliche Veränd.	Interne Migration	Internat. Migration	Summe Bevölkerungsbew.	Gesamtbev. am 31.12.	Differenz in %
Brüssel Hauptstadt	1.119.088	+9.225	−12.946	+23.615	+19.894	1.138.854	+1,8
Flandern	6.306.638	+11.078	+7.031	+26.626	+44.735	6.350.765	+0,7
Wallonien	3.525.540	+3.105	+5.915	+11.916	+20.936	3.546.329	+0,6
Davon DG	75.716	+83	+120	+218	+421	76.128	+0,5
Belgien	10.951.266	+23.408	0	+62.157	+85.565	11.035.948	+0,8

Bevölkerungszuwachs, mit deutlichem Abstand gefolgt von Flandern und der Wallonie. Interessant ist, dass Brüssel bei der Binnenmigration (innerhalb Belgiens) sogar eine Nettoabwanderung zu verzeichnen hat. Dass dennoch ein positiver Saldo der Hauptstadtregion bei der Bevölkerungsbewegung zustande kommt, ist auf die internationale Migration mit einem Plus von 2,11 % im Jahresverlauf zurück zu führen. Demgegenüber trägt die internationale Migration trotz größerer absoluter Zahlen in Flandern nur mit 0,42 % zum Bevölkerungswachstum bei und in der Wallonie mit 0,33 %.

Die Bevölkerungsentwicklung spiegelt auch die wirtschaftliche Entwicklung auf der Ebene der Regionen und Provinzen wider. Die beiden Flächenregionen sind in jeweils fünf Provinzen unterteilt (Tab. 11.17). Insgesamt liegt Belgien mit einem BIP zu laufenden Marktpreisen (Euro je Einwohner) von 134 % des EU-Durchschnittes in der Spitzengruppe unter den EU-Mitgliedern. Auf regionaler Ebene gibt es jedoch ein heterogenes Bild. Die Werte der Region Flandern entsprechen etwa dem belgischen Durchschnitt (Ausreißer Provinz Limburg). Dagegen wird in der Hauptstadtregion pro Kopf etwa das Doppelte des belgischen Durchschnitts erwirtschaftet, während die Wallonie erst 2010 etwa den EU-Durchschnitt erreicht hat. Auf der Ebene der Provinzen gibt es in jeder Flächenregion einen Ausreißer. In Flandern wird das höchste BIP pro Kopf in der Hafenprovinz Antwerpen erwirtschaftet, in der Wallonie kann die hauptstadtnahe Provinz Brabant Wallon zuletzt sogar die meisten flämischen Provinzen übertreffen. Auf Ebene der drei Regionen gab es 2010 eine Spannweite (Streuung) von 152 % des BIP, auf Ebene der Provinzen (einschließlich der Region Brüssel) sogar von 164 % (Tab. 11.17).[6]

---

[6] Die Spannweite (engl. range) errechnet sich, indem der niedrigste vom höchsten Wert abgezogen wird.

Tab. 11.17 Belgische Regionen und Provinzen: BIP zu laufenden Marktpreisen in Prozent des EU-Durchschnitts. (Quelle: Eurostat nama_r_e2gdp; nach NUTS-2-Regionen in Euro je Einwohner)

	2000	2005	2010
Belgien	129	129	134
Region Brüssel Hauptstadt	263	254	251
Region Flandern	128	128	133
Prov. Antwerpen	152	152	153
Prov. Limburg	109	104	109
Prov. Oost-Vlaanderen	112	114	120
Prov. Vlaams-Brabant	133	134	141
Prov. West-Vlaanderen	121	120	126
Region Wallonie	93	93	99
Prov. Brabant Wallon	119	125	147
Prov. Hainaut	85	85	87
Prov. Liège	97	94	99
Prov. Luxembourg	90	88	90
Prov. Namur	89	89	96

Innerhalb der föderalen Mitgliedsstaaten der EU sind die größten regionalen Unterschiede des BIP in Belgien anzutreffen. Dies ist zum einen auf die wirtschaftliche Stärke der Region Brüssel und zum anderen auf die Schwäche in der Wallonie zurück zu führen. Auch wenn sich der Abstand mit der Zeit etwas verringert, wird in Brüssel pro Kopf etwa das 2,5-fache der Wertschöpfung der Wallonie erbracht. In Deutschland hat Hamburg eine ähnliche Ausreißerposition beim BIP pro Kopf, allerdings deutlich schwächer als Brüssel in Belgien.

11.4.2 Politisch-institutionelle Merkmale

Die institutionelle Dimension der Gemeinschaften und Regionen wurde oben bereits ausführlich vorgestellt. Daher liegt der Fokus im Folgenden auf der parteipolitischen Dimension. Ein guter Indikator für die parteipolitischen Unterschiede zwischen den Sprachgruppen sind die Ergebnisse der Senatswahlen (bis 2010), die für die beiden Sprachgruppen (als Wahlkollegien) getrennt durchgeführt wurden. Seit 2014 findet keine Direktwahl der Senatoren mehr statt.

Die prozentualen Anteile der Senatswahlen für das Niederländische und das Französische Wahlkollegium wurden auf der Basis des gesamten Elektorats berechnet. Daher kommt eine Addition der Stimmenanteile der Parteien in den je-

11.4 Die Regionen im Vergleich

weiligen Wahlkollegien in der Summe nur auf den Anteil des Wahlkollegiums am Elektorat insgesamt. Folglich summierten sich die Anteile im Französischen Wahlkollegium auf 38,12 % (2010) bei einer Bruttovolatilität von 8,17 %, und im Niederländischen Wahlkollegium auf 61,88 % (2010) bei einer Bruttovolatilität von 10,47 %. Zur stärksten Partei im Französischen Wahlkollegium wurden die Sozialisten mit 13,6 % und im Niederländischen Kollegium der N-VA, der nach der Auflösung des Wahlbündnisses mit CD&V „aus dem Stand" auf 19,6 % der Stimmen kam (Tab. 11.18).

Die Direktwahl von Senatoren wurde in der sechsten Staatsreform 2011 abgeschafft. Daher fand 2014 erstmals keine Direktwahl der Senatoren mehr statt. Vielmehr werden diese nun durch die Gemeinschaftsparlamente bestimmt. Für einen Vergleich der Parteien auf der regionalen Ebene bietet sich daher ein Blick auf die Gemeinschaftsparlamente an. Auf dieser Ebene beziehen sich die Stimmenanteile der Parteien aber nicht mehr auf das belgische Elektorat, sondern auf die Elektorate der jeweiligen Gemeinschaften. Die relativ hohe Wahlbeteiligung erklärt sich durch die belgische Wahlpflicht. Tabelle 11.19 zeigt deutlich den Aufstieg der N-VA im Flämischen Parlament zur stärksten Partei, vor allem auf Kosten des Vlaams Belang. Die zweitstärkste Partei (CD&V) konnte sich dagegen noch relativ gut behaupten. Im Wallonischen Parlament sind dagegen die Sozialisten (PS) die stärkste Kraft, gefolgt von der bürgerlichen MR als zweitstärkster Partei.

Das Gemeinschaftsparlament der Deutschsprachigen Gemeinschaft (DG) hat 25 Sitze, die nach dem Verhältniswahlrecht (d'Hondt) vergeben werden. Es gilt eine Fünf-Prozent-Hürde, die 2003 für die föderale Ebene und 2004 für die Wahlen zu den Gemeinschafts- und Regionalparlamenten eingeführt wurde. Das Wahlrecht zum Parlament der DG entspricht dem der Kammer auf nationaler Ebene, das in der Belgischen Verfassung in Artikel 62 Abs. 2 und Artikel 63 § 2 sowie im Wahlgesetz (Art. 166–168) geregelt ist.[7] Bei den Stimmenanteilen der Parteien der DG fällt ein fast kontinuierlicher Abstieg der Christlich-Sozialen Partei auf zuletzt 24,9 % (2014) auf. Auf der anderen Seite steht die Sozialistische Partei, die sich in den Wahlen 2004 und 2009 auf über 19 % verbessern konnte und 2014 noch 16 % erreichte (Tab. 11.20). Der große Gewinner der letzten Wahlen ist die ProDG gewesen, die sich 2009 als Nachfolgepartei von PJU/PDB auf 17,5 % und 2014 auf 22,2 % verbessern konnte. Der hohe Anteil leerer bzw. ungültiger Wahlscheine lässt sich durch die belgische Wahlpflicht erklären.

Auf Regierungsebene ist die CSP als immer noch stärkste Partei im Parlament seit 1999 nicht mehr vertreten. Stattdessen gibt es eine fast kontinuierliche Regierungsbeteiligung der liberalen Partei für Freiheit und Fortschritt (PFF) sowie

---

[7] www.dgparlament.be/desktopdefault.aspx/tabid-2580/4710_read-32967/.

Tab. 11.18 Ergebnisse der Senatswahlen 2010 (letzte Direktwahl). (Quelle: http://wahlen2010.belgium.be/de/sen/results/results_tab_SER00000.html (Abruf 17.10.2013))

	Ergebnisse des Französischen Wahlkollegiums			Ergebnisse des Niederländischen Wahlkollegiums			
	Stimmenanteil in %	Sitze	Stimmenanteil 2007 in %		Stimmenanteil in %	Sitze	Stimmenanteil 2007 in %
VIVANT	0,24	0(−)	−	Vlaams Belang	7,60 (−4,29)	3(−2)	11,89
PS	13,62 (+3,37)	7(3)	10,24	Lijst Dedecker	2,02 (−1,36)	0(−1)	3,38
MR	9,27 (−3,04)	4(−2)	12,31	Open Vld	8,24 (−4,16)	4(−1)	12,40
CDH	5,13 (−0,77)	2(0)	5,90	CD&V	9,99	4(−)	−
Ecolo	5,46 (−0,36)	2(0)	5,82	sp.a	9,48	4(−)	−
R.W.F.	0,62 (+0,14)	0(0)	0,48	N-VA	19,61	9(−)	−
PTB+	0,79 (+0,49)	0(0)	0,30	GROEN!	3,89 (+0,25)	1(0)	3,64
Front des gauches	0,44	0(−)	−	LSP	0,12	0(−)	−
Msplus	0,06	0(−)	−	CAP	0,10 (−0,10)	0(0)	0,20
Parti Populaire	1,53	0(−)	−	PVDA+	0,83 (+0,31)	0(0)	0,52
WALLONIE D'ABORD	0,96	0(−)	−	CD&V NVA	−	−(−9)	19,42
FN	−	−(−1)	2,27	sp.a-spirit	−	−(−4)	10,04
PC	−	−(0)	0,30	NEE	−	−(0)	0,18
FORCE NATIONALE	−	−(0)	0,22	Stijn	−	−(0)	0,17
CDF	−	−(0)	0,20				
CAP_F	−	−(0)	0,12				
Summe	38,12	15	38,16	Summe	61,88	25	61,84

11.4 Die Regionen im Vergleich

Tab. 11.19 Ergebnisse regionaler Parlamentswahlen 2014. (Quelle: http://polling2014.belgium.be/ (Abruf 30.08.2014))

	Flämisches Parlament				Wallonisches Parlament (Region)		
	Stimmenanteil 2014 in %	Sitze 2014	Stimmenanteil 2009 in %		Stimmenanteil 2014 in %	Sitze 2014	Stimmenanteil 2009 in %
Vlaams Belang	5,92	6 (−15)	15,28	MR	26,69	25 (+6)	23,41
UF	0,83	1	1,15	FDF	2,53	0	−
Open Vld	14,15	19 (−2)	14,99	Ecolo	8,62	4 (−10)	18,54
CD&V	20,48	27 (−4)	22,86	PS	30,90	30 (+1)	32,77
sp.a	13,99	18 (−1)	15,27	cdH	15,17	13 (0)	16,14
N-VA	31,88	43 (+23)	13,06	Parti Populaire	4,86	1	−
Groen	8,70	10 (+3)	6,77	PTB-GO!	5,76	2	−
PVDA+	2,53	0	1,04				
Wahlbeteiligung	92,53	124	93,06	Wahlbeteiligung	87,88	75	89,00

Tab. 11.20 Stimmenanteile der Parteien bei der Wahl zum Parlament der DG. (Quelle: http://www.dgparlament.be/desktopdefault.aspx/tabid-676/978_read-18662/ (Abruf 17.08.2013))

Wahldatum	CSP	PFF	SP	PJU/PDB	ECOLO	SEP	VIVANT	ProDG	Weiß/Ungültig
10.03.1974	46,9	14.9	12,1	25,4	−	−	−	−	15,1
17.04.1977	39,9	18,5	12,1	29,4	−	−	−	−	14,4
17.12.1978	41,4	16,5	12,1	30,1	−	−	−	−	15,0
08.11.1981	34,7	24,5	11,4	29,4	−	−	−	−	14,8
26.10.1986	37,01	18,77	12,71	20,43	6,45	4,11	−	−	8,9
28.10.1990	33,6	19,78	16,34	15,25	15,04	−	−	−	6,4
21.05.1995	35,93	19,89	16,09	13,64	13,85	−	−	−	9,3
13.06.1999	34,78	21,32	14,97	12,85	12,73	−	3,3	−	9,3
13.06.2004	32,79	20,98	19,01	11,69	8,19	−	7,34	−	11,23
07.06.2009	27,02	17,52	19,30	−	11,50	−	7,16	17,49	11,39
24.05.2014	24,87	15,54	16,08	−	9,54	−	10.62	22,2	11.08

Abk: *CSP* Christlich-Soziale Partei, *PFF* Partei für Freiheit und Fortschritt (liberal), *SP(B)* Sozialistische Partei (bis 1977 Sozialistische Partei Belgiens), *PDB* Partei der deutschsprachigen Belgier (1974–2009), *PJU* PDB + Juropa + Unabhängige (von 1995 bis 2009), *ECOLO* grüne Partei, *SEP* Solidarité et Participation (Nähe christliche Gewerkschaft), *VIVANT* (ab 1999), *ProDG* unabhängige Wählerliste (ab 2009)

Tab. 11.21 Parteien und Sitze im Parlament der DG. (Quelle: www.dgparlament.be/ (Abruf 04.11.2014))

Legislatur-periode	CSP	PFF	SP	PJU/PDB	ECOLO	SEP	VIVANT	ProDG	Koalition
1973–1974	13	6	3	3	–	–	–	–	–
1974–1977	12	4	3	6	–	–	–	–	–
1977–1978	10	5	3	7	–	–	–	–	–
1978–1981	11	4	3	7	–	–	–	–	–
1981–1986	9	6	3	7	–	–	–	–	CSP, PFF, SP
1986–1990	10	5	3	5	1	1	–	–	CSP, PFF
1990–1995	8	5	4	4	4	–	–	–	CSP, PFF, SP
1995–1999	10	5	4	3	3	–	–	–	CSP, SP
1999–2004	9	6	4	3	3	–	–	–	PFF, SP, ECOLO
2004–2009	8	5	5	3	2	–	2	–	PFF, SP, PJU/PDB
2009–2014	7	4	5	–	3	–	2	4	SP, PFF, ProDG
2014–2019	7	4	4	–	2	–	2	6	ProDG, PFF, SP

der Sozialisten (Tab. 11.21). Bemerkenswert ist auch der Aufstieg der ProDG (mit sechs Sitzen) zur zweitstärksten parlamentarischen Kraft und zur stärksten Regierungspartei.

11.5 Zusammenfassung und Wiederholungsfragen

Der belgische Föderalstaat weicht in mehrfacher Hinsicht vom typischen Muster älterer Bundesstaaten (USA, Schweiz, aber auch Deutschland) ab. Die Föderalisierung Belgiens aufgrund des Sprachencleavages geschah seit Ende der 1960er Jahre schrittweise in bislang sechs Staatsreformen (zuletzt 2011). Da für eine Regierungsbildung auf föderaler Ebene Parteien aus beiden Sprachgruppen benötigt werden, ziehen sich die Koalitionsverhandlungen oft lange hin und können von parteipolitischen Vetospielern auch für Forderungen nach grundlegenden Staatsreformen bis hin zur Konföderalisierung Belgiens genutzt werden. Trotz des in Flandern stärker ausgeprägten Autonomiestrebens wurde für die beiden großen Sprachgemeinschaften auf asymmetrische Devolution weitgehend verzichtet. Eine Ausnahme ist die Deutschsprachige Gemeinschaft in Ostbelgien.

11.5 Zusammenfassung und Wiederholungsfragen

Im Unterschied zu klassischen Bundessstaaten gibt es zwei Gliedstaatenformationen: die territoriumsbezogenen Regionen und die personen- bzw. kulturbezogenen Gemeinschaften. Um die „Schlagkraft" zu erhöhen, wurden auf flämischer Seite die Organe der Region und der Gemeinschaft fusioniert. Aber auch auf wallonischer Seite gibt es durch personelle Überlappung (Doppelmitgliedschaften) eine starke personale Kongruenz von regionalem und Gemeinschaftsparlament. Einen Sonderfall stellt die mehrsprachige Hauptstadtregion Brüssel dar, in der es insbesondere beim Wahlrecht immer wieder Reformbestrebungen gibt.

Im Unterschied zur Schweiz sind in Belgien Sprachgrenzen und territoriale Grenzen der Gliedstaaten weitgehend identisch. Auch die niedrige Anzahl von Gliedstaaten (drei Regionen, drei Gemeinschaften) bietet nicht viel Ablenkungsmöglichkeit vom „Lieblingsgegner". Dadurch lässt sich der belgische Föderalismus insgesamt als zentrifugal beschreiben. Zusammenhalt geht eher von den symbolischen Teilen der Verfassung aus wie der Monarchie, sowie von der Hauptstadtregion Brüssel. Nimmt man die deutlichen sozioökonomischen und politischen Unterschiede zwischen den Regionen hinzu, ergibt sich kein optimistischer Ausblick für die Zukunft. Gegen eine vollständige Aufteilung spricht aber, dass einem ohne den Lieblingsgegner im eigenen Staat etwas Wichtiges fehlen würde.

Fragen

Skizzieren Sie die Entstehungsgeschichte des belgischen Föderalstaates. Welche Phasen lassen sich unterscheiden, welche Ursachen identifizieren?

Was bedeutet „konstitutive Autonomie"?

Skizzieren Sie Struktur und Kompetenzen des Senats vor und nach der Staatsreform 2011.

Welche Kompetenzen sind den Gemeinschaften und welche den Regionen zugeordnet?

Welche Besonderheit gibt es bei den Flämischen Vertretungskörperschaften im Vergleich zu den frankophonen?

Skizzieren Sie sozioökonomische und politische Unterschiede zwischen der flämischen und der wallonischen Region.

Nennen Sie Gründe für Probleme der Regierbarkeit in Belgien.

Welche Faktoren (Gründe) sprechen gegen eine vollständige Auflösung Belgiens, welche dafür?

Spanien: unechter Föderalismus 12

12.1 Grundlagen

Ähnlich wie Belgien stellt Spanien einen Sonderfall von Föderalisierung dar. Der Staat der Autonomen Gemeinschaften (AG) steht zwischen einerseits dezentralisierten Einheitsstaaten und andererseits ‚echten‘ Bundesstaaten, was auch einen interessanten Spielraum für politikwissenschaftliche Fallvergleiche eröffnet. Die Charakterisierungen der staatlichen Ordnung reichen von dezentralisierendem Einheitsstaat über prä- oder quasiföderalem Staat bis zu asymmetrischem Föderalismus. Die Föderalisierung ist eng mit dem Übergang zur Demokratie in den späten 1970er Jahren verbunden, bei dem die Einrichtung von Regionen mit Selbstverwaltungskompetenzen ein Baustein in der (Wieder)Herstellung demokratischer Institutionen und Identitäten gewesen ist. Bald zeichnete sich aber ab, dass nicht nur für die drei historischen Gemeinschaften Baskenland, Katalonien und Galicien eine Lösung gefunden werden musste. Vielmehr bot sich eine „integrale Regionalisierung" an, die zu einer regionalpolitischen Neuordnung des gesamten Landes führte und die mit der Einrichtung der Autonomen Gemeinschaften zwischen 1979 und 1983 einen vorläufigen Abschluss fand (Bernecker und Pietschmann 2005, S. 412). Im Vergleich etwa zur Devolution im Vereinigten Königreich seit 1998 hat die Dezentralisierung in Spanien bereits früher eingesetzt und ist weiter fortgeschritten. Allerdings fehlen immer noch wichtige Merkmale, um von einem ‚echten' Bundesstaat sprechen zu können.

Mit der Föderalisierung Spaniens waren aber nicht nur Lösungen politischer und sozialer Probleme verbunden, es entstanden auch neue Probleme. Dazu gehört nicht nur das Streben nach mehr bzw. vollständiger Unabhängigkeit in einzelnen

Regionen, sondern auch die durch die Regionalisierung nun viel einfacher wahrnehmbaren Unterschiede in der sozioökonomischen Entwicklung (Kap. 12.5.1). Die EU-Osterweiterung 2004 und das durch die globale Finanzkrise 2008 eingeleitete Ende des spanischen Wirtschaftsbooms haben in den AG zu unterschiedlichen Betroffenheiten geführt. So sind durch den ‚statistischen Effekt' der EU-Osterweiterung statt 11 (2000–2006) nur noch vier Autonome Gemeinschaften als Ziel-1 bzw. Konvergenzregionen in der Förderperiode 2007–2013 eingestuft worden (Andalusien, Kastilien-La Mancha, Extremadura, Galicien, vgl. Kölling 2013, S. 379). Die 2008 einsetzende Wirtschaftskrise hat auch die spanische Verhandlungsposition im Hinblick auf die EU-Kohäsionspolitik z. B. dahingehend verändert, dass sich nun die unterschiedlichen Ebenen und Regionen für eine stärkere Einbeziehung der Arbeitslosenquote sowie von möglichst aktuellen Wirtschaftsdaten bei der Berechnung der regionalen Wirtschaftskraft einsetzen (Kölling 2013, S. 380).

Im asymmetrischen Zweikammersystem des Parlaments liegt das Machtzentrum im Abgeordnetenhaus (Kongress). Der zwar als territoriale Repräsentation gedachte Senat wird trotz Verhältniswahlrecht weitgehend von den nationalen Parteien beherrscht (Ausnahme Katalonien, vgl. Kap. 12.3.1). Sein Veto kann mit absoluter Mehrheit der Abgeordneten überstimmt werden (Barrios 2009, S. 717). Seit dem demokratischen Neubeginn in der zweiten Hälfte der 1970er Jahre sind in den beiden Kammern des Spanischen Parlaments (Cortes Generales) neben den zwei großen gesamtstaatlichen Parteien Partido Popular (PP) und Partido Socialista Obrero Español (PSOE), auch eine Reihe von Regionalparteien vertreten, u. a. die katalanische Convergència y Unio (CiU, inzwischen auch katalanische Regierungspartei) und die baskische Partido Nacionalista Vasco (PNV). Auf zentraler Ebene kommt es häufig zu Minderheitsregierungen; seit den 1990er Jahren hatte lediglich die konservative Regierung Aznar II (2000–2004) eine absolute parlamentarische Mehrheit sowie später die Regierung Rajoy (seit Ende 2011). Die Minderheitsregierungen sind jedoch meist sehr stabil gewesen, was auch darauf zurückzuführen ist, dass es Einparteienregierungen waren und Mehrheiten durch Pakte mit Klein- und Regionalparteien organisiert wurden, die für ihre Regionen Vorteile aushandeln konnten und folglich ein Interesse am Erhalt der Regierung hatten (Barrios 2009, S. 726).

Die Dominanz der beiden Großparteien hat sich trotz eines Verhältniswahlsystems aufgrund relativ kleiner Mehrpersonenwahlkreise erhalten. Die Entwicklung des Parteiensystems wird von Haas (2006, S. 427) in vier Phasen eingeteilt: Auf die Gründungsphase (1977–1982) folgte die Dominanz der PSOE (1982–1993) sowie die Phase der Minderheitsregierungen (bis 2000) und der neuen Polarität seit 2000 (Barrios 2009, S. 726). Inhaltlich folgte nach einer Phase der Modernisierung

12.1 Grundlagen

und Liberalisierung bis Ende der 1980er Jahre dann aufgrund rückläufiger Unterstützung für den PSOE zu Beginn der 1990er Jahre eine Reorientierung in der Wirtschafts- und Sozialpolitik. In der zweiten Hälfte der 1980er Jahre brach auch das traditionell gute Verhältnis von PSOE und Gewerkschaften auseinander, die Politik der Sozialpakte fand 1987 ein Ende (Brinkmann 2012, S. 744). Das auch als symbiotisch beschriebene Verhältnis von PSOE und der Gewerkschaft UGT erreichte mit dem Generalstreik 1988 gegen die als neoliberal kritisierte Politik der Regierung Gonzales einen Tiefpunkt. Allerdings wurde damit bereits früh auch eine Rollendifferenzierung zwischen Politik (bzw. PSOE) und Gewerkschaften vollzogen, die in ähnlicher Form später auch in anderen westeuropäischen Ländern stattfand (Gillespie 1990).

In der Phase des ‚Realignment' in den 1990er Jahren begann auch der Aufstieg der PP, der 1996 zunächst zu einer Minderheitsregierung (Aznar I), ab 2000 dann zu einer Mehrheitsregierung führte. In die Phase der von Regionalparteien unterstützten Minderheitsregierung fiel der Beitritt zur Europäischen Währungsunion und ein wirtschaftlicher Aufschwung, der die Grundlage für die konservative Regierungsmehrheit in der Wahl vom März 2000 legte (Aznar II). Der Schwerpunkt der Regierung Aznar II verlagerte sich dann aber in die Außen- und Sicherheitspolitik. Nach den Madrider Terroranschlägen vom 11. März 2004 und einem schlechten Krisenmanagement der Regierung kam es bei der folgenden Wahl wieder zum Regierungswechsel. Die neue PSOE-Regierung (Zapatero I) setzte u. a. auf eine gesellschaftliche Modernisierung, „teilweise gegen den erbitterten Widerstand der konservativen Opposition und der Katholischen Kirche" (Haas 2006, S. 445).

Insgesamt hat sich die spanische Demokratie als Mehrheitsdemokratie entwickelt, worauf auch das Vorkommen gelegentlicher Minderheitsregierungen hinweist. Statt Koalitionen mit den nationalistischen Regionalparteien wurden meist informelle Pakte geschlossen, die es den Kleinparteien ermöglichten, sich von unpopulären Entscheidungen der Zentralregierung zu distanzieren und zugleich zusätzliche Mittel für ihre Regionen zu mobilisieren. In der Praxis haben sich Minderheitsregierungen meist wie Ein-Parteien-Mehrheitsregierungen verhalten. Van Biezen und Hopkin (2005, S. 124) haben präsidentielle Tendenzen in der spanischen Mehrheitsdemokratie entdeckt und Aragón Reyes (2002) spricht sogar von präsidentiellem Parlamentarismus. In Krisensituationen kann der Premierminister sogar Gesetze per Dekret beschleunigen (Real Decreto Ley), indem sie ohne Diskussion und Veränderung vom Parlament direkt angenommen oder abgelehnt werden müssen.

Veränderungen der Autonomiestatuten müssen von der Regionalregierung mit dem Zentralstaat verhandelt werden, dann vom Regionalparlament und von den Cortes Generales (als Organgesetz) beschlossen werden und ggf. durch ein Referendum in der Region bestätigt werden (vgl. a. Tab. 12.1). So wurde z. B. das 2006 neu verhandelte Autonomiestatut Kataloniens mit 74 % Zustimmung bei knapp 50 prozentiger Abstimmungsbeteiligung in der Region angenommen (Barrios 2009, S. 753); jedoch wurden einige Regelungen des Statuts vom Verfassungsgericht 2010 wieder verworfen. Von diesem Verfahren zu unterscheiden sind Abstimmungen über die Unabhängigkeit einer Region, die insb. von separatistischen Eliten in Katalonien und dem Baskenland angestrebt werden, um dem Autonomiestreben mehr Legitimation bzw. Nachdruck zu verleihen. Vom Zentralstaat werden solche ‚wilden' Abstimmungen aber bislang nicht anerkannt.

Eine besondere Rolle im Prozess der spanischen ‚Devolution' nimmt auch das Verfassungsgericht ein, das z. B. über eine abstrakte Normenkontrolle zu Fragen der Kompetenzverteilung angerufen werden kann, was z. B. von Abgeordneten der Volkspartei (PP) bei der Verabschiedung des katalanischen Autonomiestatuts von 2006 für eine Klage genutzt wurde (Barrios 2009, S. 753). Ein folgenreiches Urteil war auch die Entscheidung vom August 1983, Teile des Organgesetzes zur Harmonisierung des Autonomieprozesses als nicht verfassungskonform zu erklären. Es betonte, „dass ein ‚Zusammentreffen' von zentralstaatlichen und regionalen Kompetenzen nicht zu einer automatisierten Entscheidung nach dem Prinzip ‚Bundesrecht bricht Landesrecht' führen könne, sondern dass es sich um ‚geteilte Kompetenzen' handele" (Barrios 2009, S. 754). Dadurch wurde zum einen der Prozess der Devolution offen gehalten und die Rolle von Verhandlungen gestärkt, aber auch die Position des Verfassungsgerichts als Streitschlichter (Barrios 2009, S. 754).

Das stärkste Autonomiestreben geht von der katalonischen Region aus. Das von nationalistischen Parteien dominierte Regionalparlament in Barcelona hatte z. B. Anfang 2013 in einer Resolution die Region als politisch und juristisch souveränes Subjekt bezeichnet, woraufhin die Regionalregierung für November 2014 eine Volksabstimmung über die Unabhängigkeit Kataloniens ansetzte. Dagegen hatte die spanische Regierung (Rajoy) vor dem Verfassungsgericht geklagt und Recht bekommen. Das Gericht hatte zwar das Streben nach Souveränität einzelner Regionen als legitimes Ziel grundsätzlich anerkannt, jedoch als notwendige Bedingung dafür eine Verfassungsänderung bzw. das Einhalten bestehender Vorschriften genannt. „Eine Region könne nach gegenwärtiger Rechtslage nicht einseitig eine Abstimmung über ihre Zugehörigkeit zum Gesamtstaat abhalten und eine Souveränitätserklärung der nordostspanischen Region sei nicht rechtmäßig", entschied das Gericht einstimmig (Derichsweiler/NZZ 28.03.2014, S. 3). Die notwendige Mehrheit im Spanischen Parlament für solche Vorhaben steht allerdings auch in weiter Ferne, da beide Großparteien entsprechende Bestrebungen grundsätzlich ablehnen (Derichsweiler/NZZ 28.03.2014, S. 3). Zwei Woche nach der Entscheidung des Gerichts wurde auch der Antrag der Regionalregierung auf Abhalten einer Volksbefragung im November im Spanischen Parlament mit 299 zu 47 Stimmen abgelehnt, dennoch als alternative Volksbefragung abgehalten. Die Beteiligung lag bei etwa einem Drittel (2,3 Mio.) der Abstimmungsberechtigten, von denen 80 % beide Fragen mit Ja beantwortet haben.[1] Als Gründe für die große Unterstützung des Unabhängigkeitsstrebens in der katalanischen Bevölkerung gelten u. a. die Finanzbeziehungen, bei denen die wohlhabende Region vergleichsweise hohe Transferzahlungen an die zentrale Ebene leistet und nur vergleichsweise geringe Rückflüsse erhält (Derichsweiler/NZZ 28.03.2014, S. 3). Ähnlich wie im Fall Schottlands treten neben den landesweiten Parteien auch große Teile der regionalen Wirtschaft eher für einen Verbleib im Gesamtstaat ein, um einen neuen Beitritt zur EU und weitere potenzielle Handelshemmnisse zu vermeiden.

12.2 Territoriale Gliederung

12.2.1 Der Zentralstaat

Bei der territorialen Gliederung werden vier Ebenen unterschieden, die Gemeinden, Provinzen, Autonome Gemeinschaften und der Zentralstaat (Art. 137). Grundlage der horizontalen Gewaltenteilung ist die Verfassung von 1978, die den Nationalitäten und Regionen ein Recht auf Autonomie gewährt hat. Seither ringen die Regionen mit der Zentralregierung in Madrid um die Verteilung von Geldern, Kompetenzen und Verwaltungskapazität. Im April 1996 wurde der Zentralstaat durch die Ergebnisse der achtwöchigen Investiturverhandlungen zugunsten der Regionen deutlich geschwächt. Als Gegenleistung für die Tolerierung des Kabinetts Aznar I durch die Regionalparteien wurden die Kompetenzen der autonomen Regionen aufgewertet, die z. B. für die Verwaltung der Häfen zuständig wurden.

Durch die Abschaffung der Provinzgouverneure im Zuge der Devolution verlor die Regierung in Madrid weiter an Einfluss auf der regionalen Ebene. Bei den Finanzbeziehungen findet sich ein interessantes Mischsystem, bei dem eine Reihe von Steuern zwar noch vom Zentralstaat determiniert wird, der Ertrag aber ganz oder teilweise an die AG fließt. So wurde etwa bereits in den 1990er Jahren der Anteil der AG an der zentral erhobenen Einkommenssteuer von 15 auf 30 % erhöht und es wurde den Regionen Abweichungskompetenzen übertragen (vgl. Kap. 6.7). Spanien ist heute ein dezentralisierter Einheitsstaat. Zweck der Dezentralisierung ist ein Ausgleich zwischen dem kastilisch geprägten Zentrum und den peripheren Regionen wie Katalonien, Baskenland oder Galizien. Während in den Zentrumsre-

---

[1] Die erste Frage bezog sich auf die Staatlichkeit Kataloniens, die zweite Frage auf die Unabhängigkeit dieses Staates, vgl. www.cataloniavotes.eu/.

gionen meist eine hohe Identifikation mit Spanien bzw. dem Gesamtstaat vorliegt, dominiert in den peripheren Regionen das Selbstverständnis „als eigenständige Nationalitäten (Volksteile) – mit eigener Sprache und Kultur", woraus wiederum das Streben nach umfassender Selbstbestimmung resultiert (Wiedmann 1997, S. 366).

Nach Art. 1 (1) der Verfassung konstituiert sich Spanien als „demokratischer und sozialer Rechtsstaat und bekennt sich zu Freiheit, Gerechtigkeit, Gleichheit und politischem Pluralismus als den obersten Werten seiner Rechtsordnung." Im Unterschied etwa zur Schweiz („Volk und Kantone") geht alle Staatsgewalt vom spanischen Volk als „Träger der nationalen Souveränität" (2) aus. Art. 2 garantiert die „unauflösliche Einheit der spanischen Nation", anerkennt und gewährleistet aber zugleich „das Recht auf Autonomie der Nationalitäten und Regionen, aus denen sie sich zusammensetzt", sowie die Solidarität zwischen ihnen. Aus dem Grundsatz der Solidarität folgt die Verpflichtung des Staates, sich „für die Herstellung eines angemessenen und gerechten wirtschaftlichen Gleichgewichts zwischen den verschiedenen Teilen des Staatsgebietes" einzusetzen (Art. 138, 1). Dabei dürfen die „Unterschiede zwischen den Statuten der einzelnen Autonomen Gemeinschaften [...] in keinem Fall zu wirtschaftlichen oder sozialen Privilegien führen" (2).

Art. 3 (2) gibt den Autonomen Gemeinschaften das Recht, neben kastilisch weitere Amtssprachen zu bestimmen und Art. 137 garantiert die Existenz der Autonomen Gemeinschaften (Häberle 2007, S. 54). Bereits unmittelbar nach der demokratischen Transition und der Verfassungsgebung bekamen das Baskenland und Katalonien (1979) sowie Andalusien (1981) ein Autonomiestatut (vgl. Tab. 12.6). Die inzwischen 17 regionalen Regierungen machen dem Zentralstaat „immer wieder hoheitliche Befugnisse streitig und verhandelten erfolgreich um den Zugriff auf die Steuereinnahmen" (Wiedmann 1997, S. 364). Durch das Autonomiestreben der Regionen werden die Bemühungen der Zentralregierung um Schuldenbegrenzung des Gesamtstaates vor zusätzliche Herausforderungen gestellt. 2011 wurden etwa ein Drittel aller öffentlichen Ausgaben auf der regionalen Ebene getätigt. Eine für 2011 geplante Begrenzung des Gesamtdefizits der Regionen auf 1,3 % des BIP war bereits zur Jahresmitte gescheitert (Economist 17.09.2011, S. 24).

12.2.2 Provinzen und Autonome Gemeinschaften

Provinzen und Autonome Gemeinschaften teilen sich die regionale Zuständigkeit auf unterschiedlichen Ebenen. Provinzen sind lokale Körperschaften mit eigener Rechtspersönlichkeit zur Erfüllung ihrer Aufgaben. Sie sind ein Zusammenschluss von Gemeinden und Bestandteil der territorialen Gliederung. „Jede Veränderung

12.2 Territoriale Gliederung

der Provinzgrenzen muss von den Cortes Generales durch ein Organgesetz gebilligt werden" (Art. 141, 1). Die nächsthöhere territoriale Gliederungsebene sind die Autonomen Gemeinschaften. Laut Verfassung können (bzw. konnten) Autonome Gemeinschaften ‚auf Nachfrage' von den Provinzen gebildet werden. Da inzwischen aber alle Provinzen einer AG angehören, könnten weitere AG (theoretisch) nur durch Teilung bestehender Regionen entstehen.

Für die Bildung einer AG mussten sich benachbarte Provinzen mit ähnlichen historischen, kulturellen und wirtschaftlichen Merkmalen, die nach Selbstregierung streben, „nach Maßgabe der Bestimmungen dieses Titels sowie den entsprechenden Statuten als Autonome Gemeinschaften konstituieren" (Art. 143, 1). Die Initiative dazu muss von allen betroffenen Provinzialräten ausgehen oder von den entsprechenden Organen der Inseln sowie von zwei Dritteln der Gemeinden, deren Bevölkerung die Mehrheit der Wahlberechtigten jeder beteiligten Provinz oder Insel umfassen muss (Art. 143, 2). Die Entscheidung über die Konstituierung einer Autonomen Gemeinschaft aus nur einer Provinz obliegt den Cortes Generales (Art. 144). Die Möglichkeit der Zusammenarbeit von Autonomen Gemeinschaften untereinander (horizontaler Föderalismus) ohne Zustimmung der Cortes Generales ist auf „die Ausführung und Gewährung ihrer eigenen Dienstleistungen" begrenzt. Alle anderen Abkommen über Zusammenarbeit sind durch die Cortes Generales zu genehmigen (Art. 145, 2, vgl. Kap. 12.4).

Zustimmungspflichtig sind auch die Autonomiestatuten selbst. Zunächst muss ein Autonomiestatut von einer Versammlung ausgearbeitet werden, „die sich aus den Mitgliedern des Provinzialrates oder des zuständigen Organs der Insel der betroffenen Provinzen und aus den in ihnen gewählten Abgeordneten und Senatoren zusammensetzt. Der Entwurf wird den Cortes Generales zugeleitet, die ihn wie ein Gesetz behandeln" (Art. 146). Auch die Reform der Autonomiestatute „bedarf in jedem Fall der Zustimmung der Cortes Generales durch ein Organgesetz" (Art. 147, 3). Dadurch ist ein wesentlicher Unterschied zu den Verfassungen der Gliedstaaten innerhalb eines Bundesstaates gegeben, deren Änderung i. d. R. keiner Zustimmung des Bundesparlamentes mehr bedarf.

Das Parlament einer AG muss nach dem Verhältniswahlsystem gewählt werden und die Vertretung der verschiedenen Gebietsteile gewährleisten (Art. 152, 1), sie wählt aus ihren Mitgliedern einen Präsidenten, der zugleich einen Regierungsrat mit exekutiven und administrativen Funktionen leitet. „Der Präsident und die Mitglieder des Regierungsrates sind der Versammlung politisch verantwortlich" (Art. 152, 1). Jede AG verfügt über einen hohen Gerichtshof als höchste Instanz der Rechtsprechung auf ihrem Territorium. „Nach Billigung und Verkündung der jeweiligen Statute können diese nur durch die in ihnen selbst festgelegten Verfahren und durch eine von allen Wahlberechtigten durchgeführte Volksabstimmung geändert werden" (Abs. 2). Die Kontrolle der Tätigkeit der Organe der AG geschieht durch das Verfassungsgericht, die Zentralregierung, die Verwaltungsgerichte und den Rechnungshof (Art. 153).

Eine Regelung analog zum ‚Bundeszwang' in föderalen Staaten ist in Art. 155, 1 gegeben. Danach kann eine Autonome Gemeinschaft, die gegen ihre (verfassungs)rechtlichen Pflichten verstößt „oder so handelt, daß ihr Verhalten einen schweren Verstoß gegen die allgemeinen Interessen Spaniens darstellt", von der Zentralregierung „nach vorheriger Aufforderung an den Präsidenten der Autonomen Gemeinschaft und, im Falle von deren Nichtbefolgung, mit der Billigung der absoluten Mehrheit des Senats die erforderlichen Maßnahmen ergreifen, um die Gemeinschaft zur zwangsweisen Erfüllung dieser Verpflichtungen anzuhalten oder um das erwähnte Interesse der Allgemeinheit zu schützen". Dazu gehört auch die Möglichkeit, den Behörden der Autonomen Gemeinschaften Weisungen zu erteilen (Abs. 2), die etwa im Zusammenhang mit dem für 2014 geplanten katalonischen Unabhängigkeitsreferendum diskutiert wurde.

Hinsichtlich der Finanzbeziehungen gibt die Verfassung in Art. 156 (1) den Autonomen Gemeinschaften „gemäß den Grundsätzen der Koordinierung mit der staatlichen Finanzverwaltung und der Solidarität aller Spanier finanzielle Autonomie für die Entwicklung und Ausübung ihrer Zuständigkeiten". Ihre Finanzierung erfolgt durch

- ganz oder teilweise vom Staat überlassene Steuern; Zuschläge auf staatliche Steuern und anderen Anteilen an den Einnahmen des Staates;
- eigene Steuer, Gebühren und Sonderabgaben;
- Überweisungen aus einem interterritorialen Ausgleichsfonds und anderen Zuweisungen zu Lasten des Staatshaushalts;
- Erträge aus ihrem Vermögen und privatrechtlichen Einnahmen;
- Einkünfte aus Kreditgeschäften (Art. 157).

Alle AG haben parlamentarische Regierungssysteme, die in ihren Grundzügen dem des Zentralstaates entsprechen. Trotz (oder wegen) der Einkammer-Parlamente sind die Exekutiven der AG relativ stark. Zwar wird der Präsident der AG direkt vom Parlament gewählt und die von ihm gebildete Regierung ist vom Vertrauen des Parlaments abhängig. Jedoch sind auch die Gesetzgebungsbefugnisse des Parlaments überschaubar und der Präsident einer Gemeinschaft hat neben symbolisch-repräsentativen Aufgaben auch eine inhaltliche Richtlinienkompetenz und er ernennt und entlässt die Minister. Außerdem hat er in einigen AG das Recht, den Zeitpunkt für Neuwahlen bis zum regulären Ablauf einer Legislatur selbst zu

12.2 Territoriale Gliederung

bestimmen, während in den restlichen AG die Parlamentswahlen alle am gleichen Tag stattfinden (müssen) (Nagel 2010b, S. 154).

Stärker als in Deutschland ist die Reform der vertikalen Strukturen ein Dauerbrenner in der spanischen Innenpolitik. Während die Dezentralisierung anfangs von Madrid aus gefördert (und gefordert) wurde, sind die AG nach der Jahrtausendwende zunehmend aktiver und fordernder gegenüber der Zentralregierung aufgetreten. In den 1990er Jahren hat sich auch die asymmetrische Kompetenzverteilung zwischen den Gemeinschaften weitgehend abgebaut. Dies wurde weitgehend durch einen Kompetenzzuwachs der anfangs eher vergleichsweise ‚schwachen' AG erreicht. Diese Angleichung der Kompetenzen (und Finanzen) für den AG diente auch den Ziel, Ausreißer in die eine oder andere Richtung zu vermeiden (‚cafe para todos'). Jedoch wird eine Angleichung der Kompetenzen von den ‚historischen' Regionen gerne zum Anlass genommen, mit neuen Kompetenzforderungen nachzulegen, um sich von den anderen Regionen wieder zu unterscheiden. „Der Zuwachs an ‚self rule' wurde im übrigen nicht durch einen gleichen Zuwachs an ‚shared rule' im Zentrum begleitet, die AG wurden also nicht stärker in die Verantwortung für die Regierung des Zentralstaats eingebunden" (Nagel 2010a, S. 288). Die vertikale Willensbildung ist immer noch stark ‚top down' geprägt, die Einbindung der AG in den Senat und die Gesetzgebung des Zentralstaates (Kap. 12.3.1) bleibt relativ schwach.

Grau Creus (2011, S. 293) setzt einen Wendepunkt in der Autonomiepolitik um 2004 an. Während vorher Reformen von der Zentralregierung und mit Unterstützung der beiden landesweiten Parteien angestoßen und auch weitgehend kontrolliert wurden, kamen die Reforminitiativen danach primär aus den AG. „Whether elite-initiated or enjoying a degree of social support, the fact is that the impetus for the new period of reforms originated at autonomous-community level, and was tolerated – to a certain extent – by the central government and institutions" (Creus 2011, S. 293). Die Vereinbarung von 1992 (Pactos Autonómicos) wurde im Konsens von Regierung und Opposition in Madrid getragen. Ziel war es, einen Weg vorzugeben, auf dem auch die mit weniger Kompetenzen ausgestatteten AG auf ein höheres Kompetenzniveau gehoben werden konnten.

> In other words, the agreement was designed to control the timing and the process by which the autonomous communities would acquire greater powers. It applied to the 13 autonomous communities that had been created after 1981 and which were required to follow the slow-track process of empowerment. [...] As a result, at the end of the 1990s and as a result of these reforms, all autonomous communities possessed similar powers. (Grau Creus 2011, S. 293 f.)

12.3 Asymmetrischer Bikameralismus

12.3.1 Abgeordnetenhaus und Senat

Das Spanische Parlament (Cortes Generales) besteht aus dem Kongress (Congreso de los Diputados) und dem Senat. Letztere ist die Kammer der territorialen Repräsentation (Art. 69). Von den gegenwärtig 265 Senatoren werden ca. vier Fünftel (207) in den 50 Provinzen gewählt und das restliche Fünftel der Senatoren (gegenwärtig 58) wird von den Parlamenten der AG ernannt. Es gibt also zwei Wege in den Senat: entweder die Direktwahl in den Provinzen oder die Ernennung durch die Parlamente der AG. Jede Provinz entsendet vier Senatoren, die großen Inseln (Gran Canaria, Mallorca und Teneriffa) je drei Senatoren, kleine Inseln und Inselgruppen je einen Senator und die afrikanischen Enklaven Ceuta und Melilla je 2 Senatoren. Das Wahlsystem für die Provinz-Senatoren entspricht dem der Abgeordneten: Verhältniswahl in Mehrpersonenwahlkreisen[2].

Die genaue Anzahl der von den Autonomen Gemeinschaften bestimmten Senatoren richtet sich nach deren Einwohnerzahl. Zunächst steht jeder AG das Recht zu, je einen Senator zu entsenden, für jeweils eine Million Einwohner darf ein weiterer Senator benannt werden. Mit steigender Bevölkerungszahl in einer Region (vgl. Tab. 12.3) steigt also auch die Anzahl der Gemeinschafts-Senatoren an. Das bevölkerungsreichste Andalusien stellt mit 8,3 Mill. Einwohnern insgesamt neun Senatoren; Katalonien acht und Madrid sieben Senatoren. Am anderen Ende stehen Kantabrien, Navarra und La Rojja mit jeweils nur einem Senator aus den Gemeinschaften.

Die Gemeinschafts-Senatoren werden von der gesetzgebenden Versammlung der AG nach Verhältniswahl gewählt. Die Amtszeit des Senats beträgt vier Jahre (Art. 69 Abs. 6). In einige Statuten gibt es eine Beschränkung, dass nur Mitglieder des ‚eigenen' Parlaments in den Senat gewählt werden können, in anderen können auch Parlamentsexterne in den Senat gewählt werden. In beiden Fälles muss aber der Wohnsitz im Gebiet der AG liegen (www.senado.es). In parteipolitischer Hinsicht ist die PP meist die mit Abstand stärkste Partei im Senat (gegenwärtig 159 Sitze). An zweiter Stelle folgen die Sozialisten (64 Sitze) sowie einige Regionalparteien, darunter die katalanische Convergencia i Unio (CiU, 13 Sitze, Tab. 12.1). Die ‚Absetzbewegung' Kataloniens (und des Baskenlandes) zeigen sich deutlich in den Ergebnissen zur Wahl des Senats. In Katalonien dominieren die beiden unterschiedlich stark separatistisch ausgerichteten Regionalparteien CiU und EPC

---

[2] Interessanterweise hat sich in Spanien trotz des Verhältniswahlrechts ein Zweiparteiensystem stabilisiert. Dies ist u. a. auf die konzentrierende Funktion relativ kleiner Mehrpersonenwahlkreise zurück zu führen ohne eine Kompensation durch regionale oder nationale Listen.

12.3 Asymmetrischer Bikameralismus

Tab. 12.1 Parteien und Regionen im Senat (Stand 07/2014). (Quelle: www.senado.es/web/composicionorganizacion/senadores/composicionsenado/senadoresenactivo/consultaprodecenciagrupo/index.html)

	Volkspartei	Sozialisten	CiU	EPC	V	Andere	Total
Andalusien	25	14	–	–	–	1	40
Aragon	10	4	–	–	–	–	14
Asturia	3	1	–	–	–	2	6
Balearen	5	2	–	–	–	–	7
Kanaren	7	4	–	–	–	3	14
Kantabrien	4	1	–	–	–	–	5
Kastilien LaMancha	17	6	–	–	–	–	23
Kastilien Leon	28	10	–	–	–	1	39
Katalonien	1	–	13	9	–	1	24
Valencia	13	5	–	–	–	–	18
Extremadura	7	3	–	–	–	–	10
Galizien	14	5	–	–	–	–	19
Madrid	8	3	–	–	–	–	11
Murcia	5	1	–	–	–	–	6
Navarra	1	1	–	–	–	3	5
Baskenland	3	3	–	–	5	4	15
La Rioja	4	1	–	–	–	–	5
Ceuta	2	–	–	–	–	–	2
Melilla	2	–	–	–	–	–	2
Total	159	64	13	9	5	15	265

Anm.: *CiU* Catalán en el Senado Convergència i Unió, *EPC* Entesa pel Progrés de Catalunya, *V* Vasco en el Senado (EAJ-PNV)

(zusammen 22 der 24 Sitze) den politischen Prozess und eingeschränkt auch im Baskenland.

Insgesamt ist somit der direkte Einfluss der Autonomen Gemeinschaften auf den Senat relativ gering. Aufgrund des Wahlmodus sind die Provinzen die primäre territoriale Bezugsebene und nicht die Autonomen Gemeinschaften, obgleich der Senat nach Art. 69 Abs. 1 eigentlich das Repräsentativorgan der Autonomen Gemeinschaften sein sollte. „Der Senat gleicht somit eher einer zweiten Kammer in unitarischen Zweikammersystemen als einer Territorialkammer eines Bundesstaates" (Ehrbeck 2011, S. 60).

Ähnlich wie in Österreich sind die Zustimmungserfordernisse zugunsten der ersten Kammer gewichtet. Der Senat kann nach der Verabschiedung eines Gesetzes im Kongress z. B. sein Veto einlegen oder Änderungsvorschläge unterbreiten. Wie bei einem Veto des Bundesrates in Österreich kann dieses von der ersten Kammer durch erneuten Beschluss zurückgewiesen werden (Ehrbeck 2011, S. 60).

Nach Art. 74 (2) ist für einige Politikbereiche (Art. 94, 1; 145, 2 und 158, 2) eine einfache Mehrheit in beiden Kammern erforderlich. Kommt diese nicht zustande, kann auf Antrag ein gemischter Ausschuss aus Abgeordneten und Senatoren gebildet werden, der eine überarbeitete Fassung vorlegt, über die dann in beiden Kammern abgestimmt wird. Kommt wieder keine ausreichende Mehrheit zustande, kann der Kongress mit absoluter Mehrheit alleine entscheiden. Der Senat hat also lediglich die Möglichkeit eines suspensiven Vetos. Diese Regelung entspricht etwa dem ‚Beharrungsbeschluss' des Nationalrates in Österreich, wobei dieser sogar mit einfacher Mehrheit entscheiden kann (Kap. 9.2.3).

12.3.2 Gesetzgebungskompetenzen

Ähnlich wie in Deutschland gibt es einen Bereich der ausschließlichen Kompetenzen des Zentralstaates ein Subsidiaritätsprinzip zugunsten der AG und ein Feld konkurrierender Gesetzgebung, bei dem im Konfliktfall aber das Recht des Zentralstaates Vorrang hat. Des Weiteren gibt es einen Bereich ausschließlicher (übertragener) Kompetenzen der AG. Hinsichtlich der Kompetenzverteilung zwischen den Ebenen sind in Art. 149 Abs. 1 eine Reihe von ausschließlichen Zuständigkeiten des Zentralstaates genannt. Tabelle 12.2 fasst die wichtigsten Zuständigkeiten daraus zusammen.

Auch der Zentralstaat hat eine Zuständigkeit für das Kulturwesen, insbesondere in der Koordination von und dem Austausch zwischen den AG. Nach dem Subsidiaritätsprinzip (Art. 149, 3) können die nicht ausdrücklich dem Zentralstaat übertragenen Aufgaben auch von den AG übernommen werden, wenn deren Statute dies ermöglichen. „Die Zuständigkeit in Bereichen, die von den Autonomiestatuten nicht übernommen werden, liegt beim Staat, dessen Normen im Konfliktfall in allen Materien, die nicht zur ausschließlichen Kompetenz der Autonomen Gemeinschaften gehören, den Vorrang haben. Das staatliche Recht ergänzt in jedem Fall das Recht der Autonomen Gemeinschaften" (Art. 149, 3). Allerdings findet das Subsidiaritätsprinzip eine Einschränkung durch die Formulierung „aufgrund der entsprechenden Statute". Nach Art. 148, 1 dürfen Autonome Gemeinschaften nur in den dort aufgelisteten Felder aktiv werden. Dies betrifft z. B. (Auswahl):

- Organisation der Institutionen ihrer Selbstverwaltung;
- Veränderungen der Gemeindegrenzen in ihrem Gebiet und allgemein die Funktionen, die der Staatsverwaltung bezüglich der lokalen Körperschaften obliegen und deren Übertragung die Gesetzgebung über die Kommunalverwaltung zulässt;

Tab. 12.2 Ausschließliche Zuständigkeiten des Zentralstaates. (Quelle: Spanische Verfassung Art. 149 (Auszüge), nach www.verfassungen.de)

Regelung der Grundbedingungen, die die Gleichheit aller Spanier bei der Ausübung der verfassungsmäßigen Rechte und Erfüllung der verfassungsmäßigen Pflichten gewährleisten;

Staatsangehörigkeit, Ein- und Auswanderung, Ausländer- und Asylrecht;

Internationale Beziehungen, Verteidigung und Streitkräfte;

Währungssystem; Devisen, Geldwechsel und Konvertibilität; Grundlagen der Ordnung des Kredit-, Banken- und Versicherungswesens; Staatshaushalt und Staatsschuld;

Grundlegende Gesetzgebung und wirtschaftliche Ordnung der sozialen Sicherheit,

Rechtliche Grundlagen der öffentlichen Verwaltung und des Status ihrer Beamten, wobei den von der Verwaltung Betroffenen die gleiche Behandlung gewährleistet wird;

Handelsmarine und Verleihung des Flaggenrechts; Beleuchtung der Küsten und maritimen Signale; Häfen und Flughäfen von allgemeinem Interesse; Kontrolle des Luftraums, Luftverkehrs und Lufttransports; Wetterdienst und Registrierung von Luftfahrzeugen;

Eisenbahnen und Straßenverkehr, sofern sie durch das Gebiet von mehr als einer Autonomen Gemeinschaft führen; allgemeines Verkehrswesen; Kraftfahrzeugverkehr; Post- und Fernmeldewesen;

Gesetzgebung, Ordnung und Konzession der Wasservorkommen und Wassernutzung, wenn die Gewässer mehr als eine Autonome Gemeinschaft durchfließen, und Genehmigung elektrischer Installierungen, wenn sie noch von einer anderen Autonomen Gemeinschaft genutzt werden oder der Energietransport das eigene Gebiet verlässt;

Öffentliche Bauten, die von allgemeinem Interesse sind oder deren Errichtung sich auf mehr als eine Autonome Gemeinschaft auswirkt;

Grundlegende Normen für Presse, Rundfunk und Fernsehen und für alle sozialen Kommunikationsmedien, unbeschadet der den Autonomen Gemeinschaften bei ihrer Entwicklung und Betreibung zustehenden Befugnisse;

Öffentliche Sicherheit, unbeschadet der Möglichkeit der Schaffung eigener Polizeikräfte durch die Autonomen Gemeinschaften in der Form, die die entsprechenden Statute im Rahmen der Bestimmungen eines Organgesetzes vorsehen;

- Raumordnung, Städte- und Wohnungsbau;
- Öffentliche Bauten, deren Errichtung in ihrem Gebiet von Interesse für die Autonome Gemeinschaft ist;
- Eisenbahnen und Hauptstraßen, deren Verlauf sich völlig auf das Gebiet der Autonomen Gemeinschaft beschränkt sowie der darauf oder per Kabelverkehr durchgeführte Transport;
- Not- und Sporthäfen, Sportflugplätze und generell solche Häfen und Flugplätze, über die keine kommerziellen Aktivitäten abgewickelt werden;
- Entwürfe, Konstruktion und Betrieb von Wasserwerken, Kanälen und Bewässerungsanlagen, die von Interesse für die Autonome Gemeinschaft sind; Mineral- und Thermalquellen;
- Förderung der wirtschaftlichen Entwicklung der Autonomen Gemeinschaft im Rahmen der von der gesamtstaatlichen Wirtschaftspolitik gesetzten Ziele; Handwerk;
- Museen, Bibliotheken und Musikkonservatorien
- Kultur, der Forschung und gegebenenfalls des Unterrichts der Sprache der Autonomen Gemeinschaft;
- Förderung und Ordnung des Tourismus innerhalb ihres Gebietes; Sozialfürsorge.

Fünf Jahre nach Einrichtung einer AG kann diese „ihre Zuständigkeiten innerhalb des im Artikel 149 vorgesehenen Rahmens allmählich erweitern" (Abs. 2). Durch dieses Moratorium erklärt sich auch, warum es zur ersten Reformphase der Statuten der AG erst gegen Mitte der 1980er Jahre gekommen ist.

12.3.3 Asymmetrischer Föderalismus

Das Konzept des ‚asymmetrischen Föderalismus' ist als heuristischer Rahmen für die Untersuchung der Anfangsphase der spanischen Devolution entwickelt worden, um Kompetenzunterschiede zwischen den Autonomen Gemeinschaften auch konzeptionell erfassen zu können. Solche Kompetenzunterschiede, die inzwischen allerdings weitgehend angeglichen sind, bleiben streng genommen unvereinbar mit einer engen Definition von Föderalismus. Neben den (anfänglichen) Kompetenzunterschieden sprechen noch weitere Merkmale dafür, mit der Bezeichnung ‚Föderalismus' im Fall Spaniens vorsichtig umzugehen und stattdessen eher vom Konzept der Devolution auszugehen. So haben die Autonomen Gemeinschaften keinen eigenen von der Verfassung garantierten Staatscharakter bzw. eigene Souveränität. In der Verfassung wird lediglich das Verfahren erwähnt, nach denen sie gebildet werden können.

12.3 Asymmetrischer Bikameralismus

Eine weitere Erwähnung oder gar eine Bestandsgarantie erfolgt nicht. Sie sind lediglich bzw. ausschließlich spanischer Staat, auch wenn an anderer Stelle in der Verfassung die Autonomie der Regionen und die ‚Nationalitäten' (nacionalidades) erwähnt werden (Nagel 2010b, S. 151). Allerdings finden sich auch typisch föderale Strukturen des horizontalen Politikkoordination (Kap. 12.4), die untypisch für Einheitsstaaten sind und z. B. trotz Devolution im Vereinigten Königreich nicht vorliegen. Nach einem gescheiterten Versuch der Harmonisierung der Kompetenzausstattung der AG ‚nach unten' Anfang der 1980er Jahre „gewährte der Zentralstaat 1992 nach einen Pakt der spanischen Großparteien auch den AGs des niedrigeren Kompetenzniveaus praktisch denselben Grad an Autonomie (mit Ausnahmen des in der Verfassung verankerten abweichenden Finanzregimes für Navarra und das Baskenland)" (Nagel 2010b, S. 152).

Die anfangs stark unterschiedlichen Kompetenzausstattungen der AG sind den zwei Gründungsmöglichkeiten geschuldet, die die Verfassung von 1978 bereit gestellt hat. Beim gewöhnlichen Verfahren nach Art. 143 wurde zunächst die Zustimmung der Repräsentativorgabe der betroffenen Provinzen sowie eine zwei Drittel-Mehrheit der Kommunalparlamente jeder Provinz benötigt. Im zweiten Schritt wurde von einer konstituierenden Versammlung der Entwurf des Autonomiestatus erarbeitet, der schließlich von den Cortes Generales als einfaches Parlamentsgesetz verabschiedet werden musste (Ehrbeck 2011, S. 58). Dabei konnte das Parlament noch Änderungen am Text vornehmen.

Das außerordentliche Verfahren nach Art. 151 stand den Gemeinschaften bzw. Provinzen zu, in denen es in der Vergangenheit (zweite Republik) bereits ein Referendum über die Gründung einer AG gegeben hatte. „Es genügte eine einfache Mehrheit eines provisorischen Autonomieorgans, um mit der Ausarbeitung des Statutstextes zu beginnen" (Ehrbeck 2011, S. 58). Dies betraf lediglich das Baskenland, Katalonien und Galizien. Alternativ konnte das historische Referendum durch ein Referendum in der Gegenwart sowie die Zustimmung in den Provinzparlamenten ersetzt werden, was in Andalusien genutzt wurde. „Darüber hinaus tritt ein Autonomiestatut in diesen Autonomen Gemeinschaften immer erst in Kraft, wenn die jeweilige Bevölkerung der Autonomen Gemeinschaft in einem Referendum zugestimmt hat" (Ehrbeck 2011, S. 58). Diese vier nach Art. 151 gegründeten AG waren anfangs mit einem deutlich höheren Kompetenzniveau ausgestattet als die anderen, nach Art. 143 gegründeten Gemeinschaften, „wobei jedoch die Autonomen Gemeinschaften der Kanarischen Inseln und Valencias im Rahmen einer einfachgesetzlichen Kompetenzübertragung nach Art. 150 Abs. 2 CE in ihrem Kompetenzumfang den privilegierten Autonomen Gemeinschaften gleichgestellt wurden" (Ehrbeck 2011, S. 58).

12.4 Horizontaler Föderalismus

Die Einrichtungen des horizontalen Föderalismus in Spanien sind deutlich schwächer institutionalisiert als in Deutschland und der Schweiz, jedoch stärker als in Österreich und den USA. Zwar wurden in Spanien bereits in den 1990er Jahre die Fachministerkonferenzen („conferencias sectoriales") eingeführt, um bilaterale Verhandlungen „durch einen in der Verfassung ja nicht vorgesehenen multilateralen Modus zu ersetzen oder wenigstens zu ergänzen" (Nagel 2010b, S. 152). Jedoch konnten sich diese Konferenzen bislang (noch) nicht als originäre Instrumente der horizontalen Politikkoordination durchsetzen. In den inzwischen 35 Sektoralkonferenzen mit Vertretern des Zentralstaates und der 17 AG haben sich aber je eigenen Dynamiken entwickelt. So finden die Treffen teilweise unregelmäßig statt oder sie haben (noch) keine wirkliche Funktion in der Selbstkoordination der AG übernommen, sondern dienen oft auch „als Verlautbarungsforen der Minister des Zentralstaates" (Nagel 2010b, S. 153).

Die Sektorkonferenzen zum Informationsaustausch und zur Policy-Koordinierung zwischen dem Zentralstaat und den AG finden mehr oder weniger regelmäßig statt. Seit Anfang der 1990er Jahre (Gesetz 30/1992) bis 2013 wurden insgesamt 35 dieser Konferenzen eingerichtet, die insgesamt etwa 60 bis 75 Treffen pro Jahr durchführen. Die Konferenzen sind multilaterale Kooperationsgremien für einen bestimmten, teilweise sehr spezifischen öffentlichen Aufgabenbereich. Den Vorsitz hat der jeweils zuständige Minister des Zentralstaats oder sein Vertreter. Aus den AG können auch höhere Regierungsbeamte mit einer speziellen Zuständigkeit für das Aufgabengebiet teilnehmen. Beispiele für relativ neue Konferenzen sind: Local Government, Wissenschaft und Technologie, Telekommunikation und Informationsgesellschaft, Hochschulpolitik und Einwanderung.[3]

Die seit 2004 eingerichtete Konferenz der Präsidenten ist das oberste multilaterale Koordinationsorgan. Sie tagt unter dem Vorsitz des spanischen Ministerpräsidenten und umfasst die Präsidenten der 17 AG und der Städte Ceuta und Melilla. Sie bildet quasi den ‚Schlussstein' im System der Konferenzen und findet seit Oktober 2004 in loser Folge statt. Weitere Termine waren September 2005, Januar 2007, Dezember 2009 und Oktober 2012. Die Terminplanung ist also flexibel, ebenso die zu verhandelnde Agenda. Anfangs standen Fragen der Institutionalisierung der Konferenz und des Gesundheitswesens im Vordergrund, während sich die letzte Konferenz 2012 mit der Wirtschafts- und Beschäftigungssituation befasst hat. Am Ende einer solchen Konferenz stehen i. d. R. gemeinsame Erklärungen zu

---

[3] www.seap.minhap.es/gl/areas/politica_autonomica/coop_autonomica/Conf_Sectoriales.html [10.03.2014].

12.4 Horizontaler Föderalismus

bestimmten Politikfragen.[4] Neben den multilateralen (Präsidenten- und Sektor-) Konferenzen gibt es auch eine institutionalisierte bilaterale Zusammenarbeit. Allerdings betrifft dies nicht die Zusammenarbeit zwischen zwei AG, sondern zwischen dem Zentralstaat und einer AG. Diese bilateralen Beziehungen werden durch Kooperationsausschüsse und Kooperationsabkommen gemanagt.[5]

Die sektorialen Konferenzen in Spanien haben auch einige Bedeutung für die Implementation von EU-Richtlinien in spanisches Recht gewonnen. Da spezielle Normen über die Umsetzung von Unionsrecht in nationales bzw. regionales Recht fehlen, hat die Politikkoordination durch die vorhandenen Conferencias Sectorales und speziell die „Konferenz für Angelegenheiten im Zusammenhang mit den Europäischen Gemeinschaften" (CARCE) eine zunehmend wichtige Rolle gewonnen (Ehrbeck 2011, S. 70). Die zunehmende Bedeutung dieser Konferenzen wird auch durch die 2004 (Regierung Zapatero) etablierte Konferenz der Präsidenten unterstrichen, die aus einem informellen Treffen von zunächst sechs ‚neuen' AG bestand (Colino 2011, S. 321). Allerdings muss hier genauer unterschieden werden. Die Konferenzen sind zwar typische Einrichtungen des ‚horizontalen Föderalismus', lassen sich aufgrund der starken Stellung der Zentralregierung jedoch besser als ‚multilaterale Konferenzen' beschreiben.

Nach Art. 145, 2 sind Abkommen über die Zusammenarbeit zwischen Autonomen Gemeinschaften ohne Zustimmung der Cortes Generales auf die Ausführung eigener Dienstleistungen begrenzt. Darüber hinaus gehende Kooperationen bedürfen der Zustimmung des nationalen Parlaments. Das ist eine weniger restriktive Regelung als die generelle Genehmigungspflicht für „interstate compacts" durch den Kongress in den Vereinigten Staaten, aber eine restriktivere als jene in der Schweiz. Dort müssen die interkantonalen Verträge und Konkordate nicht zusätzlich durch die Bundesversammlung gehen, können von dieser aber unter bestimmten Bedingungen für allgemeinverbindlich erklärt werden.

Nicht nur in Spanien, auch in Deutschland und Österreich besteht für die Einrichtungen des horizontalen Föderalismus keine Grundlage in der Bundesverfassung. Das heißt aber nicht, dass diese Einrichtungen somit verfassungswidrig sind; sie genießen lediglich keinen verfassungsrechtlichen Bestandsschutz. Sie sind vielmehr im Laufe der Zeit aus praktischen Gesichtspunkten gegründet worden. Auch in der Schweiz hat sich z. B. erst in den 1990er Jahren, im Zuge des gescheiterten EWR-Beitritts, die ‚Konferenz der Kantonsregierungen' etabliert, um die Positionen der Kantone im Zuge der Internationalisierung der nationalen Politik besser wahren zu können.

---

[4] www.seap.minhap.es/gl/areas/politica_autonomica/coop_autonomica/Confer_Presidentes.html [10.03.2014].
[5] www.seap.minhap.es/gl/areas/politica_autonomica/coop_autonomica/coop_bilateral_CCAA.html [10.03.2014].

Im Unterschied zur USA (Kap. 7.4) hat in den spanischen Konferenzen die vertikale Politikkoordination (Zentralstaat – AG) ein deutlich stärkeres Gewicht. Dies erklärt sich aus der Entstehungsgeschichte (Devolution), aber auch durch eine gewisse Konkurrenz der AG untereinander um den besten „Zugang zum Zentralstaat" (Nagel 2010b, S. 153). Ähnlich wie in den USA (aber auch Deutschland) ist das Policymaking der Gliedstaaten stark auf die zentrale Ebene ausgerichtet; im Unterschied zu den USA fehlt aber das Element der Ebenentrennung (dual federalism).

Bereits völlig im ‚federalism style' ist die Finanzierung der AG eine ständige Quelle des Streits zwischen den Regionen untereinander sowie mit dem Zentralstaat. Ein explizites Finanzausgleichsystem wie in Deutschland oder der Schweiz existiert aber nicht. Vielmehr findet, ähnlich wie in den USA, ein interterritorialer Ausgleich durch den Zentralstaat statt. In dessen Zuge wurde z. B. ein interterritorialer Ausgleichsfonds eingerichtet und der Anteil des Lohnsteueraufkommens, der vom Zentralstaat an die AG zurückgegeben wird, durch geschicktes Verhandlung der katalanischen CiU mit der PP (Regierung Aznar) von 15 auf 30 % heraufgesetzt (Barrios 2009, S. 755).

12.5 Die Autonomen Gemeinschaften im Vergleich

12.5.1 Sozioökonomische Merkmale

In diesem Abschnitt wird zunächst auf die Bevölkerungsentwicklung und anschließend auf einige ökonomische Indikatoren eingegangen. Die Bevölkerungsentwicklung in den Regionen geht teilweise mit der gesamtwirtschaftlichen Entwicklung einher, schlägt aber teilweise durch den Tourismussektor auch eigene Wege ein. So hat die Hauptstadt Madrid im Zeitraum 2002 bis 2012 knapp eine Millionen Einwohner mehr bekommen, was in Prozentangaben allerdings ‚nur' einem Zuwachs von 17 % entspricht. Dagegen haben die Balearen in gleichen Zeitraum um 25 % zugelegt, in absoluten Zahlen aber nur um 0,2 Mill. Einwohner. Ein starkes Bevölkerungswachstum kennzeichnet auch die Regionen Murcia (+23 %) und Valencia (+20 %). Eine negative Bevölkerungsentwicklung hat lediglich die Region Asturien (−0,8 %). Der spanische Durchschnitt für den Zeitraum 2002 bis 2012 liegt bei einem Bevölkerungszuwachs von 12,7 %. Zehn Regionen liegen unterhalb dieses Durchschnitts, neun oberhalb (Tab. 12.3).[6] Die kleinsten Einheiten sind die Städte Melilla und Ceuta mit je 76.000 Einwohnern, die größten Katalonien und Andalusien mit 7,3 und knapp 8,3 Mill. Einwohnern (2012). La Rioja, die kleinste AG auf dem Festland, kommt lediglich auf 3,7 % der Einwohnerzahl der größten

---

[6] Davon 17 Autonomen Gemeinschaften und zwei Inselgruppen.

12.5 Die Autonomen Gemeinschaften im Vergleich

Tab. 12.3 Bevölkerungsentwicklung der Regionen 2002 und 2012 im Vergleich. (Quelle: Eurostat, eigene Berechnung. Sortiert nach Spalte 3)

	2002	2012	Zuwachs (absolut)	Zuwachs (%)
Melilla	66.529	76.403	9.874	14,84
Ceuta	71.585	76.976	5.391	7,53
La Rioja	276.679	312.199	35.520	12,83
Kantabrien	534.915	578.900	43.985	8,22
Navarra	555.879	624.607	68.728	12,36
Asturia	1.061.942	1.052.711	−9.231	−0,87
Extremadura	1.058.148	1.083.065	24.917	2,35
Balearen	872.836	1.094.266	221.430	25,37
Aragón	1.203.660	1.314.880	111.220	9,24
Murcia	1.198.606	1.476.341	277.735	23,17
Kastilen La Mancha	1.760.162	2.050.818	290.656	16,51
Kanaren	1.779.169	2.114.215	335.046	18,83
Baskenland	2.082.258	2.128.397	46.139	2,21
Kastilien & León	2.454.546	2.479.326	24.780	1,00
Galicien	2.693.733	2.728.906	35.173	1,30
Valencia	4.163.094	5.011.547	848.453	20,38
Madrid	5.426.248	6.387.824	961.576	17,72
Katalonien	6.343.786	7.318.513	974.727	15,36
Andalusien	7.360.469	8.286.382	925.913	12,58
Spanien	40.964.244	46.196.276	5.232.032	12,77

AG Andalusien. Der Bevölkerungsdurchschnitt für alle 19 territorialen Einheiten liegt bei 2,43 Mio. Andalusien kommt dabei auf das 3,4-fache, La Rioja nur auf das 0,13-fache des Durchschnitts.

Bei der Arbeitslosigkeit und der Wirtschaftskraft (BIP pro Kopf) fällt ein deutliches Nord-Süd- sowie Ost-West-Gefälle auf. Die Wirtschaftskraft ist in Madrid und den Autonomen Gemeinschaften des Nordostens und Ostens am größten und in den AG des Südens, aber auch des südlichen Zentrums und des Nordwestens (Galicien) am schwächsten. Tabelle 12.4 gibt einen Überblick über die Entwicklung der Wirtschaftskraft der spanischen Regionen (17 AG plus zwei Inselgruppen) am Beispiel des BIP pro Kopf zu laufenden Marktpreisen in Prozent des EU-Durchschnitts. Zu den wirtschaftsstärksten Regionen (2010) gehört die Hauptstadt Madrid, das Baskenland und Navarra. Das nach (mehr) Unabhängigkeit strebende Katalonien liegt zwar auch über den EU-Durchschnitt, dürfte mit Aragón und La Rioja aber eher zur ‚Verfolgergruppe' als zur Spitzengruppe aus dem Baskenland, Madrid und Navarra gezählt werden. Auch hat Katalonien lediglich ein unterdurchschnittliches BIP-Wachstum im Vergleich der Jahre 2000 und 2010.

Tab. 12.4 BIP spanischer Regionen in Prozent des EU-Durchschnitts. (Quelle: Eurostat nama_r_e2gdp. In Prozent zu laufenden Marktpreisen. Sortiert nach Spalte 4)

	2000	2005	2010	Differenz 2000–2010	Differenz 2000–2010 (in %)
Extremadura	52	63	65	13	25
Andalusien	60	72	71	11	18,33
Kastilien La Mancha	65	73	74	9	13,84
Melilla	70	82	75	5	7,14
Murcia	69	78	78	9	13,04
Kanaren	78	84	80	2	2,56
Valenzia	79	86	82	3	3,79
Ceuta	70	84	83	13	18,57
Galicien	64	76	84	20	31,25
Asturien	69	82	87	18	26,08
Kastilien & León	74	88	90	16	21,62
Kantabrien	77	92	91	14	18,18
Balearen	101	104	98	−3	−2,97
La Rioja	93	100	103	10	10,75
Aragón	86	99	104	18	20,93
Katalonien	100	110	109	9	9
Navarra	104	117	118	14	13,46
Madrid	112	121	121	9	8,03
Baskenland	101	118	123	22	21,78
Spanien	82	93	93	11	13,41

Die wirtschaftsschwächsten AG sind Extremadura und Andalusien. 2010 lagen 13 Regionen unterhalb des EU-Durchschnittes und sechs Regionen darüber. Im Unterschied zu Belgien, Deutschland und Österreich gibt es in Spanien keine Region, die als positiver Ausreißer auffällt. Die Hauptstadt Madrid liegt mit ihrer Wirtschaftskraft zwar in der Spitzengruppe der leistungsstarken Regionen, kann sich davon aber nicht deutlich absetzen, wie dies für Brüssel, Hamburg und Wien in ihrem jeweiligen Bundesstaat möglich ist. Das größte Wachstum des BIP im Vergleich der Jahre 2000 und 2010 haben die AG mit anfangs sehr niedrigen Ausgangswerten: Galicien (+31 %), Asturien (+26 %) und Extremadura (+25 %). Dass relativ niedrige Ausgangswerte aber kein Garant für überdurchschnittliches Wachstum sind, zeigen die Kanaren, Valencia und Melilla. Umgekehrt zeigt das Baskenland, dass ein hoher Ausgangswert nicht auch noch deutlich gesteigert werden kann.

In Tab. 12.5 ist die Entwicklung der Schuldenquoten der Regionen als prozentualer Anteil des BIP aufgenommen. Eine besonders hohe regionale Schuldenquote hat

12.5 Die Autonomen Gemeinschaften im Vergleich

Tab. 12.5 Verschuldung der spanischen Regionen im Vergleich. (Quelle: Banca de Espana www.bde.es/webbde/en/estadis/infoest/bolest13.html)

	2000	2005	2006	2007	2008	2009	2010	2011	2012	2013	Rang (2013)
Andalusien	8,3	5,9	5,4	5,0	5,4	6,9	8,5	10,0	14,8	17,3	8
Aragon	4,8	4,1	3,8	3,5	4,4	5,7	8,7	10,0	14,2	16,6	9
Asturien	4,4	4,1	3,4	3,2	3,3	4,8	7,6	9,5	12,2	14,2	14
Balearen	3,2	7,0	6,7	6,9	8,9	12,5	15,9	16,6	22,3	25,3	4
Baskenland	5,3	2,0	1,5	1,0	1,5	4,1	7,8	8,4	11,3	13,1	15
Estremadura	5,8	5,1	4,8	4,5	5,1	6,3	10,2	11,8	14,9	16,2	11
Galicien	9,4	7,3	7,0	6,9	6,8	8,7	10,9	12,4	14,9	16,5	10
Kanarien	3,6	3,9	4,0	3,7	4,5	5,8	8,1	8,9	11,7	13,1	16
Kantabrien	3,2	3,6	3,2	3,3	3,9	5,2	7,7	9,9	16,2	17,6	7
Kast. & Leon	3,1	3,7	3,4	3,3	4,6	5,9	7,8	9,8	14,0	15,3	12
Kastilien La Mancha	2,8	4,4	4,7	5,1	6,6	11,4	16,5	18,5	28,2	31,5	2
Katalonien	8,5	8,6	8,1	8,0	10,4	13,1	17,8	21,7	26,7	29,7	3
La Rioja	2,9	2,8	2,5	3,5	4,8	6,4	9,1	11,2	13,3	14,7	13
Madrid	3,8	6,3	5,8	5,4	5,4	6,3	7,2	8,1	10,9	12,1	17
Murcia	4,0	3,0	2,7	2,4	2,6	4,8	7,6	10,1	17,4	21,0	5
Navarra	5,9	4,2	3,9	3,6	4,8	6,1	9,2	13,1	15,8	17,7	6
Valencia	9,8	11,8	11,7	11,6	12,1	15,3	19,4	21,0	30,2	32,8	1
Total	6,3	6,4	6,0	5,8	6,7	8,7	11,6	13,6	18,0	20,2	

Anm.: In Prozent des BIP, bis 2010 Jahresmittelwerte, ab 2011 jeweils viertes Quartal

Tab. 12.6 Institutionelle Eckdaten der AG. (Quelle: Eigene Zusammenstellung, Stand Mitte 2014. Ceuta und Melilla sind mit je zwei Senatoren im Senat vertreten)

	Autonomiestatut	Größe des Regionalparlaments	Sitzanteil Kongress (min. 350)	Sitzanteil Senat
Andalusien	1981/2002/2007	109	62	40
Aragon	1982	67	13	14
Asturien	1982	45	8	6
Balearen	1982/2007	59	8	7
Baskenland	1979	75	19	15
Estremadura	1983	65	10	10
Galizien	1983	75	25	19
Kanaren	1982	60	15	14
Kantabrien	1982	39	5	5
Kastilien & Leon	1983	84	33	39
Kastilien La Mancha	1982	49	21	23
Katalonien	1979/2006	135	47	26
La Roija	1982	33	4	5
Madrid	1983	129	36	11
Murcia	1982	45	10	6
Navarra	1982	50	5	5
Valencia	1982/2006	99	33	18

Valencia, aber auch Galicien, Katalonien und Andalusien gehören zur Spitzengruppe. Der teilweise starke Anstieg der Schuldenquote nach der Wirtschaftskrise 2008 ist zum Teil auch durch den Rückgang des BIP im Zuge der globalen Finanz und Wirtschaftskrise zu erklären, die Spanien besonders stark getroffen hat. Dennoch fallen in Tab. 12.6 nicht nur Niveauunterschiede zwischen den AG auf. Bei einigen wirtschaftsstarken Regionen wie Madrid und dem Baskenland fällt ein verzögerter Anstieg der Schuldenquote auf ein zweistelliges Niveau auf, während Katalonien und Valencia dieses bereits 2008 erreicht haben. Für einige Regionen (Andalusien, Aragon, Asturien, Extremadura, Galicien, Murcia, Navarra, Baskenland) ist bis 2007 sogar ein sinkender Trend zu beobachten. Diese AG mit sinkendem Trend bis 2007 liegen auch alle unter dem Durchschnittswert der Verschuldung der spanischen AG. Tabelle 12.5 enthält außerdem die Rangwerte auf Basis des Jahres 2013. Tatsächlich ist der rückläufige Trend bis 2007 ein guter Indikator für das Schuldenwachstum seit 2008. Denn ein niedriges Ausgangsniveau alleine (wie für Kastilien-La Mancha) ist kein Garant für ein moderates Schuldenwachstum insgesamt.

12.5 Die Autonomen Gemeinschaften im Vergleich

Nach der Transition in den späten 1970er Jahren setzte eine sehr positive wirtschaftliche Entwicklung ein; nach dem EU-Beitritt 1986 auch gefördert durch Beiträge der europäischen Struktur- und Kohäsionsfonds. Allerdings wurden öffentliche Investitionen und Subventionen weniger in den Export- und Technologiesektor gelenkt als vielmehr in den Bau- und Infrastrukturbereich. Straßen und Eisenbahnstrecken wurden modernisiert und erweitert, teilweise mithilfe privaten Kapitals in Konzessions- bzw. ÖPP-Modellen, und der Häuser- und Hotelbau wurde durch eine Liberalisierung des Baurechts in den 1990er Jahren gefördert. Der Bau- und Immobilienboom bildete das Rückgrat des spanischen Wirtschaftswunders, das immerhin bis 2007 anhielt.

Die wirtschaftlichen Turbulenzen Spaniens seit 2008 konstrastieren auffällig zur geordneten und konsensuellen Transformation und Dezentralisierung der ersten Dekaden sowie dem dadurch ermöglichten spanischen ‚Wirtschaftswunder'. Allerdings hat die Wirtschaftskrise die von der Verfassung geforderte Solidarität der Regionen auf eine harte Probe gestellt. Die spanische Schuldenkrise seit 2008 ist auch eine der Autonomen Gemeinschaften. Die Schuldenquoten und die Haushaltsdefizite variieren beträchtlich zwischen den Gemeinschaften. Internationale Ratingagenturen haben die Kreditwürdigkeit von spanischen Regionen nach der globalen Wirtschafts- und Finanzkrise wiederholt um mehrere Stufen herab gesetzt; betroffen davon waren z. B. Mitte 2012 acht Regionen, „darunter die Schwergewichte Andalusien, Katalonien und Madrid, mit ‚negativem Ausblick'"(FAZ 02.06.2012, S. 17).

Die 17 AG „brauchen für ihren Schuldendienst geschätzte 35 Milliarden Euro und weitere 16 Milliarden Euro, um die in diesem Jahr auf 1,5 Prozent des Bruttoinlandsprodukts begrenzten Budgetdefizite zu finanzieren" (FAZ 02.06.2012, S. 17). Um den überschuldeten Regionen entgegen zu kommen, hat die Zentralregierung 2012 ‚Hispanobonds' (analog zu Eurobonds) in Höhe von 18 Mrd. € aufgelegt, den u. a. Valencia, Murcia und Katalonien früh genutzt haben. Die Sparpolitik hat die Autonomen Gemeinschaften weiter vom Zentralstaat entfremdet. Da die öffentlichen Finanzen zu einem gewichtigen Teil von den Regionen ausgegeben werden, mussten diese unbedingt in die Sparpolitik einbezogen werden. So wurde unter der Regierung Rajoy 2012 eine Schuldenbremse für die Regionen eingeführt, die deren Defizit auf 1,5 % des regionalen BIP begrenzen soll. Von der Sparpolitik waren insb. die Bereiche Bildung und Gesundheit betroffen. In den regionalen Haushalten machen die steuerfinanzierten Gesundheitsausgaben etwa 30–40 % der Ausgaben aus, mit steigender Tendenz. In der Folge wurde auch verstärkt auf Contracting out im Gesundheitswesen gesetzt. Ähnlich dem britischen National Health Service (NHS) unterhält das spanische SNS größte Teile der Gesundheitsinfrastruktur. Da aber Gesundheitsdienstleistungen zunehmend auf die AG übertragen wurden, entstand ein Problem der landesweiten Koordination. Daraufhin wurde 1986 ein Interterritorialer Rat (Consejo Interterritorial del Servicio Nacional de Salud de España, CISNS) zur Koordination regionaler Gesundheitspolitiken eingerichtet. Das spanische System ist aber nicht vollständig steuerfinanziert wie der britische NHS. Allerdings sind die Kosten von ärztlichen Verschreibungen pro Kopf um bis zu 40 % höher als in Großbritannien und auch die durchschnittliche Zahl der Arztbesuche pro Kopf ist mit 7,5 (2009) deutlich höher als auf der britischen Insel mit fünf Besuchen (Economist 17.09.2011, S. 25).

12.5.2 Politisch-institutionelle Merkmale

Mit 17 Autonomen Gemeinschaften und zwei Inselgruppen kommt Spanien auf eine ähnlich hohe Gliedstaatenzahl wie Deutschland. Das Konzept der spanischen Devolution legt aber auch einen Vergleich mit der (allerdings deutlich stärker asymmetrischen) Devolution im Vereinigten Königreich nahe. Ähnlich wie dort ist das Autonomiestreben regional unterschiedlich stark ausgeprägt; im Unterschied zum UK erfasst die spanische Devolution aber alle Landesteile relativ gleichmäßig („cafe para todos" [Kaffee für alle]). Vorreiter sind Katalonien und das Baskenland, die sich in ihren Autonomiestatuten bereits zahlreiche Privilegien gesichert haben. Zusätzlich werden diese Regierungen auch in Kompetenzbereichen aktiv, die nach der Verfassung „ausdrücklich dem Zentralstaat vorbehalten sind, z. B. die Außenpolitik. So ernannte die katalanische Regierung einen Kommissar für Außenbeziehungen, andere Autonome Gemeinschaften zogen mit Blick auf eine Vertretung im ‚Europa der Regionen' nach" (Barrios 2009, S. 755). Seit etwa zehn Jahren dürfen Vertreter der Autonomen Gemeinschaften auch an Ministerratssitzungen der Europäischen Union teilnehmen, wenn Themen verhandelt werden, die die spanischen Regionen betreffen (Barrios 2009, S. 755).

Hinsichtlich der öffentlichen Meinung in den Autonomen Gemeinschaften bezüglich der Autonomiefrage unterscheidet Grau Creus (2011, S. 303) drei Gruppen von Gemeinschaften auf Basis von landesweiten Umfragedaten zwischen 1992 und 2010. Die Gruppe der nach größerer Autonomie strebenden Gemeinschaften umfasst demnach Katalonien, das Baskenland und die Balearen. „These autonomous communities have in common low levels of support for the status quo and levels of support for status-quo-plus and secession that are higher than the Spanish average. In all of them supports for status-quo are weaker than supports for greater decentralization" (Grau Creus 2011, S. 303). In einer zweiten Gruppe wird der Status quo ebenfalls hinterfragt, allerdings mit dem Ziel einer Rezentralisierung als möglicher Alternative. Diese Einstellung ist in Aragon, Kantabrien, Kastilien und León, Madrid, Valencia, Asturia und Kastilien-La Mancha überdurchschnittlich häufig präsent gewesen (Grau Creus 2011, S. 304). Schließlich lässt sich als dritte Gruppe ein Einstellungsmuster mit einer relativ hohen Unterstützung für den Status quo identifizieren. „This group, therefore, is composed of the autonomous communities that stick to the status quo as the best alternative: the Canary Islands, La Rioja, Galicia, Extremadura, Navarra, Andalusia and Murcia" (Grau Creus 2011, S. 304).

Das am stärksten nach Unabhängigkeit strebende Katalonien hat im Laufe der Zeit viele Kompetenzen erworben. „It runs its own schools, hospitals, police, prisons and cultural institutions. It lacks only tax-raising powers and the Ruritanian trappings of statehood, which nationalist politicians appear to be hungry for" (Economist 24.11.2012, S. 16). Neben der kulturellen und sprachlichen Dimension wird das katalanische Unabhängigkeitsstreben auch durch die finanzielle Dimension angetrieben. Ähnlich wie bei einigen deutschen Bundesländern herrscht in Katalonien die Meinung vor, dass die Region zu viel in den nationalen Haushalt (bzw. Finanzausgleich) einbringe und zu wenig herausbekomme. Im Unterschied zu einem ‚richtigen' föderalen Finanzausgleichssystem wie in der Schweiz und Deutschland, erfolgt die Mitfinanzierung der ärmeren Nachbarregionen durch die wohlhabenderen in Spanien aber indirekt (und intransparent) über den allgemeinen Staatshaushalt. „The nearest answer to these grievances would be for Spain formally to embrace federalism, with a federal senate and clear rules about who collects which taxes" (Economist 24.11.2012, S. 16).

Während die Ausgaben zu etwa 40 % auf regionaler Ebene getätigt werden, fließen die Steuereinnahmen zunächst in den Haushalt des Zentralstaates, der dann für eine Art vertikalen Finanzausgleich zwischen den Gemeinschaften sorgt. Die direkten Ausgaben des Zentralstaates belaufen sich (ohne Pensionen und Arbeitslosengeld) aber nur auf knapp 20 % aller Ausgaben. Ein Großteil der Steuereinnahmen des Zentralstaates fließt also zunächst an die Regionen, bevor die Gelder verausgabt werden. Dieses Modell des Finanzausgleichs über den Zentralstaat ähnelt dem US-amerikanischen Modell, mit dem Unterschied, dass dort die Staaten umfangreiche eigene Steuerkompetenzen haben. Entsprechend wird z. B. von den katalanischen Nationalisten beklagt, dass zwischen 6,5 und 8,5 % des regionalen BIP an andere Regionen umverteilt werde. Die Zielrichtung dieser Klage ist klar: Katalonien soll eigene Steuern erheben können und auch über die Ausgaben der auf dem eigenen Territorium erhobenen zentralen Steuern mitbestimmen können. Besonders erfolgreich agiert in diesem Feld die gemäßigt nationalistische CiU, die u. a. das regionale öffentliche Fernsehen für ihre Ziele instrumentalisiere und durch Patronage und Subventionen auch auf andere regionale Institutionen Einfluss ausübe: „[T]he nationalists of CiU made Catalan the language of all schooling and government. Frustrated by opposition, the Catalan Socialist Party allied itself with small pro-independence parties to win power in 2003" (Economist 24.11.2012, S. 25).

Aus Sicht des Zentralstaates war die Diskussion um ein Unabhängigkeitsreferendum in Katalonien 2014, dem auch das nationale Parlament zustimmen müsste, auch eine nicht unwillkommene Ablenkung von den Folgen des wilden Immobilienbooms bis zur Wirtschaftskrise 2008. Die dadurch generierten Einnahmen, zusammen mit günstiger Refinanzierung nach Spaniens Beitritt zur Eurozone, trugen zu einer eher expansiven Haushaltspolitik bei. „Mr Zapatero turned his windfall into those gleaming high-speed trains and heavily subsidised solar panels, as well as permanent commitments to more generous pensions, welfare benefits and bigger transfers to the regions" (Economist 24.11.2012, S. 25).

In den über 30 Jahren seit Beginn der Devolution haben die Parteien im öffentlichen Dienst in den Regionen deutliche Spuren hinterlassen und ihre Parteigänger mit Stellen versorgt (für Katalonien vgl. Stolz 2010b, S. 192 ff.). Gerade nach dem Übergang des Gesundheitswesens und des Bildungssektors in regionale Kompetenz wurde diese Günstlingswirtschaft noch einmal ausgedehnt. Auch die lokalen Sparkassen (cajas) wurden zum Ziel politisch motivierter Stellenvergabe und in der Folge entstand eine laxe oder sogar politisch motivierte Kreditvergabe z. B. an regionale Entwicklungsgesellschaften. „The cajas stumped up much of the money for the herd of white elephants that has trampled Spain's landscape and finances – the airports with no flights, the cultural centres with no culture, the 700,000 flats with no inhabitants" (Economist 24.11.2012, S. 25).

Die lokale und regionale Überinvestition wurde durch einen Wettbewerb zwischen den Gebietskörperschaften wie auch durch den Wegfall zentraler Kontrollen ausgelöst. „Puffed up by their new-found autonomy, the local politicians did away with the civil-service controls that had formerly required projects to be professionally evaluated" (Economist 24.11.2012, S. 26). Zu den Maßnahmen der Zentralregierung im Zuge des Krisenmanagements gehörte die Anhebung der Mehrwertsteuer und der Einkommenssteuer sowie die Kürzung der Löhne und der Stellenabbau im öffentlichen Dienst, mit bis zu 230.000 Stellen weniger im Vergleich zu 2008 (Economist 24.11.2012, S. 26). Durch die teilweise sehr hohe Verschuldung einiger AG (vgl. Tab. 12.5) konnten diese sich auch kein Geld mehr auf dem Kapitalmarkt leihen, sondern waren auf Hilfe von der Zentralregierung angewiesen. Auch wenn die wirtschaftliche Dimension in den letzten Jahren zunehmend in den Vordergrund getreten ist, bleibt das Streben einiger Regionen nach mehr Autonomie doch ein komplexes Phänomen, bei dem z. B. in Katalonien auch ein Sprachenkonflikt, eine verfassungsrechtliche Dimension und der Interaktionsstil zwischen der Zentralregierung und den betreffenden AG eine wichtige Rolle spielen.

12.6 Zusammenfassung und Wiederholungsfragen

Der ‚unechte' spanische Föderalismus hat sich nach der demokratischen Transition auf der Basis der Verfassung von 1978 entwickelt. Er schloss dabei an die historischen Identitäten einzelner Regionen an und entwickelte sich aus dem freiwilligen Zusammenschluss von Provinzen zu Autonomen Gemeinschaften. Da in den 1980er Jahren eine unterschiedliche regionale Nachfrage nach regionaler ‚Selbstregierung' bestand, entwickelte sich die Devolution legislativer und exekutiver Kompetenzen zunächst asymmetrisch zwischen den Gemeinschaften, ehe in den 1990er Jahren eine Symmetrisierung stattfand, teilweise auch durch Rückübertragung von Kompetenzen an den Zentralstaat. Nachdem der gewaltsame baskische Separatismus inzwischen weitgehend verebbt ist, erhält aktuell der demokratische katalonische Separatismus viel (internationale) Aufmerksamkeit.

Trotz einer Symmetrisierung der Kompetenzen der Autonomen Gemeinschaften sind föderale Strukturen noch nicht durchgängig erkennbar. So sind die konstitutionellen Grundlage der Gemeinschaften durch Gesetze (Statuten) der Cortes Generales eingerichtet worden und auch nur über den ‚Umweg' des Zentralstaates zu ändern. Typologisch ist der spanische Staat der Autonomen Gemeinschaften zwischen Föderalisierung und Devolution einzuordnen. Der Senat etwa ist keine echte ‚Staatenkammer', da der Großteil der Senatoren nicht in den AG, sondern in den Provinzen (direkt) gewählt wird, während die Gemeinschaftssenatoren nach dem ‚Bundesratsprinzip' von den Regionalparlamenten bestimmt werden.

Der horizontale Föderalismus ist quantitativ stark, qualitativ aber noch schwach ausgeprägt; der Zentralstaat bestimmt weitgehend noch die Agenda dieser Gremien. Statt von horizontaler wäre besser von multilateraler Politikkoordination sprechen. Die Wirtschaftskrise seit 2008 hat die AG unterschiedlich schwer erwischt. Zu den wirtschaftsstarken AG im Nordosten gehören auch Katalonien und das Baskenland, die das Thema einer Abtrennung vom spanischen Staat immer wieder auf die Agenda setzten.

Fragen

Skizzieren Sie die Entstehungsgeschichte der Autonomen Gemeinschaften.
Nennen Sie die wichtigsten Verfassungsnormen mit Bezug zu den Autonomen Gemeinschaften.
Dürfen die autonomen Regionen eigene Steuern erheben?
Skizzieren Sie Struktur und Kompetenzen des Senats. Warum ist der Senat keine föderale zweite Kammer?
Welche Einrichtungen des horizontalen Föderalismus fallen Ihnen ein?

Wie vergleichen? Beispiele 13

13.1 Vergleichende Politikfeldanalyse

Vergleichende Politikfeldanalysen werden oft qualitativ durchgeführt, sind aber wie quantitative Methoden auch an der (kausalen) Erklärung bestimmter Entscheidungen bzw. Politikergebnisse interessiert. Wie bereits in Kap. 2.2 ausgeführt, wird für die Untersuchung der Gründe, aus denen sich bestimmte Akteure unter bestimmten Einflüssen für bestimmte Lösungen entscheiden, gerne zwischen der Polity-, der Politics- und der Policy-Dimension unterschieden. Durch die föderale Dimension eines Staates wird die Policy-Analyse weiter verkompliziert, da sich (je nach Autonomiegrad der Ebenen im jeweiligen Politikfeld) die möglichen Erklärungsfaktoren regelrecht vervielfachen können. Am einfachsten ist die vergleichende Analyse noch bei ausschließlicher Kompetenz einer Ebene für eine bestimmte Policy. Aber auch hierbei ist bspw. die Rolle des Verfassungsgerichts (bzw. Supreme Courts) als Vetospieler zu beachten.

Vergleichende Policyanalysen föderaler Staaten können sich auf die Politikformulierung innerhalb eines Bundesstaates wie auch auf die zwischen Bundesstaaten beziehen. Dabei ist die Unterscheidung von within-case und between-case analysis nicht immer einfach zu treffen. Ein Vergleich der Politikentwicklung in einigen oder allen Gliedstaaten eines Bundesstaates ist je nach Perspektive eine within-case analysis (Fokus auf Bundesstaat) oder eine between-case analysis (Fokus auf Gliedstaaten). So kann im Rahmen einer within-case analysis (Analyseeinheit ist der Bundesstaat) eine between-case analysis (Varianz der Gliedstaaten) durchgeführt werden; oder bei einem Vergleich von Merkmalen der Gliedstaaten kann der Bund als gemeinsamer Kontext (within-case) berücksichtigt werden. Bei einem

Vergleich von Gliedstaaten innerhalb eines Bundesstaates bietet sich etwa die Differenzmethode nach Mill an, um Variablen herauszufinden, die für das Politikergebnis einen Unterschied machen. Da sich die Gliedstaaten eines Bundesstaates meist ähnlicher sind als diejenigen unterschiedlicher Bundesstaaten, kann in solchen Studien methodisch sauberer eine between-case Perspektive entwickelt werden als bei einem Vergleich von Gliedstaaten unterschiedlicher Bundesstaaten, für die ein komplexes „Mehrebenen-Design" erforderlich ist. Ein Beispiel für einen solchen zwischenstaatlichen Vergleich ist die Untersuchung des Autonomiepotenzials bzw. allgemeiner der Politikentwicklung in ‚separatistischen' Gliedstaaten wie z. B. Quebec (Kanada), Katalonien (Spanien) und Flandern (Belgien) sowie ggf. auch Schottland (UK). Ein solcher Vergleich ‚subnationalstaatlicher' Parlamente am Beispiel des Conseil Régional de Picardie (Frankreich), des Landtags Brandenburg und des Schottischen Parlaments (UK) findet sich bei Höpcke (2014).

Eine vergleichende Policyanalyse der 16 deutschen Bundesländer zur Politikentwicklung in den Feldern Jugendstrafvollzug, Ladenschluss und Nichtraucherschutz hat Leber (2014) vorgelegt. Er fand eine „beachtliche Bandbreite" föderaler Varianz für alle drei Politikfelder heraus, zugleich aber auch Tendenzen zur Herausbildung von unitarischen Kompromissmodellen. Bein Jugendstrafvollzug diente ein Mustergesetzentwurf einer „Neuner-Gruppe" als unitarisierende Vorlage und beim Schutz von Nichtrauchern „wirkte das Grundsatzurteil des Bundesverfassungsgerichts als unitarisierende Vorlage. Bei den Ladenöffnungszeiten kam es zu einer ‚Selbstunitarisierung' der Länder, die vor allem die Liberalisierung an Werktagen zu einem vorherrschenden Konsensmodell machte" (Leber 2014, S. 293). Regionale Abweichungen in der Politikformulierung der untersuchten Bereiche ergaben sich nicht zufällig, sondern lassen sich zu regionalen Clustern verdichten, die wiederum einer grundlegenden Nord(ost)/Süd(west)-Teilung zuzuordnen seien. Eine größere Bereitschaft zur Abweichung wurde von Leber für den Süden und Südwesten der Bundesrepublik beobachtet, während unitarische Modelle in den von Leber untersuchten Politikfeldern eher im Norden und Nordosten Anklang finden. In den alten Bundesländern waren dies Schleswig-Holstein, Nordrhein-Westfalen und Hessen sowie teilweise Niedersachen. In den neuen Bundesländern herrsche dagegen eine Tendenz zu wechselseitigen Anpassung vor, ebenso zwischen den Stadtstaaten. „Bremen passte sich in der Regel Niedersachsen an, während die Hamburger Landespolitik in Richtung der angrenzenden Flächenländer Niedersachsen und Schleswig-Holstein ausstrahlte. Im Fall Berlin/Brandenburg stellte Berlin die treibende Kraft dar. Generell neigen kleinere Länder stärker zur Anpassung" (Leber 2014, S. 294).

Abweichungen von Konsensmodellen kamen in den untersuchten, durch die Föderalismusreform I dezentralisierten Politikfeldern zwar vor, jedoch traten die Aspekte der „Innovation" und des „Wettbewerbs" dabei nicht in den Vordergrund:

„In der Regel bewegten sich die Länder in einem Korridor politischer Ideen, der bereits durch die bundesweite Diskussion vorgeprägt war", was auch durch Unsicherheiten im Hinblick auf die verfassungsgerichtliche Rechtsprechung erklärt wird (Leber 2014, S. 299). Dies betont nochmal den Einfluss von Verfassungsgerichten auf die horizontale Dimension der Politikentwicklung in Bundesstaaten. Wie in Kap. 5.1.3 aufgezeigt, sind Oberste Gerichte aber nur ‚bedingte Vetospieler', die nur ‚auf Anfrage' klageberechtigter Akteure aktiv werden können. Auch variiert ihr politischer Einfluss und die Reichweite ihrer Entscheidungen nicht unerheblich.

13.2 Paarweiser Fallvergleich und Fallkontrastierung

Die Auswahl einer angemessenen Methode in der vergleichenden Föderalismusforschung hängt in hohem Maße von der Fragestellung und der Anzahl der Analyseeinheiten ab, die in einer solchen Studie realisiert werden können. Von den weltweit knapp 200 Staaten sind lediglich etwa 20 föderal organisiert (ca. 10 %), die sich sowohl in der Größe wie auch der Regierungsform stark unterscheiden. Allein dadurch ist ein Vergleich föderaler Staaten untereinander schon auf ein Small-N-Untersuchungsdesign festgelegt. Entsprechend wird der paarweise Fallvergleich als kleinste mögliche Vergleichseinheit in der vergleichenden Föderalismusforschung recht häufig genutzt (z. B. Petersohn 2013). Aber auch ein qualitatives Untersuchungsdesign mit drei bis fünf Ländern ist recht verbreitet (z. B. Heinz 2013). Je kleiner die Fallzahl und je ‚qualitativer' die Methode, desto stärker hängt das Ergebnis aber von der Auswahl der Fälle ab und desto begrenzter bleibt meist dessen Verallgemeinerbarkeit.

Die Begründung der Fallauswahl wird leider oft übersprungen oder implizit gehandhabt. Das Kriterium etwa der regionalen Nähe (Deutschland, Österreich, Schweiz) impliziert aber noch keine maximale Ähnlichkeit bei der Fallauswahl. Wie oben aufgezeigt, unterscheidet sich der konsensorientierte, unitarische Föderalismus Österreichs deutlich vom dezentralisierten, wettbewerblichen Föderalismus der Schweiz, während sich die geographisch weit entfernt liegenden Bundesstaaten USA und Schweiz im Hinblick auf ihr Regierungssystem stärker ähneln. Für die Fragestellung der Konfliktregulierung in mehrsprachigen, multiethnischen Staaten durch föderale Arrangements würde sich bei der Fallauswahl neben Kanada und Belgien (Petersohn 2013) natürlich auch die Schweiz anbieten, um die Verallgemeinerbarkeit der Ergebnisse zu erhöhen. Insbesondere bei historisierenden und qualitativen Vergleichsstudien (z. B. ‚process tracing') wird dagegen gelegentlich argumentiert, dass die detaillierte Analyse von Entwicklungen eine Beschränkung auf wenige Fälle erfordere. Das Forschungsinteresse zielt dabei meist nicht mehr auf die Isolierung der Wirkung einzelner Variablen im Hinblick auf die

Erklärung eines Politikergebnisses, sondern auf historisch-genetisches ‚Verstehen' (vgl. Kap. 2.1).

Trotz dieser Einschränkungen kann ein paarweiser Fallvergleich aber unter Umständen sinnvoll sein. Zunächst sollte aber geprüft werden, ob evtl. durch geringfügige Änderungen der Fragestellung die Beobachtungs- bzw. Fallzahl noch erhöht werden kann. ‚Mehr Fälle' bedeuten zunächst auch mehr Arbeitsaufwand, was jedoch durch eine höhere Reliabilität der Ergebnisse belohnt werden kann. Ähnlich wie bei Einzelfallstudien geht es bei paarweisem Fallvergleich nicht primär um kausales Erklären von Zusammenhängen und Wirkungen, sondern um historisches bzw. sinnadäquates Verstehen (z. B. historischer Institutionalismus). Das Erkenntnisinteresse ist ideosynkratisch, nicht nomothetisch. Daher bietet sich ein paarweiser Fallvergleich etwa als explorative (Vor)Studie an, wenn bei einer bestimmten Fragestellung genauere Einsichten in Zusammenhänge und Wirkungsweisen noch nicht vorliegen und zunächst zahlreiche Merkmale bzw. Variablen der untersuchten Länder berücksichtigt werden sollen.

Tabelle 13.1 dokumentiert einen solchen paarweisen Vergleich am Beispiel föderaler Merkmale Deutschlands und der Schweiz nach sechs Bereichen: Hauptmerkmale, Mitwirkung der Gliedstaaten an der Entscheidung auf nationaler Ebene, die Implementation von Politiken des Zentralstaates, die Finanzbeziehungen, Mehrebenenpolitik und den politischen Kontext. Zu den Hauptmerkmalen gehört etwa, dass die staatlichen Strukturen in der Schweiz stärker dezentralisiert, in der Bundesrepublik stärker zentralisiert (unitarisch) sind. Würde man zusätzlich Österreich einbeziehen, würden die Ergebnisse wiederum anders ausfallen. Im Vergleich zur Schweiz etwa erscheint der Föderalismus in Deutschland als relativ unitarisch, im Vergleich zu Österreich dagegen als eher dezentralisiert. Die Auswahl der Fälle kann bei einem paarweisen Fallvergleich das Ergebnis relativ leicht beeinflussen.

Ein weiterer paarweiser Fallvergleich bietet sich z. B. für Deutschland und Belgien unter dem Aspekt von föderalen Entwicklungstendenzen an. So besteht in Deutschland eine Tendenz zur Zentralisierung von Aufgaben und Ausgaben, während in Belgien eine gegenläufige Entwicklung der zunehmenden Dezentralisierung von Aufgaben und Finanzen beobachtet wird. Die Entwicklungsrichtung in Deutschland lässt sich demnach als ‚zentripedal' beschreiben, die in Belgien als ‚zentrifugal'. Bei einem solchen Vergleich müssen auch historische Entwicklungen bzw. Ausgangspositionen einbezogen werden; in Deutschland wurde der Bundesstaat nach 1945 ‚von unten' aufgebaut (allerdings unter alliierter Aufsicht), in Belgien seit den 1980er Jahren allmählich ‚von oben' entwickelt (Mörsdorf 1996, S. 65). In Deutschland hatte die Schaffung der Bundesländer anfänglich auch die Funktion einer Struktursicherung gegenüber totalitären Versuchungen, in Belgien haben die Formationen auf Gliedstatenebene u. a. die Funktion, unterschiedliche sprachliche bzw. ethnische Identitäten in eine organisierte Form zu bringen und ihre Durchsetzungskraft zu erhöhen.

Tab. 13.1 Schweizerischer und deutscher Föderalismus im Vergleich. (Quelle: Nach Linder 2007, S. 5 f.; eigene Anpassung)

	Deutschland	Schweiz
Hauptmerkmale		
Grundstruktur	Unitarischer Bundesstaat	Dezentraler Bundesstaat
Hauptinteresse der Gliedstaaten	Kontrolle und Teilhabe am Zentralstaat	Größtmögliche Autonomie, Nicht-Zentralisierung, eigene Politikgestaltung
Erwartete Systemleistung	Herstellung gleichwertiger Lebensverhältnisse	Möglichst große Chancengleichheit der Bürger, Einheitlichkeit in der Vielfalt
Mitwirkung der Gliedstaaten an Entscheidungen des Zentralstaats		
Exekutive Vertretung der Gliedstaaten in der Gesetzgebung	Länder-Exekutiven im Bundesrat, starke Vetoposition für zustimmungspflichtige Vorlagen	Anhörung im vorparlamentarischen Verfahren, starke Voice, aber schwaches Veto
Parlamentarische Vertretung	Keine, aufgrund von Exekutivföderalismus	Keine, aufgrund der Direktwahl der Ständeräte
Direktdemokratische Mitwirkung	Teilweise auf Länder- und Gemeindeebene	Ständemehr erforderlich für Volksinitiativen und Verfassungsänderung, Veto
Implementation von Politiken des Zentralstaats		
Umsetzung der Bundespolitik	Abhängig von Ländern	Starke Abhängigkeit von Kantonen
Charakteristiken der Umsetzung	Formalisierungsgrad hoch, Berechenbarkeit, Vollzug durch Regulierung hoch, wenig Anreize für dezentrale Innovation	Formalisierungsgrad niedrig, Berechenbarkeit gering, abhängig von politischer Konsenskonstellation, „laboratory federalism"
Finanzen		
Fiskalstruktur Input	Hoher Anteil an Gemeinschaftssteuern, geringer fiskalischer Wettbewerb	Nicht-zentralisiertes Steuersystem, Wettbewerb auf Kantons- wie Gemeindeebene
Fiskalstruktur Output	Finanzausgleich auf über 90 % des Länderdurchschnitts	Finanzausgleich auf mind. 85 % des kantonalen Durchschnitts
Mehrebenenpolitik		
Vergangenheitstrend	Verflechtung zunehmend	Verflechtung zunehmend
Programminstrumente	Gemeinschaftsaufgaben, konkurrierende Gesetzgebung	Funktionsteilung: Gesetzgebung Bund, Vollzug Kantone. Rahmengesetzgebung
Politischer Kontext		
Machtbildung	Konkurrenzsystem	Machtteilung auf allen Ebenen
Parteiensystem	Stark, zentralisiert	Schwach, fragmentiert

Für eine Untersuchung des „Paradox of Federalism", der Frage nämlich, ob Selbstregierung ethno-linguistische Spannungen eher ausgleicht oder verschärft (Erk und Anderson 2009), bietet sich dagegen eher ein Vergleich von Belgien und der Schweiz an. Eine analoge Fragestellung für Autonomiebestrebungen in devoluierten Einheitsstaaten würde dagegen den schottischen Nationalismus in Großbritannien mit dem katalanischen Separatismus in Spanien vergleichen. Relevante Merkmale, die dabei verglichen werden können, wurden von Erk und Anderson (2009) zu drei Gruppen gebündelt: Strategien und Mobilisierung der nach Autonomie strebenden Akteure, Merkmale der Verfassung bzw. der Polity sowie ökonomische und sozialstrukturelle Unterschiede. In einem solchen Analyseraster können dann auch mehr als zwei Fälle berücksichtigt werden.

Der paarweise Fallvergleich ist streng genommen ein ‚Subset' von qualitativen Fallkontrastierungen. Je mehr Fälle eine Fallkontrastierung umfasst, desto stärker empfiehlt sich aus praktischen Gründen eine Reduzierung der Variablenzahl. Während bei einem paarweisen Fallvergleich noch ein diffuses Länderinteresse als forschungsleitende Fragestellung ausreichend sein kann, muss mit der Ausweitung der Fallbasis die Forschungsfrage zunehmend spezifiziert werden. Anders formuliert: Je spezieller die Fragestellung ist, umso breiter sollte die Fallbasis zu ihrer Überprüfung sein, um das Risiko einer einseitigen Fallauswahl (selection bias) zu reduzieren. Tabelle 13.2 gibt eine Fallkontrastierung allgemeiner Merkmale der vier zentraleuropäischen Bundesstaaten sowie der USA wieder, die allerdings noch keine spezifische Fragestellung verfolgt.

Für eine Fallkontrastierung kann auch die Dimension der Ver- oder Entschränkung von Kompetenzen zwischen den Ebenen unterschieden werden. So sind in Deutschland trotz der Föderalismusreformen immer noch zahlreiche Aufgaben zwischen den Ebenen verschränkt. Eine Entwicklung in Richtung ‚dualem Föderalismus' hat nicht stattgefunden; eher stellen die Reformen einen weiteren Impuls zu Unitarisierung mit Kompensation für die Länder dar, ohne allerdings das Niveau exekutiver und legislativer Zentralisierung Österreichs zu erreichen. „Die Alpenrepublik gilt als einer der am stärksten zentralisierten Föderalstaaten der Welt", in dem die Unitarisierung stetig voran schreite (Dieringer 2010, S. 355).

Ganz anders verläuft dagegen der Trend in Belgien. Dort lässt sich die Entwicklung als Stärkung eines dualen oder zentrifugalen Föderalismus beschreiben. Die Entkopplung von Aufgaben und Kompetenzen zwischen der föderalen Ebene und der Gliedstaaten ist deutlich erkennbar und wird von interessierten Akteuren stetig weiter betrieben.[1] Die Aufteilung gliedstaatlicher Kompetenzen auf Gemein-

---

[1] „Belgien schließlich krankt an der scheinbar für niemanden zufriedenstellenden Finanzverfassung und dem nimmermüden Reformeifer der Flamen sowie der gleichzeitigen Reformmüdigkeit der Wallonen. Zudem fehlt – dies ist das grundlegende Problem – eine tragfähige Staatsidee. (Dieringer 2010, S. 355)"

13.2 Paarweiser Fallvergleich und Fallkontrastierung

Tab. 13.2 Föderale Merkmale Belgiens, Deutschlands, Österreichs und der Schweiz im Vergleich. (Quelle: Nach Dieringer 2010, S. 354 und eigene Ergänzung)

	Belgien	Deutschland	Österreich	Schweiz	USA
Grundstruktur	Asymmetrisch	Kooperativ	Kooperativ	Wettbewerblich	Wettbewerblich, dual
Zweite Kammer	Senat	Bundesrat	Bundesrat	Ständerat	Senat
Anzahl Stimmen	71	69	62	46	100
Wahlmodus	Direkt und indirekt gewählt sowie Kooptation	Ex officio-Mitgliedschaft von Länderregierungen	Wahl durch Landtage	Direktwahl in den Kantonen	Direktwahl in den Staaten
Aufgabenzuweisung	Weitgehend entkoppelt	Verkoppelt (z. B. Gemeinschaftsaufgaben)	Verkoppelt	Weitgehend entkoppelt	Weitgehend entkoppelt
Finanztransfers	Einnahmedominanz der zentralen Ebene	Horizontaler und vertikaler Finanzausgleich	Primärer, sekundärer und tertiärer Finanzausgleich	NFA, horizont. und vertikaler FA	Zuweisungen der zentralen Ebene
Anteil der subnat. Ebenen an den Gesamtausgaben	Mittel	Hoch	Niedrig	Hoch	Mittel
Probleme	Geringer Grundkonsens	Politikverflechtung, Exekutivföderalismus	Exekutivföderalismus	Dezentralisierung und Vetospieler	Schwache Policy-koordination

schaften und Regionen verkompliziert die Lage zusätzlich. Auch im Hinblick auf den gliedstaatlichen Bezug zur EU unterscheidet sich Belgien von Deutschland und Österreich: Die gliedstaatliche Europapolitik ist nicht auf den Föderalstaat ausgerichtet, „sondern direkt auf Europa. Hier bedarf es nur noch einer vertikalen und vor allem horizontalen Koordination, ansonsten wird der Bund substituiert. In Deutschland und Österreich richtet sich die Europapolitik der Länder gleichermaßen auf den binnenstaatlichen Politikformulierungsprozess und auf die Brüsseler Arena" (Dieringer 2010, S. 354 f.).

Neben dem Policy-making richten sich vergleichende Fragestellungen oft auch auf die Herkunft und die Auswahl der Policy-maker. In dieser Perspektive geht es darum, wie individuelle Ambitionen sich in allgemeine Karrieremuster entlang institutioneller „Opportunitätsstrukturen" übersetzen (Borchert und Stolz 2011, S. 110). Typische Fragestellungen des Vergleichs politischer Karrieren in Mehrebenensystemen sind:

- To what extend to typical political careers link different terrirorial levels of government?
- Which direction do career movements between them typically take?
- To what extend do careers involve different types of institutions (legislatures, executives, parties, interest groups)?
- Are there specific links between level of government and typoe of institution?
- Do careers consist mainly of offices held one after another (succession) or is there also a considerable practice of office accumulation?
- Is there one all-embracing career model, or do patterns vary significantly across region, party, social group or over time. (Borchert und Stolz 2011, S. 111)

Mit diesen Fragen ist auf die Komplexität politischer Karriereverläufe hingewiesen, die keineswegs immer gradlinig oder ‚aufwärts' verlaufen müssen. Vielmehr ist gerade in Mehrebenen-Systemen von komplexen Interaktionen im Karriereverlauf zwischen den Ebenen auszugehen, wozu auf Ebene von Landtagsabgeordneten in Deutschland etwa eine häufige (Doppel)Mitgliedschaft im Stadträten oder Kreistagen gehört.

Für die Wechsel zwischen der Spanischen Abgeordnetenkammer und dem Katalonischen Parlament hat Stolz (2011, S. 232) herausgefunden, dass zwischen 1982 und 2008 deutlich mehr Wechsel vom Kongress ins Katalonische Parlament stattgefunden haben als umgekehrt, und zwar unabhängig von den jeweiligen Parteien. Dies spricht für eine hohe Attraktivität des Katalonischen Parlaments für regionale Politiker, aber auch für eine hohe Durchlässigkeit zwischen den beiden parlamentarischen Ebenen. Es zeigt aber auch, dass ein Wechsel vom nationalen Parlament in ein regionales Parlament nicht automatisch als ‚Abstieg' empfunden werden muss.

Für Politiker im Amt des (nationalen) Präsidenten, Premierministers oder Kanzlers ist häufig ein Aufstieg auch über die regionale Ebene zu beobachten. Grundsätzlich lassen sich im Hinblick auf die Gliedstaaten drei Karrierewege in exekutive Spitzenämter auf nationaler Ebene unterscheiden: Ein Aufstieg über die Exekutive oder die Legislative der Gliedstaaten oder ein ‚Direkteinstieg' in die Bundespolitik ohne vorherige öffentliche Ämter oder Mandate auf Gliedstaatenebene. Tabelle 13.3 enthält eine Zusammenstellung der vorherigen öffentlichen

13.2 Paarweiser Fallvergleich und Fallkontrastierung

Tab. 13.3 Gliedstaatliche Ämter von Regierungschefs föderaler Staaten. (Quelle: Eigene Zusammenstellung)

	Regierungschef	Gliedstaatenebene
USA	Obama (seit 2009)	Mitglied im Senat von Illinois, von 2005–2008 Senator für Illinois im US-Senat
	Bush Jr. (2001–2009)	Gouverneur von Texas von 1994–2000
	Clinton (1993–2001)	Gouverneur von Arkansas von 1978–1980 und 1983–1992 (1976–1978 Generalstaatsanwalt von Arkansas)
	Bush Sr. (1989–1993)	Kein Amt (Vizepräsident von 1981–1989 unter Reagan)
DE	Merkel (seit 2005)	Kein Amt (Bundesministerin unter Helmut Kohl)
	Schröder (1998–1905)	Ministerpräsident Niedersachsen (1990–1998)
	Kohl (1982–1998)	Ministerpräsident Rheinland-Pfalz (1969–1976)
AT	Faymann (seit 2008)	Mitglied des Wiener Landtages/Gemeinderates von 1985 bis 1994. Von 1994 bis 2006 amtsführender Stadtrat in Wien
	Gusenbauer (2007–2008)	Keine legislativen oder exekutiven Ämter/Mandate
	Schüssel (2000–2007)	Keine legislativen oder exekutiven Ämter/Mandate
	Klima (1997–2000)	Keine legislativen oder exekutiven Ämter/Mandate
	Vranitzky (1986–1997)	Keine legislativen oder exekutiven Ämter/Mandate
CH	Bundesräte meist ohne vorherige Exekutiverfahrung in den Kantonen	
BE	Di Rupo (2011–2014)	Minister der Französischen Gemeinschaft von 1992 bis 1994 Ministerpräsident der Wallonischen Region von 1992 bis 1994 und 2005 bis 2007 Mitglied des Wallonischen Parlamentes 2009–2010
	Leterme (2008, 2009–2011)	Ministerpräsident Flanderns und Mitglied des Flämischen Parlaments 2007 bis 2007
	Van Rompuy (2008–2009)	Kein Amt, aber 1988 bis 1993 Belgischer Senator und 1993 bis 1999 stellvertr. Premierinister des Föderalstaates
	Verhofstadt (1999–2008)	Keine legislativen oder exekutiven Ämter/Mandate, aber Mitglied des Senats und stellv. Premierminister von 1985 bis 1988
	Dehaene (1992–1999)	Keine legislativen oder exekutiven Ämter/Mandate, aber Senator (1982–1987 und 1995–2000) und Minister der Föderalregierung

Tab. 13.3 (Fortsetzung)

	Regierungschef	Gliedstaatenebene
ES	Rajoy (seit 2011)	1981 Mitglied des Galicischen Parlaments
		1982 Minister der Galicischen Regierung
		1986–1991 Präsident des Provinzparlamentes von Pontevedra
		1986–1987 Vizepräsident der Galicischen Regierung
	Zapatero (2004–2011)	Keine legislativen oder exekutiven Ämter/Mandate, jedoch Parteiämter in der Provinz León
	Aznar (1996–2004)	Regierungschef von Kastilien-León 1987–1989
	Gonzales (1982–1996)	Keine legislativen oder exekutiven Ämter/Mandate in den AG

Ämter und Mandate (Exekutive, Legislative) auf Gliedstaatenebene von Regierungschefs. Dabei fällt zunächst auf, dass lediglich in Österreich ein sehr hoher Anteil von Regierungschefs zuvor kein öffentliches Amt oder Mandat in einem Gliedstaat inne hatte. Eine Ausnahme ist Bundeskanzler Faymann, der zunächst Landtagsabgeordneter und dann Stadtrat für Wien war. Umgekehrt ist in Deutschland mit Angela Merkel eine Ausnahme vom etablierten Karriereweg ins Kanzleramt über eine Landesexekutive gegeben.

In den USA hatte zuletzt Präsident George Bush (Sr., 1989–1993) einen ‚Direkteinstieg' in die Bundespolitik vollzogen, mit Stationen als Kongressabgeordneter, CIA-Direktor und Vizepräsident unter Ronald Reagan. Barack Obamas Weg ins Oval Office führte nicht über den Gouverneursposten von Illinois. Er war zunächst Parlamentarier in Illinois und dann Senator für diesen Staat in Washington. Für Belgien findet sich bis einschließlich 2009 (van Rompuy) meist ein ‚Direkteinstieg' der Premierminister auf der föderalen Ebene über den Belgischen Senat. Erst mit Leterme und di Rupo kamen wieder Politiker mit Erfahrungen auf der Gemeinschaftsebene zum Zuge. Auch in Spanien wird die regionale Ebene als Zwischenschritt häufig genutzt. Lediglich Zapatero hat den Weg des Direkteinstiegs auf zentraler Ebene geschafft. Gonzales hatte bei seinem Regierungsantritt 1982 bereits als Generalsekretär der unter Franco verbotenen PSOE und später als Oppositionsführer Karriere gemacht, vor Gründung der Autonomen Gemeinschaften.

13.3 Typologien

Weniger Merkmale, dafür mehr Fälle können durch Typologien verarbeitet werden. Bei zwei Dimensionen mit jeweils zwei Merkmalen können vier Typen föderaler Staaten gebildet werden. Eine solche Typenbildung wird im Folgenden aufbauend auf Colino (2010) vorgestellt. Die beiden Merkmalsdimensionen sind die nach in-

13.3 Typologien

Tab. 13.4 Föderalismus-Typologie nach Grad der Integration und Zentripetalität. (Quelle: Eigene Zusammenstellung nach Colino 2010, S. 24)

		Integration	
		Hoch	Niedrig
Tendenz	Zentripetal	Österreich, Deutschland	Schweiz, USA, [Australien, Brasilien]
		Idealtyp:	Idealtyp:
		Unitarischer Bundesstaat	*Subsidiärer*, intergovernmentaler Bundesstaat
	Zentrifugal	UK, Spanien, Italien	Belgien, [Kanada]
		Idealtyp:	Idealtyp:
		Devolution Dezentralisierender, akkommodierender Einheitsstaat	*Segmentierter* Bundesstaat [Sprachen, Regionen]

nen oder außen gerichtete Entwicklungstendenz und der Grad der Integration. Für erstere lässt sich eine zentrifugale oder zentripetale Tendenz unterscheiden und für letztere ein hohes oder niedriges Integrationsniveau. In Anlehnung an Weber kann dann z. B. versucht werden, fallübergreifend charakteristische Merkmale zu einem „Idealtyp" zu verdichten und es können Beispielfälle als „Realtypen" zugeordnet werden. Durch Kombination einer hohen Integration mit zentripedaler Entwicklungstendenz entsteht der Idealtyp des unitarischen Bundesstaates, durch Kombination mit zentrifugaler Entwicklung (von Einheitsstaaten) entsteht der Typus der Devolution, durch Kombination der Merkmale niedrige Integration mit zentripetaler Entwicklung wird der Typus subsidiärer Bundesstaat gebildet, durch Kombination mit dem Merkmal zentrifugale Entwicklung der Typus segmentierter Bundesstaat (Tab. 13.4).

Im subsidiären oder dualen Föderalismus schließen sich autonome Gliedstaaten zu einem Bundesstaat zusammen, um von den Vorteilen eines solchen Zusammenschlusses zu profitieren. Die Position der Gliedstaaten bleibt stark, gemeinsame (regionale) Problemlagen werden häufig durch intergouvernmentale Zusammenarbeit gelöst, um eine weitere Zentralisierung auf Bundesebene zu vermeiden. Neben der Schweiz passen die USA und Australien zu diesem Typus.

Im unitarischen Föderalismus ist die Position der Gliedstaaten deutlich schwächer, was sich etwa in einem asymmetrischen Bikameralismus ausdrückt. Verfassungsrechtliche Normen wie die „Herstellung gleichwertiger Lebensverhältnisse im Bundesgebiet oder die Wahrung der Rechts- und Wirtschaftseinheit im gesamtstaatlichen Interesse" (Art. 72 II GG,) spielen eine wichtige Rolle in diesem Typus. Eine kulturelle Homogenität und Konsensorientierung sowie ein Verhältniswahlrecht sind weitere typische Merkmale. Die Orientierung an parteipolitischen Differenzen überlagert oft die regionalen Interessensunterschiede. Beispiele für diesen Typus sind Deutschland, Österreich, Südafrika und teilweise Spanien (Colino 2010).

Im segmentierten Föderalismus treffen unterschiedliche kulturelle Identitäten aufeinander, von denen häufig eine majoritär ist. Der gemeinsame Bundesstaat kann durch Intensivierung konföderaler Strukturen oder durch Föderalisierung vormaliger Einheitsstaaten entstehen. Politische und kulturelle Autonomie der Gliedstaaten spielt eine große Rolle. Während die Bundesebene schwach bleibt, spielt die horizontale bzw. intergouvernmentale Ebene eine wichtige Rolle. Im Unterschied zum unitarischen Föderalismus überlagern territoriale häufig parteipolitische Konfliktlinien. Beispiele sind Kanada und Belgien.

Der von Colino (2010) als „accommodation federalism" bezeichnete Typ kann auch als Devolution übernommen werden. Dieser Typ entsteht aus Einheitsstaaten mit einer gewissen kulturellen Heterogenität bei gleichzeitigem Überwiegen der Gemeinsamkeiten. Da die Autonomiebestrebungen der Regionen häufig unterschiedlich stark ausgeprägt sind, werden in unterschiedlichem Ausmaß Autonomierechte übertragen. Dies kann zur Entstehung von asymmetrischem oder unechtem Föderalismus führen. Der Bikameralismus dieses Typs ist in der Regel asymmetrisch, d. h. die zweite Kammer hat deutlich weniger Kompetenzen als die erste. Beispiele sind das Vereinigte Königreich, Spanien und Indien. Eine um zusätzliche Merkmale erweiterte Aufschlüsselung dieser vier Föderalismus-Typen wird in Tab. 13.5 zusammen gefasst. Diese Typologie von „varieties of federalism" illustriert noch einmal, dass Typologien nicht auf zwei Merkmalsdimensionen beschränkt bleiben müssen.

Eine (implizite) Kombination mehrerer Merkmale liegt auch bei der Typenbildung aufgrund gemeinsamer kultureller, historischer und geographischer Merkmale vor. So haben die USA, Kanada, Australien und Indien eine gemeinsame Herkunft aus dem Britischen Empire, eine gemeinsame Sprache und gemeinsame rechtliche und politische Traditionen. Analog gilt für Deutschland, Österreich und die Schweiz eine gemeinsame Herkunft aus dem Habsburgerreich und ähnliche Sprachen und politisch-rechtliche Traditionen. Man kann also verallgemeinernd eine englischsprachige und eine deutschsprachige Tradition des Föderalismus gegenüber stellen.

> All the English-speaking federations are former British settler colonies. The formation of federalism was accelerated by external military threads, and in the case of the United States, by its struggles for independence from the mother country. Federation building was thus closely tied to creating defensive alliances and to pooling power to avert imminent military threads. (Obinger et al. 2005, S. 12)

13.3 Typologien

Tab. 13.5 Merkmale von varieties of federalism. (Quelle: Colino 2013, S. 60, 62)

Defining Variables	Type I: balance	Type II: unitary	Type III: segmented	Type IV: accommodation
Constitutional design	Inter-state	Intra-state	Inter-state	Inter-state
Intergovernmental structures	Independent	Interdependent	Independent	Interdependent
Intergovernmental decision rules	Partnership	Hierarchical	Partnership	Hierarchical
Interaction and joint decision styles	Competitive/ collaborative	Collaborative	Competitive	Competitive/ collaborative
Governmental actors' strategy	Self-assertive	Solidarity-oriented	Self-assertive	Self-assertive/ solidarity-oriented
Conflict lines and intergovernmental coalitions	Party/ territory-oriented	Party-oriented	Territory-oriented	Territory/ party-oriented
Decision-making capacity	+	–	–	±
Integrative capacity	–	+	–	±

Auch für die präföderalen Zusammenschlüsse der deutschen Kleinstaaten nach dem Ende des Hl. Römischen Reiches sowie für die Schweizer ‚Orte' bzw. Stände spielten sicherheitspolitische Überlegungen von Anfang an eine wichtige Rolle (Obinger et al. 2005, S. 13), ergänzt allerdings durch wirtschaftspolitische Überlegungen (Vereinheitlichung von Handels-, Zoll- und Währungsbestimmungen). Ähnliche Probleme der Vereinheitlichung von Maßen und Gewichten und von Zoll und Handelsbestimmungen mussten auch in der Konstitutionalisierungsphase der modernen Eidgenossenschaft geleistet werden.

Die Gegenüberstellung einer englisch- und einer deutschsprachigen Föderalismustradition wird auch gestützt durch die unterschiedlichen Systeme der Verfassungsgerichtsbarkeit. Während in ersterer das System Oberster Gerichte vorherrschend ist, überwiegt in letzterer die spezialisierte Rechtsprechung durch ein Verfassungsgericht (erstmals 1920 in Österreich eingeführt, vgl. Obinger et al. 2005, S. 15). In der Schweiz tritt die Referendumsoption an die Stelle des ‚judicial review' von Bundesgesetzen durch ein Verfassungsgericht. Des Weiteren unterscheiden sich Wahlrecht und Parteiensysteme deutlich zwischen diesen beiden

Traditionen des Föderalismus, wobei die englischsprachigen Länder stärker zur Mehrheitswahl und einem Zweiparteiensystem tendieren und die deutschsprachigen zur Verhältniswahl und Mehrparteiensystemen. Diese Gegenüberstellung findet aber ihre Grenzen, wenn man sich die Varianz föderaler Strukturen innerhalb der jeweiligen Gruppen genauer anschaut. So hat das schweizerische System bei der Parlamentsgestaltung (Senatsmodell) und der Ebenentrennung einen ‚anglophonen' Einschlag.

Als soziologischen Unterbau eines Vergleichs föderaler Staaten etwa hinsichtlich von Entstehungsbedingungen oder aktuell für den Wandel föderaler Ordnungen bietet sich auch das Cleavage-Modell nach Lipset und Rokkan (1967) an. In diesem Modell werden mehrere sozialmoralische Konfliktlinien unterschieden, die für die Entstehung moderner Industriegesellschaften und die Formation von Parteiensystemen prägend gewesen sind. Nach Lipset und Rokkan waren dies insb. die Gegensätze von Stadt und Land, Kirche und Staat sowie Arbeit und Kapital. Ergänzt werden muss im Hinblick auf multilinguale Föderationen noch die Sprache als politisches Cleavage. Demnach ist die Entstehung des US-Föderalismus insbesondere durch eine Akkomodationsleistung für die konfessionellen Unterschiede, das Stadt/Land-Cleavage und die Sprachenvielfalt gekennzeichnet, während das Cleavage Arbeit/Kapital in den USA weder auf das Parteiensystem noch auf die Föderalismuspolitik bleibenden Einfluss gewonnen hat. Das Beispiel macht aber auch deutlich, dass eine solche Zuordnung für die ‚Erklärung' der Entstehung einer konkreten Föderation nicht ausreicht. Sie kann aber helfen, mögliche Konfliktlinien in föderalen Staaten leichter zu identifizieren.

13.4 Indices

Mit Föderalismus-Typologien können deutlich mehr Fälle kontrastiert werden als durch paarweisen Fallvergleich, ohne dass die ‚Übersichtlichkeit' verloren geht. Allerdings hat auch die Vergleichsstrategie der Typenbildung deutliche Nachteile. Sie erreicht lediglich ein ‚nominales' Skalenniveau und bleibt damit auf qualitative Vergleiche beschränkt. Für eine quantitative Skalierung der Fälle bzw. Merkmale werden Föderalismus- oder Dezentralisierungsindices gebraucht. Ein einfacher quantitativer Föderalismus-Index kann durch den Quotienten aus der Einwohnerzahl und der Anzahl der Gliedstaaten gewonnen werden. Der Quotient gibt den Bevölkerungsdurchschnitt je Gliedstaat an und kann als einfacher Indikator über das Ausmaß der Fragmentierung eines Bundesstaates im Hinblick auf die Bevölkerungsgröße verwendet werden. Mit durchschnittlich 0,3 Mio. Einwohnern je Gliedstaat ist die Schweiz von den ausgewählten Ländern in Tab. 13.6 am stärksten föderalisiert, gefolgt von Österreich, Argentinien und Spanien. Mit einer Bevölke-

13.4 Indices

Tab. 13.6 Föderalismus-Quotient aus Einwohner- und Gliedstaatenzahl. (Quelle: Eurostat, OECD, destatis)

	Einwohner 2010	Anzahl Gliedstaaten	Quotient (in Mio.)
Schweiz	7.822.299	26	0,3
Österreich	8.387.742	9	0,931
Argentinien	40.518.425	23	1,761
Spanien	46.072.830	17	2,71
Kanada	34.108.750	10	3,41
Mexiko	108.396.200	31	3,496
Belgien	10.839.905	3	3,613
Australien	22.342.000	6	3,723
Deutschland	81.802.257	16	5,112
United States	309.050.800	50	6,181
Brasilien	190.755.799	26	7,336
Indien	1.190.520.000	28	42,518

Tab. 13.7 Föderalismus-/Dezentralisierungsindex nach Lijphart. (Quelle: Nach Lijphart 2012)

Code	Bezeichnung	Beispiele und Zwischenstufen
1	Unitarisch und zentralisiert	Griechenland, Irland, Portugal, UK; 1,2: Frankreich; 1,3: Italien
2	Unitarisch und dezentralisiert	Dänemark, Finland, Japan, Norwegen, Schweden
3	Semi-föderal	Isreal, Niederlande, Papua-Neuguinea, Spanien; 3,1: Belgien vor 1993
4	Föderal und zentralisiert	Venezuela; 4,5: Österreich, Indien
5	Föderal und dezentralisiert	Australien, Belgien (nach 1993), Kanada, Deutschland, Schweiz, USA

rung von 1,2 Mrd. Einwohner und ‚nur' 28 Gliedstaaten kommt Indien in diesem Sample auf den letzten Platz. Dagegen haben die USA mit 309 Mio. Einwohnern (2010) verteilt auf 50 Staaten einen deutlich niedrigeren Durchschnittswert.

Eine einfache bivariate Korrelation der Einwohnerzahlen von 2010 mit der Anzahl der Gliedstaaten eines Bundesstaates macht einen hochsignifikanten Zusammenhang deutlich. Beide Variablen korrelieren nach Pearson mit einem Koeffizienten von 0,832 (Sig. 0,001; R^2: 0,693; korr. R^2: 0,659, $N=11$). Unter Auslassung von Ausreißern wie Indien liegt demnach ein sehr deutlicher (linearer) Zusammenhang zwischen der Bevölkerungszahl und der Anzahl der Gliedstaaten vor – zumindest für das oben aufgeführte Sample ohne Indien. Dies ist deswegen überraschend, weil sich die Anzahl der Gliedstaaten innerhalb eines Bundesstaates kaum verändert. Nur in seltenen Fällen kommt es noch zur Teilung von Gliedstaaten (Beispiel Bern und Jura) oder zum Anschluss bzw. Zukauf neuer Gliedstaaten (Beispiel Alaska).

Ein anspruchsvoller Föderalismus-Index liegt von Lijphart (2012/1999) vor, der allerdings auch die unitarisch organisierten Staaten umfasst und als Dezentralisierungs-Index verwendet wird. Lijphart unterscheidet mit zwei Merkmalsdimensionen (unitarisch/föderal und zentralisiert/dezentralisiert) fünf Abstufungen, wobei das föderale Merkmal (Stufe 4 und 5) an einer bundesstaatlichen Verfassung zu erkennen ist. Semi-föderal (Stufe 3) meint ursprünglich nicht föderale Staaten wie Spanien und Belgien vor 1993 und „soziologisch föderale" Staaten (Dahl) wie die Niederlande und Israel (Lijphart 2012; Tab. 13.7).

Föderalismus ist aber nicht nur eine Frage der Aufteilung von Souveränität bzw. Kompetenzen und Aufgaben, sondern auch von Einnahmen und Ausgaben. Kennzeichen föderaler Staaten ist, dass die Gliedstaaten auch eigene Steuerkompetenzen haben, also ihre Ausgaben nicht nur durch Zuweisungen des Bundes bestreiten müssen. Der Anteil der Einnahmen und Ausgaben der Gliedstaaten muss aufgrund horizontaler und vertikaler Umverteilung (Finanzausgleich) nicht identisch sein. Häufig wird der Grad der Ausgabendezentralisierung als Indikator für exekutive

13.4 Indices

Tab. 13.8 Schuldenstand der Länder und Gemeinden in Mill. Euro. (Quelle: Eurostat [gov_dd_slgd] und eigene Berechnung)

	2002	2005	2010	2012	Differenz 2002/2012 in %
Belgien	30.294,2	29.048,0	40.327,7	44.942,1	+48,3
Deutschland	492.885,0	600.645,0	755.659,3	812.935,4	+64,9
Spanien	63.728,5	82.262,0	154.891,2	226.464,6	+255,3
Österreich	11.663,0	13.025,9	24.255,6	25.900,2	+130,6

Dezentralisierung insgesamt verwendet. Dazu wird der (akkumulierte) Anteil der unteren Ebenen (Gliedstaaten, Gemeinden und ggf. Provinzen) einschließlich der kommunalen Ebene an den Staatsausgaben insgesamt berechnet. In Bundesstaaten kann dieser Anteil auf über 50 % (Schweiz) oder über 60 % (Kanada) ansteigen, während er in Einheitsstaaten meist deutlich niedriger ist. Allerdings sind die Ausgabenanteile der subnationaler Ebene in den nordischen Wohlfahrtsstaaten Dänemark, Schweden und Finnland deutlich höher als die Anteile in den Bundesstaaten Österreich und Deutschland.

Neben der fiskalischen Dezentralisierung kann auch der subnationale Schuldenanteil interessant sein. Tabelle 13.8 gibt den Schuldenanstieg der subnationalen Ebene für die föderalen EU-Mitgliedsstaaten für die Jahre 2002 bis 2012 wieder. Den höchsten absoluten Schuldenstand (in tsd Euro) auf diesen Ebenen haben die deutschen Länder und Kommunen, den niedrigsten die Belgischen. Die Reihenfolge der Staaten entspricht auch der Reihenfolge nach ihrer Einwohnerzahl. Allerdings bringt ein Längsschnittvergleich interessante Entwicklungen zu Tage. Für das als Gesamtstaat hoch verschuldete Belgien gibt es im Beobachtungszeitraum mit 48 % einen vergleichsweise moderaten (absoluten) Anstieg der subnationalen Verschuldung. Dies lässt sich gut mit der bereits in Kap. 6.1 aufgezeigten geringen Finanzautonomie der belgischen Gliedstaatenformationen erklären. Am anderen Ende steht Spanien mit einem Anstieg der subnationalen Verschuldung in 2012 gegenüber 2002 um 255 %.

Da die Berechnung auf Basis von absoluten Zahlen und nicht von Prozentanteilen des BIP erfolgt, kann dieses Schuldenwachstum auch nicht durch den statistischen Effekt eines im Zuge der globalen Finanzkrise sinkenden BIP erklärt werden. Vielmehr weist es auf ein deutliches ‚mismatch' von Aufgaben- bzw. Ausgabenzuweisungen und Einnahmemöglichkeiten durch die Finanzordnung hin. Den zweithöchsten Schuldenanstieg auf subnationaler Ebene mit 130 % hat Österreich vorzuweisen. Allerdings ist für Österreich ein sehr niedriges Ausgangsniveau zu berücksichtigen, das im Jahre 2002 um knapp zwei Drittel unter dem Belgischen lag. Darin spiegelt sich zum einen die starke Zentralisierung der österreichischen Finanzverfassung, zum anderen aber auch ein ‚Aufholprozess' der Länder und Gemeinden, die sich nun zunehmend auch die Freiheit zur Verschuldung nehmen. Das deutsche Schuldenwachstum von 65 % im Beobachtungszeitraum ist im Vergleich dazu noch moderat. Berücksichtigt man aber die Bevölkerungszahlen (für 2012), ergibt sich ein ganz anderes Bild. Hier hat Deutschland mit Abstand die höchste pro Kopf-Verschuldung und Österreich die niedrigste. Dazwischen liegen Spanien und Belgien, wobei die Spanische pro Kopf-Verschuldung auf subnationaler Ebene die Belgische inzwischen überholt hat. Im Querschnitt des Jahres 2013 lag der Schuldenstand der Gliedstaaten (ohne Kommunen) in Belgien bei 11,9 %, in Deutschland bei 23,2 %, Spanien 20 % und Belgien 6,5 % des BIP (Eurostat). ‚Goldene Regeln' und Schuldenbremsen machen sich in der Theorie vielleicht gut, in der Praxis sprechen die Zahlen oft eine andere Sprache.

13.5 Zusammenfassung und Wiederholungsfragen

Vergleichende Föderalismusforschung ist vor eine Reihe von inhaltlichen und methodischen Herausforderungen gestellt. Zu den methodischen Herausforderungen gehört die Formulierung von Fragestellungen und Hypothesen und die dazu passende Auswahl von Fällen und Methoden zur Bearbeitung der Fragen. Aufgrund der geringen Anzahl föderaler Staaten limitiert die verfügbare Fallzahl die möglichen Fragestellungen und Methoden. Häufig wird mit kleiner Fallzahl und einem qualitativen Untersuchungsdesign gearbeitet wie in der (vergleichender) Policyforschung. Daneben können aber auch einfache quantitative Verfahren (mehr) genutzt werden wenn die Gliedstaatenebene wie im Fall der Schweiz oder der USA ausreichende Beobachtungsmöglichkeiten bietet. Bei kleineren Fallzahlen für einen within-case Vergleich (Österreich, Deutschland) kann versucht werden, die Zahl der Beobachtungen im Längsschnitt zu erhöhen. Eurostat und die nationalen Statistikämter bieten hierzu meist mehr Daten an als vom Forscher geahnt. Neben einem Vergleich von föderalen Staaten untereinander ist aber auch ein Vergleich von föderalen und dezentralisierten Staaten möglich, etwa im Hinblick auf Effizienz, Kosten und Performance unterschiedlicher staatlicher Organisationsformen.

Fragen
Skizzieren Sie drei Schwierigkeiten bei einer vergleichenden Föderalismusstudie.
Was ist der Unterschied zwischen einer within-case analysis und einer between-case analysis?
Wie viele Vergleichsdimensionen braucht man für eine Typologie mindestens?
Skizzieren Sie den Unterschied zwischen Policy-making und Policy-maker.

Literatur

Albritton, Robert B. (2006): American Federalism and Intergovernmental Relations. In: Peele, Gillian/Bailey, Christopher J./Cain, Bruce/Peters B. Guy (Hrsg.): Developments in American Politics 5. Basingstoke: Palgrave MacMillan, S. 124–145.
Alen, André (1990): Belgien: Ein zweigliedriger und zentrifugaler Föderalismus. In: Zeitschrift für ausländisches öffentliches Recht und Völkerrecht 50, H. 3, S. 501–544.
Anderson, George (2008): Föderalismus. Opladen: B. Budrich.
Anderson, George/Scheller, Henrik (2012): Fiskalföderalismus: Eine international vergleichende Einführung. Opladen: Budrich.
Aragón Reyes, Manuel (2002): ¿Un parlamentarismo presidencialista? In: Claves de razón práctica, Nr. 123, S. 42–49.
Bakvis Herman, Brown Douglas (2010): Policy Coordination in Federal Systems: Comparing Intergovernmental Processes and Outcomes in Canada and the United States. In Publius: The Journal of Federalism 40, H. 3, S. 484–507.
Barrios, Harald (2009): Das politische System Spaniens. In: Ismayr, Wolfgang (Hrsg.): Die politischen Systeme Westeuropas Wiesbaden: VS, S. 712–764.
Bélanda, Daniel/Lecoursa, André (2014): Fiscal federalism and American exceptionalism: why is there no federal equalisation system in the United States? In: Journal of Public Policy 34, H. 2, S. 303–329.
Benz, Arthur (1985): Föderalismus als „dynamisches System". Zentralisierung und Dezentralisierung im föderativen Staat. Opladen: Westdeutscher Verlag.
Benz, Arthur (2009): Im Dickicht des Rechts. Die Verfassung des deutschen Föderalismus. In: Europäisches Zentrum für Föderalismus-Forschung Tübingen (Hrsg.): Jahrbuch des Föderalismus 2009. Baden-Baden: Nomos, S. 109–121.
Berg-Schlosser, Dirk/Cronqvist, Lasse (2011): Aktuelle Methoden der Vergleichenden Politikwissenschaft. Einführung in konfigurationelle (QCA) und makro-quantitative Verfahren. Opladen: B. Budrich.
Bernecker, Walther L./Pietschmann, Horst (2005): Geschichte Spaniens. Stuttgart: Kohlhammer.

Beyme, Klaus von (2007): Föderaismus und regionales Bewusstsein: ein internationaler Vergleich. München: Beck.
Birrer, Franz (2007): Die drei Gegensätze des Föderalismus. In: NZZ vom 18.04.2007, S. 36.
Blankart, Charles B. (2007): Föderalismus in Deutschland und in Europa. Baden-Baden: Nomos.
Blankart, Charles B. (2011): Öffentliche Finanzen in der Demokratie. München: Vahlen.
Blum, Sonja/Schubert, Klaus (2011): Politikfeldanalyse. Wiesbaden: VS Verlag für Sozialwissenschaften.
von Blumenthal, Julia/Bröchler, Stephan (Hrsg.) (2010): Föderalismusreform in Deutschland. Wiesbaden: VS.
Bodin, Jean (1976): Über den Staat (Buch 1). Stuttgart: Reclam.
Borchert, Jens/Stolz, Klaus (2011): Introduction: Political Careers in Multi-level Systems. In: Regional and Federal Studies 21, H. 2, S. 107–115.
Bosch, Núria/Durán, José M. (2008): The financial system of Spanish regions: main features, weak points and possible reforms. In: Bosch, Núria/Durán, José M. (Hrsg.): Fiscal Federalism and Political Decentralization. Lessons from Spain, Germany and Canada. Cheltenham: Edward Elgar, S. 3–24.
Bräuninger, Thomas/Debus, Marc (2012): Parteienwettbewerb in den deutschen Bundesländern. Wiesbaden: Springer VS.
Brinkmann, Sören (2012): Spanien. Verbände und Verbandssystem in der spanischen Demokratie. In: Reutter, Werner (Hrsg.): Verbände und Interessengruppen in den Ländern der Europäischen Union. Wiesbaden: Springer VS, S. 723–752.
Broschek, Jörg (2011): Historischer Institutionalismus und Vergleichende Föderalismusforschung: Fragestellungen und Analyseperspektiven In: Swiss Political Science Review 17, H. 1, S. 27–50
Broschek, Jörg (2013): Between path dependence and gradual change: Historical institutinalism and the study of federal dynamics. In: Benz, Arthur/Broschek, Jörg (Hrsg.): Federal Dynamics. Continuity, Change, and the Varieties of Federalism. Oxford: OUP, S. 93–116.
Brügelmann, Ralph/Schaefer, Thilo (2012): Die Schuldenbremse in den Bundesländern. Köln: IW Analysen Nr. 78.
Brühl-Moser, Denise (2012): Schweizerischer Föderalismus. Ausgestaltung, Neugestaltung und Herausforderungen. In: Härtel, Ines (Hrsg.): Handbuch Föderalismus, Bd. 4. Berlin: Springer, S. 697–744.
Brümmerhoff, Dieter (2011): Finanzwissenschaft. München: Oldenbourg.
Brusselmans-Dehairs, Christiane/Valcke, Martin (2007): Belgium. In: Hörner, Wolfgang/Döbert, Hans/von Kopp, Botho/Mitter, Wolfgang (Hrsg.): The Education Systems of Europe. Dordrecht: Springer, S. 104–127.
Buchanan, James M./Tullock, Gordon (1962): The Calculus of Consent. Logical Foundations of Constitutional Democracy, Ann Arbor: University of Michigan Press.
Bundesamt für Statistik BFS (2013): Bruttoinlandprodukt nach Grossregionen und Kantonen Methodenbericht und kurze Analyse der Ergebnisse. BFS Aktuell. Mai 2013. Neuchâtel: BfS.
Burgess, Michael (2006): Comparative federalism. Theory and practice. Abingdon: Routledge.
Burgess, Michael/Gagnon, Alain-G. (Hrsg.)(1993): Comparative Federalism and Federation: Competing traditions and future directions. Hemel Hempstead: Harvester Wheatsheaf.

Buscher, Daniel (2010): Der Bundesstaat in Zeiten der Finanzkrise. Ein Beitrag zur Reform der deutschen Finanz- und Haushaltsordnung (Föderalismusreform). Berlin. Duncker & Humblot.

Bußjäger, Peter (2012a): Die Landeshauptleutekonferenz: Vom Schatten in die Sonne? In: Europäisches Zentrum für Föderalismus-Forschung Tübingen (Hrsg.): Jahrbuch des Föderalismus 2012. Baden-Baden: Nomos, S. 310–319.

Bußjäger, Peter (2012b): Die territoriale Dimension der österreichischen Demokratie in vergleichender Perspektive. In: Helms, Ludger/Wineroither, David M. (Hrsg.): Die österreichische Demokratie im Vergleich. Baden-Baden: Nomos, S. 171–192.

Bußjäger, Peter/Seeber, Gilg (2011): Regionale Identität und föderalistisches Bewusstsein in Österreich. In: Europäisches Zentrum für Föderalismus-Forschung Tübingen (Hrsg.): Jahrbuch des Föderalismus 2011. Baden-Baden: Nomos, S. 268–280.

Caramani, Daniele (2004): The nationalisation of politics. The formation of national electorates and party systems in Western Europe. Cambridge: CUP.

Chardon, Matthias (2012): Die Überwindung der belgischen Krise? Regierungsbildung nach 540 Tagen. In: Europäisches Zentrum für Föderalismus-Forschung Tübingen (Hrsg.): Jahrbuch des Föderalismus 2012. Baden-Baden: Nomos, S. 283–291.

Chhebber, Pradeep K./Kollman, Ken (2004): The Formation of National Party Systems. Federalism and Party Competition in Canada, Great Britain, India and the United States. Princeton: PUP.

Colino, César (2010): Understanding federal change: types of federalism and institutional evolution in the Spanish and German federal system. In: Erk, Jan/Swenden, Wilfried (Hrsg.): New directions in Federalism Studies. Abingdon: Routledge, S. 16–33.

Colino, César (2011): What now for the Autonomic State? Muddling through growing tensions amidst the aftermath of the Court's Ruling and the painful fiscal crisis. In: Europäisches Zentrum für Föderalismus-Forschung Tübingen (Hrsg.): Jahrbuch des Föderalismus 2011. Baden-Baden: Nomos, S. 309–322.

Colino, César (2013): Varieties of federalism and propensity for change. In: Benz, Arthur/Broschek, Jörg (Hrsg.): Federal Dynamics. Continuity, Change, and the Varieties of Federalism. Oxford: OUP, S. 48–69.

Criblez, Lucien (2007): Switzerland. In: Hörner, Wolfgang/Döbert, Hans/von Kopp, Botho/Mitter, Wolfgang (Hrsg.): The Education Systems of Europe. Dordrecht: Spinger, S. 758–782.

Derichsweiler, Cornelia (2013): Streit um Spaniens Bildungsreform. In: NZZ vom 25.05.2013, S. 8.

Derichsweiler, Cornelia (2014): Katalanische Souveränitätserklärung gekippt. In: NZZ vom 28.03.2014, S. 3.

Detterbeck, Klaus (2010): Die Regionalisierung nationaler Parteien im internationalen Vergleich. In: Oberhofer, Julia/Sturm, Roland (Hrsg.): Koalitionsregierungen in den Ländern und Parteienwettbewerb. München: Allitera, S. 193–218.

Detterbeck, Klaus/Renzsch, Wolfgang/Schieren, Stefan (Hrsg.) (2010): Föderalismus in Deutschland. München: Oldenbourg.

Dieringer, Jürgen (2010): Regionen und Regionalismus im europäischen Kontext. In: Sturm, Roland/Dieringer, Jürgen (Hrsg.): Regional Governance in EU-Staaten. Opladen: Budrich, S. 347–363.

Dieringer, Jürgen/Sturm, Roland (Hrsg.) (2010): Regional Governance in EU-Staaten. Opladen: Budrich.

Dombert, Matthias (2012): Landesverfassungen und Landesverfassungsgerichte in ihrer Bedeutung für den Föderalismus. In: Häretel, Ines (Hrsg.): Handbuch Föderalismus. Bd. II, Heidelberg: Springer, S. 19–28.
Duverger, Maurice (1963): Die politischen Parteien. Tübingen: Mohr.
Dye, Thomas S. (1978): Policy Analysis: What governments do, why they do it and what difference it makes. Tuscaloosa: University of Alabama Press.
Economist, 10.12.2011, S. 32–33: Germany's debt brake. Tie your hands, please.
Economist, 11.02.2012, S. 30: Charlemagne: 1789 and all that. The history of fiscal federalism may offer the euro zone some lessons.
Economist, 24.11.2012, S. 16: Centrifugal Spain: Umbrage in Catalonia.
Economist, 24. 11. 2012, S. 25–27: Spain: The trials of keeping a country together.
Eder, Christina (2010): Direkte Demokratie auf subnationaler Ebene, Eine vergleichende Analyse der unmittelbaren Volksrechte in den deutschen Bundesländern, den Schweizer Kantonen und den US-Bundesstaaten. Baden-Baden: Nomos.
Eder, Christina/Magin, Raphael (2008): Wahlsysteme. In: Freitag, Markus/Vatter, Adrian (Hrsg.): Die Demokratien der deutschen Bundesländer. Politische Institutionen im Vergleich. Opladen: B. Budrich, S. 33–62.
Eder, Ferdinand/Kroath, Franz/Thonhauser, Josef (2007): Austria. In: Hörner, Wolfgang/ Döbert, Hans/von Kopp, Botho/Mitter, Wolfgang (Hrsg.): The Education Systems of Europe. Dordrecht: Spinger, S. 52–76.
Egner, Björn (2012): Staatsausgaben in Gliedstaaten föderaler Systeme. Deutschland, Österreich, Schweiz, USA, Kanada und Australien im Vergleich. Baden-Baden: Nomos.
Ehrbeck, Thorsten (2011): Umsetzung von Unionsrecht in föderalen Staaten. Eine rechtsvergleichende Untersuchung von Kompetenzsystemen und Garantiemechanismen. Berlin: Duncker & Humblot.
Eidgenössisches Finanzdepartement (EDF)/Konferenz der Kantonsregierungen (KdK) (2007): Neugestaltung des Finanzausgleichs und der Aufgabenteilung zwischen Bund und Kantonen – NFA. Bern: EDF/KdK.
Eisenring, Christoph (2011): Kein Gliedstaat ist 'too big to fall'. Was die Euro-Zone von den Vereinigten Staaten von Amerika lernen kann. In: NZZ, 06.12.2011, S. 11.
Elazar, Daniel J. (1987): Exploring Federalism. Tuscaloosa: University of Alabama Press.
Erk, Jan/Anderson, Lawrence (2009): The Paradox of Federalism: Does Self-Rule Accommodate or Exacerbate Ethnic Divisions? In: Regional and Federal Studies 19, H. 2, S. 191–202.
Esping-Andersen, Gøsta (1990): The Worlds of Welfare Capitalism. Princeton: PUP.
Eurostat (2013): Erwerbslosigkeit in den Regionen der EU-27 im Jahr 2012. Brüssel. Online unter: http://europa.eu/rapid/press-release_STAT-13-78_de.htm
Falke, Andreas (2004): Föderalismus und Kommunalpolitik. In: Lösche, Peter (Hrsg.): Länderbericht USA. Geschichte, Politik, Wirtschaft, Gesellschaft, Kultur. Bonn: Bundeszentrale, 261–287.
Falland, Franz (2010): Der Bundesrat in Österreich. In: Riescher, Gisela/Ruß, Sabine/Haas, Christoph M. (Hrsg.) Zweite Kammern. München: Oldenbourg, S. 165–188.
Flemish Parliament (2011): Vlaams Parlement. Brussels: Flemish Parliament, External Relations Department.
Frey, René L. (2013): Der Schweizer Finanzausgleich ist trotz Kritik erfolgreich. In: NZZ vom 18.01.2013, S. 14.

Gamkhar, Shama/Vickers, Jill (2010): Comparing Federations: Lessons from Comparing Canada and the United States. In: Publius: The Journal of Federalism, 40, H. 3, S. 351–356.

Ganghof, Steffen (2005): Kausale Perspektiven in der vergleichenden Politikwissenschaft. X-zentrierte und Y-zentrierte Forschungsdesign. In: Kropp, Sabine/Minkenberg, Michael (Hrsg.): Vergleichen in der Politikwissenschaft. Wiesbaden: VS, S. 76–93.

Geddes, Barbara (1990): How the Cases You Choose Affect the Answers You Get: Selection Bias in Comparative Politics. In: Stimson, James A. (Hrsg.): Political Analysis, Bd. 2. Ann Arbor: University of Michigan Press, S. 131–150.

Geis, Max-Emmanuel/Krausnick, Daniel (2012): Das Hochschulrecht im föderalen System der Bundesrepublik Deutschland. In: Härtel, Ines (Hrsg.): Handbuch Föderalismus. Bd. III. Heidelberg: Springer, S. 275–299.

Gernston, Larry N. (2007): American federalism. A Concise Introduction, Armonk, NY: M.E. Sharpe.

Gerring, John/Thacker, Strom C. (2008): A centripedal theory of democratic governance. Cambridge: CUP.

Gillespie, Richard (1990): The break-up of the 'Socialist Family'. Party-Union relations in Spain 1982–89. In: West European Politics 13, H. 1, S. 47–62.

Gordin, Jorge P. (2010): Patronage-Preserving Federalism? Legislative Malapportionment and Subnational Fiscal Policies. In: Jan Erk/Wilfried Swenden (Hrsg.): Exploring New Avenues in Comparative Federalism, London: Routledge, 68–82.

Grant, Alan/Ashbee, Edward (2002): The Politics Today companion to American government. Manchester: MUP.

Grau Creus, Mireia (2011): Self-Government Reforms and Public Support for Spain's Territorial Model: Changes and Stability (1992–2010). In: Europäisches Zentrum für Föderalismus-Forschung Tübingen (Hrsg.): Jahrbuch des Föderalismus 2011. Baden-Baden: Nomos, S. 292–308.

Gress, Franz/Fechtner, Detlef/Hannes Matthias (1994): The American Federal System. Federal Balance in Comparative Perspective, Frankfurt a. M.: Lang.

Grotz, Florian/Poier, Klaus (2010): Zwischen Gemeinschaftsprojekt, Tauschgeschäft und Symbolpolitik: die Initiativen zu Bundesstaatsreformen in Deutschland, Österreich und der Schweiz. In: Zeitschrift für Vergleichende Politikwissenschaft 2010, H. 4, S. 233–259.

Grzeszick, Bernd (1995): Vom Reich zur Bundesstaatsidee. Zur Herausbildung der Föderalismusidee als Element des modernen deutschen Staatsrechts. Berlin: Duncker & Humblot.

Gunlicks, Arthur B. (1998): Die Grundzüge der einzelstaatlichen Regierungssysteme. In: Jäger, Wolfgang/Welz, Wolfgang (Hrsg.): Regierungssystem der USA. München: Oldenbourg, S. 460–484.

Haas, Melanie (2006): Das Parteiensystem Spaniens. In: Niedermayer, Oskar/Stöss, Richard/Haas, Melanie (Hrsg.): Die Parteiensysteme Westeuropas. Wiesbaden: VS, S. 421–452.

Haas, Christoph M. (2010): Zweite Kammer erster Klasse: der US-Senat. In: Riescher, Gisela/Ruß, Sabine/Haas, Christoph M. (Hrsg.) Zweite Kammern. München: Oldenbourg, S. 25–59.

Haller, Herbert (1991): Wahlrecht und Wählereinfluß in der Nationalrats-Wahlordnung. In: Mayer, Heinz (Hrsg.): Staatsrecht in Theorie und Praxis. Wien: Manzsche Verlags- und Universitätsbuchhandlung, S. 181–188.

Hanschel, Dirk (2012): Konfliktlösung im Bundesstaat. Tübingen: Mohr Siebeck.

Härtel, Ines (Hrsg.) (2012): Handbuch Föderalismus – Föderalismus als demokratische Rechtsordnung und Rechtskultur in Deutschland, Europa und der Welt. Band I: Grundlagen des Föderalismus und der deutsche Bundesstaat. Berlin: Springer.

Hartmann, Jürgen (2005): Westliche Regierungssysteme. Parlamentarismus, präsidentielles und semi-präsidentielles Regierungssystem, Wiesbaden: VS

Hausner, Karl Heinz (2005): Die Ökonomische Theorie des Föderalismus. In: Wirtschaftsdienst 1/2005, S. 55–60.

Hecking, Claus (2003): Das politische System Belgiens. Opladen: Leske + Budrich.

Heinelt, Hubert (2007): Do policies determine politics? In: Fischer, Frank/Miller, Gerald J./Sidney, Mara S. (Hrsg.): Handbook of public policy analysis: theory, politics, and methods. Boca Raton: Taylor & Francis, S. 109–119.

Heinelt, Hubert (2009): Politikfelder: Machen Besonderheiten von Policies einen Unterschied? In: Schubert, Klaus/Bandelow Nils C. (Hrsg.): Lehrbuch der Politikfeldanalyse 2.0. München: Oldenbourg.

Heinz, Dominic (2013): Politikverflechtung in Föderalismusreformen. Deutschland, Österreich und die Schweiz in vergleichender Perspektive. Baden-Baden: Nomos.

Heise, Axel (2010): Bündische Solidarität oder föderaler Wettbewerb? Finanzföderalismus in Deutschland, der Schweiz und den USA im Vergleich. Baden-Baden: Nomos.

Heise, Axel (2012): Oben gegen unten oder die gegen uns? Konfliktlinien in föderalen Finanzbeziehungen. In: Europäisches Zentrum für Föderalismus-Forschung Tübingen (Hrsg.): Jahrbuch des Föderalismus 2012. Baden-Baden: Nomos, S. 65–79.

Hill, Michael (2009): The Public Policy Process. Harlow/Essex: Pearson.

Höffe, Otfried (2002): Demokratie im Zeitalter der Globalisierung. München: Beck.

Höpcke, Franziska (2014): Funktionsmuster und -profile: Subnationalstaatliche Parlamente im Vergleich. Baden-Baden: Nomos.

Hrbek, Rudolf (2003): The Effects of Global and Continental Integration on Cooperation and Competition in German Federalism. In: Lazar, Harvey/Telford, Hamish/Watts, Ronald L. (Hrsg.): The Impact of Global and Regional Integration on Federal Systems. A Comparative Analysis. Montreal: McGill-Queens' University Press, S. 329–371.

Hrbek, Rudolf et al. (Hrsg.) (2012): Bildungspolitik in Föderalstaaten und der Europäischen Union: does federalism matter? Baden-Baden: Nomos.

Hübner, Emil (2003): Das politische System der USA. Eine Einführung. München: Beck.

Huegelin, Thomas O./Fenna, Alan (2006): Comparative Federalism. Toronto: University of Toronto Press.

Institut für Föderalismus (2012): Föderalismusdatenbank 2012. Innsbruck. Online unter: www.foederalismus.at

Jahn, Detlef (2013): Einführung in die vergleichende Politikwissenschaft. Wiesbaden: Springer VS.

Jann, Werner/Wegrich, Kai (2009): Phasenmodelle und Politikprozesse: Der Policy Cycle. In: Schubert, Klaus/Bandelow, Nils C. (Hrsg.): Lehrbuch der Politikfeldanalyse 2.0. München: Oldenbourg, S. 75–113.

Jeffery, Charlie/Hough, Dan (2003): Regional elections in multi-level systems. In: European Urban and Regional Studies 10, H. 3, S. 199–212.

Jochimsen, Beate (2008): Fiscal Federalism in Germany: Problems, Proposals and Chances for Fundamental Reforms. In: German Politics 17, H. 4, S. 541–558.

Kaiser, André (2007): George Tsebelis, Veto Players. In: Steffen Kailitz (Hrsg.): Schlüsselwerke der Politikwissenschaft, Wiesbaden: VS, S. 464–468.

Kaiser, André (2012): Politiktheoretische Zugänge zum Föderalismus. In: Härtel, Ines (Hrsg.): Handbuch Föderalismus, Bd. 1: Grundlagen des Föderalismus und der deutsche Bundesstaat. Berlin, Heidelberg: Springer, S. 165–178.

Kant, Immanuel (2008): Zum Ewigen Frieden und andere Schriften. München: Fischer.

Kelle, Udo/Kluge, Susann (1999): Vom Einzelfall zum Typus. Fallvergleich und Fallkontrastierung in der qualitativen Sozialforschung. Opladen: Leske + Budrich.

Kincaid, John (2002): Federalism in the United States of America: A Continual Tension Between Persons and Places. In: Föderalismus, Analysen in entwicklungsgeschichtlicher und vergleichender Perspektive, Politische Vierteljahresschrift der Zeitschrift der Deutschen Vereinigung für politische Wissenschaft, Wiesbaden 2002

Kincaid, John (2010): Federalism and Democracy. Comparative Empirical and Theoretical Perspectives. In: Burgess, Michael/Gagnon, Alan-G. (Hrsg.): Federal Democracies. Abingdon: Routledge, S. 299–324.

King, Gary/Keohane, Robert O./Verba, Sidney (1994): Designing Social Inquiry. Scientific Inference in Qualitative Research. Princeton: Princeton University Press.

Kneip, Sascha (2009): Verfassungsgerichte als demokratische Akteure. Baden-Baden: Nomos.

Kölling, Mario (2013): Die Autonomen Gemeinschaften in den Verhandlungen zum Finanzrahmen 2014–2020. In: Jahrbuch des Föderalismus 2013. Hrsg: Europäisches Zentrum für Föderalismus-Forschung Tübingen. Baden-Baden: Nomos, S. 377–390.

König, Thomas/Bräuninger, Thomas (2005): Gesetzgebung im Föderalismus. Speyer: Forschungsinstitut für Öffentliche Verwaltung.

Korte, Karl-Rudolf/Fröhlich, Manuel (2009): Politik und Regieren in Deutschland. Strukturen, Prozesse, Entscheidungen. Stuttgart: UTB.

Kost, Andreas/Rellecke, Werner/Weber, Reinhold (Hrsg.) (2010): Parteien in den deutschen Ländern. München: Beck.

Kriesi, Hanspeter/Trechsel, Alexander H. (2008): The Politics of Switzerland. Continuity and Chance in a Consensus Democracy. Cambridge: CUP.

Kropp, Sabine (2010): Kooperativer Föderalismus und Politikverflechtung. Wiesbaden: VS.

Krumm, Thomas (2004): Politische Vergemeinschaftung durch symbolische Politik: Die Formierung der 'rot-grünen' Zusammenarbeit in Hessen 1983–1987. Wiesbaden: DUV.

Krumm, Thomas (2008): Konkordanzdemokratie unter Konkurrenzdruck. Die Nationalratswahlen in der Schweiz vom 21. Oktober 2007. In: Zeitschrift für Parlamentsfragen 39, H. 4, S. 683–702.

Krumm, Thomas (2013a): Wie wirksam sperren Sperrklauseln? Die Auswirkungen von Prozenthürden auf die Parteienzahl im Bundestag und im internationalen Vergleich. In: Zeitschrift für Politikwissenschaft 23, H. 3, S. 393–425

Krumm, Thomas (2013b): Das politische System der Schweiz. Ein internationaler Vergleich. München: Oldenbourg.

Krumm, Thomas/Noetzel, Thomas (2006): Das Regierungssystem Großbritanniens. München: Oldenbourg.

Krumm, Thomas/Westle, Bettina (2009): Der Forschungsprozess im Überblick. In: Westle, Bettina (Hrsg.): Methoden der Politikwissenschaft. Baden-Baden: Nomos, S. 115–123.

Lasswell, Harold (1951): Politics: Who gets what, when, how. New York: Peter Smith.

Laufer, Heinz/Münch, Ursula (2010): Das föderale System der Bundesrepublik Deutschland. München: BLfpB.

Lauth, Hans-Joachim/Pickel, Gert/Pickel, Susanne (2009): Methoden der vergleichenden Politikwissenschaft. Wiesbaden: VS.

Leber, Fabian (2014): Landesgesetzgebung im neuen Bundesstaat. Handlungsmuster landespolitischer Akteure nach der Föderalismusreform 2006. Baden-Baden: Nomos.

Lehmbruch, Gerhard (1967): Proporzdemokratie. Politisches System und politische Kultur in der Schweiz und Österreich. Tübingen: Mohr.

Lehmbruch, Gerhard (2000) [1976]: Parteienwettbewerb im Bundesstaat. Regelsysteme und Spannungslagen im politischen System der Bundesrepublik Deutschland, Wiesbaden: VS Verlag.

Lehner, Franz/Widmaier, Ulrich (2002): Vergleichende Regierungslehre. Opladen: Leske + Budrich.

Leunig, Sven (2006): AB(C) oder ROM? Zur Operationalisierung von Mehrheitsverhältnissen im Bundesrat. In: Zeitschrift für Parlamentsfragen 37, H. 2, S. 402–420.

Leunig, Sven (2007): Die Regierungssysteme der deutschen Länder im Vergleich. Opladen: B. Budrich.

Leunig, Sven (2010): Föderale Zweite Kammern in präsidentiellen und parlamentarischen Demokratien. In: Europäisches Zentrum für Föderalismus-Forschung Tübingen (Hrsg.): Jahrbuch des Föderalismus 2010. Baden-Baden: Nomos, S. 53–65.

Lijphart, Arend (2012): Patterns of Democracy. Government Forms and Performance in Thirty-Six Countries. New Haven/London: Yale [2. Auflage].

Linder, Wolf (2007): Die deutsche Föderalismusreform – von außen betrachtet. Ein Vergleich von Systemproblemen des deutschen und des schweizerischen Föderalismus. In: Politische Vierteljahresschrift 48, H. 1, S. 3–16.

Linneweber, Axel (1994): Einführung in das US-amerikanische Verwaltungsrecht. Kompetenzen, Funktionen, und Strukturen der ‚Agencies' im US-amerikanischen Verwaltungsrecht. Frankfurt: Lang.

Lipset, Seymour Martin/Rokkan, Stein (1967): Party systems and voter alignments: crossnational perspectives. Free Press

Loewenstein, Karl (1959): Verfassungslehre. Tübingen: Mohr.

Loughlin, John (2011): Federal and local government institutions. In: Caramani, Daniele (Hrsg.): Comparative Politics. Oxford: OUP, S. 198–215.

Lowi, Theodore (1972): Four systems of policy, politics, and choice. In: Public Administration Review 32, H. 4, S. 298–310.

Marschall, Stefan (2005): Parlamentarismus. Eine Einführung. Baden-Baden: Nomos.

Mayntz, Renate/Scharpf, Fritz W. (1995): Der Ansatz des Akteurszentrierten Institutionalismus. In: dies. (Hrsg.): Gesellschaftliche Selbstregelung und politische Steuerung. Frankfurt a. M.: Campus, S. 39–72.

McKay, David (2009): American Politics and Society. Oxford: Oxford University Press.

Mill, John Stuart (1843/1974): A system of logic. London: Routledge & Kegan Paul.

Morscher, Siegbert (1973): Die parlamentarische Interpellation. Berlin: Duncker & Humblot.

Mörsdorf, Roland (1996): Das belgische Bundesstaatsmodell im Vergleich zum deutschen Bundesstaat des Grundgesetzes. Frankfurt a. M.: Lang.

Münch, Ursula (2011): Bildungsföderalismus im Hochschulbereich. In: die hochschule. journal für wissenschaft und bildung 2011, H. 1, S. 38–49.

Münch, Ursula (2012): Politikwissenschaftliche Dimensionen von Entwicklung und Stand des bundesdeutschen Föderalismus. In: Härtel, Ines (Hrg.): Handbuch Föderalismus, Bd. 1. Berlin: Springer, S. 170–195.

Musgrave, Richard A./Musgrave, Peggy B./Kullmer, Lore (1992): Die öffentlichen Finanzen in Theorie und Praxis, Bd. 3. Tübingen: Mohr.

Nagel, Klaus-Jürgen (2010a): Der spanische Autonomiestaat – ist das Ende der Fahnenstange erreicht? In: Europäisches Zentrum für Föderalismus-Forschung Tübingen (Hrsg.): Jahrbuch des Föderalismus 2010. Baden-Baden: Nomos, S. 287–305.

Nagel, Klaus-Jürgen (2010b): Spanien – Auf dem Weg zur Föderation? In: Sturm, Roland/ Dieringer, Jürgen (Hrsg.): Regional Governance in EU-Staaten. Opladen: Budrich, S. 149–170.

Nagel, Klaus-Jürgen/Requejo, Ferran (2009): Asymmetrien erhalten, aushalten oder angleichen? Zum Vergleich von Resymmetrierungstendenzen in vier europäischen Staaten. In: Europäisches Zentrum für Föderalismus-Forschung Tübingen (Hrsg.): Jahrbuch des Föderalismus 2009. Baden-Baden: Nomos, S. 59–73.

Neidhart, Leonhard (1970): Plebiszit und pluralitäre Demokratie. Eine Analyse der Funktion des schweizerischen Gesetzesreferendums. Bern: Franke Verlag.

Niedermann, Dieter J. (2007): Haus der Kantone – die richtige Antwort. In: NZZ vom 11.04.2007, S. 35.

Nowotny, Ewald (1999): Der öffentliche Sektor. Einführung in die Finanzwissenschaft. Berlin: Springer.

Oates, Wallace E. (1972): Fiscal Federalism. New York: Harcourt.

Obinger, Herbert/Castles, Francis G./Leibfried, Stephan (2005): Introduction. In: dies (Hrsg.): Federalism and the welfare state. Cambridge: CUP, S. 1–48.

Pelinka, Anton (2009): Das politische System Österreichs. In: Ismayr, Wolfgang (Hrsg.): Die politischen Systeme Westeuropas. Wiesbaden: VS, S. 607–641.

Pelinka, Anton/Rosenberger, Sieglinde (2007): Österreichische Politik: Grundlagen – Strukturen – Trends. Wien: Facultas Universitätsverlag.

Petersohn, Bettina (2013): Konfliktregulierung in multinationalen Demokratien. Baden-Baden: Nomos.

Peterson, Paul E. (1995): The Price of Federalism. Washington D.C.: The Brookings Institution.

Rehder, Britta/Winter, Thomas von/Willems, Ulrich (Hrsg.) (2009): Interessenvermittlung in Politikfeldern. Vergleichende Befunde der Policy- und Verbändeforschung. Wiesbaden: VS.

Reiter, Renate/Ebinger, Falk/Grohs, Stephan/Kuhlmann, Sabine/Bogumil, Jörg (2011): Dezentralisierungsstrategien im Leistungsvergleich: Wirkungen von Dezentralisierungspolitik auf die Leistungsfähigkeit der Lokalsysteme in Deutschland, Frankreich und England. In: Europäisches Zentrum für Föderalismus-Forschung Tübingen (Hrsg.): Jahrbuch des Föderalismus 2011. Baden-Baden: Nomos, S. 67–82.

Reutter, Werner (2008): Föderalismus, Parlamentarismus und Demokratie. Opladen: B. Budrich.

Reutter, Werner (2010): Demokratie im Bundesstaat. In: Zeitschrift für Politikwissenschaft 20, H. 2, S. 123–148.

Riescher, Gisela (2010) (Hrsg.): Zweite Kammern. München: Oldenbourg.

Roth, Klaus (2011): Genealogie des Staates. Prämissen des neuzeitlichen Politikdenkens. Berlin: Duncker & Humblot.

Rudolf, Walter (2008): Kooperation im Bundesstaat. In: Issensee, Joseph/Kirchhof, Paul (Hrsg.): Handbuch des Staatsrechts. Bd. VI: Bundesstaat. Heidelberg: C.F.Müller, S. 1005–1048.

Ruiz-Huerta Carbonell, Jesús/Herrero Alcalde, Ana (2008): Fiscal equalizatin in Spain. In: Bosch, Núria/Durán, José M. (Hrsg.): Fiscal Federalism and Political Decentralization. Lessons from Spain, Germany and Canada. Cheltenham: Edward Elgar, S. 147–165.

Sack, Detlef (2013): Regieren und Governance in der BRD. Ein Studienbuch. München: Oldenbourg.

Sager, Fritz/Vatter, Adrian (2013): Föderalismus contra Demokratie. Das Ständemehr schützt nach wie vor die einstigen Sonderbundskantone. In: NZZ, 07.03.2013, S. 28.

Saunders, Cheryl (2007): Comparing Federal Constitutions. In: Grote, Rainer et al. (Hrsg.): Die Ordnung der Freiheit. Tübingen: Mohr Siebeck, S. 937–952.

Scharpf, Fritz W. (1985): Die Politikverflechtungsfalle. Europäische Integration und deutscher Föderalismus im Vergleich. In: Politische Vierteljahresschrift 26, H. 4, S. 323–356.

Scharpf, Fritz W. (2006): Föderalismusreform: Weshalb wurde so wenig erreicht? In: Aus Politik und Zeitgeschichte 50/2006, S. 6–11.

Scharpf, Fritz W. (2009): Föderalismusreform. Kein Ausweg aus der Politikverflechtungsfalle? Frankfurt: Campus.

Scheller, Henrik (2010): Der deutsche Bildungsföderalismus im Spannungsfeld zwischen föderalem Kompetenzstreit und europäischer Harmonisierung. In: Detterbeck, Klaus/Renzsch, Wolfgang/Schieren, Stefan (Hrsg.): Föderalismus in Deutschland. München: Oldenbourg, S. 225–256.

Scherf, Wolfgang (2011): Öffentliche Finanzen. Einführung in die Finanzwissenschaft. Konstanz: UVK.

Schmid, Josef (Hrsg.) (2011): Welten der Bildung? Vergleichende Analysen von Bildungspolitik und Bildungssystemen. Baden-Baden: Nomos.

Schmid, Ulrich (2014): Das Zweite Deutsche Fernsehen wird entpolitisiert. In: Neue Zürcher Zeitung vom 27.03.2014, S. 5.

Schneider, Hans-Peter (2005): Struktur und Organisation des Bildungswesens in Bundesstaaten. Ein internationaler Vergleich. Gütersloh: Bertelsmann Stiftung. Online unter: http://www.kas.de/wf/doc/kas_8495-544-1-30.pdf?060601114508 [04.08.2014]

Schneider, Hans-Peter/Kramer, Jutta/di Toritto, Beniamino Caravita (Hrsg.) (2009): Judge made Federalism? Baden-Baden: Nomos.

Schniewind, Aline (2008a): Parteiensysteme. In: Freitag, Markus/Vatter, Adrian (Hrsg.): Die Demokratien der deutschen Bundesländer. Politische Institutionen im Vergleich. Opladen: B. Budrich, S. 63–109.

Schniewind, Aline (2008b): Regierungen. In: Freitag, Markus/Vatter, Adrian (Hrsg.): Die Demokratien der deutschen Bundesländer. Politische Institutionen im Vergleich. Opladen: B. Budrich, S. 111–160.

Schoch, Claudia (2011): Echte Strategien gegen die Zentralisation sind nötig. In: NZZ vom 13.08.2011.

Schuppert, Gunnar Folke (2012): Föderalismus und Governance. In: Härtel, Ines (Hrsg.): Föderalismus-Handbuch, Bd. 1. Berlin: Springer, S. 223–250.

Shell, Kurt L. (1998): Der Oberste Gerichtshof. In: Jäger, Wolfgang/Welz, Wolfgang (Hrsg.): Regierungssystem der USA. München: Oldenbourg, S. 170–182.

Shugart, Matthew S./Carey, John M. (1992): Presidents and Assemblies. Constitutional Design and Electoral Dynamics. Cambridge: CUP.

Skocpol, Theda (1994): Social Policy in the United States. Princeton: PUP.
Steffani, Wilfried (1983): Zur Unterscheidung parlamentarischer und präsidentieller Regierungssysteme. In: Zeitschrift für Parlamentsfragen 14, S. 390–401.
Stepan, Alfred (2011): Federalism and Democracy. Beyond the U.S. Model. In: Kincaid, John (Hrsg.): Federalism. Bd. 3: Models of Individualism, Communalism, and Multinationalism in Federal Government. London: Sage, 193–207.
Stöckli, Andreas/Meier, Thomas (2011): Behördenlandschaft im Wandel. Ausgewählte Entwicklungstendenzen im Verwaltungsorganisationsrecht in den Schweizer Kantonen. In: Europäisches Zentrum für Föderalismus-Forschung Tübingen (Hrsg.): Jahrbuch des Föderalismus 2011. Baden-Baden: Nomos, S. 323–336.
Stolz, Klaus (2010a): Auf ewig unvollendet: Der Devolutionsprozess im Vereinigten Königreich. In: Europäisches Zentrum für Föderalismus-Forschung Tübingen (Hrsg.): Jahrbuch des Föderalismus 2010. Baden-Baden: Nomos, S. 317–328.
Stolz, Klaus (2010b): Towards a regional political class. Manchester: Manchester University Press.
Stolz, Klaus (2011): The Regionalization of Political Careers in Spain and the UK. In: Regional and Federal Studies 21, H. 2, S. 2233–243.
Storr, Stefan (2012): Österreich als Bundesstaat. In: Härtel, Ines (Hrsg.): Handbuch Föderalismus, Bd. 4: Föderalismus in Europa und der Welt. Berlin, Heidelberg: Springer, S. 671–696.
Strebel, Michael (2014): Exekutivföderalismus in der Schweiz? Einbezug der Parlamente bei interkantonalen Vereinbarungen. Baden-Baden: Nomos.
Streeck, Wolfgang/Thelen, Kathleen (Hrsg.) (2005): Beyond continuity. Institutional change in advanced political economies. Oxford: OUP.
Strünck, Christoph (2012): Parteienwettbewerb und Politikverflechtung. Strukturprobleme des deutschen Föderalismus aus politikwissenschaftlicher Perspektive. In: Ines Härtel (Hrsg.): Handbuch Föderalismus, Bd. II. Berlin: Springer, S. 3–18.
Sturm, Roland (2010): Föderalismus. Baden-Baden: Nomos.
Sturm, Roland (2012): Vernetzung und Vertiefung: Zu neueren Entwicklungen der international vergleichenden Föderalismusforschung. In: Europäisches Zentrum für Föderalismus-Forschung Tübingen (Hrsg.): Jahrbuch des Föderalismus 2012. Baden-Baden: Nomos, S. 92–107.
Swenden, Wilfried (2006): Federalism and regionalism in Western Europe. Basingstoke: Palgrave Macmillan.
Tarr, Alan G. (2005): Comparative Reflections. In: Blindenbacher, Raoul/Ostien Karos, Abigal (Hrsg.): Dialogues on Constitutional Origins, Structure and Change in Federal Countries. Montreal: McGill-Queen's University Press, S. 45–65.
Thöni, Erich (1986): Politökonomische Theorie des Föderalismus. Ene kritische Bestandsaufnahme. Baden-Baden: Nomos.
Tsebelis, George (1995): Decision making in political systems: Veto players in presidentialism, parlamentarism, multicameralism, and multipartyism. In: British Journal of Political Science 25, S. 289–326.
Tsebelis, George (2002): Veto Players. How political institutions work. Princeton: PUP.
Ullastres, Juan A. Gimeno (2008): Tax assignment and regional co-responsibility in Spain. In: Bosch, Núria/Durán, José M. (Hrsg.): Fiscal Federalism and Political Decentralization. Lessons from Spain, Germany and Canada. Cheltenham: Edward Elgar, S. 74–106.

Unkart, Ralf (1992): Die Aufgabenverteilung in der Landesregierung. In: Funk, Bernd-Christian et al. (Hrsg.): Staatsrecht und Staatswissenschaft in Zeiten des Wandels. Festschrift für Ludwig Adamovich. Wien: Springer, S. 702–708.

Usarralde, Maria Jesus Martinez (2007): Spain. In: Hörner, Wolfgang/Döbert, Hans/von Kopp, Botho/Mitter, Wolfgang (Hrsg.): The Education Systems of Europe. Dordrecht: Spinger, S. 723–740.

Van Biezen, Ingrid/Hopkin, John (2005): The presidentialization of Spanish democracy. Sources of prime ministerial power in post-Franco Spain. In: Poguntke, Thomas/Webb, Paul (Hrsg.): The presidentialization of politics. Oxford: OUP, S. 106–127.

Vatter, Adrian (2014): Das politische System der Schweiz. Baden-Baden: Nomos.

Vedder, Christoph (1996): Intraföderale Staatsverträge. Instrumente der Rechtsetzung im Bundesstaat. Baden-Baden: Nomos.

Völkl, Kerstin (2009): Reine Landtagswahlen oder regionale Bundestagswahlen? Eine Untersuchung des Abstimmungsverhaltens bei Landtagswahlen 1990–2006. Baden-Baden: Nomos.

Wagschal, Uwe/Grasl, Maximilian (2004): Die modifizierte Senatslösung. Ein Vorschlag zur Verringerung von Reformblockaden im deutschen Föderalismus. In: Zeitschrift für Parlamentsfragen 35, H. 4, S. 732–752.

Watts, Ronald L. (2008): Comparing Federal Systems. Montreal: McGill-Queen's University Press.

Weber, Max (1980): Wirtschaft und Gesellschaft. Grundriß der verstehenden Soziologie. Tübingen: Mohr.

Wieland, Leo (2012): Schuldenkrise: Anleger wenden sich von Spanien ab. In: FAZ vom 02.06.2012, S. 17.

Wilson, David/Game, Chris (2011): Local Government in the UK. Basingstoke: Palgrave Macmillan.

Windhoff-Héritier, Adrienne (1987): Policy-Analyse. Eine Einführung. Frankfurt a. M.: Campus.

Windhoff-Héritier, Adrienne (1996): Die Veränderung von Staatsaufgaben aus politikwissenschaftlich-institutioneller Sicht. In: Grimm, Dieter (Hrsg.): Staatsaufgaben. Baden-Baden: Nomos, S. 75–91.

Woydt, Malte (2012): Dissoziativer Föderalismus: Belgo-Föderalismus. In: Härtel, Ines (Hrsg.): Handbuch Föderalismus, Bd. 4. Berlin: Springer, S. 745–796.

Zimmermann, Horst (2011): Oberziele versus Aufgaben für die föderative Mittelebene. Eine Strukturierung und eine Wachstumsperspektive. In: Europäisches Zentrum für Föderalismus-Forschung Tübingen (Hrsg.): Jahrbuch des Föderalismus 2011. Baden-Baden: Nomos, S. 111–126.

Zimmermann, Horst/Henke, Klaus-Dirk/Broer, Michael (2011): Finanzwissenschaft. München.

Links

Allgemein:
https://www.cia.gov/library/publications/the-world-factbook/CIA World Fact Book
Umfangreiche Datensammlung zu den Staaten der Welt

http://www.ipw.unibe.ch/content/team/klaus_armingeon/comparative_political_data_sets/index_eng.html
Comparative Political Data Set
http://go.worldbank.org/2EAGGLRZ40
Database of Political Institutions (DPI) der Weltbank
www.democracybarometer.org/
Demokratiebarometer des Zentrums für Demokratie Aarau
http://info.worldbank.org/governance/wgi/index.aspx#home
Worldwide Governance Indicators (WGI) der Weltbank
http://www.oecd.org/statistics/
OECD Statistik
http://www.hls-dhs-dss.ch/textes/d/D46249.php
Historisches Lexikon der Schweiz, Artikel Föderalismus
http://www.unifr.ch/ius/federalism_de/home
Institut für Föderalismus der Universität Fribourg
http://www.uni-tuebingen.de/ezff/
Europäisches Zentrum für Föderalismus-Forschung der Universität Tübingen
http://www.foederalismus.at/
Institut für Föderalismus Innsbruck
http://www.sgi-network.org/2014/
Sustainable Governance Indicators
http://www.eurac.edu/de/research/institutes/sfere/default.html
Institut für Föderalismus- und Regionalismusforschung der Europäischen Akademie Bozen
http://www.hls-dhs-dss.ch/textes/d/D26456.php
Artikel Souveränität im Historischen Lexikon der Schweiz
http://www.verfassungen.eu/
Sammlung aktueller und historischer Verfassungstexte weltweit
http://www.verfassungsvergleich.de/
Sammlung zu Verfassungsrecht und Rechtsvergleichung
www.bundeswahlleiter.de
Bundestagswahlergebnisse, aufgeschlüsselt nach Länder- und Wahlkreisebene
http://wahl13.bmi.gv.at/
Regionale Ergebnisse der Nationalratswahl 2013 des Österreichischen Innenministeriums
www.bfs.admin.ch/
Schweizerisches Bundesamt für Statistik mit vielen regionalen Wahlergebnissen
http://www.bildungsserver.de/
Informationen und Links zur Bildungspolitik, u. a. zu den PISA-Studien
www.daad.de
Zahlreiche Länderinformationen zu Bildungssystemen und Bildungspolitik weltweit
www.bundesfinanzministerium.de=>Öffentliche Finanzen=>Föderale Finanzbeziehungen sowie:=>Service=>Monatsbericht
http://www.fairer-nfa.ch/de
Konferenz der Geberkantone des Schweizer Finanzausgleichs
http://epp.eurostat.ec.europa.eu/portal/page/portal/government_finance_statistics/introduction
Eurostat; Government Finance Statistics (Finanzstatistik des Sektors Staat)
http://www.imf.org/external/pubs/ft/gfs/manual/aboutgfs.htm
Internationaler Währungsfonds (IWF); Datenbank „Government Finance Statistics"
www.oeffentliche-finanzen.de/

Überblick über finanzwissenschaftliche Grundlagen
http://ipsarc28.wordpress.com/
International Political Science Association RC28: Comparative Federalism and Multilevel Governance
http://www.iacfs.org/
International Association of Centers for Federal Studies (IACFS)
http://www.sagw.ch/en/svpw/taetigkeiten/Arbeitsgruppen/Federalism-and-territorial-politics.html
Schweizerische Vereinigung für Politische Wissenschaft: Federalism and territorial politics working group
http://www.dvpw.de/gliederung/themengruppen/foederalismus/wir-ueber-uns.html
Deutsche Vereinigung für Politische Wissenschaft, Themengruppe Föderalismus
http://www.forumfed.org/en/index.php
Forum of Federations
http://ec.europa.eu/eurostat
Eurostat
USA:
www.senate.gov
Der US-Senat
www.nga.org
National Govenors' Association
www.ncsl.org
National Conference of State Legislatures
http://newfederalism.urbn.org
Föderalismus-Seite des Urban Institutes
www.usmayors.org
US Conference of Mayors
www.stateline.org
Public Policy in den Staaten
http://www.census.gov/
US-Statistikbehörde
Deutschland:
http://www.bundesrat.de/
Der Bundesrat
http://www.dw.de/die-bundesländer-daten-und-fakten/a-3280930
Infoseite der Deutschen Welle
http://www.wiso.uni-tuebingen.de/faecher/ifp/forschung/europaeisches-zentrum-fuer-foederalismus-forschung.html
Europäisches Zentrum für Föderalismus-Forschung Tübingen
https://www.destatis.de/DE/ZahlenFakten/LaenderRegionen/Regionales/Regionaldaten.html
Länderdaten des Statistischen Bundesamtes
http://www.statistik-portal.de/Statistik-Portal/
Gemeinsames Statistik-Portal des Bundes und der Länder
Österreich:
http://www.parlament.gv.at/PERK/BOE/LT/
Information und Links zu den Landtagen

http://www.parlament.gv.at/PERK/BOE/LR/
Information und Links zu den Landesregierungen
http://www.wien.gv.at
Stadt/Land Wien im Internet
http://open.wien.at/site/
Open Government Data der Stadt Wien
http://www.wien.gv.at/statistik/links.html
Statistikämter der Bundesländer
http://www.statistik.at/
Statistik Austria
Schweiz:
Bundesrat und Verwaltung: www.admin.ch
Bundesversammlung: www.parlament.ch
Wissenschaftliche Arbeitsgemeinschaft der Städte und Kantone: www.badac.ch
Bundesamt für Statistik (sehr gute statistische Dokumentation): www.admin.bfs.ch
Kantone im Web: http://www.gov.ch/govchde.nsf/Cant
Interkantonale Konferenzen: http://www.konferenzen.ch/
Homepage von Prof. Dr. Andreas Ladner, Universität Bern: http://www.andreasladner.ch
http://www.senate.be/
Der Belgische Senat (detaillierte Infos nur auf niederländisch und französisch, mit umfangreicher Linkliste)
www.dekamer.be/
Die Abgeordnetenkammer
http://www.dgparlament.be/
Parlament der DG
http://www.parlement-wallon.be/
Wallonisches Parlament (Region)
http://www.pfwb.be/
Parlament der Französischen Gemeinschaft (seit 2011: Föderation) Wallonie-Brüssel
http://www.vlaamsparlement.be/vp/index.html
Flämisches Parlament
http://www.parlbruparl.irisnet.be/
Parlament der Region Brüssel
http://www.vlaanderen.be/nl/vlaamse-regering
Flämische Regierung
http://www.oecd.org/belgium/
Belgien-Seite der OECD
http://www.belgieninfo.net/
http://www.belgium.be/de/
Überblickseiten zu Gesellschaft, Wirtschaft und Politik
http://statbel.fgov.be/
Statistikamt des Föderalstaates
www.dglive.be/
Info-Seiten der Deutschsprachigen Gemeinschaft
Spanien:
www.senado.es
Der Spanische Senat; mit Links zu den Autonomen Gemeinschaften

www.tcu.es
Tribunal de Cuentas (Rechnungshof)
www.tribunalconstitucional.es/en/
Tribunal Constitucional (Verfassungsgericht)
www.gencat.cat/index_eng.htm
Katalanische Regierung
http://www.asambleamadrid.es/EN/
Madrilenische Versammlung
http://www.femp.es/
Vereinigung Spanischer Kommunen und Provinzen
www.seap.minhap.es/gl/areas/politica_autonomica/coop_autonomica/Confer_Presidentes.html
Konferenz der Präsidenten (Seiten des Ministeriums für öffentliche Verwaltung)
www.seap.minhap.es/gl/areas/politica_autonomica/coop_autonomica/Conf_Sectoriales.html
Sektorialkonferenzen
www.seap.minhap.es/gl/areas/politica_autonomica/coop_autonomica/coop_bilateral_CCAA.html
Bilaterale Kooperation von Zentralstaat und AG
Fundación de Estudios de Economía Aplicada; http://www.fedea.es/.
(Stellt Arbeitspapiere zur wirtschaftlichen Situation auch in den Regionen bereit)
http://www.bde.es/webbde/es/estadis/infoest/htmls/cdp.html
Banco de Espana, Seite zur Verschuldung der AG
http://politikon.es/entredatos/2011/12/14/cinco-graficas-sobre-la-deuda-de-comunidades-autonomas-y-ayuntamientos/
Wirtschaftsdaten spanischer Regionen

Sachverzeichnis

A
Abweichungsgesetzgebung 58, 187, 188
Allgemeinverbindlichkeitserklärung 49
Arenenmodell 13, 14
Australien 2, 6, 16, 34, 35, 61, 62, 89, 90, 112, 115, 167, 325, 326, 329, 330
Autonome Gemeinschaften 288, 291–293, 298, 310
Autonomiestatute 51, 293

B
Baskenland 51, 290, 291, 297, 301, 305–308, 310, 313
Beharrungsbeschluss 205, 208, 212–214, 298
Bereichsopposition 224
Bologna-Prozess 97, 99
Bundesgericht 80, 84, 106, 107, 231
Bundesratsmodell 68, 146, 172, 173, 230, 265
Bundesratsprinzip 44, 45, 92, 93, 313
Bundesverfassungsgericht 80, 85, 124, 196, 201
Bundesversammlung 47, 86, 129, 131, 148, 152, 211, 230, 232–234, 238, 303, 247, 253, 234

C
Cleavage 328
Comparative federalism 8
Cortes Generales 289, 293, 294, 296, 301, 303, 313

D
Dänemark 16, 45, 61, 85, 330, 331
Demokratiebarometer 59, 345
Deutschsprachige Gemeinschaft 257, 274, 284,
Dezentralisierung 1, 27, 29, 31, 33–35, 51, 81, 87, 98, 132, 137, 287, 291, 295, 309, 318, 321, 331
Differenzmethode 9, 10, 316

E
Einheitsstaat 3, 22, 24, 35, 40, 74, 81, 165, 167, 257, 258, 269, 271, 287, 291, 325
Einigungskonferenz 239, 240
Einkommenssteuer 75, 123, 124, 133, 136, 137, 291, 312
Ekutivföderalismus 31, 47, 248
Exekutivföderalismus 173, 218, 319, 321

F
Fachministerkonferenzen 49, 182, 185, 227, 249, 271, 302
Fallvergleich 7
Fallverstehen 5
Finanzausgleich 29, 31, 112, 113, 116, 123–125, 127, 128, 130–132, 137, 143, 185, 192, 311, 319, 321, 330,
Finanzautonomie 331
Finnland 16, 61, 85, 331
Flächenland 64, 219
Flämische Gemeinschaft 133, 257
Föderalstaat 27, 132, 256–258, 263, 268–270, 284, 321
Frankreich 16, 32, 34, 35, 45, 46, 84, 85, 191, 219, 330,
Französische Gemeinschaft 257, 272

G
Gemeinschaft 133, 259, 274, 276, 286, 290, 293, 295, 300, 312
Gemeinschaften 292
Gewaltenteilung 2, 13, 28, 37–40, 50, 52, 56, 57, 61, 65–67, 79, 139, 146, 148, 162, 204, 231, 291
Governance 12, 23, 25, 30, 53, 65, 70, 71, 76, 345
Griechenland 16, 32, 85, 330

H
Herrschaftskontrolle 52, 57
Hypothesen 6, 17, 18, 22, 332

I
Indien 2, 21, 37, 61, 62, 89, 92, 326, 329–330
Interessengruppen 13
Irland 2, 35, 45, 85, 330
Israel 330
Italien 1, 16, 33, 35, 54, 85, 105, 106, 107, 191, 325, 330

K
Kanada 2, 3, 21, 29, 35, 38, 51, 52, 61, 62, 89, 90, 92, 112, 115, 136, 167, 325, 326, 328–331
Kantone 36–37, 69–70, 111, 128–130, 252, 196, 253, 229–231, 292, 236, 237–238, 240, 241, 242, 243, 244, 303, 245, 246, 247, 248, 249, 250, 293, 305, 319, 86,
Karriereverläufe 322
Katalonien 30, 31, 51, 91, 288, 290–292, 296, 297, 301, 304–313, 316
Kompetenzverteilung 8, 57, 58, 72, 74, 80, 132, 143, 168–170, 187, 203, 205, 206, 270, 271, 290, 295, 298
Konferenz der Kantonsregierungen 50, 218, 248, 250, 253, 303
Konkordanz 10, 29, 91, 241, 242
Konkordanzmethode 10
Konkordanzregierungen 224
Kooptation 265, 321
Kultushoheit 206
Kultusministerkonferenz 185

L
Landeshauptleutekonferenz 50, 218, 221, 227, 249
Landeshauptmann 207, 222, 224, 227

M
Mehrheitsdemokratie 59, 289
Mehrwertsteuer 123, 128, 132, 135–137, 312
Methodenwahl 9, 10, 25
Ministerpräsidentenkonferenz 50, 182, 185, 218, 249

N
Nettozahler 124, 133
Neuseeland 16, 85
NFA 114, 129–132, 244, 245, 246, 247, 253, 321
Niederlande 85, 330
Norwegen 16, 61, 85, 330

Sachverzeichnis

O
OECD 10

P
Polen 27, 35
Politikfeldanalyse 12, 315
Politikverflechtung 29, 73–76, 83, 107, 114, 127, 154, 165, 168, 201, 215, 229, 244, 253, 270, 273, 321
Portugal 16, 45, 85, 330
Präsidentialismus 61, 63, 151, 152, 165

R
R-, O- und M-Länder 178
Rational Choice 23, 24, 67
Referendum 129, 150, 160, 200, 225, 231, 240, 241, 242, 243, 289, 301
Region 51, 256, 258, 264, 272, 277–280, 347
Residualkompetenz 35, 58, 128, 258
Romandie 242, 245, 252

S
Schuldenbremsen 36, 115, 119, 122–123, 332
Schweden 16, 45, 61, 85, 330, 331
Senatsmodell 68, 69, 74, 146, 173, 174, 201, 232, 328
Slowakei 27
Sprachgruppen 51, 231, 242, 256, 260, 262, 265, 271, 277, 278, 280, 284
Sprachregionen 242, 250, 252, , 257
Staatenbund 40–42, 44, 139, 235
Staatsvertrag 49, 171, 207
Stabilitätsrat 191
Stadtstaaten 39, 54, 88, 126, 173, 193, 195, 316
Ständerat 47, 230–238, 240, 242, 247–248, 253, 321
Steuerkompetenzen 128, 132, 136, 168, 311, 330
Supreme Court 80, 84, 86, 139, 140, 142, 151, 153, 154, 231

T
Trennföderalismus 29, 31
Two-level-game 24

U
US-Senatoren 160

V
Vereinigte Bundesversammlung 211
Verhältniswahlrecht 62, 89, 91, 92, 95, 96, 107, 196, 198, 222, 260, 281, 288, 325
Vermittlungsausschuss 148, 177, 180, 182, 183, 267
Vernehmlassung 205, 214, 238, 240–241, 247, 248, 253
Verschuldung 118, 119, 125, 127, 190, 307, 308, 312, 331, 348
Vetospieler 21, 29, 45, 63, 65–67, 76, 80, 91, 116, 178, 180, 190, 205, 245, 315, 317, 321
Vollzugsföderalismus 30, 31, 52, 74, 75, 143, 162, 170, 186–188, 269

W
Wahlkreis Brüssel-Halle-Vilvoorde 262
Wallonie 51, 132, 261, 263, 278–280, 347
Westminster 64, 74, 76, 89

Y
Yugoslawien 81

Z
Zweikammerverfahren 260, 263, 266–268

The manufacturer's authorised representative in the EU is Springer Nature Customer Service Centre GmbH, Europaplatz 3, 69115 Heidelberg, Germany. If you have any concerns regarding our products, please contact ProductSafety@springernature.com

Printed and bound by CPI Group (UK) Ltd, Croydon, CR0 4YY

25/03/2026

02078181-0007